本书由西安工业大学专著出版基金资助出版

明清民国时期

直豫晋鲁交界地区地域互动关系研究

程　森◎著

中国社会科学出版社

图书在版编目（CIP）数据

明清民国时期直豫晋鲁交界地区地域互动关系研究／程森著．—北京：中国社会科学出版社，2017.10

ISBN 978－7－5203－1228－8

Ⅰ.①明…　Ⅱ.①程…　Ⅲ.①历史地理—研究—中国—明清—民国

Ⅳ.①K928.64

中国版本图书馆 CIP 数据核字（2017）第 250371 号

出 版 人　赵剑英
责任编辑　李炳青
责任校对　杨　林
责任印制　李寡寡

出　　版　中国社会科学出版社
社　　址　北京鼓楼西大街甲 158 号
邮　　编　100720
网　　址　http://www.csspw.cn
发 行 部　010－84083685
门 市 部　010－84029450
经　　销　新华书店及其他书店

印　　刷　北京明恒达印务有限公司
装　　订　廊坊市广阳区广增装订厂
版　　次　2017 年 10 月第 1 版
印　　次　2017 年 10 月第 1 次印刷

开　　本　710×1000　1/16
印　　张　21.5
插　　页　2
字　　数　355 千字
定　　价　89.00 元

凡购买中国社会科学出版社图书，如有质量问题请与本社营销中心联系调换
电话：010－84083683

序

程森同志的这部著作是在他 2011 年同名博士毕业论文的基础上修改而成的。毕业答辩时，该论文获得了外审专家和答辩委员会的好评，被评为优秀等级。毕业后，程森同志到西安工业大学马克思主义学院工作，从事中国近现代史的教学，虽然专业方向发生了变化，但程森同志一直没有停止对毕业论文的修改和完善，曾多次就评审专家和答辩委员会提出的问题和我讨论。经过 6 年的修改和充实，论文的学术水平又有所提高，现在终于能够出版，我深感欣慰。

区域历史地理学是研究历史时期某一特定地区地理环境的特征、结构、发展变化，以及区域分异和区际联系的学科，是历史地理学的重要分支学科之一。区域历史地理学与历史地理学其他分支学科的最大不同在于其研究的高度综合性和系统性。区域历史地理研究不仅要揭示历史时期某一特定区域地理环境本身的自然特征，还要综合考察其社会、经济等各种人文因素之间的交互作用及其与地理环境之间的关系。可以说，区域历史地理研究是历史地理研究最重要的内容之一，最能体现历史地理研究主要讨论人地关系这个核心任务。

受自身研究目标和研究特点所限，区域历史地理研究的难度很大，如何能够较好地完成研究任务，达到研究目标，是许多研究者一直在思考的问题。过去的区域历史地理研究主要关注区域的整体性，采用系列横剖面方法，通过研究区域不同时间截面各种地理要素分布形态或景观的复原，考察不同时间截面地理要素分布形态或景观的变化，分析引起变化的综合因素，阐述该区域历史时期人地关系的发展过程、特点和动力机制。这种研究方法是一种比较实用而有效的区域历史地理研究方法。但存在的不足也显而易见，即：（1）剖面的选择受研究者主观影响严重，难以与每个地理要素的变化同步；（2）位于时间序列上的每一个剖面都是静止的，难以完整、深入地体现研究区域历史时期人地关系的发展过程和变化机制；（3）忽视了区域内部差异的存在及其对区域整体性的影响。基于以上认识，程森同志借鉴社会史的空间互动理论，选择河北、山西、河南、山东四省交界地区这一在历史上比较有典型性的交界区域，从交界地区政区设置与调整、动乱防护、水利开发、灾害应对、交通设施管理、信仰文化扩散等方面来讨论交界地区的互动关系，这就较好地展示了交界地区各种关系的发生形式和发生过程。这是一种很有意义的探索。相信本书的出版，会引发读者的思考，不仅会促进区域历史地理的研究，对于该地区的有效治理和区域和谐发展也具有重要的借鉴意义。

通过研究，作者认为，交界地区因政区归属和自然环境的不同形成空间互动，空间互动最终落实到交界各方所“聚合”的人群、社会，形成社会互动，二者互为表里，最终形成交界地区的地域互动。在此基础上，作者进而对“界”或“区域”的变动性进行了反思，认为“区域”“界”并非一个如学者所说的变动不居和模糊的概念，在传统社会，“界”的固有性不能含糊，交界各方恪守着此疆彼界，从而造就了界与区域之封闭性。同时，交界之处又是个活跃地带，是“问题”多发的地方，是各方互动交流的地方，“界”并不能限制。于是交界地区产生了动乱防护、水利开发、灾害调适、交通管理、文化扩散中的诸多互动行为，交界地区“界”之“封闭性”因地域互动而解体。因为这些结论和反思是建立在对前人相关研究成果的认真学习和思考、对历史文献资料的系统整理和归纳、对研究问题的细致复原和考察、对多学科区域理论的严谨分析和总结基础之上，所以显得很厚实，并不是一般的隔靴搔痒和泛泛而谈。

程森同志自 2005 年 9 月至 2011 年 6 月一直随我读书。读书期间，程森同志勤于思考、勇于创新，广泛涉猎而又肯吃苦，已展露出做学术研究所必需的基本素质要求。博士毕业后，程森同志即以“清至民国时期关中地区水资源环境变迁与城镇发展互动关系研究”为题申请获得 2012 年度教育部人文社会科学研究青年基金项目支持。今年又以“中国共产党华北根据地环境史研究（1935—1949）”为题申请获得国家社科基金项目资助，学术研究发展势头良好。希望程森同志借此机会，再接再厉，更进一步。

王社教

2017 年 6 月 30 日于西安陕西师范大学不悔斋

目　　录

图表目录

绪　论

在明代中期，有部分文人撰写或编订了王朝地理概况式论著，如桂萼的《广舆图叙》（也称《舆图记叙》）、章潢《图书编》之“地道”部分、杨博有《总论天下郡县》之文，这些论著中对于明朝所统各高层政区及边疆四夷地理、社会状况的言论大同小异。明人爱将他人言论汇入自己论著之中不足为奇，只是各论著中都有类似甚至一致的言论，很大程度上表明，明代官方对于国内一些地区之地理、风土等形成了一致的看法，这些看法有时极大地左右中央王朝针对不同地区的施政方略，也能对各地封疆大吏施政、行政提供一种先鉴。

这些言论中涉及北方山西、河南、北直隶、山东四省交界地区社会风气、行政管理等方面的内容。如称河南北部“彰德间于赵、魏，军民杂处，牵制尤甚”。山东西部“单、曹之境多妖民”。山西东南泽潞地区“环列太行，上下谷深林密，盗时窃发”。[①] 明初所建高层政区格局将河南囊括黄河北部三府，北直隶向南深入到黄河北岸，与山东西部、山西东南部形成了犬牙相错的政区格局，成为黄河北部高层政区疆界最不平直的地带。犬牙相错的政区格局是出于军事、政治目的考虑，但其后对于地方行政管理不免带来隐患。疆界错处，行政管理易为牵制，会造成盗贼窃发，地方不靖，故明人有上述言论。雍正五年（1727），河南总督田文镜上奏雍正帝之疏同样指出：“臣查河北三府共辖二十三县，幅员甚广，与直隶、山东、山西三省接壤。虽系内地，但臣与两司各道俱驻扎

① （明）杨博：《议天下郡县繁简疏》，《杨襄毅公奏疏》卷3《吏部奏疏》，明万历刻本。

河南，中隔黄河，鞭长莫及。”[1] 河北地区“斗入”晋、鲁，于是产生了黄河以北犬牙相错政区格局最明显的地区（本书称为直豫晋鲁交界地区），又因其处于明清民国（北洋政府时期）时期京畿邻近地区，故而受关注度较高，是北方地区一个特殊的交界地区。

犬牙相错的政区界限使得这一交界地区产生了一些值得探讨的“问题”，在应对诸多问题和许多问题的产生中交界各方彼此之间形成了诸多互动行为，本书将其称为地域互动，并对此交界地区地域互动关系展开探讨。

一 本书的主旨与概念说明

以往研究对于交界地区的关注集中于北方农牧交错带、秦岭淮河以南的南方地区，如鄂豫陕交界地区、闽粤赣交界地区、云贵川交界地区等，对于北方多省交界地区的关注相对薄弱。而且多数研究将交界地区视为一个整体，研究这个整体内的诸多问题，诸如移民开发、环境变迁、盗贼倡乱、行政管理和盐业等问题，具体分析中缺乏交界地区各方内在的地理感或对交界各方地域关系的关注。交界地区变成了一个“模糊”的地理“框架”，成为研究者所探讨问题的分析工具或问题之后的背景，对于交界地区内部各方的互动关系不甚关注。笔者认为，就行政区划而言，交界地区不是一个完整的区域，而是不同区域（政区）的集合体，交界各方是一个个独立的空间，具有各自功能的“地方”，各有差异，或者说各方都是有特点的。有差异和特点才会发生交流、互动或相互作用，交界地区的典型特征即是空间错位性、边缘性，在这种空间特征作用下交界各方在政治、经济、文化等方面会形成各种互动，交界地区也就成为一个变动不居、异常活跃的空间，正因为这些互动才会产生上述研究者所关注的诸多问题。另外，在传统时代，“界”的影响根深蒂固，各行政区内部地域人群对之十分明了。交界双方恪守着彼此之界，各分畛域，从而在应对政治、经济、军事、交通等诸问题上产生了诸多矛盾和纠纷，

① （清）田文镜：《题为恭请复设河北道员以资政治事》，《抚豫宣化录》卷2，中州古籍出版社1995年版，第69页。

甚至爆发冲突，这是由交界地区上述空间特征所产生的。

因此，本书通过对明清民国时期直豫晋鲁交界地区的考察，探讨交界地区内在的地域互动机制，包括交界各方因何产生互动、如何互动，互动产生了怎样的结果，以及在互动过程中哪些因素（力量）在起作用等。具体来讲，本书运用历史地理学、社会史与社会学等学科方法，从交界地区政区设置与调整、动乱防护、水利开发、灾害应对、交通设施管理、信仰文化扩散等方面来讨论交界地区的互动关系。

本书研究交界地区的地域互动，涉及一些需要说明的概念。

直豫晋鲁交界地区。本书所指交界地区是多个高层政区接壤或毗邻地带，它由各高层政区边缘的次级行政区域（统县政区）所构成的特定地理空间。政区界限[①]犬牙相错是这种行政区域接壤地带最主要的空间特征。地理学上行政界限是指一个国家内部的各级行政区划之界，“其特点有如下几点：客观存在性、人为性、普遍持久性和等级特性。一般而言，高层政区所搭界政区越多，周边环境越复杂”。[②] 当高层政区彼此界限犬牙相错时，交界地区的整体形状特征越突出，界的作用也就越明显。本书所涉及的几个行政区域是明、清至民国时期的山西、河南、直隶（明代为北直隶、民国初年为直隶省，后为河北省）、山东四省接壤地区。一般来讲，中国高层政区没有四省彼此接壤的情况，至多有三个高层政区彼此交界，但学者一般也将与这三个高层政区中之一、二接壤之第四个高层政区加入，称为四省交界地区或界邻地区。[③] 此外，目前经济学者对于行政区接壤地带之经济学研究提出了“行政区边缘经济”的概念，亦不仅仅限定在两个或三个省区交界地带，而是将与其毗邻之第四省区边

---

① 本书涉及明清时期政区边界时使用“界限”而非“界线”。在现代地理测绘技术出现之前，传统政区界线并非严格的几何线条，地方文献中只以“四至”“八到”表述政区边界。另参见徐建平《政治地理视角下的省界变迁》，周振鹤序，上海人民出版社 2009 年版。

② 侯甬坚：《区域历史地理的空间发展过程》，陕西人民教育出版社 1995 年版，第 124—128 页。

③ 如唐立宗《在盗区与政区之间——明代闽粤湘赣交界的秩序变动与地方行政演化》，“国立”台湾大学文史丛刊 2002 年版；邹逸麟《明清流民与川陕鄂豫交界地区的环境问题》，《复旦学报》（社会科学版）1998 年第 4 期；刘秀生《清代闽浙赣皖的棚民经济》，《中国社会经济史研究》1988 年第 1 期；卢华语等《唐宋时期渝鄂湘黔界邻地区药材生产及其影响》，《社会科学战线》2010 年第 7 期。

缘也纳入进来，以探讨多省交界地区经济边缘性和脆弱性。[①] 因此，本书仍以直豫晋鲁交界地区为题。

由于自明王朝所形成的政区格局，此四省接壤地带政区界限犬牙交错，地理特征明显，成为黄河以北一个特殊的地带，明清民国时期这种政区界限极少变动，可以说是一个“稳定”的交界地区。这个接壤地带以明代政区而论，包括山西东南部泽、潞二州，豫北怀庆、卫辉、彰德三府，北直隶南部顺德、广平、大名三府，山东西部与北直隶邻近的东昌府、兖州府所属部分州县，相当于现在的山西东南、河北南部、河南黄河北部和山东西部四省接壤、毗邻地区。华北地区一直以来持续地作为我国政治中心地带，诸多问题保持着内在的连续性，华北的研究“既是长时段研究，也是‘知识考古学’研究”。[②] 本书虽以明清民国时期为时间段，但部分问题的探讨将上述更早时期，在一个连续的、长时段的时间尺度中考察问题的发展过程。

这一地区分属四个高层政区，各具特点，却又因地理原因保持着内在的联系。首先，晋东南地区地势最高，农业生产落后，各种物资大多要仰赖豫北河内地区，如山西文献称“太行片石，带土无多，麦菽瓜葫，半仰给河内”[③]；“土瘠食艰，河南田肥地阔，往来贸易，时通有无”[④]。在文化上则又联系紧密，有“上党与河内一体”之说[⑤]。这里也是黄河北部地区几条重要河流的发源地，晋东南生态环境状况良好与否直接影响到河北地区河流的含沙量和径流量变化，影响直鲁地区的漕运航道通畅与否。[⑥] 甚至清代高层在河北地区河流汛期时期都要考虑这个地区的雨水情况。如乾隆五十九年（1794）七月初六日，皇帝谕曰：“据吴璥奏，六月二十二三四等日，大雨倾注，晋省山水陡发。沁、丹诸河，同时异

① 如刘宁宁等《省际边缘区经济发展问题与对策研究——以苏鲁豫皖交界地带为例》，《现代经济探讨》2007 年第 8 期；安树伟《行政区边缘经济论》，中国经济出版社 2004 年版。

② 赵世瑜：《作为方法论的区域社会史——兼及 12 世纪以来的华北社会史研究》，《史学月刊》2004 年第 8 期。

③ 雍正《泽州府志》卷 11《物产》。

④ （清）王中琏：《香磨河窄港口開修北迪路记》，光绪《陵川县志》卷 27《艺文三》。

⑤ 刘影：《皇权旁的山西：集权政治与地域文化》，新星出版社 2007 年版。

⑥ 程森：《国家漕运与地方水利：明清豫北丹河下游地区的水利开发与水资源利用》，《中国农史》2010 年第 2 期。

涨……丹、沁二河，俱来自山西，今既遇雨盛涨，下注豫省地方，俱被淹浸，则晋省之水必亦甚大。……即行查明晋省山水下注及河流泛涨情形，有无漫溢淹浸之处。迅速据实覆奏。”① 河谷、隘口所形成之“陉”，成为太行山东西往来的交通要道，太行“八陉”之南四陉即分布于此。加之明清时期交通主干道与乡村小道的配合，使得太行山东西的交通并未受到多少限制，反而更易于交流。② 其次，豫北又处直南、鲁西上游，是明清重要的漕运、防汛管理区，这里不仅有漕运补给之重要水源——卫河，还有防汛之河流——黄河、沁河。从漕运管理来说，豫北地区卫河支流的农业用水量势必影响卫河水量的丰歉，故而官民用水发生矛盾，豫北地区用水管理逐步纳入漕运管理之内，这是豫北地区与直、鲁地区之地域联系。最后，直豫晋鲁交界地区成为北京以南政区格局最为犬牙交错之地，明清民国时期这一地区“盗贼”屡发，各高层政区行政管理各分畛域，鞭长莫及。一旦出现动乱，交界地区各方如何协调、防控成为一个重要的现实问题。

地域互动。所谓“地域”与地理学的“区域”概念颇为类似，都是指一定地理范围内自然、人文诸要素的集合体。区域是地理学的专有概念，划分某区域要求区域内部诸要素整体的均一性，以之区别于其他区域。换言之，每个区域都是不同的，有特点的，区域之间是有差异的。尽管近二十年以来“区域”社会史取得了长足发展，但“地域”则较早与历史学联系起来，地域社会史研究早在20世纪80年代就已成为日本史学界最热门的前沿，随后传入我国。地域社会是指“拥有一定具体地理领域的社会”，也是指“人们生活的基本‘场所’（场）”，③ 日本学者森正夫最先构建了此理论。④ “地域”更强调场所之“人性”，这些人是具体的而非抽象的。而在地理学中“区域”虽集合着自然与人文两大因素，

---

① 《清高宗实录》卷1456，乾隆五十九年七月辛卯。

② 明清晋东南与豫北之交通线路较之前代更为发展，参见山西省地图集编撰委员会《山西省历史地图集》，中国地图出版社2000年版，第208—209页。

③ 施添福：《社会史、区域史与地域社会——以清代台湾北部内山的研究方法论为中心》，http：//economy. guoxue. com/article. php/13802/1。

④ 参见常建华《日本八十年以来的明清地域社会研究述评》，《中国社会经济史研究》1998年第2期。

但其间的“人”却是抽象的，常以“人类活动”“人类”称之。由于本书着重关注在交界地区内地理环境影响下具体的社会、人群及其相互关系，故使用“地域”概念，而代替地理学上广泛使用的“冷冰冰”的“区域”概念。

本书所谓互动，包括社会互动与空间互动。

不同地域之间除了空间关系还有社会关系。社会关系就是人们在互动中所形成的关系。马克思说：“社会——不管其形式如何——究竟是什么呢？是人们交互作用的产物。”① 社会互动（social interaction）由马克斯·韦伯在理论上最早强调，乔治·米德是最早将它付诸实施的系统研究者之一。尽管有关社会互动的理论派别之间互有争论，却都在认真讨论“人类生存的中心组成部分”，并取得了引人注目的成就。② 社会互动就是行动者对其他行动者行为的回应行动。社会互动要求必须发生在两个或两个以上的人或群体之间；个人或群体在互动中产生相互依赖性的行动，这种依赖性可以是直接的或间接的；是亲和的，也可以是排斥的。社会学认为社会互动包括几种类型：顺从型互动，是指行动者之间发生性质相同或方向一致的行动过程，这是日常生活中普遍的社会现象，有暗示、模仿和从众三种形式。合作型互动，是人们合力完成目标、分享报酬的活动，分为社会交换和援助行为形式。冲突型互动，是人类社会中互相反对的互动方式，按照冲突的程度可将其分为竞争、斗争、战争和恐怖主义几种形式。③

社会史学界较早关注过社会互动，而且是其研究的重要内容。唐力行指出：“将社会互动的理论推而广之，可以指社会结构之间的双向互动。从社会互动角度探讨国家、地方、民众的互动与社会变迁的关系，就要求人们不只是从国家对于地方、民众的正向关系来看待历史问题，还要从地方、民众与国家的反向关系来观察社会历史现象，从中找出更

① 《马克思恩格斯全集》第27卷，人民出版社1972年版，第477页。

② ［美］戴维·波普诺：《社会学》，刘云德、王戈译，辽宁人民出版社1987年版，第191—218页。

③ 朱力等：《社会学原理》，社会科学文献出版社2003年版，第30—53页。

加全面的符合客观历史的真实规律来。”① “社会互动依其性质可分良性互动、恶性互动、中性互动。国家以中央政府为代表，强调以义为其核心价值。地方的内涵丰富，是连接国家政府和广大民众的重要环节。地方政府、士绅和民众都以功利为价值取向。三者所关心的重心有所不同，在考察国家、地方、民众互动关系中要特别注意。三者利益相合则相赢，促进社会发展，反之，则冲突不断，影响社会的稳定和发展。”② 因此，社会史所关注的社会互动主要是从垂直方向看国家、地方、民众之间的互动关系。当区域社会史日益发展的时候，集中于一些区域的孤立的研究又为社会史学界所检讨，于是开始了区域社会比较研究、区域互动研究。唐力行也指出：“区域互动可划分为沟通、相互作用、知觉三个层面，它们是相互联系的一个统一体。区域互动的主要内容包括经济互动、文化互动和人的互动等方面。例如苏州与徽州之间的互动给两地社会带来了一系列共性的和个性的变化。”③

考虑到社会互动中的空间尺度问题，本书主要对交界地区不同地域之间的合作型互动和冲突型互动展开讨论。笔者认为交界地区各方地域社会、自然环境的不同，或因各自阶层、资源控制力等的不同，久之将发生交流和互动。就合作型互动来说，可以是对交界地区动乱防护中各方的合作；也可以是河流、灌渠上下游不同政区之间、村落之间因水资源管理、分配而发生的互动，最终确立合作型用水秩序。互动并非完全平等的，也可能是不合理、不平等的，于是便产生冲突型互动。例如河流上下游地区用水不均，而旧的用水秩序却在“固化”这种不均，从而不可避免地发生不同区位之间水利社会的冲突等。冲突型互动产生的结果需要交界各方的控制与协调，若仍不起作用，则要来自地方之上的官府、国家进行干预。归纳起来，交界地区社会互动包括合作、援助、协调、竞争、冲突等内容。

空间互动包括水平互动和垂直互动，导源于两种空间关系。哈特向

---

① 唐力行主编：《国家、地方、民众的互动与社会变迁》，商务印书馆2004年版，第2—3页。

② 同上书，第4页。

③ 唐力行等：《苏州与徽州——16—20世纪两地互动与社会变迁的比较研究》，商务印书馆2007年版，第20页。

在《地理学的性质》中的主要结论就是："作为一门学科的地理学之明确目的，可以用空间概念来定义。它宣称，地理学家的任务就是用空间来描述和分析现象的相互作用和加以综合。"① 根本而言，地理学始终要研究两种空间关系——水平关系和垂直关系。地理学家着重于"现实"世界中现象和过程之间的关系和相互依赖性，而任何位置或地点的特征是由这些现象和过程所决定的。地理学家还寻求了解地方之间的关系：例如，使差异性或相似性增强的人流、物流和思想流。地理学家研究决定地方特征的"垂直"综合性，也研究地方之间的"水平"联系。地理学家还着重研究这些关系（在时间和空间两方面）的尺度问题。② 约翰斯顿也说：

> 在地球表面（大多数地理学者关注的是大陆表面）的任何地方都存在着垂直的和水平的两种关系：垂直关系把同一个地方的不同因素联结起来，而水平关系则把不同地方的各种因素联结起来。……在垂直课题方面，人文地理学者们研究人与环境（有些人认为天然环境与人为环境是不能分开的）的相互关系。在水平课题方面，他们研究地方之间的相互关系，把重点放在遍布地球表面的人类创造物和人类本身的流动上。整体的或综合的课题则把这两方面糅在一起，强调组成一特定地方的各种相互关系的总体。（地方的规模或尺度影响着这个总体的性质。在某些尺度上一定的关系是垂直的，在另一些尺度上它们却是水平的；在一种尺度，是垂直关系的区内贸易，在另一种尺度上则可能表现为水平关系的区间贸易。）③

空间互动或相互作用实际上就是不同空间的上述两种关系所产生的。地理学从早期的地图编制技术，对区域的描述传统，到了19世纪初开始

① ［英］大卫·哈维：《地理学中的解释》，高泳源、刘立华、蔡运龙译，商务印书馆1996年版，第249页。

② 美国国家研究院地学、环境与资源委员会地球科学与资源局重新发现地理学委员会编：《重新发现地理学与科学和社会的新关联》，黄润华译，学苑出版社2002年版，第30页。

③ ［英］R. J. 约翰斯顿：《哲学与人文地理学》，蔡运龙等译，商务印书馆2001年版，第9—10页。

发展出两个新传统，即“人与环境的关系”（man/milieu relationships），其后大行其道。在20世纪50年代之后，逐渐对距离、空间和系统分析感兴趣[1]，关注空间组织。此前，地理学一度被称为研究区域差异的学科，尤其是自哈特向以来，区域学派兴盛一时。在此影响下，地理学家多只研究区域地理，选取一定的区域进行观察，“区域地理学者们几乎是千篇一律地首先描述有关自然环境的事实，然后描述人类活动的事实，暗示着两者间密切的因果联系”，[2] 至于区域之间如何联系、组织则很少考虑。自20世纪20年代“功能区”（functional region）的概念被提出，即所谓的“区划”思想，它对地理学家进行研究的方式产生了巨大影响。起初，地理学家们把注意力集中于容易观察到的、明显与自然环境有关的自然现象上，如地形、作物和聚落等。区划是以内在的一致性作为划分基础，如地形、作物或者甚至是不太明显可见的标准如人口差异、收入或种族。“功能区的思想就是将联系加入到均质性中作为区别区域的基础”。[3] 早期区域地理学家多研究形式区域，尽管哈特向曾预见了另一种概念——功能区域的重要性，但当时并未得到研究。迪金森（Dickinson，1947）在其《城市区域和地方主义》中虽承认对“区域均质性”的界定，但他认为只有“通过分析区域关联的特性、强度、范围、相互关系以及区域在空间上彼此连接和分离的方式”，区域均质性“完整的意义”才能被发掘出来。他的理论受克里斯塔勒的中心地理论的影响，为功能区、区域相互作用理论的提出奠定了基础。此后，人们开始思考“区域如何作用”或“区域如何组织”的问题。于是，地理学家在长期关注的社会与自然环境之间的关系以及某一地区内地理现象的分布又加上了一个地方和地方之间的社会、空间组织。对联系和各种“流”的重要性的认识已经导致人们更加关心所有地理尺度上的地方之间的相互依赖和区域互动问题。

因此，从地域联系的角度考察不同空间之间的相互关系完全符合地理学的内在视角。本书所指空间互动指不同行政区之间、河流上下游区

---

① ［法］保罗·克拉瓦尔：《地理学思想史》，郑胜华等译，北京大学出版社2007年版，第8页。

② ［英］R. J. 约翰斯顿：《哲学与人文地理学》，蔡运龙等译，商务印书馆2001年版，第16页。

③ ［美］苏珊·汉森编：《改变世界的十大地理思想》，商务印书馆2009年版，第166页。

位之间的“水平互动”，以及影响地方州县的不同重要作用力量或因素（军事组织、国家、士绅等）之间的“垂直互动”。政区作为一种（政治）功能区域，因各自归属、自然与社会资源的不同，从而形成不同的特点，各高层政区交界地带内部各方形成一种内在的联系，发生诸多互动行为。这些交界地带或因地处山地，或因政区界限犬牙错处造成行政管理鞭长莫及，成为传统政治空间之“边缘地带”。笔者认为，交界地带作为边缘区并不是一片“混沌”之地，而是存在着内在的空间互动行为，这种空间互动甚至比其他区域之间的互动更为显著，需要加以研究。

交界地区的空间互动通过河流上下游、交通线路之间及其他各种“流”（人流、物流、信息流等）之间的互动关系而形成。这些互动关系归根结底则要落实到交界地区社会、人群之上，也就是说空间互动通过社会互动来实现，或者说通过社会互动来考察空间互动，二者互为表里。因此，选取一个恰当的概念去考察交界地区社会、空间两种互动方式是问题的关键。本书采取“地域”概念正是基于此，将交界地区内社会、空间互动称为“地域互动”。

二 学术史回顾

社会史学界较早将社会科学的理论引入历史研究中，这也是新史学发展的强劲动力。社会史迈入区域社会史后，又开拓了另一片天地，其后各种区域社会史论著不断出现，蔚为大观。不过，区域史论著的大量出现也使学者们反思——单从区域研究而忽视区域比较、区域互动之弊病，也应从区域之外看区域。1996 年，中国社会史学会曾在上海召开区域社会比较研究的国际学术讨论会。2004 年 8 月在山西太原又举办了首届区域社会史比较研究中青年学者学术研讨会，会议论文结集为《区域社会史比较研究》。[①] 这些学术会议的出现表明了社会史学界对区域研究的自觉反思。其后，区域社会互动研究渐次展开，开始注重地方、民众、社会、国家的互动研究。2002 年 8 月 16—18 日在上海召开中国社会史年会“国家、地方、民众的互动与社会变迁”国际学术研讨会。在 2004 年

① 行龙、杨念群主编：《区域社会史比较研究》，社会科学文献出版社 2006 年版。

出版了该年会论文集——《国家、地方、民众的互动与社会变迁》。该书代序由唐力行、吴建华、张翔凤共同写作，序中称："经过近二十年的发展，中国社会史的研究已由萌芽成长为茁壮的大树。在中国社会史研究已与国际接轨、已为史学界所认可、接受，并逐渐成为史学界的主流时，为了更好地实现社会史的整体史研究目标，将地方、民众的研究与国家的研究结合起来加以考察，研究他们之间的互动关系，以及这种互动与社会变迁的关系，应当说是中国社会史研究进一步发展的方向。"① 此次会议从社会互动角度探讨国家、地方、民众的互动与社会变迁角度占据重要内容。

如果说从国家、地方、民众等的互动研究是纵向垂直互动的话，区域社会之间的互动则为横向（水平）互动。2007 年，唐力行等人又撰写了区域互动、比较研究的论著——《苏州与徽州——16—20 世纪两地互动与社会变迁的比较研究》②。在该书中唐力行认为，在不同区域的比较中，寻找区域社会发展的"类型"，这种比较，其前提是历时性的，在时间坐标上进行社会历史变迁的纵向比较，但主要应在地理空间上进行横向的比较，即共时性比较。这就主要涉及三个层面的问题：区域与环境的互动关系；区域与国家的纵向互动关系；区域与区域的互动关系。他指出，任何区域都是在国家权力的制约之下，因此从事社会史的研究不能从一个极端（只看中央不看地方）走向另一个极端（只看地方不看中央）。"区域史研究必须要放到纵横结合的历史坐标上去，在纵向的时间与横向的空间坐标中找到它的位置。小至一人、一个村、一族，我们总要看到它在一县、一区、一国的时空位置。明清以来，中国开始受到西方的冲击，因此就有必要把区域史研究放到世界的大局中去考察。"③ 这种研究思路是对区域研究中地理、空间因素的逐步强调，不仅关注区域内自然环境与区域形成之间的关系，还注重区域与区域之外环境的横向交流，在不自觉地考虑地理联系中的水平关系与垂直关系。唐力行还指

---

① 唐力行主编：《国家、地方、民众的互动与社会变迁·代序》，商务印书馆 2004 年版。

② 唐力行等：《苏州与徽州——16—20 世纪两地互动与社会变迁的比较研究·代序》，商务印书馆 2007 年版。

③ 同上书，第 7—9 页。

出，在区域比较研究中，必须以关注区域互动为重点。任何区域的发展都不可能是孤立的，必然会与其他相关区域发生人员、经济、文化等的交往与互动。一方面，各个区域的地理、物产、区位、交通、文化乃至经济社会结构都有其自身的特点；另一方面，区域之间的互动互补也是各区域形成并保持这些特点的必要条件。

与中国学者相比，日本学者的区域、空间选择更为微观，甚至关注日常空间。稻田清一对清末江南乡村地主柳兆薰的日常生活空间的范围与结构深入分析后认为，中国社会不可能纯粹是由村落或者是宗族及其他某种特定组织组成的，而是人们从本身的特殊条件出发相机地进行着诸多团体间的协调工作。① 平田茂树等认为，日常空间是“多样的现实与意识相互关联的具有流动性并带有复杂性质的‘场’”。关注不同空间尺度内人们日常生活空间及其交流、互动，“围绕物质和文化的交流进行分析，论述地域统合、信仰圈及多层次的文化性质”②。这实际上是继承了地域社会的“场”的研究，而又强调了空间交流、互动。不过，社会史研究已形成了学科内部的一套研究体系、框架和话语，诸如宗族、士绅、国家与社会等，主要关注社会结构、社会变迁和社会互动，从空间关系上考虑区域之间的互动、区域比较类研究较为少见。一些区域社会史论著只关注问题本身，缺乏明晰的地理感和空间感，“区域”往往只是作为学者们所要解决问题的“所在”而已。而且区域互动的资料需要努力挖掘，研究者自身还需要强化地理学的学科理念，研究难度相对较大。唐力行主编的《苏州与徽州——16—20 世纪两地互动与社会变迁的比较研究》中也是更多地关注家庭—宗族结构、女性、基层社会控制、社会保障等，仅在民间信仰、市镇经济和风俗习尚中强调了商人群体在苏州与徽州两地互动中的作用。

与社会史学界相比，历史地理学界很早就已关注社会互动（从地理、空间角度）、区域互动，这是历史地理学学科性质的内在要求。如在关注

① ［日］稻田清一：《清末江南一乡村地主生活空间的范围与结构》，《中国历史地理论丛》1996 年第 2 辑，第 219—242 页。

② ［日］平田茂树、远藤隆俊、冈元司编：《宋代社会的空间与交流》，河南大学出版社 2008 年版。

某一地域内环境变迁，要考虑更大尺度地域之外的环境扰动行为[①]；地域人群移动与社会文化变迁[②]，等等。2003 年，吴松弟在《论区域经济开发过程中影响生态环境的诸因素》一文中指出："同一区域内部的诸生态环境因子互相影响，形成互动变迁链，任何一个方面的变化，势必带动其他因子的变化……由于河流、气候、生物、土壤等自然物质的跨区域流动，任何一个区域的生态环境变化，必然要对相邻甚至不相邻的区域的生态环境变化产生影响，有的甚至成为这些区域生态环境的主导因子。……我们在探讨历史上区域经济开发对生态环境的影响时……还要讨论来自邻近区域的因子。"[③] 这可谓是对历史地理前辈学者多年区域互动研究实践的学理归纳。

然而与区域社会史研究类似，历史地理学界目前的研究也多被称为区域历史地理研究。区域历史地理注重区域内在各要素分级、分类的分析，但最终目的在于区域综合；除了强调区域分界，也注重区域整合、区域互动。"任一区域都有其邻近的区际关系，此处分解，此处整合，反之亦然，两种情形交织构成区域发展过程"。[④] 只是目前区域历史地理研究者大多选择一定区域，在区域内部寻找"问题"，这些问题又何尝不是"少为人知"的"地方性知识"？真正对区域内部各要素综合分析后，得出区域特点，贡献区域历史地理认识的研究则较为少见。限于"区域研究"的主旨，区域历史地理研究因而较少关注区域之间的互动、区域整合。即使文化地理研究应关注的文化整合，学界也是探讨不多。虽然学者们都认为行政区划对于文化整合作用非常明显，但这种整合机制是什么？区际文化如何互动、整合？目前还不明晰。这与老一辈学者所奉献的学术理念似渐行渐远，区域历史地理研究也面临着"支离破碎"。

---

① 参见史念海《河山集·二集》，生活·读书·新知三联书店 1981 年版；史念海《黄土高原历史地理研究》，黄河水利出版社 2001 年版；谭其骧《何以黄河在东汉以后会出现一个长期安流的局面》，《长水集·下》，人民出版社 1987 年版。

② 参见葛剑雄《秦汉时期的人口迁移与文化传播》，《历史研究》1992 年第 4 期；吴松弟《北方移民与南宋社会变迁》，文津出版社 1993 年版；王振忠《明清徽商与淮扬社会变迁》，三联书店 1996 年版。

③ 吴松弟：《论区域经济开发过程中影响生态环境的诸因素》，《历史地理》第 19 辑，上海人民出版社 2003 年版，第 197 页。

④ 侯甬坚：《区域历史地理的空间发展过程》，陕西人民教育出版社 1995 年版，第 54 页。

与单一区域不同，交界地区地理环境更为复杂多样，各种因素非常活跃。明清以来，交界地区成为王朝政治统治极为敏感的地区，这些地区内部的社会互动、区域互动也非常复杂，成为塑造交界地区敏感、动荡、活跃的空间特征之根本因素，需要深入研究。

目前来看，对于交界地区的研究以北方农牧交界带和秦岭淮河以南地区为多，尤以南方数省交界地区为著。严格来说，农牧交界带与本书所谓的高层政区交界地区还不甚一致，因为农牧业两种经济行为的界限很难与政区界限一样清晰，多数情况下只是有"宽度"的过渡带。学界对农牧交错带的研究多在北方省区交界地带着力，故而这里仍列举一二。如燕山以北农牧交错地带，邓辉曾从区域历史地理学角度探讨该地区从自然景观向文化景观过渡的时空过程，将研究范围定为"北方农牧交错带东段的冀、辽、内蒙古交界地区"，指出这一研究是"关于一个特殊地方的区域历史地理研究的专门著述"。① 也就是说，将此交界地区看作一个整体，然后进行区域历史地理研究。主要运用了历史地理学"横剖面法"和"文化景观论"，并试图建立区域历史地理研究的方法论。这一研究在运用多个时间剖面展现文化景观的变化时，不同剖面的联系和变化之原因不甚清晰，对每个剖面上共时性的景观结构、驱动因素较少谈及，而是大量探讨了一定时期文化景观的收缩情况。约翰斯顿曾批评这种方法说："这些横断面分析在许多情况下最终被区域化，而各个断面则由关于所研究各时期之间的变化的叙述联系起来；但多数侧重于断代研究，对资料可分析而不可解释。"② 王建革曾对清代内蒙古地区农牧业、生态与社会等问题进行了深入研究③，作者运用了大量满铁调查资料、档案资料，从生态学角度予以解释，成为该领域的力作。因其主要关注整个内蒙古地区，故而于内蒙古地区与内地省区交界地带非其讨论的主要内容。李智君则从文化地理角度对西北地区边塞农牧文化的互动与地域分异做

---

① 邓辉：《从自然景观到文化景观——燕山以北农牧交错地带人地关系演变的历史地理学透视》前言，商务印书馆2005年版。

② ［英］R. J. 约翰斯顿：《地理学与地理学家——1945年以来的英美人文地理学》，唐晓峰等译，商务印书馆1999年版，第59页。

③ 王建革：《农牧生态与传统蒙古社会》，山东人民出版社2006年版。

了探讨[①]，可谓农牧交界地区的文化互动研究。

华北内部交界地区的研究较为少见。高敏曾就嘉庆滑县天理教起义策源于滑县之原因进行过探讨，他认为滑县处于数省交界地区，环境复杂，行政管理不力，这些是天理教众活动于此的根本原因。[②] 这是较早从交界地区行政管理“边缘性”角度探讨动乱问题的研究，直接涉及直豫晋鲁交界地区。中国台湾地区学者于志嘉早年关注南方地区尤其是江西地区的明代卫所研究，近期对北方地区卫所研究用力甚深，先后发表了《从〈瞥辞〉看明末直豫晋交界地区的卫所军户与军民词讼》[③]《犬牙相制——以明清时代的潼关卫为例》[④] 等论文，从卫所军户、卫所屯田与交界地区州县关系入手探讨了明清军事卫所与地方社会犬牙相错之影响，这些研究对本书启发甚大。美国学者裴宜理对皖北、豫东南、山东南部交界地区的环境考察之后认为，当地民众在此环境基础上形成各种生存策略，这些策略包括侵略性、防卫性和掠夺性策略，成为该地区 1845—1945 年间捻军、红枪会等动乱的根本原因，颇类似于地理学曾关注的基于某一地理环境之上的民众生活方式研究。[⑤] 彭慕兰关注山东西部与直隶、河南交界的“黄运”地区，以之探索清末民初华北内地的社会、经济和生态变迁。他阐述了当地的金融、农作、交通、税收和农民的反抗斗争，并分析了不同阶级、地区和性别的因果关系，他的研究总体上仍属于区域社会史的研究范畴，而对“界”之探讨不够。[⑥] 胡英泽曾对晋陕界河——黄河的“三十年河东、三十年河西”摆动与两省地方社会纷争进行关注。由黄河摆动造成两省滩案、界争出发，关注这一地区的区域社会问题。实则包含了晋豫民众的地域互动，地方民众与生态环境互动、国家与地方社会的互动，是区域社会史的理路。他指出：“因为黄河是

---

① 李智君：《关山迢递：河陇历史文化地理研究》，上海人民出版社 2011 年版。

② 高敏：《天理教起义于河南滑县一带的原因》，《历史教学》1963 年第 3 期。

③ 于志嘉：《从〈瞥辞〉看明末直豫晋交界地区的卫所军户与军民词讼》，《“中央”研究院历史语言研究所集刊》，第 75 本第 4 分，2004 年。

④ 于志嘉：《犬牙相制——以明清时代的潼关卫为例》，《“中央”研究院历史语言研究所集刊》，第 80 本第 1 分，2009 年。

⑤ ［美］裴宜理：《华北的叛乱者与革命者》，池子华、刘平译，商务印书馆 2007 年版。

⑥ ［美］彭慕兰：《腹地的构建：华北内地的国家、社会和经济（1853—1937）》，马俊亚译，社会科学文献出版社 2005 年版。

山、陕两省的界河，行政区划边界线等级最高，那么沿河两岸的村、县、府之间的滩案与界争，不论其规模大小，都属于省界之争，很快就上升到国家的层面予以解决。这样就出现了国家与地方社会的关系，地方社会、国家的行政系统与自然环境系统的关系，相互关联而又交相互动，可以说地域变化明显，社会矛盾复杂，多种关系交叉。”①

南方交界地区的研究最多。政区研究较为少见，如靳润成《明代郧阳、南赣两巡抚辖区考》②、郭声波《由虚到实：唐宋以来川云贵交界区犬牙相入政区格局的形成》③、唐立宗《明代南赣巡抚辖区新探》④ 等。其中，郭声波认为“川云贵交界区作为政治边缘地区——汉夷交界地区，犬牙相入格局的形成除了政治军事原因而外，还较多地掺杂有民族因素在内”，这实则指出了交界地区形成中的非政治因素，暗含着地域互动（汉族与非汉族、王朝与地方）的因素在内。国内其他有关交界地区的大部分论著主要集中于移民开发与生态变迁、移民与动乱、人口迁移、盐业等方面。如张建民《明清长江流域山区资源开发与环境演变》⑤、樊树志《明代襄荆流民与棚民》⑥、邹逸麟《明清流民与川陕鄂豫交界地区的环境问题》⑦、李昭宾《清代中期川陕楚地区流动人口与川陕楚教乱（1736—1820）》⑧、赖家度《明代郧阳农民起义》⑨、葛庆华《近代苏浙皖

---

① 胡英泽：《河道变动与界的表达——以清代至民国的山、陕滩案为中心》，《中国社会历史评论》第7卷，2006年，第217页。

② 靳润成：《明代郧阳、南赣两巡抚辖区考》，《历史地理》第13辑，上海人民出版社1996年版。

③ 郭声波：《由虚到实：唐宋以来川云贵交界区犬牙相入政区格局的形成》，《江汉论坛》2008年第1期。

④ 唐立宗：《明代南赣巡抚辖区新探》，《历史地理》第19辑，上海人民出版社2003年版。

⑤ 张建民：《明清长江流域山区资源开发与环境演变：以秦岭—大巴山区为中心》，武汉大学出版社2007年版。

⑥ 樊树志：《明代襄荆流民与棚民》，《天津社会科学》1980年第3期。

⑦ 邹逸麟：《明清流民与川陕鄂豫交界地区的环境问题》，《复旦学报》（社会科学版）1998年第4期。

⑧ 李昭宾：《清代中期川陕楚地区流动人口与川陕楚教乱（1736—1820）》，“国立”台湾师范大学历史研究所，1988级硕士班论文。

⑨ 赖家度：《明代郧阳农民起义》，湖北人民出版社1956年版。

交界地区人口迁移研究（1853—1911）》[①]、刘秀生《清代闽浙赣皖的棚民经济》[②]、曹树基《明清时期的流民和赣南山区的开发》[③] 和《赣闽粤三省毗邻地区的社会变动和客家形成》[④]、黄志繁《贼民之间：12—18 世纪赣南地域社会》[⑤]、宋惠中《区域发展与生态环境变迁——清代前期闽浙赣交界地区的个案分析》[⑥]、唐立宗《在盗区与政区之间——明代闽粤湘赣交界的秩序变动与地方行政演化》[⑦]、黄国信《区与界：清代湘粤赣界邻地区食盐专卖研究》[⑧] 等。总体上，南方交界地区的研究将交界地区作为一个所讨论问题的“场”，关注这个场在长时段历史中的诸多问题，对于研究场内交界各方要素的相互作用与问题之出现等相对薄弱。也有学者透过交界地区的研究反思“区域”与“界”之固定性，黄国信指出：“区域根据时空、人群、场合的差异而产生动态的变化……区域因而是一种历史过程，是一种观念，动态而弹性”，而“界”本身也非绝对的线性，是模糊、变动的。[⑨] 近年来，鲁西奇以南方高层政区交界地区为例，对于中华帝国内交界地区的空间特征给予了富于创建的归纳，他认为交界地区是中华帝国内部核心区以外统治力量的薄弱地区，是“内地的边缘”，中华帝国内部也非均一的同心圆似的统治空间结构，而是因这些“内地的边缘”的出现千疮百孔。[⑩]

总之，在以交界带地区为研究对象时，学界多集中于北方农牧交错

① 葛庆华：《近代苏浙皖交界地区人口迁移研究（1853—1911）》，上海社会科学院出版社 2002 年版。

② 刘秀生：《清代闽浙赣皖的棚民经济》，《中国社会经济史研究》1988 年第 1 期。

③ 曹树基：《明清时期的流民和赣南山区的开发》，《中国农史》1985 年第 4 期。

④ 曹树基：《赣闽粤三省毗邻地区的社会变动和客家形成》，《历史地理》第 14 辑，上海人民出版社 1998 年版。

⑤ 黄志繁：《贼民之间：12—18 世纪赣南地域社会》，生活·读书·新知三联书店 2006 年版。

⑥ 宋惠中：《区域发展与生态环境变迁——清代前期闽浙赣交界地区的个案分析》，台湾大学历史学研究所，92 学年度博士毕业论文。

⑦ 唐立宗：《在盗区与政区之间——明代闽粤湘赣交界的秩序变动与地方行政演化》，“国立”台湾大学文史丛刊 2002 年。

⑧ 黄国信：《区与界：清代湘粤赣界邻地区食盐专卖研究》，生活·读书·新知三联书店 2006 年版。

⑨ 同上书，第 304—309 页。

⑩ 鲁西奇：《内地的边缘：传统中国内部的化外之区》，《学术月刊》2010 年第 5 期。

带、秦岭淮河一线及南方低山丘陵地带，而华北内陆地区较少关注。出现这样的区域研究差异，应当主要是因为学者首先考虑交界带地区的地貌一致性、生态脆弱性和历史时期人文环境的复杂性，形成了学术研究由内地走向边缘、由平原过渡山区的趋势。其次，是与学者自身的研究旨趣密切相关。笔者认为，高层政区交界地区的多个区域组合特点使得区域之间发生着内在的互动，这些互动是造成交界地区边缘性、活跃性，产生诸多问题的关键，需要加以研究。交界地区不能仅视为所要解决的问题之所在，而是存在内在的互动机制，需要归纳和总结。

三　研究思路、方法与篇章结构

上文已言，区域一旦划分则表明每个区域都是不同的，否则也就无区域之界。交界地区是不同功能区域的集合体，区域积聚的自然、人文要素综合体所产生的各种地域“问题”也自然有所差异。换言之，每个区域或地域内的问题都是有特点的，或者说是地方的，一个地方，一个特点。因此，对于交界地区内部的各种“问题”的研究必须对于此问题做契合该地的“地方史”的研究。人本主义地理学上强调“地方”和“地方感”，“地方被看成是独特的而不是单一的”①；“把地方看作结构化过程的组成部分，既由社会实践所构成，又反过来构成那些实践活动”②，即将事件、问题放置于具体时空场景中作契合此地方的解读，寻求此事件之真实地方感。人类学上强调获取“地方性知识”③。

虽然国内区域社会史的研究越来强调摒弃地方史、碎化的地方史研究，但不可否认区域社会史的研究何尝不是建立在此前为人不知的无数个地方性知识、史实的“升华”的基础上完成的？只是学者们要将地方性知识与国家制度、地方社会历史的内在发展脉络结合起来而已，这是

① ［英］萨拉·L. 霍洛韦等编：《当代地理学要义——概念、思维与方法》，黄润华、孙颖译，商务印书馆2008年版，第146页。

② ［英］R. J. 约翰斯顿主编：《人文地理学词典》，柴彦威等译，商务印书馆2004年版，第512页。

③ ［美］克利福德·吉尔兹：《地方性知识——阐释人类学论文集》，王海龙、张家瑄译，中央编译出版社2000年版。

其始终积极构建的“特殊”思路，以区别于此前的地方史志式或国家制度在地方上照搬式的研究。不过也有学者对此提出了反思，即一味地否定地方史研究，对区域史、区域社会史的研究并无多大益处，区域史、区域社会史的研究只是地方史研究的纵深化推进，而不是取代。反而要以地方史志为基础，对地方历史的途径进行细致入微的勾勒，“地方志无论就其内容与体例均是其他形式所无法取代的。如果推开地方志作为原始资料这一功能不说，而是将它作为地方历史的叙述方式来看，地方志在视角上似乎只关注地方，但事实上其背后的预设并不在于地方，而在于国家，其目的是观察国家的统治秩序在地方上的运作”。① 赵世瑜则说“新的中国通史将是建立在‘地方性知识’基础上的通史”，当然，这不是“在一个‘宏大叙事’或在某种经验指导下形成的‘国家历史’的框架内进行剪裁的地方史的总和”。② 阿兰·R. H. 贝克则归纳说：“地方史既是有限的（它是微观历史学，关注小地区内的细小事件与微小事件）也是无限的（作为综合史学的一种形式）。地方史学者研究的地区，在规模上变化相当大，其边界经常是不确定的、动态的。但它们倾向于‘小’，而‘地方的’一词当然不再表示其‘被分离’之意。无论其规模是社区还/或是地点，区位都与更广阔的世界相联系。”③

因此，区域社会史不能凭空摒弃地方史的研究，这犹如釜底抽薪。如果说区域社会史研究将地方与国家、事件与长时段的地方社会“结构”结合起来的研究理念对改变纯粹地方史“鸡零狗碎”式研究大有裨益的话，那么地理学学科理念为何就不能对此贡献一二呢？地理学关注各种自然、人文要素的内在联系，在一个有机联系的系统中看待地方性问题，最后综合分析。上述区域社会史的方法用地理学空间关系的概念表述，不就是水平关系（地方之间、地方社会历史的内在脉络）与垂直关系（地方与国家、国家制度进入地方或地方走进国家等）的问题吗？历史地理学又加入另一维度——时间，于是在一个“时空交织”的联系体系中

---

① 陆敏珍：《唐宋时期明州区域社会经济研究》，上海古籍出版社 2007 年版，第 7—12 页。

② 赵世瑜：《作为方法论的区域社会史——兼及 12 世纪以来的华北社会史研究》，《史学月刊》2004 年第 8 期，第 8 页。

③ ［英］阿兰·R. H. 贝克：《地理学与历史学——跨越楚河汉界》，阙维民译，商务印书馆 2008 年版，第 195 页。

看待问题，强调地方性事件要做超地方性尺度的考察，把握围绕着事件的各种要素之间的联系。

基于以上研究理念的考察，本书首先对于交界地区具体问题展开深入的地方史的考察，然后考虑地方性事件与其关联的社会、国家制度等的相互关系，地方性问题与更大时空尺度上的“结构”的关系。

由于交界地区是由不同政区所构成，同时传统行政区划对于内部社会文化之塑造性较强，因此，本书不打算按照传统交界地区研究所采取的整体式、直入式之问题视角，而是对于不同空间尺度中的交界线上之地域互动案例展开细致分析。“在这种已被称之为‘微观史学’的研究方式中，对最细微事件的详确分析，是作为达到深刻结论的手段而被采用的。”① 具体案例从政区形成与调整、动乱防护、水利开发、灾害调适、交通设施管理、信仰文化扩散几个方面着手②，最后验证并总结此交界地区地域互动的机制，即提出假设、验证假设这样一个过程，这是本书采取的主要研究思路。

若完成这种研究思路就要选择妥善的研究方法展开工作。本书首先采取地理学固有的“比例尺的逻辑”或尺度逻辑的方法。其次，运用人类学之“深厚描述”的方法。

从严格意义上，尺度是一种表现的等级（有时称为精度等级），但是在20世纪中期以前，人文地理学中对尺度明确的关注局限于地图学和区域地理学之中。法国地理学家维达尔·白兰士认为“地理分析的两个基本概念一是生活方式；二是研究流动、移民与贸易，他从不认为区域是自我封闭的实体”。他的研究途径是以尺度逻辑（the dialectics of scales）为基础：“为了解在某特定尺度上发生什么状况，例如10000平方千米

---

① ［英］阿兰·R. H. 贝克：《地理学与历史学——跨越楚河汉界》，阙维民译，商务印书馆2008年版，第195页。

② 这几个案例的选择主要是考虑到文献资料的丰富性和案例的典型性、代表性。文献资料丰富能够进行深入分析，是研究的基本前提；所选案例皆具有典型性和代表性，可以说直豫晋鲁交界地区内部诸多问题中皆有与本书所选案例类似的问题。如以水灾调适为例，因河流上下游区位之不同，交界各方互不统属，各交界线上之河道管理、水灾调适事务中皆有以邻为壑的情况出现，造成交界各方之矛盾、冲突，只是本书选择直鲁交界地区水灾调适与省际冲突的案例则最具有代表性。此外，这几个案例之外，经济行为之互动也是地域互动应考虑的内容，如地域商人（泽潞商人与豫北怀商）之交流、商品流通（晋东南与豫北）等，只是已有学者做过探讨，且限于篇幅，本书未展开讨论。

者，必须要同时注意较小的1000平方千米及较大的100万平方千米的尺度里正发生些什么。"① 对于尺度问题，哈格特（Hagget，1965）和哈维（Harvey，1969）确定了三个基本问题，即尺度范围、尺度标准化和尺度联系。尺度联系就是尺度等级间可以有三种联系：同级——比较关系；高级到低级——背景关系；低级到高级——集合关系。② 按一种尺度对于类型和过程进行的概括在另一种尺度下就可能不适用。这就是说，要将不同空间尺度的问题放置于更大乃至更小的空间尺度去综合"观照"，由大到小、由小到大两种尺度方向去观察。

具体而言，本书所选问题或案例涉及直豫晋鲁交界地区的高层政区交界双方，府级政区交界双方，县级政区交界双方，甚至涉及县级以下村落交界双方的不同空间尺度。而每个尺度内的地方性问题要从地方看区域、国家，再从国家、区域看地方，最终去解读交界双方的各种互动关系、行为。更具体地说，是以最小尺度上探求问题之地方性知识，再将尺度放大去看区域、国家，看地方性事件与其之关联和位置；再从国家、区域尺度看此事件，看国家、区域如何走进、影响此地方性事件，多角度、多尺度地综合考察。

不过，小尺度地方性事件研究的关键在于对于此事件进行尽可能深入的分析或者称之为"复原"，然后才能运用尺度逻辑的方法综合考察。长期以来，历史地理论著多以宏观、中观性尺度研究为多，而以微观、小尺度研究为少。张伟然曾在一县域内小尺度政治事件进行行政区、自然区、文化区三者关系的研究中指出："在以往历史地理学的研究当中，用作分析单位的区域一般都是中等以上尺度的区域。如在历史政治地理的观念体系里，县是被当作点予以对待的。其他人文地理分支领域亦莫不如此。……近世以来，随着人口数量的膨胀……从事此一时期的历史地理研究，若仍将县级政区当成一个个不具有空间形状的点，显然是不

① ［法］保罗·克拉瓦尔：《地理学思想史》，郑胜华等译，北京大学出版社2007年版，第142页。

② ［英］R. J. 约翰斯顿主编：《人文地理学词典》，柴彦威等译，商务印书馆2004年版，第631页。

合适的。这是历史地理领域以后将生发出无限新鲜研究课题的支点之一。"[①] 宏观、中观尺度研究对于展现历史地理现象的整体状貌，功不可没，为今后的学术研究奠定了一种"制度性"或框架式基础。但接下来的工作不妨在这些框架之下，深入而细致甚至是反思这些框架和整体式研究，而小尺度、微观性研究则是一个关键视角，其间所运用的方法，尤以"深厚描述"（简称"深描"或"厚描"）方法为要。

"深厚描述"（thick descriptions）的方法是美国人类学家吉尔兹（Clifford Geertz）（也有译为基尔兹、格尔兹）提出的新概念。他在20世纪60—70年代研究印度尼西亚与北非摩洛哥土著居民时运用了这种方法，尤其是以印度尼西亚巴厘岛的若干研究最为著名。他的研究方法实际上是将已发展了数世纪的对古代宗教和语言的文本研究方法移入野外实察。"这些学者与专家在寻找他们研究的文本意义时，尽量忘记自己的观点而采用原文作者以及那些当时读者的看法。依赖此科学研究概念的领域被称为诠释学（或阐释学）（hermeneutics）。"[②] 吉尔兹的人类学研究被称为"阐释人类学"，具体的操作就是用"深描"的方法。[③] 他所提倡的"地方性知识"也在人类学、历史人类学研究中大行其道。[④] 深厚描述强调对于研究对象的各种文本（包括历史文本）做出细致而非已见的判断，结合实地考察进行全面而深入的探究。这种方法对于历史学界的研究甚有启发，促进了新文化史的诞生。在其他社会史领域，从20世纪70年代开始，部分学者运用了这个方法。如年鉴学派第三代领导人，埃马纽埃尔·勒华拉杜里（Le Roy-Ladurie）的《蒙塔尤》（*Montaillou*）就运用了"深厚描述"的方法，被称为微观史学的巅峰之作。[⑤] 近来历史人类学也得益于此方法，将文献与实地调查相结合，目的在于获得问题之地方感，

---

① 张伟然：《归属、表达、调整：小尺度区域的政治命运——以"南湾事件"为例》，《历史地理》第21辑，上海人民出版社2006年版，第172页。

② ［法］保罗·克拉瓦尔：《地理学思想史》，郑胜华等译，北京大学出版社2007年版，第232页。

③ ［美］克利福德·格尔兹：《文化的解释》，韩莉译，译林出版社1999年版。

④ ［美］克利福德·吉尔兹：《地方性知识——阐释人类学论文集》，王海龙、张家瑄译，中央编译出版社2004年版。

⑤ ［法］埃马纽埃尔·勒华拉杜里：《蒙塔尤——1294—1324奥克西坦尼的一个山村》，许明龙、马胜利译，商务印书馆1997年版。

在一种时空“错乱”的场景中理解问题，寻找地方性知识，从而取得了以往部分历史研究无法达到的佳绩。地理学界也引入过深厚描述的方法，其方式是“深入分析所有与空间问题相关的文本（texts）”，加以细致的诠释。“深厚描述”的研究途径于是“提供了一种新角度，容许拓宽对既往的好奇，而可更透彻地调查过去或异地社会（foreign societies，所有过去的社会也都是某种程度的异地社会）中的地理学角色。它促进对社会组织形式，地理传知与地理学之社会需求三者间关系的更系统化之思考”。①

“深描”方法的具体实践，就是要尽量搜集所有个案、问题之空间文本，进行深入而细致的分析、诠释，如能对于研究区域进行实地调查效果更好。最后，“深描”方法的运用在行文上不惜采取叙事式陈述，是“从分析转向叙事模式”的“叙事史的复兴”。通过对地方性问题各种细节的认知和考察，最终实现对大历史的认知。而且在叙述中尽量避免主观和绝对的做法，从各种角度去解读史料，甚至将作为史料的文本当作研究的对象。那么，交界地区研究能否运用此种方法呢？交界地区的问题涉及交界各方，需要细致梳理各方文献，认真考辨，还原事实，方能得出结论。按照尺度逻辑的原则，综合搜集各种空间尺度的文献，如村志、县志、府志、省志、一统志、游记、笔记、碑刻、域外文献等，进行多尺度、多角度的分析。这一方法，前辈学者的历史地理学研究中早已有所体现，只是没有给以一种明确的“表达”。近来所见部分学者的表述似符合这种研究方法旨趣，如有学者称之为“历史地理学的多角度综合研究方法”②；“历史地理学研究的多重证据法”或“多重视角的历史地理学研究”③。何炳棣先生将之称为建立在文献考证分析之上的“多维

---

① ［法］保罗·克拉瓦尔：《地理学思想史》，郑胜华等译，北京大学出版社 2007 年版，第 235 页。

② 辛德勇先生曾于 2009 年 7 月在复旦大学暑期历史地理前沿研修班上作一报告，名为：《历史地理学的多角度综合研究方法——以勾践徙都琅琊事为例》，提到了这种方法。其后发表《越王勾践徙都琅琊事析义》，《文史》2010 年第 1 期。

③ 吴宏岐：《历史地理学方法论的探索与实践》第 10 章“多重证据法在历史地理学研究中的应用：汉番禺城故址新考”，暨南大学出版社 2010 年版。2010 年 12 月 6 日，吴宏岐先生又在陕西师范大学西北历史环境与经济社会发展研究中心作一报告，名为：《多重视角的历史地理学研究——以清代广州至澳门内河水道为中心》，见 http://env_ dev. snnu. edu. cn/news/show_ a_ new. asp? autoid = 385&table = news&title = 近期要闻。

平衡思考”。①

总之，笔者首先将所选案例做地方史、地方感的描述，再运用尺度逻辑的方法，努力将不同交界的互动行为放置在不同比例的尺度下综合考察。再结合实地考察所得②，在时空交错的具体场景中去解读各种尺度的史料，采取叙事式陈述，从多重角度进行思考，力图对于所选案例做出符合“历史”“地理”实际之判断，最终阐释此交界地区地域互动机制。

本书各章内容如下：

交界地区政区格局的形成是讨论交界地区内在互动关系的基础。第一章从空间互动的角度从水平关系上探讨交界的形成及调整过程中交界各方的互动情况，主要从高层政区格局的形成和豫北三府幅员的变化来谈这个问题。除了行政区划外，还有都司、卫所等军管型政区，明代直隶卫所多位于高层政区交界地区，为中央垂直控制地方之目的。直隶卫所屯田军士、军户则错杂于交界地区地方州县境内，形成了一股独立于地方之上的社会群体，久之与地方州县民户发生了诸多矛盾和纠纷。于是本章又以直豫晋交界地区直隶宁山卫的设置及其与地方州县关系为例来看交界地区地域互动之垂直互动。

第二章以明代青羊山陈卿动乱为例来看犬牙相错的政区格局与盗贼兴起之关系，以及动乱发生后交界各方之协调和共同防护问题。青羊山动乱发生于晋豫交界地区的太行山腹地，当地地形复杂，又处晋豫二省行政管理的边缘地区，成为盗贼窃发的活跃空间。对于青羊山“贼”的探讨为我们展现了交界地区动乱产生与之后地域社会共同防护的丰富画面。

若从空间联系来说，交界地区河流的存在直接“建立”了交界各方的地域联系。直豫晋鲁交界地区的河流大多发源于晋东南和直、豫西部的太行山区，水的流体特征使其经流于不同政区之间，在地形条件良好的条件下，这些河流也就成为地域社会发展灌溉农业之水源。围绕着水

① 何炳棣：《读史阅世六十年》，广西师范大学出版社2005年版，第477—478页。

② 笔者于2010年8月赴晋豫交界地区的沁河下游地区进行实地调查，考察民间信仰、沁河下游地区环境、水利等方面，获得了一些地方性资料和对当地的直观感受。

资源的管理、使用，交界地区内部各方民众、士绅、官府，甚至是国家都介入其中，形成了地方与国家用水之互动，以及地方之间的用水互动。互动可以是合作、协调，建立用水秩序；也可以是竞争、斗争，发生冲突。第三章与第四章将详细探讨这些问题。

水既可以是人们生活之源，也可以是灾害之魁首。在黄淮海平原上河患频仍是历史上这一地区民众所司空见惯的事情。在长期的生态灾难中，民众采取了多种调适手段，以躲避水患、降低灾害损失和构建预防举措。然而，当这些调适手段放置于交界地区时，情况就变得很复杂，它涉及不同政区之间因水灾调适而发生互动的问题。其间有协调也有冲突，通常情况下矛盾、冲突占据多数。第五章即探讨明清民国时期直鲁交界地区的水患调适和省际冲突，关注矛盾的形成及其解决的过程。

水资源以外，交通也是地域联系的纽带，也是不同地域相互作用的重要媒介之一。传统时代最重要的交通系统是国家驿路系统，若要保障这一交通系统发挥作用就要仰赖地方民众的切实维护。在交界地区还会涉及不同政区相互协作的问题，其间也会产生矛盾冲突。第六章就以直豫交界地区漳河草桥的搭造与交界各方围绕着造桥义务产生的矛盾来看交界地区各方因交通管理而产生的地域互动。

地域互动的高级形式是文化互动或知觉互动。如果说上述各章所选择的地域互动问题是“实”的话，那么文化互动则较“虚”。文化互动最重要的方式就是文化传播与扩散，传播是文化在不同人群之间互动的过程，当文化在不同地域之间传播就称为文化扩散。本书第七章以晋豫交界地区济渎信仰文化的扩散为例，探讨交界地区文化扩散所反映的地域互动问题。

通过以上各章案例式的呈现，本书最后结论将对交界地区地域互动的机制进行归纳，探讨地域如何互动、因何互动、互动的结果和互动中所起作用的因素（力量）等方面。同时，通过反观本书所论交界地区的诸多地域互动方式与“界”的关系，来反思新区域地理和最近史学界所认为的“区域”“界”是变动不居的、模糊的观点。

第一章

政区格局之形成、调整与互动

政区交界地区各方界限的形成是其最终形成空间互动的基础。传统政区研究经历了由探讨疆域、政区沿革的沿革地理，政区地理，再到政治地理的过程，其突出特点即政区研究中地理（空间）因素的逐步强调，最终上升到地理学的高度。行政区划是王朝社会控制的重要手段，是政治因素作用于自然地理环境所形成的政治空间，“是国家行政管理的产物，由法律形式予以确认，有最明确的边界与确定的形状”。[①]

随着研究的不断深入，传统王朝划分政区边界的两大原则——山川形便与犬牙相制，渐为学界所公认。按照山川形便原则划分政区界限是以王朝版图内自然地理环境为基准，而犬牙相制主要源自王朝政治统治的需要，这种政区划界原则在王朝社会控制上作用明显，元代以来其被王朝运用日益成熟，成为王朝控制地方的不二法宝。它人为地将王朝政治区域界限发生“空间错位”如犬齿状，目的在于各行政区域互相牵制，防止其割据，维护王朝统治稳定。但是这种划界原则形成之后，高层政区各方此中有彼，彼中有此，必将发生空间相互作用，最终形成了诸多社会问题。其表现诸如河流上游为己境，下游即为邻封，水利管理难以协调；交界地区界限犬牙交错，行政管理鞭长莫及，成为盗贼倡乱之活跃地带；灾害应对中难以统一协调，以邻为壑，此疆彼界观念极为分明等。

空间互动包括水平互动和垂直互动，导源于两种空间关系——水平

---

① 周振鹤：《中国历史上自然区域、行政区划与文化区域相互关系管窥》，《历史地理》第19辑，上海人民出版社2003年版，第1页。

关系和垂直关系。水平关系多能借助几何学的形式表达出来，易于表象，如政区与政区之间、文化区与文化区之间，各种物质流的流动、传播图式等；而垂直关系，除了垂直地带性的空间表达易于表现外（如山脉的垂直地带分层图），其他如约翰斯顿所说的联系同一地方的不同因素的垂直关系则并不能轻易用几何图形的形式表达，只能作为一种相对空间被描述、感知。以往政区研究者多只关注水平关系，犬牙相制、山川形便等政区边界皆是如此，而对垂直关系较少研究。以犬牙相制为例，除了高层政区边界成犬牙状这一种犬牙相制格局外，还有一种是建置管理层面上的犬牙相制，[①] 也就是说这种犬牙相制只是建置管理层面的，不涉及空间关系。

直豫晋鲁交界地区界限的形成肇始于元末明初的军事进攻方略，随后发生了一些调整，主要是直豫省界的调整和县级政区界限的调整。另外，明代军事卫所作为一种特殊政区或准政区，在直豫晋交界地区表现突出，如直隶宁山卫坐落当地，但其屯田又坐落于直豫晋交界地区，与地方州县发生了互动行为，表现为军民冲突。本章从直豫晋鲁交界地区政区格局形成、调整来探讨水平互动，以直隶宁山卫与交界地区地方州县之关系来探讨垂直互动。

一　水平互动——政区格局的形成与调整

（一）高层政区格局之形成

早在汉代，孟津以东的华北平原地带，政区设置就已露犬牙相制之端。《史记·孝文帝本纪》称："高帝封王子弟，地犬牙相制，此所谓盘石之宗也。"[②]《汉书》则说："诸侯王自以骨肉至亲，先帝所以广封连城，犬牙相错者，为盘石宗也。"[③] 这一策略在平定七国叛乱时也起了作

---

① 周振鹤认为包括都司、行都司、布政司与卫所等之间的复式政区，其犬牙相制是建置管理方面的，而区别于单式政区间（如高层政区之间）之犬牙相制。见氏著《中国地方行政制度史》，上海人民出版社 2005 年版，第 248 页。

② 《史记》卷 10《孝文帝本纪》。

③ 《汉书》卷 53《景十三王传》。

用，使中央政府得以迅速平息叛乱。[①] 太行山东西高层政区历来多以太行山为界，但也不乏犬牙相错之端，尤其是晋东南上党地区与豫北地区。先秦时期上党之地原属韩国，却介于魏、赵疆域之间，后来发生长平之战最终归属秦国。唐后期昭义军节度使亦兼跨太行山东西之地。不过元代以前高层政区间犬牙相制原则运用得尚不明显，直至元、明、清时期方大行其道。

行省作为地方行政区划，始于元朝。元中央政府为中书省，山东、山西、河北即腹里地区直隶于中书省。地方则设行中书省，意为中央政府的派出机构，简称“行省”。行省掌一省的军事和民政事务，是军政合一性质的地方政权机构。元朝立国后有意打破山川形便原则，设置了亘古未有的大行省，直豫晋鲁交界地区皆为当时中书省辖地，中书省包括了今天山西、河南黄河北部、山东、河北地区，幅员空前。山西一省完全并入中书省，东部自古为高层政区分界线的太行山一线成了中书省内地，打破了山西“表里山河”的自然格局。中书省南部大致以黄河为界，其南为河南江北行省。在中书省一省内，直豫晋鲁交界地区自无犬牙交错可言。

入明以后，太祖有意扭转元朝弊政，对行政区划大加改革。为加强中央集权，改行省为布政使司，布政使司只主管民政，另设提刑按察使司掌刑狱，都指挥使司掌军政，合称为都、布、按三司，遇大事由三司会商。明布政使司的职掌与元行省虽有差异，但作为行政区划，两者并没有本质上的不同。[②] 与元朝不同的是，明王朝有意压缩高层政区幅员，洪武以后全国高层政区最终形成了两京、十三布政使司。此外，统县政区幅员又有所扩大，以便加大地方行政管理范围，增强地方绥靖治安之能力。[③] 如山东一省仅设置 6 个府，而此前宋代就有 20 个州（或府、军），清代也有 12 个府和直隶州。入明后，元中书省分设山西、河南（北部地区）、北平（永乐以后称京师，或北直隶）、山东四省，明军北伐行军路线

---

① 周振鹤：《中国地方行政制度史》，上海人民出版社 2005 年版，第 239 页。

② 赵永复：《明代地方行政制度考述》，复旦大学历史地理研究所编：《历史地理研究》第 2 辑，复旦大学出版社 1990 年版，第 190—191 页。

③ 周振鹤：《中国地方行政制度史》，上海人民出版社 2005 年版，第 209 页。

与这些省区的形成密切相关，直豫晋鲁交界地区犬牙相制的政区格局也最终形成，这里结合《明代政区沿革综表》[①] 及相关史实，分述如下。

元至正二十七年（1367）十月庚辰，朱元璋召诸将议北征，并亲定北伐战略曰："元建国百年，守备必固。悬军深入，馈饷不前，援兵四集，危道也。吾欲先取山东，撤彼屏蔽；移兵两河，破其藩篱；拔潼关而守之，扼其户槛。天下形胜入我掌握，然后进兵，元都势孤援绝，不战自克。鼓行而西，云中、九原、关陇可席卷也。"[②] 本月甲子，以徐达为征虏大将军，常遇春为副将军，率师二十五万，由淮入河，北取中原。至洪武元年（1368）二月癸丑，常遇春攻克东昌，仅用四个多月的时间就攻下山东。明军进军路线是先由南、东攻克山东半岛，再西进克济南、东昌，囊括鲁西。吴元年（1367）改济南路为济南府；益都路为青州府；济宁路为济宁府；东平路为东平府。[③] 洪武元年（1368）二月，改东昌路为东昌府，升般阳路属莱州为莱州府。此年四月癸亥，置山东行中书省，这样山东省界基本形成。明代山东行政区划以府为中心，降州为县，扩大府级政区幅员，不设直隶州为主要特点。山东行省政区尚与元代以前山东地区的高层政区格局基本一致，大致为齐鲁故地。

洪武元年（1368）三月，明军挥师西向河南，至四月攻取河南，并不战而据有潼关，最终形成了对元大都的钳制。洪武元年五月至八月攻克大都，占有中书省大部。八月十五日，徐达、常遇春挥师西向，攻取山西。至洪武二年（1369）二月攻克大同，进而平定山西。随着军事进程发展，黄河北部政区相继设置，其中不乏朱元璋政治、军事目的之有意运作。

明军攻克黄河南部河南地区后，于洪武元年（1368）五月癸巳，置河南行省，辖黄河南部各府、州、县，相当于元河南江北行省之河南部分。随后兵锋北进，将太行山以东、山东行省以西之元大名路、广平路、怀庆路、卫辉路、彰德路、顺德路、真定路、保定路、河间路和大都路等相继攻克。每克一路，则改为府。洪武元年十月庚寅，这些府皆属河

① 牛平汉编著：《明代政区沿革综表》，中国地图出版社 1997 年版。

② 《明史》卷 1《太祖本纪》。

③ 《明史》卷 41《地理志二》。

南行省。这样从洪武元年十月至二年三月癸丑置北平行中书省时，河南北部面积甚大，包括了后属北平行中书省的保定府、河间府、真定府、顺德府、广平府和大名府，及后来的豫北三府（怀庆、卫辉、彰德府）。这样，一个前所未有的大河南省就出来了。从而打破了以往以黄河为界划分高层政区的山川形便原则，黄河以北地区被纳入河南省区，就与山东及太行山以西地区形成了犬牙相错之政区格局。

到了洪武二年（1369）三月癸丑，置北平行中书省，原属河南之保定、河间、真定、顺德、广平、大名六府，山东行省所属之北平（洪武元年八月壬午由大都路改，十月庚寅往属山东行省）、滦平二府（洪武元年十月属山东，四年改为永平府）来属。九年（1376）六月甲午，改行中书省为承宣布政使司。永乐元年（1403）正月辛卯，建北京于北平府。十年（1412）二月庚戌，裁北平布政使司，改北平府为顺天府，其原领八府，直隶于北京行部。十九年（1421）正月初一，罢北京行部，其原领之八府、二直隶州直属京师。而河南北部三府仍属河南行省不改，有意使得河南与京师省界互相咬合，成犬牙状，清代相沿不改，直至新中国成立以后河南与河北边界才大致趋平，影响可谓久矣。

攻取大都后不久，明军进兵山西，洪武二年（1369）四月戊辰置山西行省。东部省界大致以太行山为界与河南、北平划界，回归山西“表里山河”的政区格局，仍旧实行山川形便划界原则。不过，随着此前河南北部、北平地区政区的设置，山西东南部上党地区，又与河南北部形成了犬牙交错的格局。明初，该区皆为平阳府辖地，后鉴于该区军事地理位置突出、平阳府面积过大，行政区划又做了调整。洪武二年升潞州为直隶州，分平阳府属长子、屯留、襄垣三县一并来属。① 嘉靖八年（1529），平定潞州青羊山“贼”乱后，二月甲午升潞州直隶州为潞安府，置附郭长治县。于青羊山置平顺县与平阳府属潞城、壶关、黎城三县，一并来属，相延至明末。洪武二年（1369），省泽州州治晋城县入，升泽州为直隶州，分平阳府之高平、阳城、陵川、沁水四县来属。同年，又升辽州为直隶州，分平阳府属之榆社、和顺二县来属；沁州为直隶州，分平阳府属沁源、武乡二县来属。

① 《明史》卷41《地理志二》。

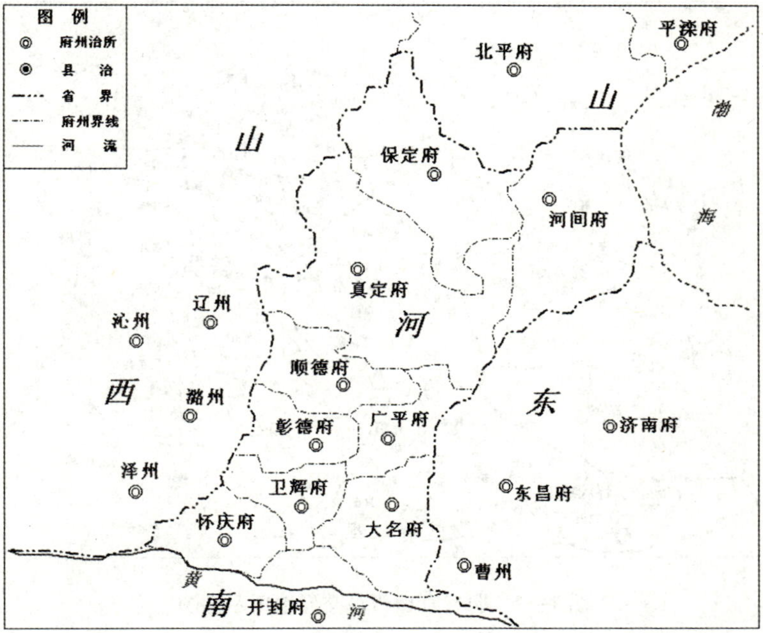

图 1—1　洪武元年十月至二年三月河南北部形势示意图

说明：此图据谭其骧主编《中国历史地图集》第 7 册《明时期》编绘。

山西东部虽以太行山与河南、北平划界，但以山脉为政区边界，在古代并不完全“客观”，大多数山脉盘延错结，很难做到整齐划一，如太行山、南岭一线。以此为界，己省之地与邻省交错纠结，也会出现犬牙相错的格局，这是以往研究所忽视的。在以山脉为高层地区边界时往往会出现鞭长莫及之处，边界土地纠纷、山区盗匪频仍情况时有发生，明代潞州青羊山“贼”之乱、南赣巡抚的设置即是明证。甚至入清以后晋豫交界地区边界争端仍有发生，如雍正《泽州府志》就记载康熙十六年（1677）八月，河南怀庆府与山西泽州府互相争地而起纷争之事。[①]

河南彰德府辖境最能体现将豫北划归河南之政治、军事意图。彰德府原为元代之彰德路，只领三县一州——安阳（附郭）、汤阴、临漳、林

① 雍正《泽州府志》卷 9《晋豫交界碑》。

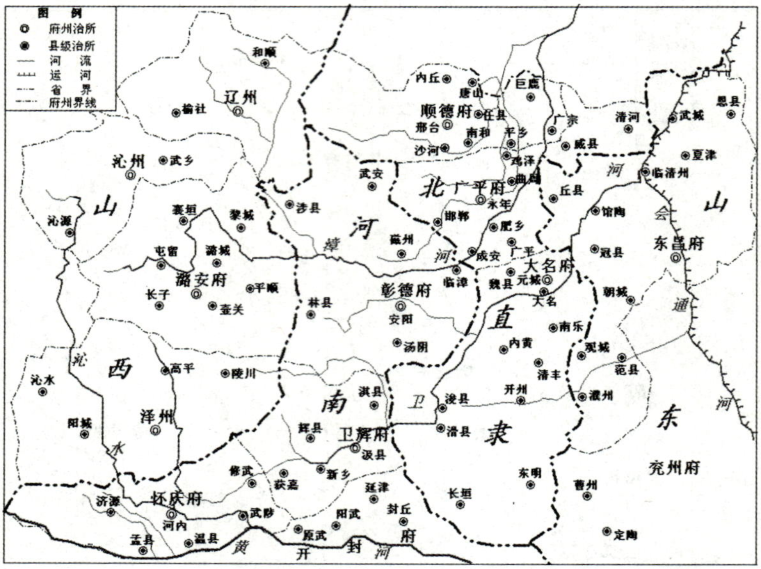

图 1—2 明代直豫晋鲁交界地区示意图

说明：此图据谭其骧主编《中国历史地图集》第 7 册《明时期》编绘，万历十年（1582）图。

州。[①] 此三县一州皆在漳河以南，颇体现山川形便之划界原则。漳河以北即为广平路之磁州（领武安一县）及真定府之涉县。洪武元年（1368）闰七月，改彰德路为彰德府，十月庚寅属河南行省。二年四月甲戌，降林州为林县；分广平府磁州及所领武安县来属。又分真定府涉县来属磁州。[②] 这样彰德府就辖有漳河北部之磁州及涉县、武安二县，深入上党北部、太行山中部。涉县之政区归属颇有意味，金元以前涉县在太行山东西高层政区之间东西摆动。西汉始置涉县，属魏郡。后汉曰沙侯国。晋曰涉县，属广平郡，后魏省入刘陵。隋开皇十八年（598），复置，属潞州，首次划归太行山西部统县政区管辖，大业初属上党郡。唐武德元年（618），属韩州；贞观十七年（643），属潞州。五代因之。宋属隆德府（治今山西长治）。金贞祐三年（1215）于县置崇州，四年州废；兴定五

① 《元史》卷 58《地理志一》。

② 《明太祖实录》卷 41，洪武二年四月甲戌。

年（1221），复置。[①] 元初州废设县，“至元三年（1266），以涉县割入真定路”，却与真定路之间隔着广平路、顺德路，变成了真定路的一块“飞地”，一直延续至元末，这就如同将太行山中部拦腰截断。涉县处太行山东部，境内清、浊漳河穿境而过，为河北入山西上党之要道，东南即为太行八陉之滏口陉。境内“符山峙于北，漳水绕于南。东则有雨露岭之嵚崎，西则有毛岭之险僻。四壁山环，天成城郭……其为侧隘可守者不止一处，盖中州最险之邑也”[②]。涉县飞地的出现，有意打破了太行山自然形便，使得山西东部门户大开，与山西东部政区犬牙相错。显然明代继承了这一格局，只是不设飞地，而属河南彰德府，地图上这段省界呈弯曲状即来源于此。彰德府北部成为豫北深入太行山中部、直隶西南之门户，其军事牵制之目的明显。

行政区划反映了统治者既定的政治目的与行政管理的需要，并最终作用于地理空间形成行政区域的界限。行政区划也是统治阶层针对不同地域之间具有非常时期政治、军事互动意义而采取的控制方式，也就是说政区格局的形成本身也是地域之间互动的结果，其间统治阶层的政治、军事意图在起支配作用。行政区划的最初设置，政治目的比行政管理需要更为强调，尤其是在王朝建立初期，之后才有行政区划反复调整的过程。明代直豫晋鲁政区格局的最突出特点即是河南北部深入到山西太行山中部、北直隶中南部地区，这是朱元璋的有意安排，是基于当时河南政治、军事形势的把握。明军攻克河南后，河南成了南京、中都的防御咽喉，洪武元年（1368）八月河南省会开封府被立为北京［洪武十一年（1378）罢］，至洪武十六年（1383）开封一城之军力就有6卫，是当时除南京外卫所最多的城池。[③] 洪武初年，朱氏政权面临的是北面的敌人，河南地区的政治、军事形势颇为紧要，豫北深入燕、晋，一旦北面有事，此处可为牵制北方燕、晋之前沿阵地。守河北也意在保河南，汉光武帝因河北而南定河南；唐李光弼宁去洛阳而守河阳。所以顾祖禹说：“故今日之以河北三郡而附于河南也，此固国家犬牙相制之意，出于山川条列

① 嘉庆《重修大清一统志》卷196《彰德府一·建置沿革》。

② 嘉庆《涉县志》卷1《形胜》。

③ 郭红：《中国行政区划通史·明代卷》，复旦大学出版社2007年版，第527页。

之外者也。夫河北之足以制河南也，自昔为然矣。”① 顺治《河南通志》也说：“天以河界豫，是分之也。举河北三郡而属之河南，襟带相维，犬牙相错，划疆者固有深心欤！”②

明初北方地区的统治基本稳定后，河南变为腹里，设置犬牙相错政区格局以防御北面的政治、军事意图自应让位于行政管理的需要。但是河南北部、东南部地连数省，犬牙相错，行政管理颇为不易，所以桂萼说：“彰德道出赵（山西）、魏（北直隶）之间，军民左右属盗，虽敛迹而牵制之患实与归德同。”③ 尽管如此，高层政区之间界限犬牙相制以控制地方、便于中央集权的意识却逐步加强，犬牙相错的政区界限仍被继续维持。同时，都司、卫所辖区之间及军管型政区与布政司（行政）辖区之间也有犬牙相制，诸如此类相配套成为明代行政区划犬牙相制原则的主线。

入清以后，清王朝对直豫省界有所调整，但犬牙相错的政区格局保持不变，雍正《河南通志》谈及河南北部政区格局仍说：“豫当大河之南，自崤、函东渐淮、汝，形势划一。而彰、卫、覃怀斗入燕、晋，河山纷纠，襟带抱负，犬牙错处，称盘石矣！”④ 较为清楚地揭示了明清王朝在这一地区设置犬牙相制政区格局的政治用意。

（二）府级政区幅员调整——以豫北三府为例

明代直豫晋鲁交界地区政区格局的形成，为后世奠定了基础，影响非一时而已。政区格局一旦形成，势必逐步影响地方社会，交界地区各政区之间保持一种人为的“空间关系”，从而进一步加深交界各方的互动行为。下面再具体以中央和地方文献为中心，综合来看豫北府级政区幅员调整所反映的交界各方之空间互动。

有关清代政区研究中通论性宏观论著多有出现，形成了一些得到学界承认的“通识”。对于清代府级政区的调整，研究者多认为清代鉴于明代部分府级政区幅员过大的毛病，在雍正年间有意缩减，同时增设统县政

---

① 顾祖禹：《读史方舆纪要》卷46《河南一》。

② 顺治《河南通志》卷5《疆域》。

③ （明）桂萼：《广舆图叙·河南》，明嘉靖四十五年刻本。

④ 雍正《河南通志》卷6《疆域》。

区——直隶州，以利于行政效率的发挥。这是研究者在对相关文献的深刻把握基础上所形成的成熟看法，不过这也给后来学者带来一种错觉——王朝行政政策导致了府级政区幅员的缩减，即行政区划调整是单一方面的，先有王朝统治阶层的思考，提出政区改革的方针，再有地方社会的执行，最终落实到政区幅员的缩减。于是，在政区区划调整过程中的地方因素不见了，变成了一种单一的自上而下的模式，政区改革中地方历史的丰富色彩无法体现出来，实际情况恐怕也并非如此。本节通过梳理相关文献，对于雍正初年豫北和直隶南部府级政区幅员伸缩变化之考察，来展现清初政区改革中丰富的地方历史，其间我们也能看到府级政区之间针对不同事务所发生的互动行为最终导致政区幅员调整的清晰画面。

1. 清代豫北三府幅员之变化

清代初年，豫北政区幅员继承自明，至雍正初年方做调整。

表1—1　　　　清代豫北三府幅员变化表

府名	年代	幅员增减	领县总数
怀庆府	顺治二年	袭明制	6县：河内、济源、修武、武陟、孟县、温县
	雍正二年	开封府原武县来属	7县：河内、济源、修武、武陟、孟县、温县、原武
	乾隆四十八年	开封府属阳武县来属	8县：河内、济源、修武、武陟、孟县、温县、原武、阳武
卫辉府	顺治二年	袭明制	6县：汲县、新乡、获嘉、淇县、辉县、胙城
	雍正二年	开封府属延津县来属	7县：汲县、新乡、获嘉、淇县、辉县、胙城、延津
	雍正三年	直隶大名府属浚县、滑县来属	9县：汲县、新乡、获嘉、淇县、辉县、胙城、延津、浚县、滑县
	雍正五年	裁胙城县并入延津县	8县：汲县、新乡、获嘉、淇县、辉县、延津、浚县、滑县
	乾隆四十八年	开封府属封丘、归德府属考城二县来属	10县：汲县、新乡、获嘉、淇县、辉县、延津、浚县、滑县、封丘、考城
	光绪元年	考城县还属归德府	9县：汲县、新乡、获嘉、淇县、辉县、延津、浚县、滑县、封丘

续表

府名	年代	幅员增减	领县总数
彰德府	顺治二年	袭明制	1州：磁州；6县：安阳、临漳、汤阴、林县、武安、涉县
	雍正三年	直隶大名府内黄县来属	1州：磁州；7县：安阳、临漳、汤阴、林县、武安、涉县、内黄
	雍正四年	分磁州往隶直隶广平府	7县：安阳、临漳、汤阴、林县、武安、涉县、内黄

说明：该表据牛平汉主编《清代政区沿革综表》编制，中国地图出版社1990年版。

由表1—1来看，清代豫北三府中彰德府变化幅度最小，仅在雍正三、四年有所变化。其次是怀庆府，在雍正二年（1724）、乾隆四十八年（1783）接纳了开封府两个属县。卫辉府变化最大，由最初6个县，一直到清末的9个县，乾隆四十八年起甚至达到10个县。由三府幅员变化的空间特征来看，北部变化最小，只是磁州于雍正四年（1726）往隶直隶广平府；其次是东部，东部内黄、浚县、滑县均于雍正三年（1725）由直隶大名府来属河南彰德府和卫辉府；最后，南部幅员变化最大，绝大部分属县继承于开封府，仅考城县原属归德府，光绪元年（1875）又再归还。

2. 幅员变化之原因

（1）北部幅员变化

彰德府位居三府之最北，为南北交通之要道，明清南北驿道贯穿于此，故有“十省通衢”之称。① 明代彰德府辖1州6县，雍正四年（1276）将磁州改隶直隶广平府，并非因彰德府幅员过大而是缘于滏阳河水利的管理问题。滏阳河流域为北方地区著名的灌溉农业区，历史上引滏阳河水灌溉沿线农田，水利发达，一直持续至民国时期，学界探讨较多。② 磁州为滏阳河的发源之处，位居上游，境内引水闸座较多，往往独擅水利，致使下游邯郸、永年、曲周、鸡泽、平乡、任县等沿河地区灌

① （清）王凤生：《河北采风录》卷2，《中国水利志丛刊》，广陵书社2005年版。

② 王建革：《河北平原水利与社会分析（1368—1949）》，《中国农史》2000年第2期；王培华：《清代滏阳河流域水资源的管理、分配与利用》，《清史研究》2002年第4期。

溉失利。如称“永年各闸，皆傍堤引水入地而不绝其流，旱涝与下游共之。上游磁州、邯郸多拦河横闸，每因水构讼”。[①] 雍正二年（1274），邯郸、永年又与磁州争水。磁州筑拦河三闸，水不下行，邯郸、永年等五县不沾涓滴之利。雍正四年（1276），直隶地区兴办水利营田，直隶地区建京东、京西、京南、天津四营田局，直隶南部正定、顺德、广平三府归京南局管辖。广平府境内滏阳河沿线诸县因上游河南磁州民众独擅水利而屡生词讼，两省交恶。广平府知府张廷勷上奏请求均平水利，朝廷下令两省勘议。怡贤亲王奏请将磁州改属直隶广平府，其疏曰：

> 查广平旧《志》磁州属广平路，领成安。成安现隶广平，则磁州本非豫属明矣。请将磁州改归广平府，则滏阳一河全由直隶统辖，均水息争，同安乐利。[②]

怡贤亲王所述元代磁州行政归属以之为改属直隶寻求证据，实际上已打破了明代将磁州改属河南之政治目的，这说明军事、政治意图在清代逐步让位于行政管理、社会经济之需要。雍正《畿辅通志》述及永年县水利说：“磁人筑坝拦水，八闸已废其五。今磁州改归广平，闸水分时启放，濒河数邑均沾其润，而永年先受之。滏水汤汤，良苗翼翼，一时顿复其旧云”。[③] 这反映了磁州改归广平水资源统一管理后，永年县农田灌溉所获之益。磁州划归直隶广平府管辖，一直相沿下去。这种政区调整实际是缘于直豫交界地区水利社会之间用水矛盾而发生的互动行为，国家干预起到了关键作用。

（2）东部幅员变化

雍正三年（1275），直隶大名府之内黄、浚县、滑县划归河南管辖，其中内黄县划给彰德府，浚县和滑县划归卫辉府管辖。调整原因并非完全因大名府辖境太大[④]。据《清世宗实录》载世宗谕曰：

---

① 光绪《永年县志》卷6《水利》。

② （清）潘锡恩编：《畿辅水利四案·初案》，道光三年刻本。

③ 雍正《畿辅通志》卷47《水利营田》，雍正十三年刻本。

④ 明代大名府辖开州，元城、大名、魏县、南乐、清丰、内黄、浚县、滑县、东明、长垣等10县。

> 直隶大名府属之滑县、浚县、内黄县为河南漕运所经。地虽接壤，而属则隔省。闻多有呼应不灵之处，以致河南粮船年年迟误。且大名府所属计一州十县；彰德府所属只一州六县；卫辉府所属只六县。若以滑、浚、内黄三县分隶彰德、卫辉，则多寡既均，而于运道得专责成亦有裨益。着九卿速议具奏。①

九卿寻议："浚、滑为古汲郡地；内黄为唐相州地，本均属河南省。请以浚、滑二县隶卫辉府；内黄县隶彰德府。运道粮艘，咸资裨益。"②

雍正将漕运管理因隔属不便，"呼应不灵"放在首位，其次才是大名府幅员太大，彰德、卫辉二府幅员较小，可以调整。当时，河南漕船从卫河水路及陆路运至大名府小滩镇，再由此沿卫河入南运河运至京师。因直隶大名府滑县、浚县、内黄三县内卫河水道险阻较多，直隶地方民众不加疏浚，河南地方无法管理，以故河南漕船每多误时。雍正帝"闻多有呼应不灵之处"显然是地方大臣上奏后得知。此时河南巡抚为田文镜，据田文镜上奏称：

> 豫省漕船自卫辉府水次受兑前进，经由滑、浚、内黄三县，中多沙石浅滩，需夫挑挖。在滑、浚等县，以河南漕运为隔省之事，不甚相关。而押运官弁又以非本省所属，呼应不灵，每致抵通迟误。③

显然，上述三县划归河南是田文镜上奏所致，为协调两省漕运水道管理，故有上述改属之请。卫辉府处卫河上游，辉县为卫河发源之处，河南漕粮多由农民运至卫辉，再由卫河东下，经直隶大名府到山东临清入南运河，北运京师。早在雍正二年（1274）九月，因河南漕粮运至大

① 《清世宗实录》卷33，雍正三年六月丙戌。

② 《清世宗实录》卷33，雍正三年六月丙戌。

③ （清）田文镜：《抚豫宣化录》卷2，中州古籍出版社1995年版，第55页。

名府小滩镇，民众因路远不便，迟误漕粮运送，田文镜就曾给雍正上奏，称河南漕粮兑运不必限于直隶大名府小滩镇，以便民生。田文镜奏称：

> 伏查卫河自屯子、马头至老鹳嘴一十八里，系太行山发脉，河底多石。水深则舟行无碍，水浅则阻滞难行，此运弁、旗丁所以乐受兑于小滩，而不愿于卫辉水次。但小滩受兑在弁丁固属有益，而豫省官民则有未便者。盖河北之彰德、卫辉、怀庆三府及阳武、原武、封丘三县，起运漕粮并给军行月等米共该一十万四千余石。自康熙五十八年奉旨改征本色以来，俱系民间纳米交仓候兑。今若运至小滩，远者不下七、八百里，近者亦至四、五百里，舟车搬运，费既浩繁。且严冬雨雪，跋涉长途，不惟迟误堪虞，且多折耗渗漏，此不便于本色之米者一也。……窃思漕粮关系国储，运道必期无阻。……今应否将本色米一十万四千余石仍在卫辉五陵水次兑运外，其采买米一十五万余石，自卫辉府至小滩镇沿河一带地方，不拘何处买米，即于彼处交兑，不必拘定卫辉，亦不必拘定小滩。则兑运既属便宜，而漕船亦不致迟误矣。①

田文镜还指出，河南漕粮于小滩兑运，“每于交兑之时，运米就船既苦转输之不易，携银就买又遭牙户之居奇。且该地方百姓均系回教，臣闻从前豫民运粮至彼，即坐歇树下，亦须纳地钱二三十文，其余勒索亦自可想而知。虽车畜一统，皇上之于四海臣民总属一体，而小民见利便多此疆彼界之分”。②

滑、浚、内黄三县改属河南正是在河南漕粮运送出现问题这样的背景下实现的。漕运为中央大事，但对于地方行省来说，因互相隔属，各分畛域，管辖不灵。这就需要地方行省之间互相协调，田文镜深得雍正帝信任，所奏得到批准。三县一旦划归河南管辖，地处己境，又居上流，河道疏浚较为容易，便于管理。大名府幅员也由东西向南北拉伸，得到

---

① （清）田文镜：《抚豫宣化录》卷 2，中州古籍出版社 1995 年版，第 45 页。

② 《河南巡抚田文镜奏覆漕船由小滩镇受兑之弊折》，张书才主编：《雍正朝汉文朱批奏折汇编》第 6 册，江苏古籍出版社 1990 年版，第 831 页。

压缩。至于浚、滑二县划归卫辉府，内黄划给彰德府之原因也并非完全是二府辖境太小，只是如九卿所议有历史渊源，为古汲郡（卫辉府首县为汲县)、相州地，有着地缘因素，也是就近原则。

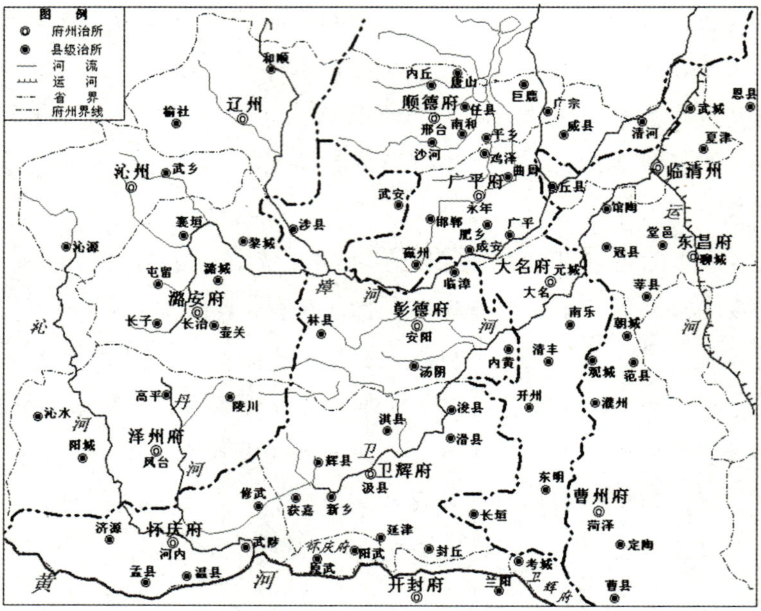

图1—3 清代直豫晋鲁交界地区示意图

说明：此图据谭其骧主编《中国历史地图集》第8册《清时期》编绘，嘉庆二十五年(1820)。

（3）南部幅员变化

豫北三府中南部地区幅员变化最大，皆在怀庆府、卫辉府。主要在雍正二年（1274）和乾隆四十八年（1783），如表1—1所示。所涉改属州县多源自开封府，开封府北境地跨黄河，深入河北，从元代即是如此。元代黄河北部延津、封丘、阳武三县即隔黄河属河南江北行省之汴梁路，明代继承下来并未改变。开封明初甚至被定为北京，后虽被裁撤，卫所数量在河南仍居于第一，战略位置突出。开封府幅员广大，辖境跨越黄河兼有河北之地，可以巩固开封外援防御。只是在和平时期行政管理逐步上升至首位，开封府河北之地行政管理鞭长莫及，在清代进一步突出。

雍正二年（1274），河南巡抚石文焯疏言：“豫省开封府辖四州三十县；河南府辖一州十三县；汝宁府辖二州十二县，地方辽阔，请改设直隶州分辖。将开封府属之西华、商水、项城、沈邱四县，分隶陈州；临颍、襄城、郾城、长葛四县，分隶许州；密县、新城二县，分隶禹州；荥泽、荥阳、河阴、汜水四县，分隶郑州。其原武、延津二县，均在河北，原武县就近归怀庆府管辖，延津县就近归卫辉府管辖。”① 这是清初河南地方鉴于明代府级政区幅员过大而调整之始，其方法有二：一是增设直隶州或加大直隶州幅员；二是将原属县划归其他府管辖。开封府河北属县原武、延津划归怀庆府、卫辉府采取就近原则，其河北幅员得到缩减，其原因则是开封府地兼河北，管理不便。

这种情况在乾隆四十八年（1783）开封府封丘、阳武二县，归德府考城县改属怀庆、卫辉二府时得到更为直接的体现。如民国《封丘县志》引述《皇朝通典》称“乾隆四十八年三月，上以河道间阻，不便管辖，乃改（封丘）属（之）卫辉府”②。这三县密迩黄河，皆处河北，防汛工作颇为紧要。因隔河遥属开封府，统辖不便，防汛管理屡有疏忽，故而有改属之举。三县改属之后，行政、军事管理也做相应调整，以便管理。乾隆四十九年（1784）三月，河南巡抚何裕城奏称：

> 阳武、封丘、考城三汛，向系开封、归德二营管辖。今各该县已改隶卫辉、怀庆二府，其汛弁亦应改拨移驻。请将河北镇左营清化汛把总移驻阳武，作为王禄营协防。……卫辉营新乡汛把总移驻封丘，作为封丘汛驻防。卫辉营外委移驻新乡，作为获嘉汛协防。……又卫辉营外委一员，移驻考城，作为封丘汛协防。于该营存城兵内抽拨马守兵十二名移驻。③

兵部议准，所奏获批。时黄河在三县南境，考城县与山东、直隶接壤，黄河防汛最为紧要，且处黄河南北摆动之要津，屡为黄水冲决，归德府隔河管理颇为不便，故改属卫辉。早在乾隆四十三年（1778），考城

① 《清世宗实录》卷23，雍正二年八月癸巳。

② 民国《封丘县志》卷2《地理志》。

③ 《清高宗实录》卷1200，乾隆四十九年三月己丑。

县城没于河，河督阿桂因南岸七里陷于河，奏将南岸七里之地改属睢州，割仪封县河北岸十里隶考城。然而四十三年之后，考城仍屡被河患，乾隆四十七年（1782），阿桂奏将考城县治移至河北，奏曰：

查考城自四十三年以后屡被漫水淹浸，郭塌隳，官民俱在堤上居住，本有不得不移之势。至堤内居民屡被灾浸，各移高阜居住。其傍堤庐舍甚为寥寥，即有民田，亦可将旧河身滩地拨给更换。或情愿于新堤外居住者，即将其地照河滩减则，不致稍有扰累失所。①

这样考城县境都在黄河北岸，与归德自相隔绝，新治在黄河北岸堌阳，即旧属仪封县地。至乾隆四十八年（1783）三月，考城随即改属卫辉府。

至咸丰五年（1855），河决铜瓦厢，黄河东北向经流入海，考城县转为黄河东南，与卫辉府隔绝。光绪元年（1875），举人李正修等请以考城属开封府，河南巡抚钱鼎铭奏仍属归德府，获批。据光绪元年二月二十七日，钱鼎铭奏疏曰：

窃照卫辉府属之考城县原隶归德府属。自乾隆四十八年，因兰阳李六口坝工合龙，将该县城池移建黄河北岸，改隶卫辉府管辖。经前抚臣、河臣会同奏明，奉部议准，七十余年事事诸臻妥洽。洎咸丰五年铜瓦镶（厢）决口，黄河改道北流，考城转居河之东南，距卫郡二百四十里，相隔太远。该府势难遥顾，而府院考试士子自县赴郡应由封丘、长垣等县境绕道渡河，偶遇风狂河冻，往往贻误场期，以致应试者逐渐稀少。且解勘命盗等犯及递送文报，往返河干，时多阻滞。②

李正修等建议将考城改属开封府，但河南藩、臬两司官员认为黄

① 民国《考城县志》卷3《大事记》。

② （清）钱鼎铭：《请将考城县仍隶归德府并将考城县改为简缺光山县改为要缺折》，《钱敏肃公奏疏》卷7，载沈云龙主编：《近代中国史料丛刊》第1辑第175册，成文有限公司1968年版。

河改流后考城与开封府、归德府均无隔阻，离归德府虽远，但开封府所辖已有十六州县，归德“仅止八属”，自应将该县仍隶归德府管辖。可见，考城县改属卫辉府后再归复归德府实因黄河改道，本县与原府相隔大河，府级官员统辖不便所致。而出现这种情况后，对于该县各种事务皆有不便，牵涉到了县域内地方社会的各种问题，改隶必不可免。

总之，府级政区幅员之变化，实则与其所辖各州县地方自然环境、人文等诸多方面的变化息息相关，也是不同政区之间因这些变化而互动的结果，往往存在着统县政区之间多种力量的博弈，有着丰富的地方性内容。若单从国家行政区划调整的既定方针在地方上的实施（即垂直关系）的角度来考察清代府级政区幅员的调整，地方之间（即水平关系）丰富而多样的历史画面会被抹杀，有失客观。

二　垂直互动——以直隶宁山卫与地方州县关系为中心

明代一省有都、布、按三司，即军、民、刑三权分立，但其辖境往往犬牙相错，这一方面因军事和民事情况不同，另一方面也意在相互约制。[①] 如宁山卫（在山西泽州）、平定千户所（在山西平定州）直隶后军都督府，而泽州、平定州属山西平阳府和太原府。潼关卫原属河南都司，后属直隶中军都护府[②]。这些直隶五军都督府卫所都位于高层政区交界地区，成为中央垂直控制地方，防止突发事件之军事“钉子”，其设置是出于中央为控制地方之军事、政治意图。如果说高层政区之间界线犬牙相错是地方之间的水平关系，而这种直隶卫所与交界地区地方州县之关系则为垂直关系，故以“垂直型”犬牙相制称之。直隶卫所的屯田大部分坐落于交界地区的地方州县境内，随着承平日久，卫所军队日益腐化，军民矛盾加大，成为地方上一大害，最终形成了这种“军管型政区”与

---

① 赵永复：《明代地方行政制度考述》，复旦大学历史地理研究所编：《历史地理研究》第2辑，复旦大学出版社1990年版，第199页。

② 《明史》卷90《兵志二》。

交界地区地方州县之间的垂直互动。

（一）宁山卫与垂直控制

宁山卫坐落山西，潼关卫坐落陕西，洪武时期却皆属于河南都司，反映出朱元璋定都南京军事上以河南牵制北方，北面防御的控制思想。如果说朱元璋定都南京是“北面而称王”的话，那么永乐定都北京则成了“南面而称孤”，政治统治、国防形势也随之发生了变化。朱棣夺取帝位后对地方的统治更为加强，其突出表现之一即将洪武时期高层政区交界地带的地方卫所改属中央五军都督府直辖，其用意在于中央垂直控驭地方，维护皇权统治，同时也透露出王朝的国防控制意图。

1. 宁山卫的设置与隶属变化

明代宁山卫设置于晋东南的泽州，处在山西、河南交界地带。军事区划上在山西都司辖境，却先属河南都司，永乐以后又直属中央后军都督府，与潼关卫颇为相似。所以明人叶盛说：“直隶宁山卫、蒲州守御所（潼关卫辖所）盖在山西境内，所谓犬牙相制云。”①

据成化《山西通志》卷 4 载，宁山卫“在泽州城内东北隅怀仁坊，洪武四年（1371）初置泽州千户所，属潞安卫。十一年（1378）改立今卫，属河南都司……永乐七年（1409），改直隶后军都督府”。按《明太祖实录》，宁山卫始置于洪武十一年七月②，洪武二十二年有“河南宁山卫”。③ 另外，《明史》卷 90《兵志二》等所记有关河南都司洪武二十六年（1393）卫所时又有该卫，可证成化《山西通志》之无误。又据《明太宗实录》，永乐元年（1403）二月辛亥，将宁山卫列为北京行后军都督府属卫，④ 但同书卷 87 永乐七年（1409）正月戊辰，又云“改河南宁山卫隶北京行后军都督府”。于志嘉研究认为宁山卫在永乐六年（1408）以前仍隶河南都司，一直到永乐七年（1409）正月才正式改隶北京行后军

① （明）叶盛：《水东日记》卷 32《山西疆理图》。
② 《明太祖实录》卷 119，洪武十一年秋七月癸未。
③ 《明太祖实录》卷 195，洪武二十二年二月庚子。
④ 《明太宗实录》卷 17，永乐元年二月辛亥。

都督府。[①] 入清以后，明代卫所相继裁撤，宁山卫也于顺治十六年（1659）裁革。宁山卫设指挥、参将、佥事等官负责卫所事务，除泽州城内有少许军士外，其余军士皆于直隶大名府、河南卫辉府屯田。《明史》卷77《食货志一》载："军屯领之卫所，边地三分守城，七分屯种；内地二分守城，八分屯种。"军士除屯田外，平时还要承担操练、守城，春、秋二班"番上京师"、戍边防敌等职责。

宁山卫地处山西东南，处于山西都司与河南都司的交界地带，可谓"山西、河南二都司之间的一块特殊地域"，是一块军事飞地。郭红认为这个位于高层地方行政区划地域边缘的卫所的隶属变化，"使得山西都司、河南都司、后军都督府直隶卫所在军事上相互牵制，原本平缓的军事边界变得犬牙相错"[②]。在洪武时期这种现象已有所显露，但大多还是在永乐年间形成的，这是成祖夺得皇位之后加强统治的一大措施[③]。郭红所言认识到交界地区卫所与邻近地方间犬牙相错的关系，但并未看到直属中央卫所对地方垂直控制以及王朝的国防控制意图。

2. 宁山卫之垂直控制意图

明人丘濬颇为深刻地指出：

> 古者列国，其山川丘陵，各有险阻之处，往往据之以为守。今天下一家，守在四夷，当以边塞为守，固无俟于内地之险也。然天造地设，分疆划境，各有界限。凡其界限之处，必有天然之险，其不足者，人力因而城之，此自然之势也，亦理之当然也。我国家分天下为两畿十三藩，于凡交界之处，祖宗各设卫以城守焉。如潼关乃河南、陕西交界也，则设潼关卫以守焉。然卫城界华、陕之间，去京畿且远，顾不以属河、陕二都司，而直隶京师，圣祖之意深矣。[④]

① 于志嘉：《明北京行都督府考》，《"中央"研究院历史语言研究所集刊》，第79本第4分，2008年，第717页。

② 郭红：《中国行政区划通史·明代卷》，复旦大学出版社2007年版，第292页。

③ 同上书，第258页。

④ （明）丘濬：《大学衍义补》卷87《治国平天下之要》。

丘浚以潼关为例，指出在两省交界之处设卫城守，乃是明代设置卫所的一般原则。但其对于潼关卫之设，只言距京师甚远，不属河南、陕西二都司，而直隶京师，圣祖之意很“深”。圣祖自然指永乐皇帝，圣祖之意却不便明说。显然，永乐以后潼关卫等高层政区交界地区之卫所直隶中央，是为垂直控制地方，维护皇权，布防京师之意。明人黄福曾指出明王朝控制交趾的办法，其一则是于其地设卫所直属中央，“如潼关、泽州（指宁山卫）犬牙相制之例，以控制上下”[①]，显然“控制上下”是中央对地方的垂直控制，这些卫所如同明王朝置于当地的一颗军事钉子，而非简单的互相牵制。以故，正统三年（1438），河南监察御史丁璇以宁山卫虽直隶中央，但远居晋豫交界地带，其屯田军士又于直隶、河南地区劫掠民户，如同盗贼，请求将“宁山或隶河南或隶山西”。兵部却认为“宁山所以控制河南、山西二都司，规划已久，难改隶”。[②]

与潼关卫类似，宁山卫也处于二省交界地带，洪武时期属河南都司。永乐定都北京后，宁山卫改属中央五军都督府直辖，这固然与永乐加强对地方的控制有关，但根本原因还是基于所处地域军事地理重要性与王朝垂直控制地方、布防京师之必要性考虑。

潼关自古为兵家必争之地，明军北伐进入河南后即控制潼关，使陕甘蒙军不敢东向，其军事地理重要性自不待言。明人郑岳也认为潼关卫之设是因：“方今万乘都幽燕，西顾雍陕……宜犬牙相制意”[③]，表达了潼关卫控制地方，拱卫京师之意。同样，泽州地处上党南部，为由中原入山西的军事要道之一。明初进军山西，即由河南怀庆府，北逾太行取泽州，再取潞州，进而占据山西。顾祖禹论其军事地理形势说：“山谷高深，道路险窄，战国时秦争韩、魏，往往角逐于此。自两汉之季以迄晋室之衰，自晋阳而争怀、孟，由河东而趋汴、洛，未有不以州为孔道者。……唐之中叶，泽潞一镇藉以禁制山东。说者谓州据太行之雄固，

---

① （明）黄福：《奉总兵官英国公》，《皇明经世文编》卷20。

② 《明英宗实录》卷44，正统三年秋七月丁亥。

③ （明）郑岳：《山斋文集》卷3《杂体诗·潼关道》，文渊阁四库全书本。

实东洛之藩垣。”[①] 对于定都关中、河南的历代王朝来说，泽州之地“盖太行为河北之屏蔽，而州又太行之首冲矣”。永乐定都北京后，王朝国防线在内、外长城一线，而山西则为国防重地，内、外长城交互盘结，其东南上党地区为堵截蒙军的战略要地，嘉靖二十一年（1542）七月，俺答汗不孩由太原南下欲犯平阳、泽、潞，时人认为蒙军南下入晋进攻线路有数条，其中之一“由泽、潞冲突太行，越入怀庆，此入临清、真定仅数百里。宜令请潞守臣福兵堵截，使贼不得过太行，乃为无虞。盖潞安、黎城等处与河南武安接境，一下武安则地旷难守，河南山东、北直隶一带俱为可虑也”。[②] 因此，于此地设置卫所直属中央，镇抚地方，防控京师尤为必要，显然永乐七年（1409）宁山卫改属后军都督府之举用意不言而喻。所以明人徐问说：“山西宁山、陕西潼关等卫，设为直隶，盖欲犬牙相制，以御防外侮，拱卫京师。而京师拥列诸卫，居重以驭轻，强干以弱末。”[③] 所言“诸卫”显然是直属中央的卫所，而非地方卫所。

3. 宁山卫之军事职能

与潼关等卫所一样，宁山卫之设置体现了明王朝疆土管理、空间控制的另一套体制，是基于区域军事地理形势和王朝国防考虑的垂直控制意图，对于此种卫所应突出其自上而下的空间控制功能。

（1）控驭地方，即控制交通、军事要区

泽州地处晋豫交通的咽喉，军事地理形势尤为紧要。综观山西都司辖境卫所，山西南部卫所的推行与交通线路有极大的关系。以太原为中心，沿汾河，经潞、泽二州南下自古便是通往关陕、河洛的要道。洪武元年（1368）攻占潞州后立刻设立的潞州卫和四年（1371）开置的泽州守御千户所，皆位于晋东南两大府治内，控制了河南与太原间的交通。[④] 只是当时是山西地方卫所。永乐改隶后军都督府后，宁山卫之功能完全转变为上述明兵部所言“控制河南、山西二都司”之用，一旦两个地方

---

① 顾祖禹：《读史方舆纪要》卷43《山西五》。

② （明）徐久：《太原难防事宜》，乾隆《凤台县志》卷14《艺文》。

③ （明）徐问：《修举武备以无忘不虞疏》，《皇明经世文编》卷173《徐司马奏疏》。

④ 郭红：《中国行政区划通史·明代卷》，复旦大学出版社2007年版，第291页。

有警，直属中央之宁山卫便可制衡其间。可以说宁山卫之设是王朝为控制地方、强干弱末而埋下的军事伏笔。

这种控制意图，具体而论，可由泽州地区宁山卫军队活动来体现。卫所屯田是卫所制度赖以生存的经济基础，自不待言，而镇抚地方则是军事卫所的最本质的职责。宁山卫军士除了要镇守泽州城外，泽州地区一些能进入河南的重要关口也要把守，虽则史料有限，但仍可钩稽一二。如泽州陵川县五度关，明初就以宁山卫官兵镇守；永和隘南六十里路通河南修武县，明初曾设巡检司，裁撤后又调宁山卫官兵守之。泽州南部碗子城地处太行之巅，为晋豫险关，道路险窄，明正统间宁山卫指挥胡刚凿石平险，“车骑差可通焉”。[①]

（2）御防外侮，拱卫京师

直豫晋交界地区处京畿南翼，为拱卫京师，宁山卫之设置有其必要性，这可由宁山卫军队在北方地区的军事动向窥见大概。明代直属五军都督府之卫所很多，但并非所有卫所军士都要到京师、北边操练、戍守。永乐十三年（1415）曾“诏边将及河南、山东、山西、陕西各都司，中都留守司，江南、北诸卫官，简所部卒赴北京，以俟临阅”。仁宗初期，逐渐改为“调直隶及近京军番上操备”，[②] 大致为秦岭、淮河一线以北卫所。当时这些卫所只是进京操练，总为“三大营”。正统中期，京操军开始戍边，于每年春、秋二班戍边，防卫京师，如榆林镇戍守卫所：“旧以陕西左、前、后、右护卫，延安、绥德、庆阳三卫，并河南南阳卫、颍上千户所，直隶潼关、宁山二卫官军，轮班哨守。”[③] 万历初期尚有“官军共一万二千六百三十六名，各轮班赴镇”。[④] 春、秋二班戍边主要根据蒙军多年南下时期而制定，春季称春防，秋季则为秋防。由明代实录等资料来看，宁山卫戍边地点范围很广，西北方向至延绥镇（榆林）、延安、绥德等地，东北则有大同、蓟镇，特殊时期还要到京师、真定等地操练。根据有关资料，兹列表1—2：

---

① 雍正《山西通志》卷14《关隘六》。

② 《明史》卷90《兵志二》。

③ （明）魏焕：《榆林保障》，《皇明经世文编》卷250。

④ 《明神宗实录》卷239，万历十九年八月丁未。

表 1—2　　宁山卫之军事动向

军事动向	地点	备考
戍边	延安、绥德	《明英宗实录》卷 137，正统十一年春正月癸未："把总备边河南南阳卫指挥同知邢山奏：本卫及直隶宁山卫等所旗军见调延安、绥德等处守边备冬"；万历《大明会典》卷 40，正统十年："又令河南都司，并直隶宁山卫、南阳卫、颍上守御千户所旗军，于延安、绥德等处备边过冬者，每名给赏布一疋、绵花一斤八两、钞二十五贯。"
	延绥（榆林镇）	《明武宗实录》卷 48，正德四年三月丁巳："存留西安、潼关、宁山、南阳、颍上等卫所下班操备官军，于延绥以增防御，从镇巡官请也。"
	大同	《明武宗实录》卷 6，弘治十八年冬十月壬戌："命宁山卫都指挥佥事周隆，领秋班官军，备御大同"；《明武宗实录》卷 30，正德二年九月戊午："命直隶宁山卫指挥使熊伟，守备大同右卫地方，以都指挥体统行事。"
	蓟镇	《皇明经世文编》卷 276，杨博《奉旨条上破格整理蓟镇兵食疏》："宁山等卫班军，轮戍蓟镇。即同主兵，相应一体整理"；《明神宗实录》卷 47，万历四年二月癸未："命神机三营游击沃允谦，以原官改统蓟镇宁山班军。"
操练	北京	《明英宗实录》卷 37，正统二年十二月己卯："诏以河南、山西二都司，及直隶宁山卫在京轮操官军二万四千，更番赴宣府、大同、延安、绥德各边守备。" 《明武宗实录》卷 80，正德六年冬十月癸未：命"直隶宁山卫纳粟都指挥佥事熊伟、营州后屯卫都指挥佥事赵昶，各协同管操伟，仍提调官军守把正阳等门"。
	真定	《皇明经世文编》卷 64，马文升《为豫防黠虏奸谋事疏》："真定等卫，并宁山卫及平定千户所官军，俱在真定，各如法操练。若大同宣府声息紧急，先将前项各城精锐步军，分散各关口，协同守把。"

由明实录来看，延绥镇和蓟镇宁山卫戍守最为频繁。榆林镇为明西北国防重镇，为防卫蒙军之重要前沿，除该镇常备军外，仅轮班卫所包括西安、南阳、潼关、宁山、颍上等卫所马步官军就有"一万一千一十三员名"①，不过宁山卫具体军士数量还不清楚，估计至少不下三千人。

① 《皇明九边考》卷 7《榆林镇》。

蓟镇近在畿辅，实为腹心之地，万历初期宁山卫蓟镇设春班游击，据滑县县志载“明制宁山卫蓟镇防守官军三千员名。万历癸酉，督臣汪道昆奏宁山卫专设游击一员领春班”。[①] 万历时期，频繁更换、调动宁山卫春班游击官员，仅实录所列就有万历四年（1576）、七年（1579）、八年（1580）和二十三年（1595）[②]，说明当时宁山卫蓟镇戍守之形势颇不平静。由表1—2来看，特殊时期宁山卫军士还要到一些地区操练，以备调动，如在北京、真定地区等，这充分说明了宁山卫作为中央直属卫所所担当之防御外侮、拱卫京师之职能。

（二）垂直互动：屯田、军户分布与军民矛盾

1. 宁山卫之屯田与军户

卫所屯田、军户是卫所制度赖以生存的经济基础，也是考察卫所对于地方社会影响之媒介。明代卫所军士肩负屯田、操练、守城等职责。就屯田而言，内地卫所较之沿边卫所屯田更为其首要任务。

宁山卫除了泽州凤台县有屯田九十三顷外[③]，其余屯田皆分布于直隶大名府浚县、滑县，名为东屯；河南卫辉府新乡、获嘉、辉县，名为西屯。成化时期，东、西军屯岁征屯田籽粒二万八千余石。[④] 直豫交界地区明初战乱后人口损失较大，田地荒芜，又是较为肥沃的地区，也是山西移民的主要输入地，是直隶、山西、豫北卫所的主要屯田地区。宁山卫东、西屯屯田规模不尽相同，东屯之浚、滑县境内屯田“凡二千五百三十九顷七十九亩七分”[⑤]，所收屯田籽粒归入卫籍“以赡军需”。到了后期，因宁山卫军户大量侵吞、占有民地，屯田又有所增加，如顺治十六年（1659）归并宁山卫屯田，滑县归并宁山卫屯田就有三千零六十一顷五十三亩四分，浚县归并宁山卫屯地一百六十八顷八十亩五分。[⑥]

---

① 《古今图书集成·方舆汇编·职方典·大名府部·汇考九·大名府兵制考》。

② 参见《明神宗实录》卷47，万历四年二月癸未；卷90，万历七年八月乙未；卷95，万历八年正月戊申；卷289，万历二十三年九月壬申。

③ 雍正《泽州府志》卷22《田赋·屯田》。

④ 《明宪宗实录》卷287，成化十六年九月戊戌。

⑤ 《古今图书集成·方舆汇编·职方典》第137卷。

⑥ 《古今图书集成·方舆汇编·职方典》第139卷。

宁山卫屯军于滑县境内者有四所，即宁山卫左所、右所、后所、中中所，共三十一营。清初曾专设宁山卫守备一员总理两屯，左右屯千总二员分理两屯，左千总驻守滑县管理东屯，直至顺治十六年（1659）裁撤为止。[①] 宁山卫西屯规模也较大，顺治十六年裁撤宁山卫，其中“新乡县归并宁山卫正供原额中沙碱参等小亩屯地一千十八顷九十九亩”[②]；获嘉县收并宁山卫原额地两千六十五顷一亩八分八厘；辉县收并宁山卫原额地三十六顷二十一亩[③]，与东屯屯田规模几乎相当。与豫北明代其他卫所相比，宁山卫屯田规模皆居前列，其影响也就最大。以大名府为例，大名府内卫所屯田共有79处，其中内黄县6处，分属彰德卫（3处）、潞州卫（3处）；东明县26处，分属彰德群牧所（8处）、怀庆卫（18处），而宁山卫之屯田就有47处（其中濬县2处、滑县45处）[④]，占屯田总数之59.5%。

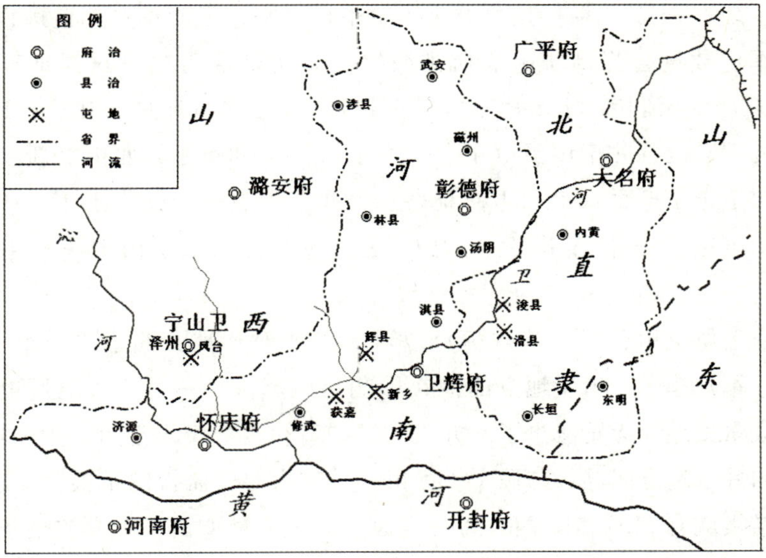

图 1—4　明代宁山卫及其屯地分布示意图

说明：此图据谭其骧主编《中国历史地图集》第7册《明时期》编绘，万历十年（1582）。

① 民国《重修滑县志》卷12《武备·明清兵制》。

② 顺治《河南通志》卷12《田赋》。

③ 《古今图书集成·方舆汇编·职方典》第410卷。

④ 正德《大名府志》卷3《田赋·屯田》。

宁山卫军户规模同样为数不少，可参见表1—3：

表1—3　　宁山卫屯田各县民户、军户数字一览表

县名	总户	民户	军户	军户占总户百分比	年代
滑县	9968	8589	1020	10.2	弘治十五年
浚县	6066	5385	35	0.58	弘治十五年
新乡县	6787	6170	617	9.09	正德十六年
获嘉县	3800	3578	230	6.06	正德十六年
辉县	6715	6256	459	6.8	正德十六年

资料来源：正德《大名府志》卷3《田赋志·户口》；万历《卫辉府志》卷4《户口》。见申红星《明代宁山卫的军户与宗族》，《史学月刊》2008年第3期，第113页。

宁山卫屯田军户以滑县军户最多，其次为新乡、辉县、获嘉，浚县最少。表1—3只是明中期的数字，明中期以来，卫所军户大量逃亡，明初的军户数量自当高于上表所列数字，如获嘉县明初军户据推算就有2000户。[①] 至清初，宁山裁撤后归并屯丁，东屯之滑县并宁山卫屯丁九百八十九丁；浚县并宁山卫屯丁七十六丁，[②] 共1065丁；西屯之新乡县收并宁山卫屯丁七百八十七丁，获嘉县收并宁山卫一千九十五丁，辉县收并宁山卫屯丁三十二丁，[③] 共1914丁，亦可见明末宁山卫军户屯丁之规模。

由卫所屯田、军户的规模可以看出卫所对于地方州县之影响力度，屯田、军户越多，给予地方的潜在影响也就越大。一方面，卫所屯田分割了大量民地，无疑减少了地方收入。如清初裁撤宁山卫后，卫所屯丁、屯田归并于地方州县，与民丁、民田“同应力差，而折纳丁银”，仅新乡县新增银就有2152.512两。另一方面，由于大量屯田、军户错杂于地方州县，军民杂处，在初期卫所官兵尚能恪尽职守，军民晏然，久之难免不与地方民户发生纠葛，甚至形成军强民弱、“军悍民柔”之势。如嘉靖时期滑县“靡境杂军屯田，而其长又皆武夫”，桀骜不驯。后得知县张佳

① 申红星：《明代宁山卫的军户与宗族》，《史学月刊》2008年第3期，第113页。

② 《古今图书集成·方舆汇编·职方典》第136卷。

③ 《古今图书集成·方舆汇编·职方典》第409卷。

胤“仁覆威约之，有弗敢背叛去者”。[①] 其后，宁山卫屯军恣意占据民地，致使军民田亩不清，界限混乱，军民词讼不断。卫军或“占民为军”，或“假军匿民”，继任县官不能理问，田地之荒熟瘠沃，也无从分辨。这种情况在明中后期一发而不可收拾，宁山卫军官腐败，军士在地方为盗，军民纷争不断，一时成了直豫晋交界地方社会之一患。

2. 宁山卫之腐化与军民矛盾

顾炎武曾引述明代《广平府志》论述明代卫所屯田于内地所蕴含的“祖宗深意”，其曰：“屯田有边屯，屯于各边空旷之地，且耕且战者也；有营屯，屯于各卫就近之所，且耕且守者也。今广平之屯乃于畿辅之地而立山西诸卫之屯，谓之下屯。军则戍于卫而留其余丁于屯此。祖宗之深意远虑，相维相制之法也。”[②] 然而明中期以来，随着承平日久，卫所制度已露腐化之端，作为王朝控制地方、拱卫京师之重要军事机构，直属中央之卫所官兵战斗力普遍下降、武备废弛、戍守失期，宁山卫同样如此。而宁山卫为直隶后军都督府卫所，山西、河南二都司、布政司皆无法直接管理，其为患也最为明显，表现有如下数端：

（1）卫所军士侵占民地，甚至窝藏逃民、盗贼。正统三年（1438）四月，河南卫辉府获嘉等县屡岁不登，居民就食他处，其田地却多为宁山卫屯卒所占，甚至被其劫掠，“其势渐盛”。[③] 到了成化六年（1470），大理寺左少卿宋旻又奏称宁山等卫所，“近年以来，守城官军多去屯所隐住，四散立营，占夺民地，或置立庄田，不纳子粒，或窝藏逃民”。[④] 正德十年（1515）九月，巡抚保定都御史张淳又奏称大名府境内宁山卫等卫所军营杂处，往往藏匿盗贼，请求官员稽查。[⑤]

（2）指挥官营私舞弊，巡视不及，致使军士为盗。早在宣德五年（1430），宁山卫指挥使李昭曾私毁城楼，“以造私居，私役旗军。岁割漆二千斤，办料豆八百石，科各所铜钱六千三百斤，占耕官军屯田百余顷，

---

① 民国《重修滑县志·滑县艺文录》卷2。

② 顾炎武：《天下郡国利病书·北直中》。

③ 《明英宗实录》卷41，正统三年夏四月乙卯。

④ 《明宪宗实录》卷86，成化六年十二月壬戌。

⑤ 《明武宗实录》卷129，正德十年九月辛丑。

收粮虚卖，实收一万余石，敛各屯子粒二万余石，减克军粮五百石”[①]。下级军吏欲上奏告发，却被其遣人追回杖杀，其行为张狂而发指。上行下效，屯田军士乘卫官巡视不及，“往往纵恣为盗”。宁山卫坐落山西，却不受山西官员约制，指挥官坐镇泽州，与屯田军士相隔甚远，因此对下辖军户往往难于巡视，“军多为盗”，只能借助河北道等地方官员协助管理。弘治初年，情况更为严重，以致弘治皇帝亲敕河南按察司河北道官员：“因统束不一，巡捕官兵不去巡视，以致宁山等卫屯军肆无忌惮在彼聚为强盗，白昼劫财杀人，深为民害”，[②] 责成河北道官员严加督办，以祛民害。正德十年（1515），保定巡抚张淳又奏请于宁山等卫军屯处“每屯置一屯老，十家置一总甲，听州县官稽查”，认为这样“则有司之权重，而盗可息”。[③] 即将管理、监督之权委以地方官员，宁山卫之为患、腐化形势可见一斑。

（3）由于戍边极远，不堪军差繁重，宁山卫军户逃逸之事屡有发生，政府利用勾捕法清勾逃亡军户，加剧了地方不安。宁山卫戍守地点主要在榆林、大同、蓟镇等地，由于戍守路线过长，军户大多逃散。如成化七年（1471），延绥巡抚余子俊等就已奏称：“潼关卫设于陕西、河南界上，宁山卫设于山西、河南界上俱直隶督府。都、按二司不相统属，虽有巡按御史，以境土隔远，难于遍历，遇有勾补，未免延缓后期。”[④] 即用勾捕之法，清勾逃散军户，不过成效始终有限。宣德以来即容许“以少壮义子及同籍女婿”补役，随后又有“女户当差”者。宁山卫军户无子嗣者，以出嫁女儿之子承袭军差；若出嫁女儿无子或仅有一子，不能承袭军差，则以夫家兄弟多余之子承袭。[⑤] 甚至以租佃军户屯田之佃户补军，这无疑给地方州县行政管理带来不必要的麻烦，加剧了地方不安。

（4）军民词讼不断。宁山卫军民词讼问题，可由明末张肯堂所著《晉辞》窥见一斑。张肯堂于崇祯二年（1629）至七年（1634）间，在直

---

① 《明宣宗实录》卷66，宣德五年五月辛丑。

② 《明孝宗实录》卷25，弘治二年四月丙午。

③ 《明武宗实录》卷129，正德十年九月辛丑。

④ 《明宪宗实录》卷99，成化七年十二月甲午。

⑤ 于志嘉：《从〈晉辞〉看明末直豫晋交界地区的卫所军户与军民词讼》，《“中央”研究院历史语言研究所集刊》，第75本第4分，2004年，第786页。

隶大名府浚县任知县，任内处理了大量军民案件，《詧辞》即为审理民、刑事案件的判牍。于志嘉对其中涉及军、民案件的十九条判牍做了复原，其中涉及宁山卫之案件就有十二件，亦可反映出宁山卫军户与地方民众词讼之严重情况[①]。宁山卫军户在当地为盗，侵吞地方田地之事时有发生，也使直豫交界地区成了“军民多讼”“军士健讼”之地。

对于宁山卫屯田官军的诸多劣迹，明王朝也非不察，只是宁山卫直属中央后军都督府，意在与地方犬牙相制，控制地方，一时难以改隶，地方政府也多无办法。前述正统三年（1438），河南监察御史丁璇请求将“宁山或隶河南，或隶山西”，但兵部却认为“宁山所以控制河南、山西二都司，规划已久，难改隶”。[②] 这样，只能依靠地方干练官员，妥善协调监管，使之不得干扰地方民生。成化六年（1470），大理寺左少卿宋旻题请批准“能干官亲临屯所拘集，军卫、有司逐一清理，验其丁口、田地，审其所纳子粒，归并一营，不许四散居住。仍沿门置立粉壁，编成火甲，十家为伍，互相觉察。不许窝藏逃民，仍令所在官司掌印，并巡捕官时常提督点视，倘有盗贼及与民争讼，就率领火甲人等擒拏究问。敢有似前曲为回护不出官者，不分徒杖罪名，俱调发边”[③]。弘治时期辉县知县刘玉，因断案公正，军民一视同仁，得到地方拥戴。嘉靖《辉县志》称：“辉俗病于未淳……军民有讼未平者，争诉于公（刘玉），公为之剖决，忻服而去，凡百所为一。……凡军卫、有司讼未决者，委以按至；差未平者，委以定制。远近寂无怨声。”[④] 再如嘉靖三十九年（1560），浚县知县徐廷祼实行均田，勘察军夺民地情况，“初法之行，军官狂戾，呶哗諠聒，务为挠沮。公（徐廷祼）持益坚，开告首连坐之法，理宁山河南之籍，而均弊清矣。”[⑤] 不过，卫所制度根深蒂固，难以裁革，即使干练之官员其对于军民矛盾之处理也颇为棘手，宁山卫在直豫交界地方之弊病一直持续到明末，与明代卫所制度的腐化相始终，上述明末

① 于志嘉：《从〈詧辞〉看明末直豫晋交界地区的卫所军户与军民词讼》，《“中央”研究院历史语言研究所集刊》，第75本第4分，2004年。

② 《明英宗实录》卷44，正统三年秋七月丁亥。

③ 《明宪宗实录》卷86，成化六年十二月壬戌。

④ 嘉靖《辉县志》卷8《辉邑令刘公去思碑记》。

⑤ 嘉庆《浚县志》卷19《循政》。

张肯堂的案件判牍即为最好的说明。

总之，明代宁山卫属直隶中央卫所，地处山西、河南二都司交界地带，其设置目的在于控制地方，拱卫京师。这也使其从设置之初便给地方上带来隐患，即地方都司、布政司无权过问卫所日常管理事务。明中期以来，随着卫所制度的僵化、涣散，卫所军户大量逃散，卫所制度逐渐腐化。宁山卫绝大部分屯田、军户分布于直豫晋交界地区，为患日剧，反映了中央直隶卫所与地方州县之垂直互动，互动形式表现为冲突。如同明代其他直隶卫所一样，“这些直隶卫所的配置，乃是以君主专制为出发点，以支援中央、牵制地方为目的。不料最终却因为中央统治力量的衰弱，不但不能发挥应有的功效，反而必须仰赖地方，藉地方之力始能正常运作，可以说极大程度的见证了明代君主专制政权由盛而衰的过程”①。

三 小结

华北平原自汉代政区设置就已有犬牙相制思想，所谓“盘石之宗”，意在从行政区划上打破平原平缓的自然地理形势，便于中央维权，这一思想为后世所承继。从元代开始，高层政区幅员由此前的东西向形态，转向了打破山川形便的南北向发展，如陕西一省南北纵跨秦岭南北，江西、湖广行省皆从长江中下游深入南岭至南海地区。明代政区格局虽作调整，缩小高层政区幅员，但省区幅员似乎也继承了这一思想，如豫北深入燕、晋，北直隶南部直达黄河附近之兰阳、仪封地区，与南直隶北境仅隔六七百里。北直隶、河南省区幅员皆呈南北向拉伸态势，与山西、山东犬牙相错。明人说：“按元舆地图，河北、山东西尽中书省所辖也。国家割邺、汲以西隶河南，割济、博以东隶山东，而大名郡横距百四十里，纵特三倍之。北缭馆陶，南深入兰阳、仪封之间，而独领于畿内者何哉？要之，在易制耳。河朔之地西按太行，北距蜚狐，东窥齐鲁，南

---

① 于志嘉：《犬牙相制——以明清时代的潼关卫为例》，《“中央”研究院历史语言研究所集刊》，第80本第1分，2009年，第120页。

阻河为险，自古称重镇。盖其形胜隐然。”① 这便表明了明中央为控制河朔（河北），将北直隶介于河南、山东、山西之地，使得政区界线犬牙相制之政治用意。

犬牙相制作为王朝社会控制的重要方针，反映了统治阶层政治意图作用于地理区域表现出的政治地理格局。犬牙相错的政区格局一旦形成即形成一种潜在的空间互动形势，此中有彼，彼中有此，长而久之必将产生诸多问题，之后需要交界各方的共同协调，产生水平互动，并可能进而引发政区界限的“微调”，这是清代豫北三府幅员调整之主要原因。水平方向的犬牙相制有利于预防地方割据，但也会诱发地方之间的隔阂和在突发事件发生时的协调不一。于是王朝中央又会设置脱离于地方之外的垂直型准政区或机构，以便控驭、协调地方和应对地方动乱，如中央直属卫所、郧阳巡抚、南赣巡抚、河道总督等的设置。这类垂直型准政区或机构的设置，久之在地方上势必产生影响，并进而引发垂直互动。在直豫晋鲁交界地区以中央直属卫所、河道总督的设置为体现，本书主要对直隶宁山卫的案例进行解读。

在直豫晋鲁交界地区，明清民国时期政区格局的调整总体上是不多的，政区格局长期稳定。行政区划设置是国家政治统治的需要，具有政治功能，因而文化地理学将政区定为功能文化区。作为功能文化区的行政区，其界限的存在，势必造成所属地方社会之间的“空间差异”，形成各分畛域时又犬牙错处的人文社会环境，久之而形成“文化整合”和空间相互作用。②“行政区划边界线的变迁是一个政治过程，更是社会空间格局与地域关系变迁的历程。”③ 而在交界地区，交界各方在诸多问题上，如动乱防护、水利开发、灾害应对、交通设施管理和文化传播等方面，会产生怎样的互动是一个需要深入探讨的问题。笔者认为，从空间

① （清）纪克家：《河北地理杂抄》，国家图书馆藏《乡土志抄稿本选编》第1册，线装书局2007年版。

② 文化地理的研究主要有五个方面内容：文化区、文化扩散、文化生态、文化整合和文化景观。见 Terry G. Jordan, *The Human Mosaic—A Thematic Introduction to Cultural Geography*, Harper & Row., 1990。文化区即是确立文化差异，不同归属的行政区就是一个个功能文化区域，在长期与界邻区域互动中逐渐形成文化整合，即空间互动的过程。

③ 胡英泽：《河道变动与界的表达——以清代至民国的山、陕滩案为中心》，《中国社会历史评论》第7卷，2006年，第200页。

互动来说，地方之间的水平互动较垂直互动为著，常态下往往先有水平互动，再有垂直互动，尽管水平互动与垂直互动在特殊时空条件下会出现交织。

第二章

盗贼倡乱与省际协防

——以青羊山“贼”的平定为例

高层政区界限犬牙相错，其突出影响就是盗贼屡发，这些地区号称盗贼“渊薮”，无论是闽粤赣湘交界地区，还是鄂豫陕川交界地区都有此特点。为防控地方，南赣巡抚、郧阳巡抚兼领三四省之地，为国家垂直干预地方之行政控制目的而设置。淮河以北，明代南直隶与豫、鲁交界地区，清代苏皖鲁豫、直豫鲁交界地区也是盗贼窃发之地，如清代后期捻军驰骋于这两大交界地区，纵横千里，影响广大。犬牙相错的政区格局产生了行政管理的边缘地带，成为盗贼窃发之空间因素。交界地区“容易出现统治力量薄弱的现象”，社会活动复杂，易发生盗贼倡乱。[①] 那么一旦盗贼兴起，交界各方彼此如何进行应对、互动？动乱之后为防止余波再兴，又将如何防控、协调？

对于交界地区盗贼、动乱的研究以南方地区为主。多数学者研究其动乱成因、行政控制举措等方面，历史人类学性质的研究多勾勒地方历史内在脉络的发展，探讨国家与地方两种力量在交界地区历史发展中的作用。[②] 明清时期，上述淮河以北交界地区盗贼动乱以明代中期刘六、刘七起义、滑县起义和捻军起义为代表。刘六、刘七起义虽源自山东，但

---

① 高敏：《天理教起义于河南滑县一带的原因》，《历史教学》1963年第8期。

② 参见邹逸麟《明清流民与川陕鄂豫交界地区的环境问题》，《复旦学报》（社会科学版）1998年第4期；黄志繁《贼民之间：12—18世纪赣南地域社会》，生活·读书·新知三联书店2006年版；唐立宗《在盗区与政区之间——明代闽粤湘赣交界的秩序变动与地方行政演化》，“国立”台湾大学文史丛刊，2002年。

扰及直豫鲁交界地区，以往研究较多；滑县之天理教起义，源自滑县正因当地介于直豫鲁三省接壤之地，清政府统治力量薄弱，亦不乏研究；捻军起义更属通史性论著论及的重点。美国学者裴宜理的论著则从另一方面解读了捻军在这一交界地区活动的各种环境因素。[①] 除上述“盗贼”[②] 活动外，明代北方地区还有一次重要的盗贼动乱——青羊山贼动乱。此次动乱策源于山西潞城县青羊山，此地山脉盘结，林木茂盛，与河南彰德府、直隶等地密迩接壤。这一动乱影响巨大，号称“千里内如暴风卷浪”，嘉靖初年重要大臣如杨一清、桂萼、夏言、张璁等均介入其中，不过学术界对于此次动乱还缺乏系统论述。此次动乱调集四省军力，从晋豫两面东西夹攻，方将动乱平定；动乱之后又在东西两面做防控措施，反映了交界地区动乱防控之地域互动与协调。

一 犬牙相错与盗贼活动

对于交界地区盗贼屡发，明清中央高层自是明了。无论是大臣奏疏，还是皇帝谕旨皆能反映出对于交界地区盗贼活动频繁与犬牙相错政区格局之对应关系。乾隆八年（1743），皇帝谕军机大臣等曰：“直隶一省，外连边徼，内拱神京。畿南一带，又属各省官民往来要道。于设营分汛之外，州县更有捕役巡缉，而报窃之案，仍然络绎。其最甚之区，莫过大名、正定、顺德、广平，以及开、磁等处。有司研讯现获之犯，颇有革捕受贿，通同情毙。小窃不戒，劫盗将生。兼之大名、开、磁各处，或通豫省，或邻晋地。数处奸匪，举足即非所管地方。凡遇失事，缉捕匪易。欲戢此风，必须该地文武塞源拔本，共为觉察，极力防范，闾阎始得安枕。”[③] 乾隆帝着重指出了直隶南部大名府开州、磁州等地与晋豫交界地区为难管之地，“举足即非所管之地”正指出了犬牙相错之政区格局与盗贼活动之关系。

---

① ［美］裴宜理：《华北的叛乱者与革命者（1845—1945）》，池子华、刘平译，商务印书馆2007年版。

② 明清政府皆以盗贼称各地起义，为行文方便，后文盗、贼俱不加引号。

③ 《清高宗实录》卷190，乾隆八年闰四月丁卯。

清代文献甚至也有大臣直接指出了交界地区为盗贼窃发之最多的地方。如道光三十年（1850），内阁侍读学士董瀛山奏称："邪教、盗贼在在皆有，而避藏之巧，蔓延之多，惟交界处所为最。历举从前查办教匪、会匪各案，以漏网余匪，支流蔓延，近又结党成群……其直隶、山东、山西、河南、安徽、湖北、陕西、四川、江西、广东、湖南、广西各水陆交界之区，盗贼公行，此拏彼窜。地方官吏，以界址轇轕，巧为推诿之门。……严饬各道府、督率该管州县，会同营汛员弁，于交界处所，加意侦缉，两地均任责成。严查兵役贿纵包庇，使匪徒无托足之所。邻境盗犯，认真堵截擒拏，不得稍分畛域，庶盗风戢而民生安矣。"① 董瀛山所奏乃是建议"严定交界协缉章程"，这是道光后期清廷上层对于各交界地区盗贼活动进行深入思考后而提出的建议，自然表明了各交界地区盗贼活动之实际情况。直豫晋鲁交界地区包括在内，而交界各方不能有效协调、互动，只是各分畛域、不问邻境之情况也展露无遗。

清后期，直豫鲁交界地区捻军频繁活动，此后该地区仍号称盗贼渊薮，朝野上下自是明了。光绪十一年（1885），御史吴协中奏称："直、东、豫三省接壤之区，曹、单、滑、浚、城武、考城、开州、长垣等处，向为盗贼渊薮。地方官遇抢劫案件，延搁不办，捕役豢盗，分肥包庇。并有纵役为盗，及贿抵消弭情事。请饬会筹协缉。"光绪帝谕曰："盗贼扰害闾阎，地方各官，亟应认真搜缉，何得以交界处所意存诿卸？若如所奏情形，捕务实属废弛。"随后，陈士杰又奏："东省曹州、济宁各属，毗连直隶，素为匪徒出没之区。现严饬各州县力行保甲，联庄合捕，并抽拨马步练军，分布各属，专司巡缉。复咨商直督、豫抚责成大名等镇道会议章程，毋分畛域，认真侦缉，以清盗源。"② 交界地区犬牙错处，盗贼此出彼窜，地方官各分畛域，以故盗贼久难消弭。上述高层官员屡屡上奏，反而暴露出交界各方彼此弭盗不加协调之实质，也表明犬牙相错的交界地区是盗贼屡发之行政管理边缘地带。

除了上述犬牙相错情况外，按山川形便原则所划高层政区格局也会产生犬牙相错之情况，以自然山脉划分高层政区界限即是如此。以往政

① 《清文宗实录》卷7，道光三十年夏四月丙寅。

② 《清德宗实录》卷210，光绪十一年六月乙酉。

区界限的研究中对于山川形便自身所蕴含的犬牙相错的情况不甚提及。自然山脉盘根错节，以之作为政区界限很难做到整齐划一，不可避免产生犬牙相错之势，加之山高地险，更是不稳定因素的活跃之地。“在历史时期自然形成的分界线，其形状都难以规则，因为分界线的划分，大多数是根据地形条件布设的。”① 晋豫省界以太行山为限，最能体现山川形便之划界原则，大体说来可谓划一。太行山南段地势高，上党地区号称天下之脊。晋豫虽隔太行为界，但太行山山脉纠结，林木险深，晋豫省界并不能整齐划一。上党诸县与豫北诸县往往犬牙错处，山间鸟道纵横，此出彼入，这一地区易为盗贼所聚。如豫北济源地区，明初就有人称：“（济源）接太行连王屋，盗薮也。”② 这一省区接壤地带也是私盐泛滥之所。明清上党地区属河东盐区，而越太行而东即为长芦盐区，潞安府属县“皆与沁州、武安咫尺，私煎小盐，就近贩卖。襄垣、潞城、黎城、壶关四县，皆与河、卫芦盐区接壤。本地盐徒，惯于涉县河南店、井店诸处勾引芦商越境。平顺、壶关、黎城三县又与河南之彰德林县、武安、涉县接壤，芦盐越卖为多”；泽州属县“与修武、辉县近境，长芦海晒透漏最便。陵川县比邻辉县、获嘉，山东奸民专取芦盐回卖”。③

以太行山为凭借，在直晋豫交界地带为盗之事明初就有发生。洪武二十六年（1393），真定府元氏县人王天赐为乱，太祖谕曰：“今广平、顺德及山西辽、沁二州为王天赐作耗，境内小盗因而延蔓，盖守御官军不能讨捕故也。宜遣人督捕，务在殄除此寇，以靖吾民。”④ 同年五月，散骑舍人刘昌捕之，王天赐自缢而死。王天赐“聚众劫掠出没山谷间，或变服潜入城市，踪迹诡秘。自广平、顺德、辽、沁，山东、山西、河南诸郡皆被其害”。⑤ 这是明初北方地区较有影响的地方盗贼倡乱。

上党地区号称“与天为党”，地势险要，与河南、直隶接壤，犬牙错处。以泽州地区为例，泽州地区与河南怀庆府、卫辉府接壤，间道纵横。雍正《泽州府志》说：“陵川之北东接壶关，少南有窟窿山前开凿以通道

---

① 侯甬坚：《区域历史地理的空间发展过程》，陕西人民教育出版社 1995 年版，第 127 页。
② （明）焦竑编：《国朝献征录》卷 84《浙江按察使王公之猷墓志铭》。
③ （清）苏昌臣辑：《河东盐政汇纂》卷 6《禁缉》，续修四库全书史部政书类。
④ 《明太祖实录》卷 226，洪武二十六年三月庚申。
⑤ 《明太祖实录》卷 229，洪武二十六年七月壬申。

者，去陵城五十里，而远出豫之林县外，即所谓林虑矣。迤而南则为豫省辉县之早生村，去郡二百四十里。又南有小路，由岭东村而出。又南由平田村小路入辉县东南，为辉之平村界，二百三十里矣。直南九十里为瘦驴岭，岭北隶陵，岭南则为豫之河内、修武间。……而南为凤台南境。所谓大泽底乃河内、修武与凤台犬牙相错处百里。而近又南小路为河内之山玉庄，又正南为大口。由碗子城而下，在昔兵骑攻战多道之，以故碗子城之塞隘独为泽州要冲。攻者于此，守者亦于此，晋南之台嗜也。"① 雍正《泽州府志》又言："明初，晋豫分境，碗子城隶河南，横望镇隶泽州，而小口亦半隶河内，亦即德裕割泽州隶河阳之意。按今碗子城即为泽州界，南下四十里为清化镇，属河内。境半有山险为犬牙相错之地，晋豫两省门户全恃太行天险。"② 潞州府之潞城、黎城、壶关数县又与河南林县、涉县接壤，其间山脉纠结，行政管理鞭长莫及，地险而盗贼易发。

章潢说："潞、泽、沁、辽环列太行，上下谷深林密，盗不时窃发，往岁青羊山之事可为鉴也。"③ 所谓青羊山之事即本书所论潞城县青羊里人陈卿及其族人依据青羊山为乱之事，成为明中期北方地区影响较大之动乱。此地山势高峻，林木繁茂，又与河南林县隔隆虑（林虑）山为界，易守难攻，为两省行政管理之边缘地带。民国《林县志》也说："疆界毗连，大率犬牙相错，此出彼入，不足为奇。"④

青羊山地险每有人提及。夏言说："自古盗贼称乱，常恃地险以为巢穴。譬之山居豺虎，泽萃蛇龙，理之常也。"⑤ 指出了盗贼窃发以地险为据。唐龙也说："潞古上党郡也，距百余里则青羊山拔而峙焉，中多沃土蔚林，农稼樵刍，托之而处。但强悍亦每窃伏，凭恃险阻，从慝犯禁。聚则攘臂以剽乡村，散则影匿，罔受捕逮。"⑥ 地险及犬牙相错的地理特点使得民风也易于习盗，且颇为勇悍。"青羊山地中多蔚林，其民恃险而

① 雍正《泽州府志》卷15《泽州四境图说》。
② 雍正《泽州府志》卷7《关隘》。
③ （明）章潢：《图书编》卷36《处置》。
④ 民国《林县志》卷1《地理上》。
⑤ （明）夏言：《桂洲先生奏议》卷10《弭盗贼·请差官查勘青羊山功罪及处置地方》。
⑥ （明）唐龙：《潞安府记》，雍正《山西通志》卷207《艺文二十六》。

习于盗，聚则鸟丛，散则蛇穴。”[①] 顾祖禹则说：“（平顺县）东南至河南林县百十里……险僻多盗。”[②] 与之接壤之河南林县也是僻处太行，山险而多盗。康熙《林县志》称：“民俗朴实好勇尚气……东地硗而悍，易盗；北地隘而朴，近勤；南地阔，民惰刁顽健讼，钱粮每逋负，里书多积弊，缓则玩，急则变。明嘉靖六、七等年，民张遇河、袁大江、马万敖等相继啸聚数百人，白昼劫杀人，屡动守巡亲督严捕，乃息。”[③] 不过地险之地若行政管理较好自然也不易发生动乱，地险实际上表明了其处于犬牙相错之地，行政管理薄弱之边缘特性。利用险僻之地理条件，借助政区管理之薄弱地带而据山为盗则是山地盗贼倡乱之主要原因。青羊山贼平定后，于当地置平顺县，明人顾鼎臣《创建平顺县记》说：

> 潞安府之青羊山，蟠居衍迤，几二百里。岩岫巉截，壑谷深窈，乃峦叠嶂长林，丛薄屏翳阸塞，四方亡命往往窜匿其中。且水土湍悍，而风气陻郁，生人多凶顽犷戾。兼之隔离官府，无有持尺棰、挟寸刃凭陵而谁何者？贼首陈卿父子世济暴恶，纠集逋亡，胁诱蚩愚，御行旅，掠村堡，焚荡屋庐，掳刈人民。[④]

“隔离官府”正揭示其处于行政管理边缘地带之特点。青羊山处潞城县东境，但与壶关、黎城、河南林县较近，为数县“边徼”即三不管之区。平顺建县后，县治定于青羊山下之青羊村，处“万山之地”。县境割潞城县十六里，黎城县五里，壶关县十里，皆为三县“边徼”之地，“土瘠民贫，惟正之供，尚借樵苏，卒岁之计，俯仰惟艰”[⑤]。青羊山及其与河南、河北邻近地区可谓直豫晋行政管理之边缘地带。鲁西奇认为中华帝国行政管理核心区之外，还存在一些在中华帝国疆域之内，却并未真正纳入王朝控制体系或官府控制相对薄弱的区域，即许倬云所说的“内在的边陲”（internal frontier），在此基础上他提出了“内地的边缘”这一

① 《古今图书集成·方舆汇编·职方典·潞安府部·汇考一》卷331。

② （清）顾祖禹：《读史方舆纪要》卷42《山西》。

③ 康熙《林县志》卷3《风土》。

④ （明）顾鼎臣：《创建平顺县记》，乾隆《潞安府志》卷32。

⑤ 康熙《平顺县志·重修平顺县志序》，康熙三十二年刻本。

概念。这些边缘区皆为政区交界之山地区，“内地的边缘”区域往往是古代中国诸种社会动乱的策源地。[①] 他虽以南方地区资料为据，但北方地区同样有此表征。

这些地区的盗贼也自然会利用犬牙相错的地理“边缘”特点，劫夺交界各省的不同地区。青羊山贼平定之后，河南彰德府安阳县致仕名士崔铣撰写《新开潞安府治记》，指出了青羊山之盗剽劫两省交界地区数县之情况。他说：“与初青羊之民，习于盗而恃其险。聚则鸟丛，散则鼠伏。持铤为器，潜剽村虚，出没潞、怀、卫、相之交，将及五纪。”[②] 明代之后，此地仍有盗贼窃发。平顺东南境有茎兰岩，险远多盗。在道光年间潞城知县刘炳青之前，历届知县皆“以地接河南，莫肯捕治。久之，益横。至掠人勒索”。[③] 刘炳青与地方人士妥善谋划后终将盗贼平定。据平顺县人刘体中《剿捕茎兰岩山寇记》曰：

> 茎兰岩者，青羊山群盗窝顿之所也。潞东南百余里有崇山曰青羊山，横亘七八十里，峭峰绝壁，屹然相向。林木蓊郁，洞壑幽邃，荆棘之生大者盈尺，小者拱把。附近居民时入采樵，而无赖亡命亦往往啸聚其中。前明嘉靖时，剧盗陈卿聚众至数千人，劫夺行旅，攻掠城邑。……自是以后，山居之民安堵无恐者，垂二百载。国朝乾隆二十九年裁汰平顺县。延及道光年间，不逞之徒孟姚、秦戒、马鸣、侯三等又复稍稍群聚，乘机劫掠，仍以茎兰岩为潜身之窟。岂地气使然欤？抑地势使然欤？茎兰岩当青羊山最深处，地僻而险，径仅容足。西南里许有桃花坞，荦确嶒崚，人迹罕到……蹊径东连林县，豫省匪徒扞纲兔脱者，往往逃匿其间，助桀为虐。所攫财物每以些须分润土著奸民，使为耳目。或三五成群，伐树伐木；或缘夜纠党，劫粟劫财。山庄人寡势孤，任其鱼肉，莫敢谁何。驴而篡取，舻畜劫掠，妇女指价勒索……虽出隶役，惮行，官不催究，事

① 鲁西奇：《内地的边缘：传统中国内部的化外之区》，《学术月刊》2010 年第 5 期。

② （明）崔铣：《新开潞安府治记》，张正明、科大卫编：《明清山西碑刻资料选》，山西人民出版社 2005 年版，第 672— 673 页。

③ 光绪《潞城县志》卷 4《名宦录》。

多中寝。①

平顺撤县后盗贼又发，可见行政管理不力之影响。其后知县刘炳青在山民雷成等帮助下，与潞城县城守司、虹梯关巡检诸兵勇，深夜进剿，“奏凯而还”。“获积盗十三人，散胁从二十余人，起出妇女五人，牛驴等畜数十头”。

总之，无论以犬牙相制原则划分高层政区，还是以山川形便原则划界，在数省交界地区皆会产生犬牙相错的“空间效应”，从而形成行政管理的边缘地带，这是盗贼窃发之空间因素。对于交界地区盗贼倡乱防护需要交界各方互不推诿，彼此协调，共同防护，在彼此行政管理上下功夫，方能有效防控。

二 青羊山贼的兴起

陈卿动乱期间，嘉靖朝重要大臣或上奏剿灭，或声言招安，或前往地方直接戡乱，明中央剿抚不定，影响到弭盗战事之进程。陈卿起义也成为继刘六、刘七起义后当时北方地区影响最大的动乱。学术界对此动乱的详细过程及其对地方社会之影响缺乏详细阐述，而且文献中对于此次动乱过程的记载也较为模糊。笔者试通过钩沉相关史籍对于此次动乱进程做一清晰阐释，并揭示此次动乱防控中地域社会之互动问题。

（一）动乱前奏与性质

青羊山动乱首倡者为潞城县青羊里人陈卿。以往研究将这次动乱归于农民起义。但从有关史料来看，陈卿为当地土豪、霸吏；起义队伍以陈氏家族为主，招揽膂力强人，而大部分队伍为胁迫近山民众。从其“斗争”方向来看，主要剽劫邻近州县，据山抗击官军，这与一般的农民起义显然有所区别。

乾隆《潞安府志》称嘉靖初年“土豪陈卿据青羊山作乱，中外震恐，

---

① （清）刘体中：《剿捕茭兰岩山寇记》，光绪《潞城县志》卷4《名宦录》。

剿抚未决”[①]，显然陈卿非一般农民，而是地方土豪。更早的史料又称其为霸吏，“明嘉靖三年（1524），里人霸吏陈卿起为盗”。[②] 考其原委，陈卿原为潞州藩王——沈王藩府长史司吏，被革后与其弟等人啸聚青羊山。[③] 清人毛奇龄也称：“卿曾为沈府长史司吏，以失志弃去。与其子琦据青羊山寨为乱，名‘青羊贼’。”[④] 按毛氏所说陈卿在沈府并不得志，故而主动“弃去”，毛氏将陈琦认作陈卿之子有误，乃是其父。[⑤] 不过明代官方史料则称陈卿是被藩府主动弃用，如称：“潞城盗陈卿初为藩府长史司吏，弃之。”[⑥] 且不管陈卿“弃”藩府官员不做是主动还是被动，其归居“山野”之原因，应是因其家族在地方上颇有财力，能集合各种社会力量，无官反而更为“豪强”。

陈卿倡乱后，少保桂萼上奏嘉靖帝曰：“臣闻山西原任布政杨维康见在部听选，河南附近地方安阳县主簿在京运粮，隔别招来审问。咸云陈卿家富，而所居山险处颇窝四外强贼。”[⑦] 青羊山附近处潞城县东部边地，山高地险，易守难攻，“有岩穴林莽可以伏戎”。[⑧] 陈卿动乱平定后建立平顺县，清康熙年间知县刘徵也说平顺县“城如弹丸，不敌一村落。而疆界之内，散漫难制，大约地旷而人稀”。[⑨] 这里“散漫难制”，又“皆崇山截巢，巨壑峻岭，断烟宿莽之区”[⑩]，官府管理不到，为一方险要之地。陈卿为地方豪民，对于此地之地理形势必是清楚。陈卿在王府中不得志，在此为据不啻一方乐土，这应是其“弃去”之真正原因。而且从有关史料来看，在陈卿一伙正式被明廷批捕之前，陈氏家族似乎已在青羊山附近“活动”多年，地方官府不能控制，以致更为恣肆，陈卿去官而归故里，可谓有着重要的“地缘因素”。

---

① 乾隆《潞安府志》卷17《名宦》。

② 雍正《山西通志》卷177《辨证二》。

③ 《古今图说集成·经济汇编·祥刑典·盗贼部·总论三·明朝弭盗》卷116。

④ （清）毛奇龄：《后鉴录》卷3。

⑤ 《明世宗实录》卷94，嘉靖七年闰十月壬申。

⑥ 《国朝典汇》卷265《盗贼》。

⑦ （明）桂萼：《文襄公奏议》卷4《复论山西贼情疏》。

⑧ （明）徐元祉：《新建平顺题名碑记》，康熙《平顺县志》卷9《艺文志》。

⑨ （清）刘徵：《平顺县志序》，康熙《平顺县志·序言》。

⑩ 光绪《潞城县志》卷2《学制考》。

陈卿倡乱之时间众说不一，其覆灭时间则在嘉靖七年（1528）闰十月。《明史·世宗本纪》对于此次动乱不置一词，整个《明史》中只有部分人物列传中约略提及。而官方史籍中只有《明世宗实录》最为详细，但整个过程仍不甚清晰，只能结合其他文献以窥其倡乱过程。

《明世宗实录》称嘉靖六年（1527）十月戊辰："山西潞城青羊白坡贼陈卿等为乱。巡抚都御史常道言贼据险，攻之恐难卒拔，请先抚之，不服然后加兵。上用道计，令山西、河南巡抚都御史各会兵待剿。"① 这是明代官方文献对于此次动乱时间之最早记录，但山西巡抚常道上奏嘉靖帝之前必经过潞城知县及其他官员节节上奏，陈卿在地方为乱时间必在嘉靖六年十月之前。又据《明史·潘埙传》嘉靖七年（1528）潘埙巡抚河南，"潞州巨盗陈卿据青阳山为乱，山西巡抚江潮、常道先后讨贼无功，乃敕埙会剿"，② 则常道之前山西巡抚江潮就已对陈卿一伙有所行动。江潮《明史》无传，《明世宗实录》载嘉靖四年（1525）三月癸亥"升广东布政使司左布政使江潮为都院右副都御史提督雁门等关，兼巡抚山西地方"。③ 常道则于嘉靖六年（1527）四月丁卯，由山东布政使司左参政升任都察院右佥都御史，巡抚山西。可见嘉靖四五年间陈卿一伙已有所行动，上述常道请求招抚乃是在军事行动不利之后发生的。上文所引雍正《山西通志》即说陈卿于嘉靖三年（1524）"起为盗"，至嘉靖七年（1528）闰十月覆灭近五年。而崔铣《新开潞安府治记》也说其"为乱近五纪"，此纪若理解为一年则是五年，但若是按一纪十二年算则又有六十年之久。这似乎并不夸张，如明代潞城县地方人士王镇寰说："贼陈卿据险为巢，啸聚亡命，剽掠村堡，父子济恶数十年，官司莫制"④；顾鼎臣则言其为乱"二十余年"。⑤ 笔者以为数十年之说表明陈卿明确与官军对抗之前，其家族父辈已在青羊山附近活跃多年。上述桂萼上奏还称陈卿窝藏贼人为地方官所知，而是由其世仇一袁姓贼人"将陈卿窝贼事情首发"，其在地方上之为乱远较明代官方正式调集官军镇压为早，正德时

① 《明世宗实录》卷81，嘉靖六年十月戊辰。

② 《明史》卷203《潘埙列传》。

③ 《明世宗实录》卷49，嘉靖四年三月癸亥。

④ 光绪《潞城县志》卷2《建置沿革考》。

⑤ （明）顾鼎臣：《创建平顺县记》，乾隆《潞安府志》卷32《艺文续》。

期当已露端倪。如《陵川县志》称："牛耕，平城镇人。正德六年(1511)，流贼陈卿率众突入太行，至镇执耕问曰'陵川与壶关孰远近?'耕绐曰'壶关近且平，陵川远且险'。至壶关界询众尚远，贼以诓己，遂刃耕之西火镇。两邑胥免难。"①陈卿众人据青羊山后，潞城令不能制，故而上奏山西巡抚常道。总之，陈卿为乱在嘉靖三年（1524）当已正式显露，但从地方人士的表述来看，陈氏族人在当地坐大，已颇有年份了。

以往有论述将陈卿为乱原因大多塑造成"官逼民反"、明廷政治统治黑暗导致农民揭竿而起之形象。但是地方性盗贼的兴起必与地方社会、盗贼群体自身有关，明中期固然盗贼屡行，但过分渲染这种"起义"与明代政治统治黑暗之关系可能过于牵强，而无法考虑到动乱事件与地方社会历史自身的诸多关系。

首先，陈卿一伙入山为盗，其原因由前文来看，陈氏族人为地方豪强，且富有资产，故能拉拢强人。同时青羊山地势险恶，易守难攻，陈卿据此成为潞城县地方一股颇有影响、能与官方抗衡之强势力量，时机成熟必然做出种种不法之事。所以有史料称陈卿一伙："潞城令不能制，啸聚滋众，恃险出没。"②而"有司务掩盖养乱者二十余年"。

其次，潞州地方武备废弛，给强人以可乘之机。明代着意于北边防御，内地空虚，甚至畿辅近地也是如此。虽然北方内地多有直隶、地方卫所驻扎，但这些卫所大部分每年要轮番戍卫北边，留少数在当地防御城池、屯田事宜，甚至没有军士留驻当地。而且明中期以来，卫所官军多有逃亡，内地防御更属空虚薄弱。青羊山平定后，夏言奉命查勘当地情形，其后上奏嘉靖帝说：

> 潞州城周围一十九里，广三丈，高三丈五尺。代更岁久，无人以时修葺，砖土剥落。间有阙蹈中穿之处，遂成径窦，人畜可通往来，晨夜无所防禁。本卫虽有指挥一十六员，镇抚千百户共七十员，率多阘茸非才，大半缘事原伍。旗军五千七百九十四名，而逃亡事故者三千三百余名。三关轮班操备二千三百五十五名，而不赴者常

---

① 民国《陵川县志》卷9《士女录》。

② 雍正《山西通志》卷177《辨证二》。

半。骑操马以前二百九十八匹，见在者八匹而已，武备废弛未有甚于此者。夫以军城重地，百万生灵鳞集蚁附，宗藩邸第棋布星罗，府库钱粮积巨万计，而城池弗固武备不设，荡然无守。……如此而不为盗贼所窥者，未之有也。昨当山贼猖獗之时，城中宗室大家俱欲凿壕自防，仓皇无计，念之可谓寒心。①

潞州城池失修、武备废弛竟然如此严重，恐怕是中央统治阶层始料不及的。除卫所等正规官军外，山西内地还有民壮，从“己巳之变”后，三班轮番戍守宁武、偏头、雁门三关，长年戍守，本地不存一二。与潞州相邻之彰德府同样如此，嘉靖时期崔铣撰写《邺兵议》提及彰德府武备说：

彰德有卫兵，有民兵。民兵者，快手，骑也；民壮，步也。卫兵分番戍京师及北塞，留者守城，擒盗。彼皆生长行伍，习戈矢，犹耒耜焉。民兵取之陇民及市井之黠者，岁操日练，犹不能执弓挟刀。阖郡精兵不足百人。夫盗犹潦水也，突至则襄亩啮防，去之则涸，非有期约可凭也。②

林县有彰德卫所属之林县守御千户所，为洪武时期韩政平定蚁尖寨后在此驻扎之用，后保留下来。夏言据该所千户郑镗呈报，该所军士共四百名，轮班戍卫京师、宣府操练备边，“缺人城守”。陈卿动乱时期，“本所班军连名具本奏乞掣回，情愿入山杀贼，未蒙准行”。③ 因此，泽潞地方和与之交界之豫北地方防御空虚，军备废弛，对于地方无力弹压，盗贼易于滋生，且能驰骋于交界地区数州县进行剽劫。青羊山之所以被平定，乃因客兵奋力搏杀所致，亦可说明这一点（下文详述）。

再次，地方州县行政管理不力，无力弹压地方。青羊山隔绝官府，地势犬牙错处，又为潞城、黎城、壶关三县边区，在建县之前也无巡检

① （明）夏言：《请改建府治添设宪臣及区处事宜》，《桂洲先生奏议》卷10《弭盗贼》。
② （明）崔铣：《邺兵议》，《崔氏洹词》附录卷4，嘉靖三十三年刻本。
③ （明）夏言：《开设县治巡司关堡抚恤降民事宜》，《桂洲先生奏议》卷10《弭盗贼》。

司等地方军事机构驻扎，故而行政管理松弛。同时，潞州地方藩府膨胀，势力强大，知州及佐贰官员无力震慑，使其经常干预州县行政管理。藩府不仅不能保护地方社会，反而使得州县行政管理左右掣肘。夏言说：

> 今属以知州，官秩既卑，权利有限，纵使才能，亦难展布。诚不足以禁制奸豪，抗抑权势。佐贰之职，类皆杂流末品，殊不足以分理政务，宣布德泽。兼之僻在一隅，上司大吏，按部有时，力小任重，付托弗堪。是以教化不行，法令不振。此岁青羊山蛇鼠之盗，遂不能制，颇费支吾。万一有意外，则官府束手，宗室震惊，恐不免重贻朝廷大忧。①

动乱之中藩府对于地方社会的保卫也是毫无作用，所以上述夏言说动乱之时潞州宗室“仓皇无计，念之可谓寒心”。潞州藩府强势难制，州县无力弹压，地方社会控制能力下降，则是促成青羊山平定后潞州升府的重要原因。潞州地方民众因供役藩府之负担极重，“里夫之役于藩府也，密于传命”。② 藩府成为地方社会之“蠹虫”，时人并不隐讳。桂萼也说山西“宗室弥蕃，一切供输，自岁赋之外，皆仰给河东之盐课。三晋之民，劳瘁甚矣”。③ 因此，潞州藩府成为地方上一大势力，但自身却没有保卫地方社会稳定的能力，却又干预地方行政官长事务，加上科派严重，极可能激发了地方豪强势力的动乱之心。陈卿原居藩府长史司吏对于藩府之情况必然了解，依靠自身实力在青羊山“自立”是可以理解的。

最后，嘉靖初年，潞州地方屡发天灾，陈卿一伙应是乘时弊而起。嘉靖初年高平地方人士王世隆说：“盖自数年以来，灾沴相仍，征科益急，耕夫女红皆困竭矣。……岁织几疋绢，不得身上穿。田中苦旱复苦雨，旧逋未了新逋至。努力经营纳租税，半入王孙充绿米。王孙出城骋游戏，一掷千金偿歌妓。山西之地……障蔽京辅，屹然虎熊。休养生息，

---

① （明）夏言：《请改建府治添设宪臣及区处事宜》，《桂洲先生奏议》卷10《弭盗贼》。

② （明）崔铣：《潞州知州张君祠记》，乾隆《潞安府志》卷28《艺文》。

③ （明）桂萼：《山西图序》，《皇明经世文编》卷182《桂文襄公奏议四（序）》。

一宜丰隆。政烦赋重，民乃穷民。穷盗起，人汹汹。前年寇青羊，去年寇灵石，未必良民甘就死，要亦催科激之耳。"[①] 壶关县"嘉靖七年饥，潞城民陈卿作乱，拒杀官兵"。[②] 而青羊里所在之潞城县"嘉靖四年六月，雹伤麦杀禾，岁饥。七年县民陈卿作乱，据青羊山……八年六月飞蝗入境，三日去。七月复至，蝻大生，岁饥"。[③]

陈卿一伙主要成员为陈氏家族及其他"能战"强人。由《明世宗实录》及其他文献所提及陈氏族人有陈卿之父陈琦，陈卿，卿弟陈相、陈良、陈奉、陈访、陈来等。陈卿部下又有殷得山、殷得海、路和尚，吴学生、王仲杞、王仲兴等人，皆甚为"猛强"。这股力量为乱的主要形式一是据山为匪，建立山寨，不遵官府；二是剽劫交界地方州县。

青羊山上多柏树，"望如青羊"[④]，故而得名。陈卿一伙以此为中心在此啸聚，并占据周边重要隘口，据地险处建立山寨。著名山寨有穽（井）脑、穽底、安阳、马武寨、鲁班壑、尖绽口、洪梯、王陡崖、谷堆、底门楼、神河小寨等。[⑤] 声势日众，加之陈氏颇有家资，随之不供差役。嘉靖帝说："陈卿父子结为贼之时，本因有司以彼强富之徒不供差役，以跟寻过犯，迫逼而成。当时缓缓治之，岂能若是?"[⑥] 杨一清亦言："窃见山西青羊山贼首陈卿，招集亡命，逃避山泽。恃其父兄弟侄，据险称兵，张打旗号，编勒部伍。流劫乡村，杀人放火，掳掠财物。甚至刳剔婴孺，屠戮商旅，啸聚将及数年。"[⑦]

青羊山地区邻近河南、北直隶地方州县，而"山多径道"，陈卿一伙便以此为中心每从径道"剽劫"山西泽、潞二州，河南彰德、卫辉、怀庆三府诸州县地方。当晋、豫官兵进逼之时，"贼闻师至豫，出山四掠。本以观变为进退计，至是乃大寇黎阳（城）、潞城，杀掠民畜，烧焚屋

---

① （明）王世隆：《禽语》，同治《高平县志》卷8《艺文》。

② 道光《壶关县志》卷2《纪事》。

③ 道光《潞城县志》卷3《大事记》。

④ 《古今图书集成·方舆汇编·职方典·潞安府部汇考一·潞安府山川考》。

⑤ 《明世宗实录》，嘉靖七年闰十月甲辰；《古今图书集成·经济汇编·祥刑典·盗贼部·总论三·明朝弭盗》。

⑥ 《明世宗实录》卷92，嘉靖七年九月丙戌。

⑦ （明）杨一清：《论青羊山贼情奏对》，《杨一清集》卷3《阁论集》，中华书局2001年版，第893—894页。

庐。千里内如暴风卷浪，所过倾荡，而后乃还保山险。时河南林、涉、修武，俱重被贼害”。[①] 修武县地处河南怀庆府，若入此地则需经过泽州，路程并不短，似乎并不可能。但明《国朝典汇》也说陈卿“啸聚千余人据青羊山，流劫潞州诸县及河南怀庆”。[②]《修武县志》亦云“正德、嘉靖之间山贼不时屠乡村，十室九空”。[③] 而当嘉靖七年（1528）二月官军进逼之时，官军失利，陈卿人众甚至“乘胜攻陷辽、沁二州”，[④] 其影响之大可以想见。在与官军对峙期间，青羊山人众仍不时下山劫掠。嘉靖八年（1529）八月，“据河南分巡佥事温濡报称，本年八月初十日寅时，有贼首陈卿等自大绽口拥众排山侵犯，乡夫居民奋死把截。各贼声言要大聚人马，不日横行。又准巡抚都御史常道手本，开据分巡佥事陈大纲并潞城、壶关、黎城等县各禀称：本年八月十七日各贼纠众七百八名，张打旗号，或数百名出没抢掠，飞报强贼一日之间在于两县地方掳掠人民，抢劫财畜。”[⑤]

（二）正式倡乱

起初，潞城县令鉴于陈卿坐大，于是派人缉捕，但“卿殴公役，革不能制。卿益肆恶，招亡纳叛，聚众为寇，放火杀人，恃险出没”。[⑥] 于是潞城令“申当道剿捕”。嘉靖六年（1527）十月，山西巡抚常道言“贼据险，攻之恐难卒拔，请先抚之；不服然后加兵”[⑦]，嘉靖帝是其议，仍派山西、河南巡抚各会兵待剿。但是常道“谕之弗悛，威之弗下”，陈卿并不听命下山，接受招抚。无奈，嘉靖七年（1528）正月，常道上奏请发山西三关兵讨贼，但山西地方“有司不急剿捕”，遂停。嘉靖帝命“该道守巡及府州县所官俸令戴罪杀贼，仍诏邻境官司各严兵以待”。[⑧] 这

---

① （清）毛奇龄：《后鉴录》卷3。

② （明）徐学聚编撰：《国朝典汇》卷265《盗贼》。

③ 民国《修武县志》卷15《人物》。

④ 民国《林县志》卷12《人物上·列传》。

⑤ （明）杨一清：《论青羊山贼情奏对》，《杨一清集》卷3《阁论集》，中华书局2001年版，第893—894页。

⑥ 康熙《平顺县志》卷2《封域志》。

⑦ 《明世宗实录》卷81，嘉靖六年十月戊辰。

⑧ 《明世宗实录》卷84，嘉靖七年正月甲申。

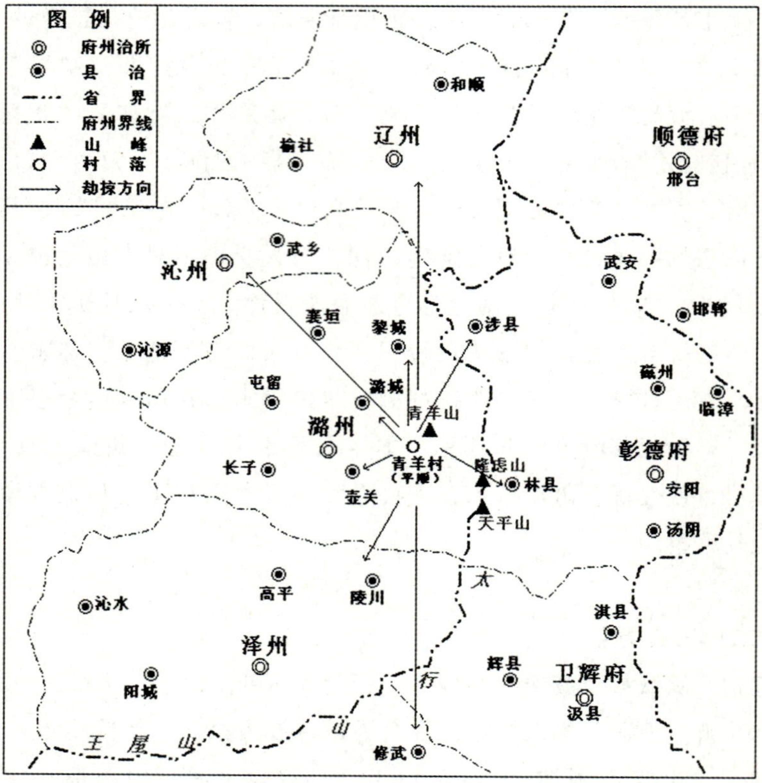

图 2—1 陈卿动乱剽劫方向示意图

说明：底图源自谭其骧主编《中国历史地图集》第 7 册《明时期》，万历十年（1582）。

些守巡、府州县官员“不急剿捕”是因陈卿据险，一时难攻，而上官又有安抚之议，进退首鼠两端，故而并不急于进攻。同年二月，山西三关及地方官军最终从东面开始大举进攻青羊山人众，却被陈卿设奇，“据险邀击，官兵大溃。贼遂执（泽州）知州王朝雍、（汾州知州）郭铿，杀伤指挥秦洲，知县韩廷学等”。① 官军大溃，“卿益大肆猖獗，集众万余，分据鲁班壑、穿脑尖、绽口诸处，各设巢砦”，② 意图长期抗拒官军。常道请求“假副总兵赵廉事权，增兵诛剿”，但是此次战役，“师徒挠败，仍

① 《明世宗实录》卷 85，嘉靖七年二月甲寅。

② 《古今图书集成·经济汇编·祥刑典·盗贼部·总论三·明朝弭盗》。

执命吏，全晋之地震恐。讹言流于京师，谋议蠭起”。[①] 于是兵部建议：

> 请敕赵廉暂以三关事务付游击邵定带管，简选精锐官军，召募乡导，枪勇相机行剿。河南诸军悉听节制，贼凡被胁者听投首解散。有能擒斩陈卿父子及有名首恶者，赏银三百两，军职升三级，世袭军升实授百户；民授土巡检，仍将逆产给赏。如陈卿父子兄弟及同党能自相擒献，悉免本罪，仍照数给赏。有能倡众入贼巢，招抚余党五百名以上，及自能招抚三百名以上者，俱升实授二级；二百名者一级；一百名者署一级；不及数者赏银三十两。如陈卿等能束手听抚，先将执去职官送出，许赴军门自诉，奏闻处置。若仍不悛，各该官兵即督率进剿，邻近地方俱严加防截，失事官员听以功赎罪。事宁之日，抚按官通查功罪，奏请定夺。[②]

嘉靖帝诏如议。兵部的建议表明朝廷的态度是剿抚并用，这势必会“迷惑”地方官兵对敌之态度，因为若贪功冒进，一旦损兵则将会被追究责任，而招抚又遥遥无期，陈卿并不会轻易归降。这种军事行动的状况透露出朝廷官方剿抚未定、两皆失宜的不利境地，这也是后来杨一清等极力反对的地方。

陈卿所执之泽州知州王朝雍曾参与潞州军事，可以想见青羊山贼影响之大，附近州县官员多被卷入在内，而且是被强制拉入。明人李舜臣说：“青羊山之乱，先生（指王朝雍）尝陷贼中。维是抚臣失计，驱市人以格强寇，如先生者顾以给军市人，竟败，先生被执。”[③] 按照李舜臣的说法王朝雍为泽州贤吏又有儒士风范，陈卿众人对之颇为尊敬，“有识先生者惊且拜也，曰是‘泽守王公也’。众闻是泽守，惊且拜也。贼众方盛，陈卿者为之首，卿见先生趋侍不少惰。先生时饮食辄呼卿名，与之酒肉，卿受酒肉，顿首称谢，然后食饮。贼愈益敬惮先生，竟送之出”。地方文献中也对其被执之形象有所美化，如称其主动“诣贼中谕以祸福

---

① 乾隆《潞安府志》卷32《艺文志·夏公生祠记》。

② 《明世宗实录》卷85，嘉靖七年二月甲寅。

③ （明）李舜臣：《愚谷集》卷5《送南户部朝邑王先生序》。

顺逆之理，贼众屈服，后竟剿平之，百姓安堵”。[①] 对于王朝雍之招抚陈卿一伙，我们不可轻信，而是事出有因。《明世宗实录》记载，嘉靖七年（1528）三月，山西黎城县知县王良臣深入青羊山，游说陈卿下山，“贼首陈卿等悔罪，送还所虏州官，请得献擒，余贼以自赎。于是巡按御史穆相请遣官抚处，及嘉奖良臣”。[②] 这表明官方招抚之策似乎已取得成效。杨良臣这位黎城知县，据说时值“晋境多寇，良臣五年四抚之……皆以单骑入绥定数万人而解”，[③] 可谓游说、招抚之能士。

但是常道又“以为废法养患不可，请调青州枪手，擢兵备副使牛鸾为佥都御史，遂往剿之”。[④] 嘉靖帝兼用剿抚二策，派山东兵备副使牛鸾选善战枪手操练，听候调用。五月，兵科右给事中孙应奎言：“潞城山贼陈卿等累抚不悛，所调集山西、河南各民兵数千，馈饷繁费。乞令兵部再计应调兵马，责付谋勇将官，亟行剿捕。”嘉靖帝命总兵官鲁纲“量选所部兵马，驻扎卫辉、彰德地方，与都御史常道相为犄角，共图成功”。[⑤] 这种中央方面剿抚未定的决策，一则干扰前线官军作战策略，二则使得陈卿人众更为疑惑。于是在送出所执官员后，陈卿等并不下山投诚、解散。本年六月，山西巡按御史蒋旸上奏：

> 青羊山贼陈卿等诏谕之后不即解散，且欲坐邀守巡入山讲和。昔既戕杀官军，今又违背明诏，臣窃愤之。窃计陈卿之众仅八百余口，除妻孥孱弱外，能战者不过四五百人。盐醯布帛，器用工匠一切仰计于外。又晨夕备我征讨，不暇耕获，其粮蓄之不充亦可策矣。诚先遣兵断其蹊径，使不得出入，然后会兵近境，以河南兵攻其东，山西兵攻其西，腹背受敌，奔命不遑，可使食力俱乏。今三关既有虏寇，边兵不可内移。请如前旨，调山东兵备副使牛鸾所部军精骑射习阻险，令与两省兵协济。而以山西兵属佥事陈大纲，河南兵属副使翟瓒，巡抚常道、潘埙移近地节制。如此我兵既集，贼且丧胆，

---

① 雍正《山西通志》卷96《名宦·泽州府十四》。

② 《明世宗实录》卷86，嘉靖七年三月壬午。

③ 同治《即墨县志》卷9《人物》。

④ 《明世宗实录》卷86，嘉靖七年三月壬午。

⑤ 《明世宗实录》卷88，嘉靖七年五月丙申。

然后因而招之，其党可散，而卿父子家属可成擒也。[①]

兵部议可，嘉靖帝诏悉从之。蒋旸是主剿派，故而初任山西巡按御史即提出此议。由其奏疏来看，其对青羊山地理形势了解深刻，而且所提控制险道，东西夹攻之策，正是触及了交界地区盗贼防控之互动、协作之实质。但是各地官兵并不统一归将领掌控、调配，事权不统一，上述常道即已提出“假副总兵赵廉”以事权，就说明了这个问题。嘉靖七年（1528）八月，左都御史李承勋上疏乞休，陈时事所急曰：

山西潞城之贼数百人耳，倚山负固，类穴中之鼠，计取则易，仰攻则难。官军轻用其锋，累取挫衄，合四处之兵十数倍之众以讨小寇，而不统于一人。臣窃忧之。用兵在谋，不在众；事权当一，不当分。[②]

这种指挥不统一，在军事行动中地方官兵互相掣肘，难以统一行动，又如何做到东西夹攻呢？同月，鲁纲由卫辉、彰德地方进入潞州（在八月初七日[③]），“虚张军声”“贼众惶惧，奔逸四出。大掠壶关、黎城、潞城诸县，焚杀甚惨。纲顿师不出，贼以为无能，为复聚山中”。[④] 青羊山地方向东跨过太行即可入河朔，直指畿南。万历间潞城知县冯惟贤说：“上党古称重镇，潞城其属邑，去云中不远千里，通卫赵不啻三舍，乃冀并之腹背，泽潞之襟喉也。”[⑤] 该地发生盗匪且屡杀官军其给明廷之影响可谓“爆炸性”，一时朝野纷然。然而剿抚不定，嘉靖帝甚至希望贼“自定”，战事再次进入胶着阶段。

---

① 《明世宗实录》卷89，嘉靖七年六月丁巳。

② 《明世宗实录》卷91，嘉靖七年八月己巳。

③ （明）夏言：《请差官查勘青羊山功罪及处置地方》，《桂洲先生文集》卷10《弭盗贼》。

④ （明）徐学聚：《国朝典汇》卷265《盗贼》。

⑤ 光绪《潞城县志》卷2《建置沿革考》。

三 东西夹攻

（一）抚剿不定

嘉靖七年（1528）九月，嘉靖帝面对形势，以“诸军讨潞城贼久无功，欲罢兵以俟其自定”。廷臣持议不一，桂萼主抚，张璁主剿，大学士杨一清支持张璁之言，并让嘉靖帝自己抉择。嘉靖帝致杨一清之谕曰：“今贼深居山险，故恃此纵恣，若加进剿只是添害地方，与提督之添设俱为无益。只将常道并该州官更换，令其调用本处乡兵把截要路，用之旬余设法进捕，杀而不宥，如此可也。若专剿则功无可成之日，专抚则失其威。”[①] 这也就是采取恩威并施之策，大军把截要路，形成逼迫之势，而又不放弃招抚之计，希冀“旬余”陈卿众人有变，然后设法进捕。

桂萼上奏嘉靖帝说：“臣已备访，其初止陈卿父子二人畏罪不出，宜令该州知州缉而捕之者。知州不职以推二司，二司不职以推巡抚。巡抚都御史不学无识，轻躁妄动，遂请用兵，而本兵者又不知事体。遂请命将出征，广招客兵，大费粮饷，大残生灵而不顾恤。”[②] 陈卿父子畏罪不出，乃指之前对其招抚，巡抚都御史“不学无识，轻躁妄动”，则指常道而言。言下之意，剿抚失计，“本该责令有司缉纳，而某轻率请兵以致误事。又行招抚及圣旨听其抚安，而某又执投降之人下监，此所以剿抚两失也”。[③] 之前嘉靖帝听取山西巡抚常道之言派客兵进剿，剿灭后开报首级计功，但“潞州土地在疆理之内，最为密迩，而纵兵诛锄，奏报首级，殊非祖宗之制”。桂萼建议更换泽、潞二州知州，选派干吏出任山西巡抚，罢遣客兵以节财费。“今后腹里地方一切盗贼再不许轻拟动调官兵，开报首级，止行有司缉捕，一一复祖宗旧制。并申令巡抚衙门，戒其只一意以存恤被害地方为务。各守封疆，以安闾里，不得生事贪功”，以期陈卿一伙接受招安。

桂萼指出明廷剿抚失计，首鼠两端，故而平定无期。而且“州郡有

---

① 《明世宗实录》卷92，嘉靖七年九月丙戌。

② （明）桂萼：《文襄公奏议》卷4《论免租及山西贼情疏》。

③ （明）桂萼：《文襄公奏议》卷4《复论山西贼情疏》。

司既先前失事，而巡抚、布、按又各不同心。况四散之兵消息不通，先声大扬，胁从益固，适所以与之以必死之形势，此自古兵家之大忌者也”，这就指出了青羊山之乱明军对敌战略上的失误。张璁对此表示同意，但仍主张剿灭盗贼。其上奏嘉靖帝之疏曰《请平潞州议》，张璁将陈卿倡乱比作唐淮西藩镇吴元济，彼被裴度称为国家“腹心之患”，而陈卿所在之潞城“为京辅近地，不可容乱贼所据也”，他说：

> 臣愚不知古也，第朝廷纲纪不可不措，国威不可不振。……今潞城之乱又不问罪，惟务招抚，则小人之不逞者，又以借口。国典不明，盗风滋长，臣实忧之。切惟今之潞城一隅之地，而当三省之全力，其破败亦有可立而待者。倘蒙圣断驻兵征剿，平此一方，则威行于缘边，风闻于天下，而无敢有不逞者。……或以广西可抚，而潞城独不可抚，何也？夫兴师问罪，犹用药治病，随变而通之也。广西夷寇，未尝抗拒官兵，且元恶已歼，其下人可以抚纳。潞城中国之寇，魁首尚在，杀军官三四十员，屠戮生灵无算，诚不可不诛。此其所以异也。①

张璁所虑在于嘉靖时期之国家形势，当时各地盗贼频繁兴起，唯恐青羊山处于畿辅近地，若不加惩治，天下盗贼蜂起。且其为“中国之寇”，与广西等地边疆宵小不同，应加以剿灭。

杨一清支持张璁的意见，他认为朝廷“每令抚剿兼行，不欲专事于剿”是“示自弱之形，此智士之所以灰心，而勇夫之所以解体也”，应将陈卿人众坚决剿灭。“今日若惜陈卿父子一家及在山数百人之命而不加诛剿，则彼所伤杀之人何止千百，独非命乎？”② 他认为：“是虽一方之贼情，实关天下之利害，宇内安危视此一举。此机一失，贻患无穷。”杨一清在奏疏之中还清晰地揭示了各官员剿抚不定的由来：“盖自御史穆相主抚散之议，山西官员为所牵制，不许杀贼。始则惑于通判杨良臣之言，

① （明）张璁：《请平潞州议》，《皇明经世文编》卷177《张文忠公文集二》。

② （明）杨一清：《论青羊山贼情奏对》，《杨一清集》卷3《阁论集》，中华书局2001年版，第893—894页。

后又挠于监生李克纪之策。此二人者，一往一来，但为贼徒游说，而贼势日骄，我兵日屈。且杨良臣之通和一年有余，李克纪之招诱亦半年之上，何尝有尺寸之效？徒以虚文搪调。此等之人与贼何异，而欲倚之以成功哉！"[1] 山西巡按御史穆相主抚，支持黎城知县杨良臣游说招抚陈卿上文已提及。李克纪为嘉靖时期高平县监生，"赴铨选道出潞安，适贼据青羊山，克纪应募往招抚"，[2] 后死于军中。杨一清明确指出这些人干扰军事进攻决策，招抚无功，实为可恶。他希望嘉靖帝"大奋乾刚，力主进剿之议，以申国威；勿听招抚之说，以堕贼计"。"申敕总兵官鲁纲、都御史常道、潘埙督率三司官员、主客兵马。趁今草木黄落之时，先将通贼要口严加把截，断其往来。然后分道并进，两路夹攻，务捣其巢，使无遗种。兵力不足则为添兵，粮饷不充则为增粮。选择三司官员知兵服武者，随宜委用。若大兵临境，贼徒舍弃军器，赤身下山，即系胁从畏死，即送彼处官司审放宁家，亦勿滥施屠戮。"[3] 并希望朝廷选派朝中重臣前往前线，节制镇、抚、三司以下官员，以统一事权。其责任一如"陕西总制事例"。

杨一清之奏议似乎坚定了嘉靖帝剿"贼"之决心。恰在此时，总兵官鲁纲从前线发来奏报："贼据险，山多径道，不得不分部要害，所将京营汉达官军及都御史常道统带三关官兵才一千一百，少不足用。请益发河间、保定官军善战者五百人，兼程启行，听候征剿。"兵部得到嘉靖帝谕旨后，覆议："山贼恃险构乱，因抚按不合，不能早获，致彼屡谕不悛，又纠集众多，事实由常道抚剿久无成功，其令回京，速推相应者星驰代之。该州知州亦择才能济事者调用，益兵事宜如议行。已命改巡抚保定右佥都御史王应鹏巡抚山西，兼提督雁门等关代道剿贼。"[4] 王应鹏代替常道是采纳了桂萼之荐，不过是用于剿贼。直隶河间、保定官军也加入剿贼队伍，山西、河南、山东、直隶四省官军形成了对于青羊山贼的合

---

① （明）杨一清：《论青羊山贼情奏对》，《杨一清集》卷3《阁论集》，中华书局2001年版，第893—894页。

② 同治《高平县志》卷6《人物上》。

③ （明）杨一清：《论青羊山贼情奏对》，《杨一清集》卷3《阁论集》，中华书局2001年版，第893—894页。

④ 《明世宗实录》卷92，嘉靖七年九月丙戌。

剿，而且从兵部覆议来看，嘉靖帝也加强了主剿的决心，青羊山众人抗拒官军之形势不容乐观。不过，嘉靖帝也并未调集朝中重臣提调各路军马，统一事权，其原因不得而知。在嘉靖七年（1528）十月份的具体军事行动中，河南巡抚潘埙约誓各路官军统领，一同进兵，间接统一了进兵方略。

（二）地域互动

嘉靖七年（1528）十月甲辰，潘埙约誓诸路大军并进，展开攻击。[①]“自进兵至搜灭贼巢，凡二十九日。”[②] 起初，官军四集，陈卿“逼胁近山居民，籍记姓名，编成甲伍，简取骁锐”。命其弟陈相、陈良等“率七八百人守洪梯、井脑等处御河南兵。卿同弟陈奉、陈访等率千余人守李庄口御山西兵。仍遣其党乘间掠河南、山西州县”。[③] 战后搜获“贼中文书册及贼名籍”，夏言认为“方卿猖獗时，近境小民，多被胁虏，籍记姓名，编为总小甲”，这些人“非真盗可拟”。官军驻扎地点如下：山西巡抚都御史常道、山西佥事陈大纲率山西兵驻潞城，副使牛鸾则率山东枪手会同；河南巡抚都御史潘埙，副使翟瓒以河南兵驻彰德；总兵鲁纲统直隶兵驻守潞州。此前潘埙与常道相谋曰：“贼守险，难以阵。合诸路夹攻，出不意夺其险，乃可擒也。”[④] 即上文蒋旸所谓东西夹攻之策略。潘埙约誓诸统帅于十月甲辰诸路并进。埙分兵为五哨，募土人为向导，从三路“入掩贼不虞”。首夺宑脑寨，大破之，追奔至莎草岭，毁安阳等巢。陈大纲“以山西兵自北入，颇有斩获，卿窘迫无计乃诣大纲营降。卿父琦及其妻子家属俱为山东兵所俘。于是各兵分搜诸贼党，斩获略尽，其被胁良民省发宁家者二千三百余人”。[⑤]

此次平定青羊山之乱，客兵发挥了重要作用，尤以河南官军最为得力。河南地方之贡献还表现为地方藩府之作为。嘉靖七年（1528）十月，赵府辅国将军祐椋奏：“山西潞城贼众凭恃山险，官军屡战不胜，乞亟命晓畅谋略文臣一员往督军务，仿成化间项忠攻石城之法，分为数路，约

① 《明世宗实录》，卷 94，嘉靖七年闰十月壬申。
② 《明史》卷 203《潘埙列传》。
③ 《明世宗实录》卷 94，嘉靖七年闰十月壬申。
④ 《明史》卷 203《潘埙列传》。
⑤ 《明世宗实录》卷 94，嘉靖七年闰十月壬申。

日并进。且今春夏亢旱，军费不赀，小民赋税或不能给，请以一岁禄米助军饷”①。这对于向来吝啬的藩王来说可谓“义举”，嘉靖帝颇感欣慰，“令写敕褒奖，禄米如旧关支”。

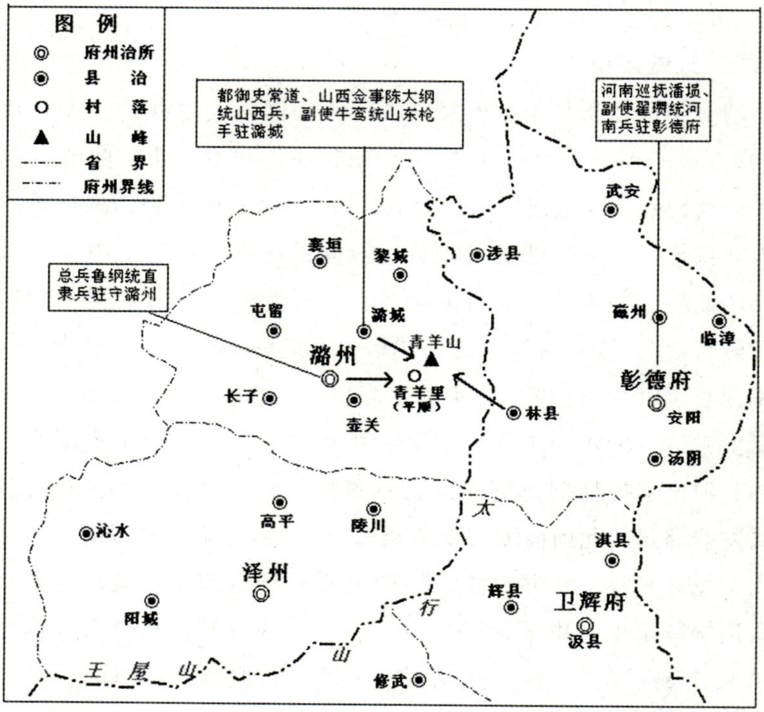

图 2—2　嘉靖七年官军攻取青羊山形势示意图

说明：图片源自谭其骧主编《中国历史地图集》第 7 册《明时期》，万历十年（1582）。

陈卿覆灭之原因，首先在于敌我力量对比悬殊。民国《林县志》记载林县当地人郝世昌为河南官军前锋，功绩最大，其传记中记载此次战役官军“用兵十万，斩获贼二万人”②。不过此数字可能有所夸大。据上文山西巡按御史蒋旸说陈卿一伙共八百余口，其胁迫近山居民可能就有一万二千余名。但夏言在战后上疏嘉靖帝提及各处官军擒获胁迫人众情况时说：

① 《明世宗实录》卷 93，嘉靖七年十月己未。

② 民国《林县志》卷 12《人物上 · 列传》。

今查得副使牛鸾，佥事陈大纲、杨朝凤，巡抚都御史王应鹏各招男妇共三千余名口。河南副使翟瓒，佥事温濡、祁鹤，参政陶谐各招收共一千四百余名口，俱于臣未至之先安插山中已定。臣于彰德府审得见监胁虏平民一百九十一名。又于潞州审得生擒贼众亦系胁诱四十五名，及安攀平民因贼请诖误亲属无辜淹禁者四十名口，俱从释放宁家。[①]

则胁迫之人近四千七百余人，其间当包括山西潞城诸县和河南林县等县民众，再加上蒋旸所谓八百余口，共计五千五百余人。因此斩获两万人可能有夸大成分，官军数量必在其上，且陈卿所胁迫近山居民多为耕民，不堪应战。

其次，后期失去地险可谓关键因素。在对动乱防控的地域互动中，其主要表现之一即为各方对于青羊山地理形势均有清晰认识。山西方面，前文蒋旸就已建议断绝蹊径，东西夹攻，已展露军事地理上之考虑。而王朝雍被捕后，在青羊山中却有别样“动作”，李舜臣上述言论还有下文：

先生之在山也，缓步吟咏若自适者，而实相其地形险易，阴为计划。既出，见抚臣，因言贼可取状。后朝廷征诸路兵既平贼，一一如先生策。[②]

这恐怕是陈卿始料未及的。山西佥事陈大纲更是对于青羊山地形尽力查勘，据称陈大纲“作‘平贼方略’六篇，相地形险易，断山伐木，为飞梯望楼，出其背。三军扳援而上，贼闻骇曰‘官军飞上山也’”。[③]

在东面，潘埙等所统河南官军则由林县西面夹攻，却得当地人郝世昌父子为前锋，最终青羊山东境要隘尽被其夺去。林县西部为太行山地，

① （明）夏言：《开设县治巡司关堡抚恤降民事宜》，《桂洲先生奏议》卷10《弭盗贼》。

② （明）李舜臣：《愚谷集》卷5《送南户部朝邑王先生序》。

③ 乾隆《潞安府志》卷17《名宦》。

“行多鸟道，中州险僻之区”[①]，与“上党仅隔太行一脊，其间相通险径固多”[②]。林县西通山西之路有六条，其中西北由姚村分路逾蚁尖寨至西寨，至山西平顺县境，由蚁尖寨可南通鲁班门；西由“桃源店过断金桥至扑猪岭交界”，西接山西平顺县西瑙村境，此二路最为奇险[③]。断金桥向西过太行山即到玉峡关，为晋豫险道，但在陈卿倡乱初期，“当事者不谙守险而妄议撤之，东西为阻”。[④]

蚁尖寨为太行山脊之著名堡寨，在林县西北四十里。“金末置寨于此，元光二年林州蚁尖寨众乱，张开抚定之。正大二年，蒙古史泽攻金，取蚁尖寨。元至正十七年，刘福通兵陷林州，达鲁花赤神保与民守蚁尖寨。明年，寨破，神保死之。”[⑤] 洪武二年（1369），山东行省平章政事韩政攻下蚁尖寨。据称：“（蚁尖寨）元末为右丞吴庸、王居义、小锁儿所据，剽掠旁近居民以给众食。及大将军徐达北征，分遣将士收诸山寨，惟蚁尖寨山险绝不可攀跻。至是，达命右丞薛显督诸卫兵取之，时（韩）政守顺德，将兵列营进攻，庸度势不能支，乃诱居义、小锁儿杀之，携其首率寨民诣政降。得士卒一万一千六百，人民三千五百二十人，悉放免复业。”[⑥] 郝世昌虽为林县“土人”，却为藩府姻亲，娶平乡王“观城县主”，是为仪宾。早在弘治十六年（1503）五月，就蒙皇帝亲赐冠服[⑦]，可见其为地方豪绅。而且此人颇有勇力，与其子金俱为能战之士。嘉靖六年（1527），河北道参政陶谐调取郝世昌，扼守蚁尖寨，夺取险地，取得了进逼青羊山之第一步。《林县志》载有郝世昌传记，且对此次青羊山之乱记录详细，颇可补正史之不足，兹略录于下：

> （嘉靖）六年十一月，分守河北道参政陶谐，分巡河北道佥事温濡，以蚁尖寨近贼路窑口等山，乃调世昌招募素知山路丁壮二百人

---

① 乾隆《林县志》卷1《疆域·形胜》。
② 康熙《林县志》卷10《艺文·创建合涧巩关记》。
③ 乾隆《林县志》卷1《疆域·道路》。
④ 康熙《林县志》卷10《艺文·重修断金桥路记》。
⑤ 民国《林县志》卷2《地理下·古迹》。
⑥ 《明太祖实录》卷38，洪武二年春正月乙丑。
⑦ 《明孝宗实录》卷199，弘治十六年五月己丑。

屯守。七年九月，贼将路和尚领众攻寨，世昌子金击破之，擒路和尚、吴学（生）等五人。时山西都指挥霍某领兵万五千人屯聚山口，进御无策。陈卿引贼将殷得山等拒敌，指挥薛朝用与战，死之。贼乘胜攻陷辽、沁二州，掳知州王某，势益猖獗。事闻朝廷，遣总兵鲁某统河南、山西等处四省兵讨之。陶谐及副使翟瓒保世昌给黄榜告示，招抚旗号。河南巡抚潘埙会山西巡抚常道，合鲁某，期以十月初六日进兵夹攻。世昌献议曰"宑脑山高，北瞰贼巢，东逼蚁尖寨，贼咽吭路也。盍乘其无备袭之"，潘从之。初五日夜，世昌率金同指挥吴捷等三百人秉火由墓眼道倒橛而上，夺占宑脑，擒贼将王仲兴，斩殷得山等，招抚贼众三百二十六人。明日再战，贼败走。又明日，贼领众迎战，世昌同指挥吴捷与战，大破之。贼势迫，趋栾庄上马武寨。世昌纵火焚其巢穴，镇守鲁班门。陶谐遣指挥于尚，用百户黄恩领兵五百，翟瓒与佥事祁鹤，指挥李堂、吴捷并世昌等合兵攻马武寨，擒斩王仲杞等七名，擒卿弟陈来等，招降万余人。卿西遁，诣山西常军门降。是役也，用兵十万，斩获贼二万人。世昌自费二千余金，自出师至凯旋，凡三百余日。纪功，兵科给事中夏言同抚臣潘埙，合奏世昌出财粟以赡军，率家丁而效死，加一品服，赐"大赉奇功"匾额。[①]

这种交界地区动乱防护的互动行为对于盗贼平定颇为有效，不过前提是要声令统一，此次战役若非潘埙约誓各路大军并进，恐怕并不能轻易获胜。

在各路官军并进之时，总兵鲁纲却安坐潞州，并不前进，当得知其他官军得手之后，才率军挺进。兵科给事中夏言说："及会剿之时，纲安坐潞州，未尝与贼会战。乃飞章告捷，诡为己功，宜议其罪。"[②] 嘉靖帝派夏言前往当地，勘核诸臣功过，他也成为潞州战后地方社会重建、社会控制之关键人物。

夏言勘核后上奏："都御史常道抚处失宜，贪功动众；都督鲁纲逗遛

① 民国《林县志》卷12《人物上·列传》。

② 《明世宗实录》卷94，嘉靖七年闰十月壬申。

不进，纵寇缓师，皆有罪，当黜。都御史潘埙约誓以协群师，宽令以全胁诱，其功为最。副使翟瓒冒险先登，牛鸾分兵深入，佥事陈大纲尽降首恶，其功次之。左参政陶谐、佥事温濡守隘出奇，佥事祁鹤督饷纪功，都指挥佥事徐溥率先前哨，功又次之……兵部覆议得旨，常道革职为民，永不叙用；纲降三级回卫闲住；潘埙赏银三十两，币三袭；翟瓒、穆相、蒋旸、陶谐、温濡、祁鹤、徐溥各赉银币有差。"[①] 至此，青羊山贼倡乱最终被平定下来，但乱后"人情汹汹"，形势仍不平静，若处理不当仍有混乱之出现。也就是说，如何巩固战后成果、重建地方社会是一个与平定乱贼同样重要的问题。

四 行政控制与地方社会重建

嘉靖七年（1528）闰十月，兵科给事中夏言在接到前线诸将捷报之后，上奏嘉靖帝指出部分将领奏疏不实，应派得力兵科给事中一员前往核实，并勘定乱后地方社会重建事宜。嘉靖帝随即命夏言前往。勘核之后，夏言上奏数份奏疏，对于诸臣功过及战后地方社会重建事宜皆做了详细阐述，都得到了嘉靖帝的认可。通过这些奏疏再结合其他史料，我们可以窥知交界地区动乱之后，从国家到交界地区各地方社会之间的诸多细致而丰富的"事实"，以之窥见动乱平定之后交界双方重建地方社会之互动情况。

（一）平顺县与潞安府

1. 平顺县

夏言最初上奏嘉靖帝之疏名为《请差官查勘青羊山功罪及处置地方》。该疏中夏言首先指出陈卿一伙首恶必须械送京师明正典刑。其次，所胁从居民"约计不下两千余人，应妥善安置，不可羁縻"。再次，"凡旧日盗贼盘结岩谷，崭巀去处，可以刊木通道，削险为夷。即便选委强干官员，起集丁夫，赭山斩木。务使道路纵横，人马可以通往。则将收降之人，仍令依山便业居住，编为甲伍，照旧纳粮当差。庶几易于安定，斯为得策。若果山险难辟，前项胁从党与，不可复令入山，恐贻它日之

① 《明世宗实录》卷99，嘉靖八年三月丁未。

患。则当审量地方广狭，踏勘田亩多寡，相择高平原阜，建置官府，以为防御。大则设一千户所，小则立二三巡检司，控扼要害，长年戍守，以为百年无事之计”。[①] 其时，夏言尚不知青羊山地方险隘之具体情况，故而认为所议建立官府只为千户所和巡检司，并未涉及府、县行政管理，以上大多是为从军事角度考虑战后重建及将来防控事宜。其后，他又建议对于青羊山贼所劫掠之邻近地方州县发仓赈济，暂免差徭，则“人心感悦，地方可保无虞”。

在前往当地后，夏言与山西巡抚王应鹏，佥事陈大纲等前线官员一同勘察青羊山周边地形后，于嘉靖七年（1528）十一月二十四日再次上疏，对于地方处置事宜进一步建言。夏言于该年闰十月二十二日抵达彰德府，十一月初六日取道林县，翻越太行山进入山西。先前他已差人约同山西地方官员到青羊山一同勘察，初十日至青羊山附近，十四日至潞州。在山中凡“四宿”，对于青羊山附近地形、险要处所皆了然于胸。他认为“青羊一村人民颇众，山水环合，风气翕聚，土地沃衍。所宜开设县治，堪以居养人民……其在河南地方，应立城堡者三处，在山中应立巡检司者三处，道路险绝宜开修着十余处”。[②] 夏言懂得堪舆之学，遂将县治、城隍、学宫、街道“及各项大小公廨、街渠、门巷、城垣、道路，俱各督同知州周昊画定规模，建以标准”，以俟朝廷批准后建县之依准。山西其他官员也表示赞同，从而开启了青羊村建县之第一步。当时动乱初平，人心尚不稳。故而初到潞州，夏言与山西官员主要着手于乱后稳定社会秩序之事，请得赈济银两一万五千两，之后派人入山给予各家以票帖，令其入潞州领取赈济银两，共赈济四千两零五钱。又发给良民关防票帖，出示告示晓谕百姓等方面，地方社会很快稳定下来。

嘉靖八年（1529）正月，夏言在考察完潞州地方及遍访舆情之后，再次上奏嘉靖帝，对于地方社会重建之具体措施进行了详细的谋划，其中之一即是青羊山建县之具体事宜。其疏曰：

> 看得青羊山一带地方，东西相距一百余里，南北相距一百四十

---

① （明）夏言：《请差官查勘青羊山功罪及处置地方》，《桂洲先生奏议》卷10《弭盗贼》。
② 同上。

余里。山连万叠，水分两河，村落颇多，生聚甚众。远者离县一百余里，近者离县八九十里。官府法令难及，上下情意不同，中间强犷之民，往往出山潜行劫掠。四外流来之贼，往往入山托为窠巢。是以泾渭同流，熏莸一器，积成逋逃之薮，号为盗贼之区。昨年贼首陈卿乃敢凭负险阻，拒留命使，纠集徒党，杀官军。事虽起于激成，罪亦同于谋叛。兹者仰赖陛下尧仁遍覆，汤武用张……但及今暇日不为善后之图，恐将来余蔓未免复萌之患。①

这种盗贼"渊薮"之地理形势，"惟是立县则有官府，举法度以制奸豪"，方能防止今后动乱复萌。具体县治设于青羊村，该处"东抵林县界八十五里，南抵壶关界六十里，西抵潞州界四十里，东南抵花园村并林县界一百三十里，西北抵潞城县界四十里。东西相距一百里，南北延袤一百余里，居民一百余村"。青羊村建为县治，政区治所居中，"东达林县西至潞州，南可以控制谷堆底，虎窑、西湾之要害；北可以通黎城、壶关之通衢，得形势之便。利据险害之腹心，四达之道里适均，经商之往来称便"。建县则必临民，除青羊村本属潞城县外，在青羊山附近延袤一百余里境内包括了黎城、壶关、潞城之其他村庄，于是将黎城县 5 里、壶关县 10 里、潞城县 16 里共 31 里划归新县，加上若将青羊村改为一个新里——在城里共 32 里，组成新县幅员。各县具体里名，见表 2—1。

表 2—1　　平顺新县里名

县名	里名	合计
潞城	青羊里、王庄里、张井里、上五里、葭芦里、新安里、东谷里、东五马里、广裹里；东禅南里、东禅北里、东禅东里；三池南里、三池北里；侯壁里、留村里	16 里
壶关	新兴三里、四里，安化二里；安善一里、二里、三里；迁善一里、二里；代宁一里、二里	10 里
黎城	豆口里、石城里、单东里、王曲里、石灰里	5 里

资料来源：夏言：《开设县治巡司关堡抚恤降民事宜》，《桂洲先生奏议》卷 10《弭盗贼》。

① （明）夏言：《开设县治巡司关堡抚恤降民事宜》，《桂洲先生奏议》卷 10《弭盗贼》。

各处衙门、坛庙、街道、城郭俱按此前由堪舆所定处所待建。上奏嘉靖帝后，嘉靖八年（1529）二月，嘉靖帝赐新县名“平顺”，批准建县。

实际建县始于嘉靖八年九月，土城，高二丈，“周围二百五十丈有奇”①，开东、南二门。嘉靖时期，大学士顾鼎臣记载了创建县治过程及其他事项，曰：

> ……因山为城，因城为隍，延袤方二里许。辟东南二门，构桥通道，宅城之中。近北建县治，缭以崇墉，冠以丽谯。门屏、厅庑，库藏、廨宇、土地祠、吏舍、监房，小大毕具。阴阳医学，旌善二亭，咸置于大门之外。其它若儒学、僧道会司、仓廒、铺舍、教场、养济院、城隍庙、山川社稷、风云雷雨、邑厉诸坛、察院司府、公馆，凡治民事神，造士赋政之区，准旧规备今制，咸极一时之观。又设玉斗崖、蟋溪峰、白云谷巡检司三；玉峡、虹梯关二。划治险隘，以为通区八，盖于御暴已乱，保障之备，时加详焉。经始于嘉靖八年九月望日，告成于嘉靖十二年二月朔日，凡财用取给于公家，力役则雇募乱后余民，而他府州县毫分不预焉。②

此条资料恐怕是除夏言奏疏之外，创建平顺新县之最明细的记录。未在入山西境内时，夏言即认为青羊山附近应建县弹压地方，到当地后山西巡抚王应鹏因丁忧未到，但已得知王应鹏亦有此议。夏言复与山西三司等官商议，意见一致，随后又与河南、山西两省参政等官再加议勘。“参政邵锡、李际可，佥事贾启、杨朝凤、温濡，都指挥王朴、霍锦、徐溥呈称，行据潞州知州周昊，太原府通判宋邦熙，石州知州张铨，泽州知州王朝雍，汾州知州郭铿，高平县知县管律，长子县知县王密，芮城县知县张效公，闻喜县知县李朝纲，潞城县知县王维垣，壶关县知县江

① 康熙《平顺县志》卷2《封域志·城池》。

② （明）顾鼎臣：《创建平顺县记》，康熙《平顺县志》卷9《艺文志》。

东，黎城县知县王钦”。[①] 如此众多的地方官僚群体集体参与了青羊山附近考察及战后地方社会重建诸项事宜，足以代表地方官员的集体认识，而青羊山动乱对于晋豫交界地区之影响也可见一斑。

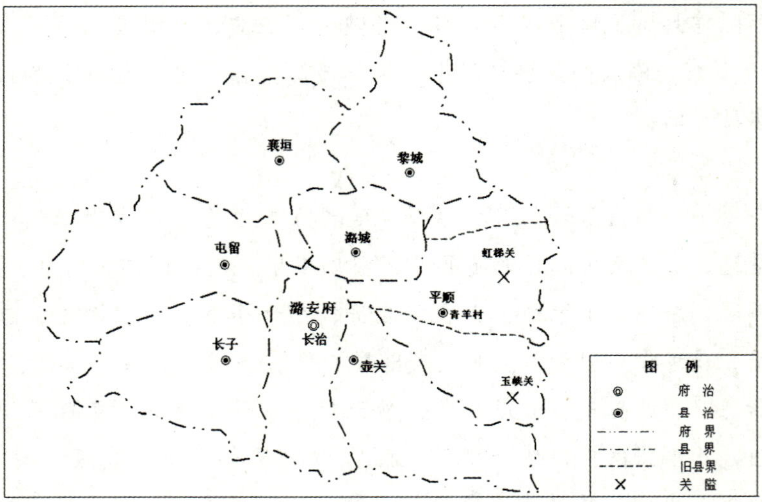

图 2—3　平顺县界示意图

说明：图片据《山西省历史地图集》，光绪十八年（1892），中国地图出版社 2000 年版。

2. 潞安府

潞州改府一事在夏言前往山西之前尚未议及，而是在夏言抵达潞州后，地方官员上奏之议。科大卫对于崔铣《新开潞安府治记》曾作解读，提及此次动乱中官府、地方社会构建等关系，因崔铣文中提及潞州藩府，科氏认为藩府与此次动乱后潞州升府关系很大，而不能完全归因于“根基故事”——青羊山之乱[②]。但青羊山之乱却为潞州升府提供了难得的契机，是直接原因，而深层原因则是明代潞州地方社会长期以来所衍生的诸多矛盾，包括军民矛盾、藩府与州县官府之矛盾，在这些矛盾中，藩府与州县官府矛盾最大。

---

① （明）夏言：《开设县治巡司关堡抚恤降民事宜》，《桂洲先生奏议》卷 10《弭盗贼》。

② 科大卫：《动乱、官府与地方社会——读〈新开潞安府治记〉》，《中山大学学报》（社会科学版）2001 年第 2 期。

据夏言《请改建府治添设宪臣及区处事宜》言：

先因潞州儒学生员孙濡、江相等，并致仕官李玹等，宣化等坊都里老郭琦等连名具呈，欲要改州为府。该臣批行山西布政司等衙门、守巡冀宁等道，看得潞州地势雄胜，城郭弘壮，民物殷庶，居然河东巨镇。考之前代，虽因革靡常，然皆为军、州，为府、路，古称黎国、潞子皆其地也。今属以一州似乎建置弗称，统御为难。近年兵兴盗起，有由然矣。……又况泽潞古今要害，太行之险雄跨中原。中间长林大谷，蛇虎所都。加以宗藩设邸，军卫列屯，兵备宪臣似亦不可少者。合行该道会同都司，多官佥议可否，务合人情有裨，治体以凭，闻奏施行。去后，今据左参政邵锡，右参政李际可，佥事贾启、杨朝凤，都指挥霍锦、王朴，会呈前事。行据汾州知州郭铿、泽州知州王朝雍，会同太原府通判宋邦熙、潞州知州周昊、石州知州张经、高平县知县管律、长子县知县王密，勘得潞州地方广阔，城郭弘壮，民俗强悍，人多好讼，山川险阻，盗贼藏伏。兼以宗室繁衍，每生事端，军卫杂处，甚难治驭。知州品位颇卑，同知等官出身不由科目，识见亦为有限。是以连年多事，居民称扰。……职等会议，得今之潞州，古之上党，仰惟国朝初设州治民，纯事简政令易行。奈何近年以来，宗藩强大，生齿浩繁，风俗顽悍，狱讼蝟兴。及今若不因时改置，诚恐豪强之势日盛，刁顽之习日深，甚非更化以宜民也。……加以军卫杂处，颉颃难治，小则媒孽州官之短，大则挫抑州官之威，政令不行率多坐此。若知府势位尊严，人心畏惮，较之州官不侔远甚，宜即改州为府，斯为执要御烦。①

潞州地方行政官员如此积极地倡议改州为府，通过夏言之疏可以窥见一斑。其间藩府繁盛，日益坐大，地方长官无力弹压，社会控制能力日益下降，“除非它委派的官员有相当的实力，否则难以控制藩府及其家

① （明）夏言：《请改建府治添设宪臣及区处事宜》，《桂洲先生奏议》卷10《弭盗贼》。

人”。[①] 夏言说：“况以磐石之宗日益繁盛，自沈简王位下今分封为陵川等王府者十有六，为镇国府者六十有三，为辅国七十，为奉国者二十有二。有潞州卫，有沈阳卫，兵民杂居，钱粮甲兵狱讼各项事体重大。今属以知州官秩既卑，权力有限，纵使才能亦难展布，诚不足以禁制奸豪，抗抑权势。佐贰之职类皆杂流末品，殊不足以分理政务，宣布德泽。兼之僻在一隅，上司大吏按部有时，力小任重，付托弗堪，是以教化不行，法令不振。此岁青羊山蛇鼠之盗遂不能制，颇费支吾。万一更有意外，则官府束手，宗室震惊，恐不免重贻朝廷大忧。为今之计改府立县诚有不可缓者。”因此，青羊山盗贼之乱有其缘由，也成为潞州升府之导火线，为潞州地方官民提出升府意见提供了契机。其次，卫所军士与地方民众杂居，屡生事端，州县官员官秩卑微，无力弹压。最后，潞州地方武备废弛，前文已有讨论。升州为府，再置兵备副使一员驻扎潞州，长年戍守。“专一提督开创各项衙门，整饬戎务，修理城池，安抚良善，镇压奸宄。俟三年之后，事体宁一，方令代管该道分巡。如此，则委任专而事功易集，权力重而地方可保无虞。”兵备副使之设必要有统率之兵，夏言建议将泽、潞、辽、沁、汾五州并所属州县民壮，尽数从边关撤回，一则减轻地方负担，二则这些州县民壮实际因逃亡等情况只有一千七百名，于边关并无多大益处。将之统一归属该兵备副使统领，每年轮班前往潞州地方操守，“修补城池，防御贼盗，建设衙门”。这样不仅可以加强潞州防御，而且能减轻这些地方州县之负担，“山西之民困庶几少苏”。

潞州升府，其幅员情况又当如何呢？首先，府附郭设县。同时，夏言奏疏中建议将“辽、沁、汾、泽四州并属县，及该州原辖长子等六县，并新议附郭开设二县，凡二十三处俱入隶”。其幅员仅次于太原府、平阳府，“比之大同则已过之，又屹然关南一大郡也”。这当然反映了明代政区调整中扩大府级统县政区幅员，加强地方社会控制能力之策略，但我们无法得知如此巨大幅员的倡议是否真出于夏言之谋划，也可能为上述潞州及其他地方官员之建议。另外，对于升府后衙门、官廨、驿递、学校等诸事夏言也做了规划，“府治衙门廨宇一无所更……各项土木工程大

---

① 科大卫：《动乱、官府与地方社会——读〈新开潞安府治记〉》，《中山大学学报》（社会科学版）2001年第2期，第71页。

约费银科五千两而足。……事事近便不数月而诸务集矣。但附郭县学待人才既盛又议开设，今宜如顺天府例。该府驿递因不系冲要以为虚戎，宜如徽州府例，俱不须设”。①

与潞州地方只一山之隔的安阳名士崔铣对于潞州升府也表示赞同，由其《新开潞安府治记》可以看出，晋豫交界地方士人对于邻近地方不靖、动乱而希望加大所在地方统县政区社会控制能力之认识。他首先对于青羊山动乱之危害做了记述，其次对于夏言建议潞州升府表示赞同：

> 皇上至明大仁，志存安辑。又命兵科都给事中今大宗伯夏公言奉诏勘实，止狂刘，革冒赏，降实德。夏公已上议，谓潞本岩郡，古号上党。大都偶邦，劲卒起凶，唐皇尝为别驾，今建州置官，体势尚轻。盗居幽左，靡所密统。任其穴于要害，凡皆未宜。今当升州曰府，立县青羊之陀，玉峡、虹梯，并立二关；蟠溪、王斗、白云各设巡检。我固是险，实披其腹心。又四年，为壬辰，内外谋协，尽行是议。②

随后崔氏又对于升府之前潞州地方社会情况做了阐述，且希望升府之后能兴礼教，以变潞州地方之民风：

> 夫潞土狭而农勤，厥地高寒，岁止一入。业于机抒之攻，商操盈利。藩姓蕃息，军校错居，各修其所尚。俗故俭，渐流则奢；性本坚，易之则悍。御之得道，可以卫京师，控河朔；御之失道，亦以资霸强，蔽奸宄。开府之计，将以选受循良，慎封美化，一之于中和。夫政，御民之辔也。礼运，辔之手也。是故上本下末，可与守俭，道廉兴让，可与言恭。正之学，以用其坚。齐于制，以定其错。故龚遂教农桑，而渤之乱理矣。文翁兴教学，而蜀之陋变矣。③

---

① （明）夏言：《请改建府治添设宪臣及区处事宜》，《桂洲先生奏议》卷10《弭盗贼》。

② （明）崔铣：《新开潞安府治记》，张正明、科大卫主编：《明清山西碑刻资料选》，山西人民出版社2005年版，第672—673页。

③ （明）崔铣：《新开潞安府治记》，张正明、科大卫主编：《明清山西碑刻资料选》，山西人民出版社2005年版，第672—673页。

崔铣将潞州升府之直接原因归因于青羊山之乱，但也指出了潞州地方承平日久之各种矛盾。再看当时其他士人之看法。嘉靖名士唐龙受山西巡按御史姜子润所请撰写《潞安府记》曰：

> 惟潞古上党郡也。距百余里则青羊山，拔而峙焉。中多沃土蔚林，农稼樵刍托之而处。但强悍亦每窃伏，凭恃险阻，丛慝犯禁。聚则攘臂以剽乡村，散则影匿罔受捕。逮嘉靖戊子，守臣陈其罪状，加之以兵，多所失。至合三路之师，然后底平之。……夫非平盗之难而无以安之之为患。潞之盗击平之矣，而青羊阻自若也。玉峡、虹梯犹矗矗也，然岩险结则犷戾生，洞穴盘则逃亡集。兵散斯玩玩，斯萌萌，斯滋滋，斯扰而其忧岂遂已邪？于是控之以府，以厚专城之托，厥秩重矣；临之以县，以广亲民之任，厥势近矣。秩重则易驭，势近则易结，而又有专道之使，修军防焉。明法轨焉，布戒令焉，狗鼠之徒其奸自无所蔽，而或有触法者。禁则止，缚则至，麾则散，折棰制之而有余矣，而又何盗之忧。①

唐龙亦指出升府建县之必要性，甚至认为其对今后潞州地方社会风气、礼仪教化都会产生影响。夏言所奏随即得到嘉靖帝批准，嘉靖八年（1529）二月，“上纳其言，下山西抚、按官详议。于是巡抚王应鹏等言改州为府诚便，仍请割壶关十里，潞城十六里，黎城五里属新县，悉如言奏。诏可，遂名府曰潞安，县曰平顺”。② 潞安府附郭县为长治县。山西民壮也得以“俱属兵备操练。以其半守潞城，半往青羊山侦逻”。不过潞州幅员则并未按照夏言所奏，仍按此前潞州所领黎城、襄垣、屯留、长子、潞城、壶关及新县长治与平顺八县，而没有包括泽州、汾州、沁州、辽州四州。汾州于万历二十三年（1595）五月乙未升为府③，沁、辽、泽三直隶州一直保持至明末未改。

---

① （明）唐龙：《潞安府记》，康熙《山西通志》卷32《艺文·记》。

② 《明世宗实录》，嘉靖八年二月甲午。

③ 《明神宗实录》卷285，万历二十三年五月乙未。

（二）交通、军事控制

前文已提及，夏言在上奏嘉靖帝请派给事中前往前线勘核将领功过及区处地方事宜时已建言“刊木通道，削险为夷……起集丁夫，赭山斩木。务使道路纵横，人马可以通往”。这主要是从军事角度考虑，一旦地方有警，道路畅通，则易于平定。嘉靖八年（1529）正月时所奏《开设县治巡司关堡抚恤降民事宜》奏折除建言建立新县外，也包括道路巡检司关口等方面。

应开修道路共八处。自崇岩至谷堆底路一条，应修三十余里。其间，应修桥梁二所。又以林木极为茂密，应加斩伐。洪梯至柏木都路一条，应修者二十余里。七里弃至花园路一条，应修者十二里。青羊村至潞州路一条，应修二十余里。智度寺（陈卿所居）至鲁班壑路一条，应修三十余里。十里弃、山南底至李庄路二条。黄松岭至谷堆底路一条，乃是指挥秦洲对敌败退之险路，应修二十里。青羊村至神头岭路一条。修治道路遇水建桥，遇山石突兀处截断开道，务令车马得以通过。其中，鲁班壑、花园、柏木都等处皆与林县相近，且有道路相通。加修道路在于从林县进兵，互通，且官军进兵时，河南官兵即由这些道路攀缘而上的。

应设巡检司三处。将智度寺改为蟠溪峰，立一巡检司，“以拒贼巢之心腹”；王陡崖改为玉斗崖，立一巡检司，“以防山贼之外出”；柏木都改为白云谷，立一巡检司，“以防流贼之内人”。建巡检司后选官吏驻守，于新立平顺县佥点弓兵各一百名，共三百名，归三处巡检司统领，令其定期“盘诘往来巡视。仍严加禁约，今后山民敢有不改前非，仍为盗贼就便，率领司兵号召山间良民，并力擒拏扑灭。各处流来面生可疑，及趁食僧道一应无文引之人，俱不可擅入山场，容留居住。本山之人亦不许为僧入道私自创立庵院。巡司官兵人等敢有猫鼠同眠，纵容隐匿，以致仍前为非，酿成祸患者，许巡按御史并按察司、分巡官体访拿问”。至嘉靖二十九年（1550），玉峡关、虹梯关又并建巡检司[①]，这样平顺县境就应有五处巡检司。

同时，平顺东南、东北各设二关。东南部风门口在万山之巅，东与

① 《明世宗实录》卷359，嘉靖二十九年四月甲寅。

林县相隔只十二里，且有险路相通，此处立一关名玉峡关。夏言所撰《玉峡关铭》言及建关原因，其曰："玉峡关者夏子创焉，而命之名也。旧曰风门口，在隆虑万山之巅，为两河、三晋之界，盖天作之险也。前此弗设守，庸氓往往凭阻以拒命吏。"① 东北部洪梯，"鸟道横亘"，亦与林县相通，于此建关名虹梯关。《虹梯关铭》则曰："玉峡关西来余百里，近蚁尖砦。千峰壁立，中通峭峡，状如风门而小，下则无底之壑。石磴齿齿，盘回霄汉，望之若虹霓然。比岁青羊之寇，凭负以拒汴师者，此也。故号洪梯，予易以今名，亦固以为美焉，从而铭焉。"以上二处都是河南官军进攻之路，也是青羊山众人拒敌、屯驻之处，"前此官府不为设守反以资寇"。玉峡关以玉斗崖巡检司守之，虹梯关则以白云谷巡检司守之，夏言认为："如此则丸泥可封，万夫莫敌。足以壮形胜之观，足以夺盗贼之气，不徒为山民一时之计，且可为中原巨盗之防矣。"

平顺境内道路、巡检司、关防之设意在据险地之腹心，防止境内盗贼兴起，同时又对东面河南境内所来之盗贼做了预防，即从西面防控。而省界以东则由林县地方进行控制。

（三）河南林县之控制

夏言在奏疏中对于林县地方之控制亦有关注。夏言指出，林县"西阻太行山一带，皆层崖峭壁，屹如崇墉。惟有三路通青羊山。一路为花园口，一路为尖绽口，一路为鲁班壑。往者青羊之盗流劫河南修武、林、涉等县繇此而出。昨者河南大兵进剿繇此而入。盖两河、三晋之交，阸塞要会之地也"。② 林县有林县守御千户所，属彰德卫，但该所军士四百名每年要轮番戍守京师、北边，地方防御空虚。夏言认为："该所之设原因地当要害，移军防守比之他处不同。前项军士合无掣回本地，却于鲁班壑、花园口、尖绽口三处各设城堡一座，每堡各拨千百户一员，管领前项军士一百三十名，分为两班按季或逐月，更番戍守，专一巡逻。遇有山贼窃发，即便擒捕，仍听守巡官严加约束稽考，其修筑城堡钱粮不须别为措处。……但筑凿城壕，起盖房舍亦须规制宏壮，万一本地或邻

---

① 康熙《平顺县志》卷10《艺文志》。

② （明）夏言：《开设县治巡司关堡抚恤降民事宜》，《桂洲先生奏议》卷10《弭盗贼》。

境有事，可以屯军容众。如此则河北之关门慎固，山西之盗不得窥中州矣。”建设城堡所需银两则动用所请一万五千两赈济款项余额。显然，林县地方之控制一是防控该地乱民流移山西境内，二是防御山西盗贼不得窥视中州，意图可谓深远。

嘉靖以后，林县地方险要处所之防控仍为时人注意，足见动乱之后地方社会控制之意识。万历时期兵科给事中张应登曾撰《林县险要图说》一文，对于林县西部险要处所、可以屯军之地一一指明绘图。图今不存，而图说文字尚得保留，张氏首先对林县西山诸险要之处一一指明：

> 此林县西山之险要也。险隘处所均属太行之支节。其北由百余里而入，有马塔口、虹梯口。迤南则为蚁尖寨，寨之南为鲁班壑。又南则有断金桥、风门口、东峻岅、崔八口、关墙岭，距邑七十余里而上。总之南北相连，人迹可及。其险而当守者，首蚁尖寨，次断金桥，其余则崎岖樵径，车不得方轨，马不得成行，上下为难，无容虑已何者。①

嘉靖时期，夏言建议在鲁班壑构筑城堡，其后蚁尖寨也设官厅驻守，张应登说：“蚁尖寨西北距县四十里，由姚村迤西五六里为东寨，门口上有黄苍岩等泉十处，中有官厅三楹、营房二十楹，原为官民戍守而设也。北有教场广阔七十步，可容马卒千余，南有仓厫遗址尚在，广阔二十步，可贮粟谷万石。”这表明了青羊山动乱之后，林县地方防御仍在加强。而且对于通往山西之“蹊径”张应登也建议堵截、划削，使不相通，以利林县防御。“自仓厫南由小蚁尖寨、大蚁尖寨、古岩口、东盖头泉、小临清水泉，至西盖头泉，还距营房约二十五里余。独百岩口东、西盖头泉各有樵径可攀缘而上，宜划削之，以绝蹊径。又自教场北由朱路岩亦有樵径，宜划削也。……东寨门至寨西后沟东西关十五里，总周八十里而多，俱属官军往来哨守。西寨后沟有通山西蹊径，已经堵截，往来不通而法久令废，成路久矣。乃今划削，费计石粟，止留一面，上下便于防

---

① （明）张应登：《林县险要图说》，《古今图书集成·方舆汇编·山川典·第四十九卷·林虑山部·艺文一》。以下所引皆出自此，不一一注明。

守足矣。”

山中各处泉源张应登也一一指明，以资军用。“其北柳树水泉、百户水泉、硙臼焦水泉俱营房正西。山西漆树沟水泉、南柳树水泉、莲花水泉，俱大蚁尖寨山后。西面凡水泉，皆可以资军用。”

青羊山动乱可谓晋豫交界地区地方社会各方之前车之鉴，以后林县西山地方防御之加强也意在防止将来之动乱。张应登说：“断头岩至西盖头泉南北三十五里。其断金桥去县西南五十里，由桃源店西上有水泉一道，与山西平顺县接壤。险峻一桥可渡一人，倘一夫而当关，真万夫之莫敌。东西咽喉，行者络绎。万历十五年（1587），因岁荒设官二员，领军二十，分班守把，信为有见。”即地方岁荒，以防盗贼窃发，故而加大林县西山之防御，主要还是防山西地方盗贼之流劫，以保中州之安妥。张氏还建议在蚁尖寨附近，因水泉而屯田，以为长久防控之用，“夫蚁尖寨下险上平，水泉数十，可屯万军，此非不轨者思藉以逞哉。……合无守军携家屯住，各因其泉之下流，随宜开垦，布种自获，不必起科……则地利以兴，险阻以固，而军无困守之虑矣”。

五 小结

青羊山动乱是一次“跨界”动乱，而不仅仅是山西一地之事，其对明代畿辅南部，甚至明廷中央之影响俱如上文所述。动乱之中交界各方之应对，及乱后各地方社会之重建、控制均体现了交界地区“地方性”盗贼之“超地方性”效应。虽然国家军事力量之直接干预在其间起到了决定性作用，但交界地区各地方社会面对动乱时之积极活动也不可小觑，林县地方人士郝世昌即为典型。可以说直豫交界地区青羊山动乱的平定是在国家与交界地区各地方社会诸种力量的共同“协作”下完成的。

平顺建县、潞州升府是在特定历史事件前提下，地方社会内在矛盾长久发展的结果，其间藩府与州县行政、军民、州县社会控制能力与地方社会不稳等矛盾盘根错节。青羊山动乱成为直接导火线，交界地区各方人士对于建县、升府之作用，将来之效果等皆有看重，它是交界地区各方的共同认识，反映出地方性事件之“跨地方性”影响。建县、升府虽为一方个案，但已表明政区调整必须结合地方社会实际，方能得见历史时期政区改革之实质，否则我们看到的只是正史中国家政区沿革之“刚性”文献，而无法窥知地方社会丰富、细腻的历史场景。

青羊山动乱是行政区边缘地带盗贼倡乱的典型，而交界地区往往是国家社会控制网络中的“空隙”和“边缘”，易为盗贼所据。许倬云说：“一个体系，其最终的网络，将是细密而坚实的结构。然而在发展过程中，纲目之间，必有体系所不及的空隙。这些空隙事实上是内在的边陲。在道路体系中，这些不及的空间有斜径小道，超越大路支线，连紧各处的空隙。在经济体系中，这是正规交换行为之外的交易。在社会体系中，这是摈于社会结构之外的游离社群。在政治体系中，这是政治权力所不及的‘化外’；在思想体系中，这是正统之外的‘异端’。”[①] 许氏又以汉代社会变乱为例，来说明这些“隙地”“边陲”之特征。他说：“核心区是中国体系的政治权力能充分控制的地区，一方面资源较丰富，穷民不致完全走投无路；另一方面，政治权力的控制力强，足以迅速地应付挑战。……在核心的外围区，大路干线是核心区的延长，叛乱也不易产生；只有在干线的外围区，甚至是密迩干线而因天然限制而成的隙地，这里一般生活环境差，又有一些由核心排出来的亡命者担任组织与领导的工作，大规模的变乱最易滋生。”[②] 鲁西奇进而提出了“内地的边缘”之概念，他认为传统中国并非一个均质的政治经济与社会文化实体，而是由政治控制与经济发展极不平衡、族群构成与社会结构各不相同、文化内涵与价值取向千差万别的各个区域，在长期互动、整合过程中而形成的一个巨大系统。由于这些“边缘”的出现，从核心到边缘的“同心圆式”结构很可能是不存在的，或者说是“千疮百孔的”。因为，“在这个体系的内部，到处都是大小不一的‘空隙’——即使是在帝国统治的腹心地带，也存在着这样的空隙。”[③]

总体来看，直豫晋鲁交界地区密迩京畿，处于“皇权之旁”，国家社会控制力度本应强大，但明清时期仍不时发生盗匪倡乱之事，且不乏颇

---

① 许倬云：《试论网络》，《许倬云自选集》，上海教育出版社 2002 年版，第 30—34 页。

② 许倬云：《汉代中国体系的网络》，见许倬云等编《劳贞一先生八秩荣庆论文集》，商务印书馆 1986 年版，第 19—31 页。

③ 鲁西奇：《内地的边缘：传统中国内部的“化外之区”》，《学术月刊》2010 年第 5 期，第 128 页。

有影响之事件，究其原因正是交界地区自身所形成的行政管理的“边缘性”，成为盗贼利用、窃发之“空隙”。这些空隙的普遍存在，“引导我们将更多的注意力集中于这些‘空隙’（内地的边缘）是如何‘被填充的’（即王朝国家是如何进入此类地区的），这些空隙及居于其间的人群是如何组织自己的社会、并将自己融入帝国体系之中去的（即他们是如何参与到国家建构过程之中的）”。那么，青羊山动乱通过交界各方之共同协作而平定，建县、升府及交界各方地方社会之重建反映了这一晋豫边缘地带被国家力量“填充”的过程，而随后将不可避免纳入到国家行政管理的体系之中。

总之，交界地区动乱应对中需要交界双方之互动协作，而乱后社会重建和将来防控仍需要双方之协作来完成。在动乱中我们看到的是交界地区各方的地域联系和社会变迁，是一个动态的地域互动的过程。

第三章

水利开发与互动秩序（上）

——以地方与国家用水为例

“水资源与婚姻的对偶一样，它是流动的。一条河流，一条水渠，不可能只流动于一个村庄内部。它所流过之地，人们形成群体保护自己的利益，为了共享资源和协作，有不同利益的不同群体又需要结合成为一个超过村落范围的合作圈子。”① 这是针对水利共同体而言，是超村落的合作圈子，最终形成一定的用水秩序。但水的流体特征还会涉及更大空间尺度的协作、互动问题，如县际之间、府际之间、省际之间，甚至地方与国家之间。这些不同空间尺度中的用水冲突、协作在明清时期均有体现，以往研究也有所阐发。明清时期，国家力量干预地方水利有若干方面，其要者，一是漕运，二是水利营田，否则地方水利社会必然保持自身的“惯例”运行，间或接受地方官府的仲裁。明清时期，这两种国家力量均在直豫晋鲁交界地区进行过干预，形成了地方水利与国家漕运之垂直互动，最终产生了一定的官民用水秩序。同时，在水利发达区域，县际之间和县级政区交界地带也形成了诸多用水秩序，这些秩序可能是上下游用水不均的“固定化”，同时也因上下游地理区位差异的存在使得县际之间用水冲突时有发生，形成了地方之间水利开发之水平互动。

所谓互动秩序，戈夫曼解释说：“社会互动行为者们依据共同的规范、习俗和仪规做出预期，这使得他们能够预见别人会对他们的行为作

① 王铭铭：《“水利社会”的类型》，载行龙、杨念群主编《区域社会史比较研究》，社会科学文献出版社 2006 年版，第 96 页。

出怎样的反应……这些心照不宣的共同知识使得同一个文化的所有社会组成成员，在各种情况下都能够采用一种符合共同预期的行为模式。”[①]可见，秩序实际上是对互动行为的约制与控制，戈夫曼主要将其运用于日常生活上社会互动的微观秩序与社会控制研究[②]。在不同地域之间的社会互动也会涉及这种互动秩序，如不同行政归属人群在同一流域内的水利开发所确立的互动秩序，它深刻地左右着民众的用水行为和社会生活。邓小南指出：“前近代时期的地方社会中，‘秩序’的建立与维持，无疑是地方官府与民间精英人物所关注的中心问题。这里既包括上下尊卑不容含混的统治秩序，也包括家族内部的生活秩序、乡村邻里的共存秩序、社会生产的运行秩序，等等。所谓‘秩序’，事实上是社会结构、生存方式的反映。它往往体现为若干‘规矩’的集合，凝固于民众普遍接受的‘传统’之中。或许可以说，几乎所有的秩序，都是通过环环相扣的程序才得以落实。来自现实生活的压力与挑战，不断构成对于既有秩序的冲击。”[③]

本章以直豫交界地区卫河上游三个重要补给水源——小丹河、百泉、洹水为例，探讨国家漕运与地方水利之矛盾与官民用水秩序确立的过程。考察国家漕运力量如何走向交界地区的地方水利社会；地方水利如何“委身”于国家用水的过程，这是两个垂直方向的互动行为。在这里国家与地方既是一个社会概念，也是一个空间概念，属于两种不同的空间尺度。现代人文地理学者曾探讨过“全球化”与“地方化”问题，在研究“全球”与“地方”互动关系后，认为“全球”和“地方”两个概念对于从空间上描述社会、经济和政治过程是非常有用的。[④] 将“全球”尺度缩小即为“国家”，而在传统社会，国家与地方的关系一直是历史研究的重点，“国家进入地方”和“地方走向国家”的过程需要认真研究，这在

① Goffman，E：*The presentation of Self in Everyday Life*. London：Penguin.，1959. 转引自［英］马丁·因尼斯《解读社会控制——越轨行为、犯罪与社会秩序》，陈天本译，中国人民公安大学出版社 2009 年版，第 65 页。

② 这也是目前社会学探讨社会互动的主要内容，被称为“微观社会学”，参见［英］安东尼·吉登斯《社会学》（第四版）第 4 章“社会互动与日常生活”，赵旭东等译，北京大学出版社 2003 年版。

③ 邓小南：《追求用水秩序的努力——从前近代洪洞的水资源管理看“民间”与“官方”》，载行龙、杨念群主编：《区域社会史比较研究》，社会科学文献出版社 2006 年版，第 20 页。

④ 顾朝林等编著：《人文地理学流派》，高等教育出版社 2008 年版，第 211 页。

水利问题方面也较为突出。

一　水资源利用之空间特点

直豫晋鲁交界地区分属我国大地貌的二级和三级阶梯。发源于二级阶梯东缘的晋、豫、冀之交的太行山东南的河流，均穿越太行山后向东或东南进入华北平原。大型河流由北向南为滏阳河、漳河、卫河、丹河、沁河等，黄河则由二级台阶东缘的孟津以下进入平原。另外，还有一些发源于华北平原西部太行山东麓的中低山地的小河流，如顺德府的百泉河、七里河、牛尾河、洺河，彰德府的洹水，卫辉府的蒋河、清河等。部分河流切割太行山所形成河流谷地成为东西交通的要道，“太行八陉”的南四陉即分布于此。

漳河、丹河、沁河的上游均处于山西高原东南部的上党地区，地势高，河道下切明显，在无现代化用水技术出现之前，通常几无水利可言，而这些河流的下游在冀豫平原地段却能引水灌溉为利。雍正《泽州府志》说：“太行片石，带土无多，麦菽瓜葫，半仰给河内。而地脉高寒，水利惠归下土。”[①] 发源于太行山东麓的冀、豫西部的小型河流如七里河、牛尾河、洹河、清河、丹河等河流上游的发源地段也因山地硗瘠，地势高而无法引水为利，而下游则为灌溉发达之区。在这种水资源利用的环境基础影响下，形成了华北地区著名的灌溉水利区域，一是豫北河内地区的丹、沁河下游地区；二是河北南部的滏阳河、大陆泽流域。这两大地区是太行山东麓著名的灌溉农业区，旱作、稻作农业均能享受灌溉之利。当然，用水也会发生争讼，这两大区域内部府州县之间，因河流、渠道上下游之间的用水不均而导致的争讼事件不绝于书。通过地方之间的协调和国家力量的干预，最终形成了形式各异的用水秩序，学界对此已有少许讨论。[②]

---

① 雍正《泽州府志》卷11《物产》。

② 谢湜：《“利及邻封”——明清豫北的灌溉水利开发和县际关系》，《清史研究》2007年第2期；王培华：《清代滏阳河流域水资源的管理、分配与利用》，《清史研究》2002年第4期；王建革：《河北平原水利与社会分析（1368—1949）》，《中国农史》2000年第2期。

水资源管理、控制的主体除了民间和地方社会以外，还有国家。直豫晋鲁地处黄河北部，近处京畿南部，其区位特点已如上述，国家力量在这个地区扮演着重要的角色。漳河、卫河、黄河与北方漕运关系密切，明清以来，漳河的摆动影响到了卫河的水源，而卫河则为南运河的上游，黄河则主要在堤防和苏北漕运方面影响较大。随着漕运用水形势的不断变化，明清时期国家漕运力量不仅关注运道沿线的水资源管理，实行保漕济运，而且对于北方运道上游河道的来水管理力度也逐步加大。尤其是卫河上游直豫交界地区的水资源管理，于是卫河上游地区民众的生产用水与国家漕运用水联系起来，甚至发生了矛盾。国家漕运力量始终会凌驾于地方小民用水之上，这些地区可以用漕运用水区来概括。这样，直豫晋鲁交界地区的水资源管理空间特点也可勾画出来，可概括为水利缺乏区、水利发达区、漕运用水管理区和黄河堤防区，参见图 3—1。

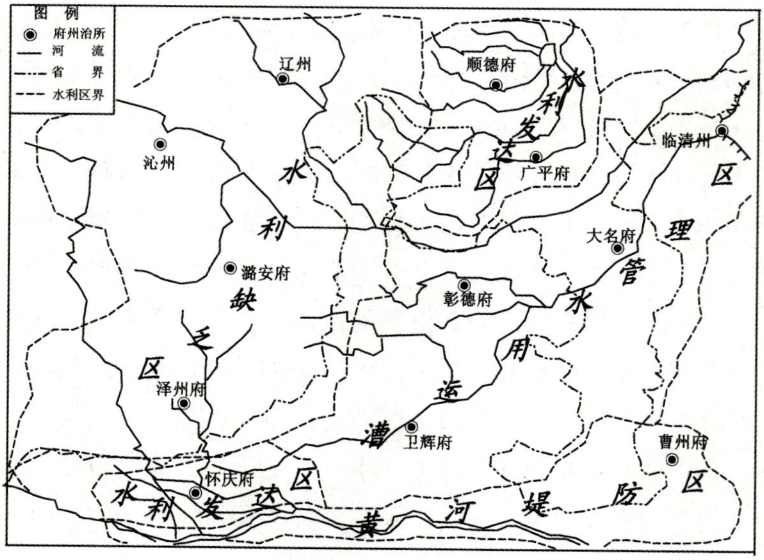

图 3—1 直豫晋鲁交界地区水资源利用空间差异图

说明：底图源自谭其骧主编《中国历史地图集》第 8 册《清时期》，嘉庆二十五年（1820）。

王建革认为在河北平原上有三种水资源的管理方式。“一是中央集权对河道管理，清政府在海河流域设总督一级的官员管理，这是前所未有的；二是政府直接管理灌溉事务，像天津沿海农田的开垦那样，由官方经营河道、闸与农田分水；三是乡村社会完成水利管理，像滏阳河流域那样。从规模上看，政府管大水域，乡村管小水域，乡村社会所管理的水资源是小生境。”[1] 总体上说，这三种水资源的管理方式也适用于直豫晋鲁交界地区。[2] 如对于漳河、卫河、黄河这样的大河道，明清政府多选派官吏直接管理，明代设总河侍郎，清代则有河东河道总督（管理河南、山东河道）之设，负责这些地区的河道维护、管理。漳河摆动频繁，不仅影响两岸民生，也给漕运河道带来麻烦，卫河则为漕运用水河道，因此此两河主要与北方漕运联系起来，属于漕运管理的重要河段。而黄河的决溢对于地方危害更大，对于黄河的管理主要为保漕和防止决溢祸及民生为主。当然，河南东部、江苏北部河段也与漕运关系密切，只是已非本书讨论范围。

不过，这三种水资源管理方式并非完全有彼此界限，不可逾越。如卫河上游支流地方民众用水就受国家漕运力量的干预而形成了一批官民用水规章（如小丹河、百泉、洹水万金渠）。在豫北河内地区，民间水利开发历史相当久远，但明清时期的发展及县际水利纠纷的解决都得仰赖政府的干预。滏阳河流域各县乡村社会水利管理已形成传统，但上下游用水不均常致纷争不断，不得不依靠官方的干预、管理，如雍正四年（1726）磁州划归广平府，畿辅水利营田之京南局直接干预滏阳河流域的乡村用水的分配。可以看出，乡村社会在地方水环境基础上开发水利而形成的用水惯习往往会因各自为政而发生矛盾。水的流体特征使其所经地方之间发生一定的空间关系，最终会带来更大范围的纠纷，如村落之间、县际之间、府际之间、省际之间，以及国家与地方之间。因此，并不完全存在固定不变、互不渗透的水资源管理形式，过分强调地域水利

① 王建革：《传统社会末期华北的生态与社会》，生活·读书·新知三联书店 2009 年版，第 1 页。

② 河北平原并不包括直豫晋鲁交界地区的全部，仅在北部地区。现代地理区划多将今河北境内平原地段称为河北平原，王建革所论华北地区水环境与社会问题也主要集中于河北平原。

开发的社会差异或水利社会的种种类型，恐怕有失偏颇。[①] 当地方之间因用水而无法协调产生纷争时，或国家漕运用水与地方用水发生矛盾时，国家或政府的触手就会伸向地方，进行调控，甚至直接管理。因此，传统观念所认为的水利社会、水利共同体并非牢不可破，或自我封闭，尤其是当从空间关系的角度去重新审视时，[②] 以及考虑官方或政府的因素时，这种自我封闭的水利共同体恐怕并不“共同”。

二 “官三民一”：国家漕运与地方水利之互动秩序

卫河上游[③]直豫交界地区的众多支流成为卫河径流的最主要的补给水源，也是明清漕运用水管理的主要地区之一，国家漕运力量在该地区表现得“无处不在”，将整个卫河支流的地方用水纳入了漕运管理用水体系之内。这些地方用水之水源主要包括丹河、百泉和洹水（万金渠），在漕运力量干预下形成了官民用水规章，设立规章的目的是保漕济运，甚至不惜牺牲民众用水利益。卫河上游地区官民用水规章的形成是国家漕运力量对于卫河上游地区水资源环境的空间把握和管理协调，它将卫河不同支流地方的民间水利纳入漕运管理体系之下，从空间关系上表现出交界地区漕运河道与支流地方之间的水平关系，从水资源控制上则又反映出国家漕运垂直控制的严肃性。

---

① 不少学者曾强调传统中国水利社会的类型，如“湖域社会”“泉域社会”“圩垸社会”，等等，中国地域广大，水资源分布各地差异明显，按此理路，岂非一地即是一个水利社会类型吗？笔者以为，所谓的水利社会“类型”，只是传统民众在其地域内利用水资源的一种方式，它结合了社会（技术、财力等）和自然资源等诸多因素，按人文地理学的观点，即民众的生活方式。自然环境千差万别，生活方式亦不相同，按现代社会科学之概念——“类型学”来划分这些不同地区的生活方式，其意义又何在呢？我们应对各地民众生活抱以同情与理解之态度，从先民的生活角度出发，贴近乡土，还原地域（水利）历史的事实与真相，而非纠结于现代学科概念。

② 谢湜对于豫北河内地区的水利开发与县际关系的讨论中，曾对此有所阐发，见谢湜《“利及邻封”——明清豫北的灌溉水利开发和县际关系》，《清史研究》2007 年第 2 期。

③ 卫河属海河五大支流中的漳卫水系，由辉县百泉发源，但明清时期因小丹河的出现，也有人把小丹河看作卫河之源。卫河在直豫境内接纳众支流后河床始大，于山东临清州入运河，之后称为南运河，习惯上也称之为卫运河。本书所指卫河上游指临清以上之卫河河段，临清以后运河堤岸高于两岸，一般来说少有来水补给，临清以上为卫河来水补给的主要河段，也是漕运用水管理的重点区域。

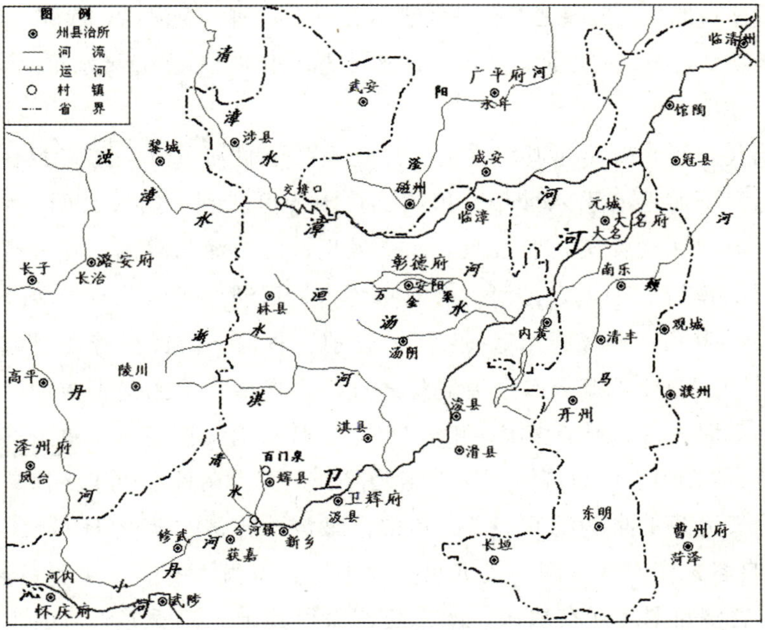

图 3—2　1820 年卫河上游水系示意图

说明：图片源自谭其骧主编《中国历史地图集》第 8 册《清时期》，嘉庆二十五年（1820）。

（一）小丹河

历史上，丹、沁河下游地区在明清以前以沁河水利开发最为发达，在金元时期仍被称为北方小江南，即所谓“千顷膏腴壤，群峰紫翠岚。人言大河北，此是小江南”。[①] 而丹河水利只在唐代有所发展，唐怀州刺史杨承仙浚决古沟，“引丹水以灌田，田之汙莱遂为沃野，衣食河内数千万口”。[②]《元和郡县图志》亦称丹水“分沟灌溉，百姓资其利焉”，不过上述数千万口可能有所夸大，应包括沁河水利在内。唐以后，丹河水利也仅灌溉“近山田土”，[③] 水利开发远较沁河为逊。直至明清时期，九道堰的兴修标志着丹河下游水利开发高峰的到来。所谓九道堰，即是丹河出丹谷口以下筑一拦河碎石坝，碎石坝下由北向南依次设有九堰，遏住丹河水

① （元）周伯琦：《近光集》卷 3《过怀庆》。

② 道光《河内县志》卷 13《水利志》。

③ （元）阿合马：《请开水利表》，道光《河内县志》卷 23《文词志下》。

以便分渠引水灌溉。丹河经过这九个堰之后，东、西两岸分出十数条渠道，灌溉两岸田地。九道堰之上有一水东出名曰小丹河，经河内、武陟、修武、获嘉于新乡合河镇入卫河，为入卫河补给漕运用水之需的重要水源。

1. 九道堰

明代史籍中尚无九道堰之名，只是提及了丹河分水渠道之数目。明初，丹河下游已有引水灌渠，田园、竹木皆可获利。据《大明一统志》载：丹河“在（怀庆）府城东北一十五里，源出泽州界内，穿太行名曰‘丹口’，南流三十里入沁河。近河多竹木、田园，皆引此水灌溉，为利最博。”[①] 其后，至隆庆元年（1567）之前，丹河下游民渠曾发展为“十八支派”[②]。这十八条分水渠道应是通过筑坝拦蓄丹河水而形成的，只是尚无九道堰之名。到了隆庆元年（1567），怀庆府知府纪诫又重新开创六条河渠，“在沁水曰通济河、曰广惠北河、南河；在丹水曰康济河、曰普济河。又引尧王泉为惠民河”，其中，康济、普济二河皆从丹水分流，“康济自赵家庄取水，阔一丈五尺，深半之，派河十有一，中为石闸三，桥四；普济自翠�观东取水，阔二丈，深得其十七，派河十，中为石闸二，石桥五，阴洞三。二河俱长三十余里，次第入于沁……其旧丹、沁支河之可葺理者，悉为之启其塞，畅其流焉。由是四境之田无不受水利者”。[③] 康济、普济二河分出二十一条支渠，且有石闸调节水量，若非修筑堤堰拦蓄丹河水保证各条支渠畅通恐难以如此。至万历年间，河内知县袁应泰又穿太行山引沁水，沁分五渠，俗称五龙口，建成二十四堰，灌田数万顷[④]，使得怀庆府“膏腴沃壤，几尽境内”[⑤]。而丹河水利，可能因无甚变化，且沁河五龙口引水工程影响甚大，故不著史籍。

入清以后始有九道堰之称，其所分丹河支渠也记载颇详。九道堰拦蓄丹河水，“其一水东出者为上秦渠，次为小丹河，又其次为西民渠，其一水西出者为上清渠。上秦渠在诸渠之上，直东行至九府坟南分为二，一水东

① （明）李贤：《大明一统志》卷28《怀庆府·山川》，三秦出版社1990年版。

② （明）娄枢：《重开丹沁河渠记》，道光《河内县志》卷23《文词志下》。

③ （明）张四维：《怀庆府修建河内县河渠记》，《明经世文编》卷373，中华书局1962年版，第4047页。

④ 《明史》卷259《袁应泰传》。

⑤ （清）薛所蕴：《重修广济河渠碑记》，雍正《河南通志》卷79。

南行二十里至太史庄入小丹河，为东民渠”。[①] 小丹河在上秦渠之下，九道堰的第一道堰之上，西民渠和东民渠东流灌溉后又汇入小丹河。碎石坝下由北向南依次设有九堰，丹河经过这九个堰之后，东、西两岸又分出十九条水渠。顺治时期，这些渠道有三郭河、董下河、白古河、不拦河、老武河、太保河、张金河、陈添河、郭鲁河、流涝河、花园河、上清河、下清河南北二渠、中四河、康济河、秘涧河、广济民河等[②]。到了道光时期，除了不拦河变成张济渠，其他一无变更[③]。“在东岸之十三渠，溉田一百余村；在两岸之六渠，溉田四十余村。两岸共十九渠，分九堰取水。故俗呼九道堰，计长三十余里。”[④] 九道堰能够如此完善当是明代历次兴修，技术“累加”之功，只是清以前尚无其名，不可考。故方志说丹河“自九道堰出，引以溉田，历载久远，碑石无有，创兴之代不可考见”[⑤]。

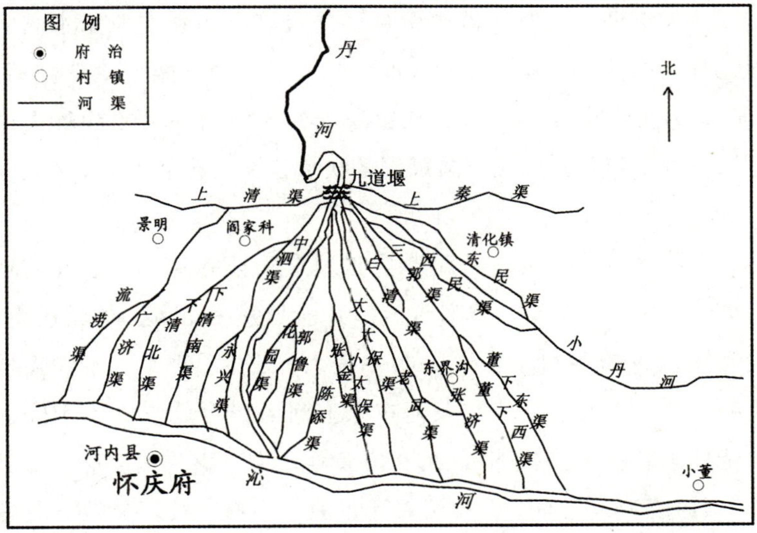

图 3—3　九道堰分渠示意图

说明：图片据乾隆《怀庆府志》卷首《图经》编绘。

---

① 道光《河内县志》卷 9《山川》。

② 顺治《怀庆府志》卷 2《水利》。

③ 道光《河内县志》卷 13《水利志》。

④ （清）王凤生：《河北采风录》卷 4《怀庆府水道》，道光六年刊本。

⑤ 道光《河内县志》卷 9《山川》。

九道堰的形成是丹河下游水利开发的高峰，“诸渠皆分流灌溉，民资其利”[①]，一直延续到清末。河内县“县境四乡，南乡有河渠长流，以资灌溉，最为膏腴之地；东西乡次之；北则丹河左右引水为渠，亦无旱潦之患”[②]，“土地膏腴，不待勤力而获丰收矣”！[③] 在水利开发的基础上，农业经济结构呈现了多样化特点，既有稻作农业，又有旱作农业，还有经济型药材作物的种植。当地甚至利用丹河水利，发展了水利加工业。河内县“西北乡有丹水之利，居民依水安磨，自为转移，无须人力。凡磨出麦面、香末等物，大半行贩晋省，颇资利用”。[④]

九道堰的兴修保障了丹河下游农业经济的兴盛，但也因小丹河的出现给丹河下游民众农业用水埋下了隐患。小丹河河道浅塞，“涓涓如线，每值秋霖涨泛，壅以沙石，必督畚锸从事，乃克顺流东注……或曰‘旱则虞其涸也，涝则虞其溢也’”。[⑤] 小丹河水量也全靠九道堰拦蓄丹河抬高水位使其分入小丹河，但九道堰所分民渠众多，遇到农业用水高峰、天旱不雨之时，小丹河正常水位很难保障，入卫济漕之效果也就微不足道。于是，时人认为只有限制九道堰农业灌溉渠道的用水量才能解决这个问题，丹河下游水利开发也就与国家漕运联系起来，甚至产生了矛盾。

2. 小丹河的形成

小丹河分丹河水东出，经武陟县北入修武县境内，又东入卫辉府获嘉县，东流至新乡合河镇与卫河合流。其前身并无正名，也无正规河道，在修武县境内称为预河。据《大明一统志》载：“预河，在修武县南五里，积潦而成，流入卫河。”[⑥] 预河东入卫河必经过获嘉县，所以顾炎武在其《肇域志》中说：“预河，在（修武县）南五里。东流至获嘉县，入卫河。”预河既为积潦而成，显然并无正源，为何又能经修武、获嘉、新乡达于卫河呢？顾氏又引明代《修武县志》称预河“旧在县南五里，嘉

---

① 道光《河内县志》卷9《山川》。

② （清）王凤生：《河北采风录》卷4《怀庆府水道》，道光六年刊本。

③ 道光《河内县志》卷12《田赋志》。

④ （清）王凤生：《河北采风录》卷4《怀庆府水道》，道光六年刊本。

⑤ （明）郭经：《小丹河图记》，《古今图书集成》卷256《方舆汇编·山川典·丹水部·艺文一》。

⑥ （明）李贤：《大明一统志》卷28《怀庆府·山川》，三秦出版社1990年版。

靖间，河自流县北为三里河。万历十三年（1585），知县朱政改流县南，附城而东，达卫水。其源自清化东杨义河转折至此……”河内、修武境内古河道较多，丹河下游据《水经注》载：有界沟、光沟、长明沟等多条渠道[①]。其中长明沟上承丹河，下游注入吴泽陂，再入清水，与小丹河流路颇为相似，疑为其前身。至明清时期，这些古河道遗迹尚存，[②]只是故道淤积，而无法形成正常河道，且常有天雨泥淖之患。显然，预河在当时很可能是古河道积潦而成，而杨义河为丹河东出一民渠，自流而下灌溉民田，东流后汇入修武境内之预河。道光时期，修武县廪生杨敏书所作《预河考》就说预河“源出于北山之九道堰，居民引沟溉田，无正河道”，[③]这应是指杨义河而言。预河无正规河道，天雨积水，河道自然易于摆动，所以前文称嘉靖时期预河自流入修武县北又被称为三里河，直至万历十三年（1585），修武知县朱政方对预河河道进行整修，稍作管理。但当时只是顺应地势，疏通预河河道，引流东去汇入卫河，防止泛滥而已，并无引预河水入卫济漕之意。

那么，预河何时方被称为小丹河呢？康熙二十九年（1690）河南巡抚阎兴邦奏称：“丹河发源晋省，入沁合黄，并无大小之名。因河东、西百姓开渠引水灌田、浇竹，小渠外复开大渠，由河内、武陟、修武、获嘉等县直达卫河，归临清济漕，始有小丹河之名。”[④]阎兴邦认为小丹河是丹河下游河内县地方民众开渠灌溉之余，又开挖一条大渠东流入卫济漕得名，然而河内民众既已开渠灌田，为何又会将渠道一直东流越县界经过武陟、修武、获嘉汇入卫河呢？这既耗费民众财力，也不近情理。显然，阎兴邦的奏疏只说明了一个问题——入卫济漕方有小丹河，这是国家漕运之事，显然其得名与地方民众开发渠道灌田无涉。

既然小丹河之前已有预河这样的河道，只要挑浚、疏理，即可畅通入卫。在明代引沁济卫、引丹济卫皆不能实行的情况下，开挖、管理入卫小河道则行之容易。万历四十八年（1620）三月，工部对此前巡漕御

---

① 《水经注》卷9《清水》。

② 《清史稿》卷62《地理志九·河南·怀庆府》。

③ 道光《修武县志》卷2《舆地志·山川》。

④ 《钦定八旗通志》卷191《人物志》。

史毛一鹭所陈“漕河三事”覆言之第三条称：“卫河乃小滩运道，益以漳流始大。自漳河北徙，遂多壅遏之患。曾经道臣翟师雍查勘，欲于临漳淤口起，至小滩镇止，约长二百余里，大加挑浚。于近口处所筑一横堤，以障北流，使归故道。然费至万金，工亦非易，且大名、临清亦有受漳流之患者，似难轻议。唯小丹河自清化镇起，至合河镇止，泉流可以济运。议欲挑浚深阔，费仅千金，较之障漳北流，为力甚易，为费甚省。宜敕总河臣行委山东、河南两道臣会议举行，而处办钱粮，则听总河主持。”① 这就表明小丹河之名此前即已产生，也已有入卫济漕之用，只是需再加“挑浚深阔”而已。其得名时间在万历十三年（1585）修武知县朱政改流预河至万历四十八年（1620）之间，其形成是因丹河下游民堰所分渠道（杨义河）自流入修武境内之预河，又经疏导后方有正规河道。其得名源于入卫济漕，以区别于丹河主泓——大丹河。

明嘉靖初年所编撰之《漕运通志》记述卫河上游支流并未提及小丹河，可佐证上述小丹河形成时间之推论。其称：“（卫河）凡东昌府馆陶县中有支流四，一名洹水，自洹水县来，至安阳县屡伏屡见，东经永和入卫；一名汤水，出汤阴县西亥泉，东流入于卫；一名折胫河，出淇县泉儿头，至西闾村入卫；一名山河，出太行山至薛村入卫。”② 《漕运通志》虽未言及小丹河，但对于馆陶以上卫河支流一一载录，且曰馆陶之上卫河“所历凡十一县，曰元城、大名、魏县、内黄、滑县、汤阴、浚县、淇县、汲县、新乡县、辉县，皆漕运所历也”。说明了明中央对于上述支流已经关注，漕运与地方用水之关系已露端倪。清人崔述亦言：“万历十六年漳（河）北徙，御河（即卫河）势始衰。”③ 于是入卫其他支流逐渐被看重。

只是与清代相比，明中后期漕运日益疲敝，卫河上游来水之管理、利用一直不成系统，万历以后卫河仍常患淤塞，并不满足于小丹河等卫河支流的少许流量。泰昌元年（1620）十二月，总河侍郎王佐进言：“卫河流塞，惟挽漳、引沁、辟丹三策”，挽漳、引沁即引漳、沁二水入卫

① 《明神宗实录》卷592，万历四十八年三月癸未。

② （明）杨宏、谢纯：《漕运通志》卷2《漕渠表》，嘉靖七年刻本。

③ （清）崔述：《大名县水道考》，《中国水利志丛刊》第13册，广陵书社2006年版。

河。但“挽漳难，而引沁多患。丹水则虽势与沁同，而丹口既辟，自修武而下皆成安流，建闸筑堰，可垂永利”。[①] 所谓辟丹，即加大小丹河渠口，增加大丹河入小丹河水量。然而泰昌帝在位未满三十天即去世，所议随即搁浅。崇祯十三年（1640），总河侍郎张国维又言：卫河“自漳河他徙，卫流遂弱，挽漳、引沁之议，建而未行。宜导辉县泉源，且酌引漳、沁，辟丹水”。[②] 崇祯帝命“河南抚、按勘议以闻”，其后同样未付实行。

明中期以前，山东运河沿线引泉济运等举措颇有系统，加之漳河入卫，卫河来水畅通，一般情况下尚能保证漕运水量，所以无暇顾及卫河上游来水的管理。但中期以来，漕运水量常患不足，卫河上游支流的水资源管理力度日渐加大，丹河下游地区的水资源利用逐渐进入国家漕运管理的视野之中，只是与清代相比一直缺乏完善之系统举措。虽然辟丹之议并未施行，但毛一鹭建议对小丹河“挑浚深阔”，必将减少丹河下游民众用水量，官民用水矛盾也已展露。至清代，这种形势发生了变化，清初帝王对漕运相当关注，保漕济运成为治国之策。北方漕运不仅关注山东运河，而且对汇入南运河的卫河上游地区的水资源管理力度也逐步加大，入卫河流沿线地方的官民用水制度相继确立。丹河下游地方民众用水与国家漕运用水的矛盾也逐步加剧，地方水利最终做出牺牲，让位于国家漕运需要，最终确立了“官三民一”的官民用水规章。

3. “官三民一”：矛盾之调和

入清以后，小丹河一度作为地方农业用水渠道，“邑民设渠溉田，故亦曰小丹民河”[③]。只是好景不长，出于漕运需要，清政府随后加大了卫河上游支流的水资源管理力度，丹河下游官民用水规章也逐渐确立。

小丹河东流后不久，河内县东之二十五处泉水也汇入小丹河内以增加水量；修武县境内蒋河、新河及二河上游泉水亦皆汇入小丹河。不过与漕运用水相比小丹河入卫水量仍显不足，官方认为是卫河上游来水遭民间分水灌田之故。如称山东运河“自临清板闸以外，惟赖卫河济运。

---

① 《明史》卷87《河渠志五》。

② 同上。

③ 乾隆《怀庆府志》卷6《河渠》。

春夏之间漕船盛行，而小丹、百门之上源，民间分引灌田，以致漕渠每患浅涩”。[①] 这样，唯有通过缩减民间灌溉用水量来增加运河水量。康熙二十九年（1690）四月，官方下令“于大丹河口横河筑壩，阻水南流，致十八渠不沾余沥”。[②] 丹河水皆入小丹河济漕，无疑断了民众生计，这与明代引丹入卫之议毫无二致，民众反抗之声一时兴起，地方水利与国家漕运矛盾开始激化。河内地方人士萧瑞苞上书言及地方利害，曰：

> 本年三月内，因漕河水浅，将小丹河斗门拆去。四月初旬，又于大丹河横河筑堰，篾娄土屯逼水全倾小丹河，涓滴不留。事关漕运，小民岂敢违阻，但河内钱粮较他邑独重，而丹水两旁之钱粮为尤重，以水利故耳。地居山麓，土性燥烈，又浸灌日久，田地以水为命，数日无水，禾黍便枯。光沟、长明沟等渠载在郦《注》，从古已然。今小丹河有水而不敢灌溉，十八渠无水而不能灌溉，地亩之收获顿减，钱粮之重苦犹昔。……目下沿山村落穿井至十余丈，辄穿辄坏，迄不成功。渠水枯竭，饮食所需有在数里之外，有在十数里之外者矣。……小丹河束以高岸，经清化、修武、获嘉，蜿蜒二百里，而后达于卫河。往时山水下泄，清化以东往往一望泽国，阻绝行人。若复以丹水全力注之，无论万井淹没之祸无人执其咎，万一浩浩洋洋，运道从此泛溢，不几贻国家飞輓之忧乎？窃思膏腴之地化为刍牧之场，是小民一死也；以刍牧之田复办膏腴之税，是小民二死也；无饮之苦甚于无食，是小民三死也；驱无辜之民置必死之地，是小民四死也；又持畚荷锸，日役数百，人当荒歉之余，率多枵腹从事，是小民五死也。[③]

萧氏认为丹河水全入小丹河对于民众而言有“五死”，表明了丹河下游地方水利若受国家漕运强制干预之后果，“事关漕运，小民岂敢违阻”，较为清楚地表露了小民用水之地位和无奈。由河内方志来看，萧氏为地

---

① 雍正《山东通志》卷19《卫水》，影印文渊阁四库全书本。

② 乾隆《怀庆府志》卷6《河渠》。

③ （清）萧瑞苞：《上大中丞取丹水书》，乾隆《怀庆府志》卷29《艺文·书启》。

方士绅[1]，地方士人在传统水利纠纷中往往充当着“中介”的作用，掌握着一定的“文化权力”，成为地方社会与国家沟通的媒介，萧氏上述言论必然代表了地方民众的心声。鉴于形势，怀庆府知府刘维世、河内知县李柷只得为民请命，河南巡抚阎兴邦也与总河王新命相继前往当地亲自查勘。最终确定“每岁三月初用竹络装石横塞诸渠，使水归小丹河入卫济漕，留涓滴之水以灌地。至五月尽，重运过完则开诸渠，用竹络装石塞小丹河口以防山水漫溢，士民称便”。[2] 同时，小丹河经“修武、获嘉，以达合河镇之处，若有浅阻，责令即河各官量为疏浚”。在小丹河口设石斗门一座，修武县东关设有石闸一座，“斗门闸座，均设有闸夫，经管启闭”。[3] 此后，考虑到每年雨水丰歉的情况，康熙三十年（1691）阎兴邦又上疏做了细致的调整和补充。阎氏疏称：“前河臣王议用竹络装石塞渠济漕，留涓涓之水溉地，诚为得计。但今重运俱由中河北上，较昔甚早，如雨水匀足，照河臣所议，用竹络装石塞口济运灌田。倘遇亢旱，请每年三月初一日起，至五月十五日止，令三日放水济漕，一日塞口灌田，以后听民便用。”[4] 显然，“官三民一”之法充分考虑了干旱时节民间用水之需，意在缓和民众抵触。

官三民一之法得到了后世遵守，官民用水矛盾也相对缓和，但无疑民众用水量大大减少了，每年有两个多月要保证小丹河水量是地方民众对于漕运用水的很大让步。到了雍正初年，形势又有所变化，河南副总河嵇曾筠上书说：“昔人建闸开渠，定三日放水济漕，一日塞口灌田。日久闸夫卖水阻运。”认为官三民一之法，逡巡不遵，影响了卫河漕运水量，请求严饬，“仍用官三民一之法，违治其罪”。[5] 显然，若不是民间用水缺乏，也不会发生闸夫卖水之事。雍正三年（1725）九十月间，大学士何国宗等亲赴卫河上游各支流查勘。何国宗查看漳、卫、沁、丹等河

---

① 萧瑞苞是河内士绅，曾参与纂修康熙《怀庆府志》（康熙三十四年刻本）。顺治《怀庆府志》（顺治十七年刻本），又有萧家芝参与纂修，疑为萧瑞苞族亲。

② 乾隆《怀庆府志》卷6《河渠》。

③ （清）严烺：《查明百泉丹洹闸坝情形疏》，盛康《皇朝经世文续编》卷112《工政九·运河下》。

④ 傅泽洪：《行水金鉴》卷137《运河水》，文渊阁四库全书本。

⑤ 《清史稿》卷310《嵇曾筠传》。

及各处泉源后认为："运河自临清以北惟赖卫水一支。而卫水发源于百泉，益以丹河、洹河，其流始盛。但此三河之水民间藉以灌田，虽有三日开闸济运，一日闭闸灌田之例，而官民通同作弊，均系有名无实，故运道每致浅阻。"[①] 何国宗与河南巡抚田文镜商议后认为，"辉县所属之苏门山百泉，河内县所属之小丹河、安阳县所属之洹河，虽均系入卫之水，现在通流，应再各开深广，以济漕运"[②]，这又类似于明代辟丹之法。一时，"沿河士民始知议定开挖改造河道，无不惊恐，纷纷陈说利害"。[③] 此前田文镜并未随同何国宗一同考察，故而当时仅据何国宗所言定议。何国宗赴山东临清后，田文镜再派熟悉河务之干吏亲赴当地再次查勘，发现何国宗所说并不符合实际。雍正帝命何国宗等与田文镜、副总河嵇曾筠再赴卫河上游支流地方确勘妥议。雍正四年（1726）三月二十七日，田文镜上疏雍正帝称："小丹河水势每年伏秋极为汹涌，今斗门止宽一丈零四寸，尚被水淹。查康熙五十五年六月内，山水涨发，由斗门闸直至清化镇西门，势甚迅猛。今若再为加宽，民命田庐，恐难保护。……而小丹河内东西民地查有秦、董二渠，现在均可量为加宽，分水灌溉，不特上与漕运更有裨益，抑且永无后患。"[④] 嵇曾筠也深以为然。然而，何国宗等"再三婉拒"，"因复会同屡次确勘，据清化一镇并各村庄士民，每日不下数百余人，纷纷禀说利害。不谓何国宗竟置若罔闻，动辄怒形于色，反加以'阻挠'二字。查究姓名，缄民之口，以致士民尽皆股栗伏地哀恳"。[⑤] 此事影响较大，一时朝野纷然，雍正帝会同九卿商议，最终认为"田文镜、嵇曾筠身在地方所见必确凿。照田文镜、嵇曾筠所议行"[⑥]，方将民情平复。

丹河属季节性河流，受洪枯期影响，小丹河来水也常患不足。雍正

① 《内阁学士何国宗等奏陈豫省河道缘由折》，张书才主编：《雍正朝汉文朱批奏折汇编》第6册，江苏古籍出版社1990年版，第724页。

② 《河南巡抚田文镜奏与学士何国宗等会议挑挖漕运河道情形折》，张书才主编：《雍正朝汉文朱批奏折汇编》第6册，江苏古籍出版社1990年版，第412页。

③ 《世宗宪皇帝圣训》卷126，文渊阁四库全书本。

④ 同上。

⑤ 《河南巡抚田文镜奏陈翻看丹河水利情形折》，张书才主编：《雍正朝汉文朱批奏折汇编》第7册，江苏古籍出版社1990年版，第45页。

⑥ 《世宗宪皇帝圣训》卷27，文渊阁四库全书本。

以后仍有人建议加大丹河入小丹河水量。乾隆二十四年（1759）河东河道总督张师载又提议于丹河尾闾再筑一土坝拦蓄九道堰以下丹河水转入小丹河。张师载奏疏称："查清化镇有九道堰，上承上清、下清等渠之水，归入小丹河，引丹归卫，以济漕运。但丹河尾闾，与沁河毗连，水势直趋沁河，则（小）丹河源少流弱。应于竹络坝下附近沁河之处，筑建土坝，使水汇注（小）丹河，不得旁洩。倘遇盛涨，即任其漫坝归沁，亦不致溢浸民田。"[①] 然而，丹河经过九道堰后即分出十九道民渠，丹河干流（即大丹河）入沁河处修筑土坝并不能发挥多少功效，还要每年兴修，反而徒增民力。乾隆三十年（1765），河东河道总督李宏上疏称："前经河臣张师载奏于碎石坝下丹水尾闾附近沁水处，岁筑土坝拦遏。臣今细访十九渠错出分流，并未全由大丹河归沁。下游土坝无益，应停岁筑。惟夏秋培碎石坝以防水势冲刷，其坝底泄水堰密塞以土，并将斗门下小丹河不时查验，遇浅窄疏令与斗门一律，俾丹水畅达卫河以收实效。"[②] 李宏之言颇切实际，小丹河暴雨期常致淤塞，若非不时疏通，不能畅达，正所谓"夫障而疏之，存乎人耳"，[③] 而非在大丹河尾闾筑坝拦水所能发挥实效的。

清嘉、道以来，政治动荡，北方漕运管理也捉襟见肘，卫河来水不足仍旧困扰着北方漕运。迫于形势，道光初年严烺又上疏说："每年三月初一日至五月十五日，又自九月二十日至十月三十日用竹络装石堵塞九道堰口，逼水入小丹河下达卫水中流。水深以四尺五寸为度，并留涓滴之水以灌民田，漕运事竣，听民自便。"[④] 为保障小丹河水量，其水深也要精确测量，同时每年近四个月民间用水只获涓滴而已。河内县农业可一年两熟，春秋二季正是农忙时节，正处于农业用水高峰期。更为严重者，甚至一度完全封闭民渠、民堰。道光十九年（1839），道光帝谕内阁："经额布奏'卫河水势浅涩，请暂为变通济运'等语。……拟请将豫

① 《清高宗实录》卷593，乾隆二十四年七月丁丑。

② 《钦定八旗通志》卷191，学生书局1986年影印本。

③ （明）郭经：《小丹河图记》，《古今图书集成》卷256《方舆汇编·山川典·丹水部·艺文一》。

④ （清）严烺：《查明百泉丹洹闸坝情形疏》，盛康《皇朝经世文续编》卷112《工政九·运河下》。

省卫水原议三日济运一日灌田之例，暂为变通，俾卫源得资畅旺。现当漕行吃紧之际，自应变通办理，俾免阻滞。著河南巡抚即行遴派干员，会同该管各官，将百门泉、小丹河等处官渠官闸，一律畅开，民渠民闸，暂行封闭。仍著分段严查，如有堰长、夫役卖水阻运，奸民盗挖灌田等弊，即行照例严办。务使水势专注卫河，以济漕运。”① 这样，为保漕运正常进行，丹河下游地方民众再次不沾余沥，而小丹河所经各县每年却还要负担疏导河道、泉源之责，“应请仍照旧章，饬令各该县每年春初多雇人夫认真疏导，务令泉源畅涌，不致少有淤塞”。②

（二）百泉

太行山东麓大小不等的洪冲积扇蕴藏着丰富的地下水，喷发而出形成水利灌溉的泉源，辉县苏门山下的百泉便是最负盛名的一个。百泉又称百门泉、珍珠泉，发源于“辉县西五里苏门山中，涌沸如珠，灌田甚溥”。③ 相传唐薛仁贵曾磨刀于此，故又名捌刀泉。此外，又有柏门水、百门陂、百门泉及百河等名称。苏门山下百泉聚而成池，面积达五十亩，池水经百泉河，东南至新乡县合河镇入卫河，是为卫河正源。

百泉的历史较为悠久。《荀子·儒效》说：“武王之诛纣也，行之日以兵忌。东面而迎太岁，至汜而泛，至怀而坏，至共头山而山坠。朝食于戚，暮宿于百泉，旦掩于牧之野。”商都朝歌（今汲县），由武王行军进程来看，此百泉为今之百泉无误，说明先秦时期百泉就已闻名于世。郦道元以前，百泉水利难以考见，但辉县处秦汉河内地区，经济较为发达，当地利用百泉灌溉农田应是可以推见的。郦道元《水经·清水注》提及百泉水利，说在共县古城（今辉县）西有一百门陂，方五百步。“陂”或为人工蓄水之水利工程，可能当时百泉已为农业灌溉利用。地方志资料称辉县水田之兴始于宋代④，但唐代《元和郡县图志》就已记述百泉水能种稻。李吉甫说：“百门陂在（共城）县西北五里，方五百许步，

① 《清宣宗实录》卷321，道光十九年四月乙亥。

② （清）严烺：《查明百泉丹洹闸坝情形疏》，盛康《皇朝经世文续编》卷112《工政九·运河下》。

③ 乾隆《卫辉府志》卷7《沟渠》。

④ 道光《辉县志》卷16《艺文·记》。

百姓引以溉稻田。此米明白香洁，异于他稻，魏、齐以来，常以荐御。”①这说明从北朝以来，百泉水就已用于稻作农业之灌溉，郦道元时期当已存在了。

百泉河与卫河漕运发生联系要从卫河的形成说起。卫河的前身是白沟。建安九年（204），曹操为沟通河北水运开挖了白沟，将豫北地区多条河流如淇水、清水、洹水、漳水联系起来，使白沟成为一条由南到北的人工运河。白沟故道的南段相当于今淇河口至河北大名县南的卫河。到了隋代，永济渠又将清水（百门陂为清水之源）、淇水、屯氏河、清河、桑干河及早期的黄河故道加以连缀，从沁河下游一直达涿郡，从而奠定了卫河的基础。经过后世的改造、利用，终于形成海河水系五大河之一的卫河。② 唐代永济渠称为御河，宋代御河已与今日之卫河河道大体一致了。熙宁九年（1068）文彦博奏称：“今御河上源止是百门泉水，其势壮猛。至卫州以下，可胜三四百斛之舟，四时行运，未尝阻滞。”③ 由此可见当时百泉水势之盛，卫河径流量相当丰富。当时御河与国家漕运关系并不太大，只为航运之用。

辉县西北为太行山东麓低山，境内西北高东南低，泉源丰富，除百泉外，明清时期还有多处泉水。这些泉流或汇入小丹河，或汇入卫河，除灌溉民田外，皆入卫河济漕（见表3—1），真是“天下河渠涓滴之水皆关漕运”。④

表3—1　　　　辉县泉水汇流情况表

泉名	汇流情况
百泉	与小丹河、清河汇流，卫河之源
莲花泉	入卫河
卓水泉	入卫河

---

① 《元和郡县图志》卷16《河北道一》。

② 钮仲勋：《百泉水利的历史研究——兼论卫河的水源》，《历史地理》创刊号，上海人民出版社1981年版，第120页。

③ 《宋史》卷95《河渠志》。

④ 康熙《临清州志》卷1《河渠附论》。

续表

泉名	汇流情况
万泉	入卫河
白沙泉	入卫河
丁公泉	入小丹河
张泉	与丁公泉合，入小丹河
焦泉	与丁公泉、万泉合，为北流河上源，入小丹河
清濂泉	与北流河合
清水泉	经获嘉县入小丹河
重泉	与清水泉合，入小丹河
黄龙泉	入北流河
龙头泉	灌田十余倾，汇流不详

资料来源：道光《辉县志》卷7《渠田志》。

明代以前，百泉地方民众用水与卫河漕运用水之矛盾尚不突出。从明中叶开始百泉下建有五处闸座，地方水利开发得到较大发展，但民间灌溉与漕运用水矛盾也日益突出。而且明清时期卫河是一条常患淤塞的河流，官方因而加大了对于百泉地方民众用水的限制，官民用水规章最终确立。

1. 百泉五闸之兴建

泉源众多，辉县引泉灌溉的历史颇为久远，稻作农业也很发达。据道光《辉县志》记载，当时境内物产中“粳稻、糯稻、旱稻名品最多”。[①] 这自然是建立在水利发达的基础之上，其中以百泉水利最为重要。自明代中叶开始，百泉河上修了马家桥上闸、马家桥下闸、张家湾闸、稻田所闸、裴家庄闸等五个水闸，百泉水利获重大发展。马家桥上闸，在辉县西北五里，百泉之南，嘉靖二十四年（1545）知县郭淳创建；马家桥下闸，在上闸之南，嘉靖三十年（1551）分守参议敖宗创建；张家湾闸，在辉县西南二里，也为敖宗所建；稻田所闸，在辉县西南五里，敖宗创建；裴家庄闸，在辉县西南十里，嘉靖三十八年（1559）巡抚章

① 道光《辉县志》卷1《地理·物产》。

焕所建，万历时期辉县各知县又有重修。[①]

除此五闸之外，辉县尚有云门堰在辉县西北五里，当卫水下流，有稻田若干顷。“岁久湮废，嘉靖中知县许琯修复”；稻田所堰，在县西北五里，嘉靖间知县郭淳修；沙堰，在县西十里善明村西，“引筠溪之水以灌稻田，万历十四年知县卢大中创易以石”。[②] 总之，明代闸堰的修建，为辉县的水利开发史揭开了新的一页，为辉县稻作农业的发展提供了保障。

不过，百泉水利的发展却又被认为会导致卫河漕运水量减少。民间用水大增，分割了卫河干流流量，明代官方对此已有关注。方志资料称：

> 卫水发源苏门山麓，下趋最易，濒水之田，屡患淹没。自知县郭淳始建上闸，而分守少参敖公、巡抚都御史章公复建四闸，壅水分田，艺以粳稻。盖自是而邑之荒芜辟，水利兴，地无沮洳之患，民免赔粮之苦矣。明万历戊寅，知县聂良杞复虑五闸修理无法，反于漕政有妨，乃建立条格，刻石闸上。遵奉户部议，单以时启闭，庶几官民两便，万世可行。四公之惠至今讴思不忘云。[③]

这就表明，百泉五闸的兴修的确起到了辟荒芜、兴水利的功效，但民众用水则被认为会有妨漕运用水，这种情况至少从万历戊寅（1578）时就已出现了。再联系前文所言明代对小丹河开始重视的时期，即万历四十八年（1620）三月，工部对此前巡漕御史毛一鹭所陈“漕河三事”覆言来看，万历时期明王朝确实已对卫河上游支流水源与漕运用水之关系开始关注了，聂良杞建立官民用水“条格”，并刻于石闸上，应该是此背景下的产物。我们无法得知“条格”的具体内容，但条格的作用是要求五闸“以时启闭”，以利漕运用水。小丹河九道堰的形成是丹河下游地方民众长期的水利实践的结果，而百泉五闸却由官方，甚至是封疆大吏（河南巡抚）主持兴建，但地方水利的发展又影响到了国家漕运用水，这

---

① 顺治《卫辉府志》卷4《堤堰》。

② 同上。

③ 道光《辉县志》卷7《渠田志》。

恐怕是一个颇具戏剧意味的悖论。只是前文已提及明代对于卫河上游支流地方民众用水的管理不如清代系统、苛刻，百泉水利仍以民间用水为主，官民用水冲突尚不明显。明代百泉官民用水“条格”应是此后百泉水利一直延续的一个传统，即所谓“万世可行”，这恐怕对于清代官民用水制度的形成起到了铺垫作用，清代用水规章的形成并非凭空而来。

2. 用水规章之形成

入清以后百泉五闸分别改名为仁、义、礼、智、信闸。道光时期河北道道员王凤生说：“乾隆十五年，（百泉）建设斗门三座。正中官渠，口宽一丈六尺；东民渠，口宽五尺五寸；西民渠口宽四尺五寸，水各深三四五尺。东西两渠各建仁、义、礼、智、信五闸以灌田，定制刻石闸上，凡粮船未行，不许开闸；粮船下过临清，方许开闸，官民称便。”①康熙二十八年（1689），辉县县令滑彬拟引百泉水由义字闸分流入城壕，再由礼字闸之下流回流入百泉主河道，但“引水绕城必致水分流而势折，其于运道有无妨碍”，故而上奏河南巡抚阎兴邦妥议是否允当。这里提及礼、义二闸，说明百泉五闸在康熙二十八年（1689）前就已改名，此时官方也已加大了对于百泉用水的管理，官民用水规章应早已确立。三处斗门之建乃在雍正四年（1726），下文将详述。清代百泉五闸兼济国家漕运，民间不能贸然劫夺漕运用水，官民渠口宽窄差异明显，也表明了此时百泉水利以保漕济运为主。

那么，官民用水矛盾何时方才突出呢？据河道官员俞森言：

> 自康熙二十三年以前，但资水以灌田，而漕之通塞勿计也。自康熙二十五年，前河宪靳（指靳辅）以卫河水势微弱缮疏入告。旋与河抚两宪会议，于每年五六七月之间，万金之渠封闭而水不许入，搠刀之闸启板而水不许蓄，其利全归之漕。此批亦足国之计，势不得不然也。②

“万金之渠”即安阳洹水万金渠，“搠刀之闸”即为百泉五闸。康熙

① （清）王凤生：《河北采风录》卷3，道光六年（1826）刊本。

② 道光《辉县志》卷7《渠田志》。

二十五年（1686）以前，百泉水利只为民间灌溉之用，官民用水规章也没有形成。二十五年因卫河水势微弱漕运梗阻，官方才决定对于洹河万金渠和百泉民间用水进行限制，具体做法是五、六、七三个月间封闭民间分渠闸口，全流入卫河济运。然而“五、六、七月间田禾望泽，粮艘盛行俱属需水之候。使雨旸时若田既沾足，河亦无干涸之虞。倘时雨不降，泉流微细，河既浅阻，而禾亦枯槁”，三个月民间不沾水利，对于农业生产的影响是严酷的。地方府县官员因地方绅耆、乡民之愿，“详请欲于此三月塞渠封板之时，每于五日之中，少宽一日之禁。诚以此三月中，田禾需水，若无水则无禾，无禾则无赋，民习于昔年之成规，故有司不得不详请而通融之耳”。[①]

康熙二十八年（1689），辉县知县滑彬为民请命，上奏河南巡抚阎兴邦，其禀文曰：

> 卫辉府辉县知县滑彬，为圣虑忧民甚切，残黎痛苦难申，幸逢九鼎垂慈，永戴晚年鸿庇事：康熙二十八年七月二十三日，据本县士民段上锦、雷发师等呈前事到县，据此该卑职看得辉县沿搠刀泉一带水田，自奉封板以来，阖邑士民坐视膏腴之产尽为石田，莫不辍耕叹息。幸蒙老大人轸念民瘼，曲体皇上爱恤穷黎之至意，随荷转详，大老爷恳切详尽，业允定期试验水势，务须漕运、民田两无违碍。万姓欢腾，不啻起骨而肉之矣。……本年仍属抛荒。今时届深秋播麦之时，又值漕粮回空之际，倘不早为请命，则来年之种植难施，人心惶惶，是以士民段上锦等复有此呈请也。伏望老大人拯救民生，速赐转详总河大老爷即檄东昌河厅，定期试验水势。果一泓之泉无关漕运之通塞，五日之内得邀一日放水救田，则一邑士民之残喘，皆老大人有以生全之也。[②]

民闸封板，不仅水田抛荒，尽为石田，旱地也不得灌溉。漕运干预民生之甚，表露无遗，否则也不会有五日之内有一日灌溉民田之请。虽

---

① 道光《辉县志》卷7《渠田志》。

② 同上。

然康熙皇帝有“卫水济运兼不误民田灌溉”之旨，但地方官员具体做法必然以不误漕运为主，农田灌溉为次，各地变通区处，百泉水利于是采取三个月封闭民渠闸口之法。

判断民间用水妨碍运道之法，是官方不断测量卫河水位。康熙二十八年（1689），官方曾确立“四日济漕，一日灌田”之法，同时命各府河厅测量卫河水势。东昌府河厅呈报测量结果称：“今遵宪行于十五日之内更番探验，大约水势少长之日想，即放水济漕之四日；消落之日即遏流灌田之一日也。然四日之内水势即长，亦不过三四寸；而一日之中消涸几及尺许。由更番试验之水推之，则卫水一日闭塞即浅阻，数日济运断断然也。”[①] 康熙二十五年（1686）确立五、六、七三个月全流入卫济漕，民间不得用水，时间是从五月一日起。东昌府河厅官员认为，自二十八年以来，“三、四月间因漕船云集，水势微弱，吁请各宪冀破成例，借水输漕。即卫水全流北注，犹以微细阻滞为忧。今若遵四日一日之议，则数千余艘漕运必因遏流羁阻，定不能按期飞渡矣”。然而河南河道官员俞森对东昌府河厅的测量结果却并不赞同，他在河南境内测量后，结果“卫河水浅之日运河反深，卫河水深之日运河反浅”，是以百泉民间用水与运河水位之关系并不太大。俞森所言自然有利辉县百姓，滑彬也派人测量后认为“搠刀泉一线之水无关运道”，[②] 但东昌府河厅身担维护漕运之职，代表运河漕运之利益，自然认为河南地方用水扰及国家漕运。

康熙三十年（1691），总河王新命、巡抚阎兴邦题准“每年三月初一日起，至五月十五日止，令各闸三日放水济运，一日下板灌田。五月以后，听民自便。设有主簿一员，专司启闭，经管芟草、疏浚”[③]。即实行官三民一之法，显然这与小丹河是同时进行的，方法大体一致。阎兴邦又指出：“五月系民间需水之时，应用竹络装石堵口使大流济运，余水灌田，既以济漕，亦无妨农业。”[④]

然而好景不长。雍正三年（1725），大学士何国宗等考察百泉官民用

---

① 道光《辉县志》卷7《渠田志》。

② 同上。

③ （清）严烺：《查明百泉丹洹闸坝情形疏》，盛康《皇朝经世文续编》卷112《工政九·运河下》。

④ 道光《辉县志》卷7《渠田志》。

水情形后于雍正四年（1726）正月上疏雍正帝。他认为百泉“旧例官三民一，有名无实”[①]，请将百泉分为三渠。何国宗奏称：“河南运河自百泉而下，历仁、义、礼、智、信五闸，遏水旁注，愚民不无截流盗水之弊。请拆去五闸，于泉池南口建石堰一，开斗门三，分为三渠，筑小堤使无旁泄；东西各开一渠，渠各建五闸，分溉民田。”[②]“三斗门深一丈一尺，阔一丈六尺，以济漕，旁深一丈五寸。东阔五尺五寸，西阔四尺五寸。”[③]中斗门水量最大，即使在大河两岸各开小河建立小闸灌田，两旁水道恐也会随大河而去，而无法分流入小闸口。一时民情汹汹，辉县百姓纷纷陈说利害，认为“河身低下，两岸甚高。虽以斗门分水而大水奔趋河身，两岸之水将随之俱下，虽另建十闸终归无益”[④]。上文已言田文镜曾派干吏赴卫河三处支流地方查勘，在得悉具体情况后，田文镜并不赞同何国宗之做法，他认为：“百泉仁、义等五闸之设，虽云灌溉民田，未尝不仍为漕运……奸民之盗塞或时有之。然为今之计，唯有题请多设闸夫，按日启闭，并严定处分。责令该地方官不时稽查，勿使盗塞，其弊亦自可以尽绝。”[⑤]其后雍正帝命副总河稽曾筠、田文镜与何国宗再次前往当地会勘。田文镜详细听取民意，民众齐言：

> 种一亩地纳三亩地粮，本为水田膏腴，多有出息。今禁阻不许用水，颗粒无收，民命安能存活？今所云拆去五闸，另于两岸别建十闸，但两岸俱在高处，无论两旁小斗门之水，不能分往边河。纵有涓滴，而水性就下，亦终渗漏，于大河恐徒耗帑金，君民两受其害。大人为国为民，乞为小民陈奏下情，将稻田减去重赋，情愿仍种旱田，谁肯捐生偷水，兼可省此帑金。[⑥]

---

① 《内阁学士何国宗等奏陈豫省河道缘由折》，张书才主编：《雍正朝汉文朱批奏折汇编》第6册，江苏古籍出版社1990年版，第724页。

② 《清史稿》卷127《河渠二》。

③ 乾隆《卫辉府志》卷7《沟渠》。

④ 道光《辉县志》卷7《渠田志》。

⑤ 《内阁学士何国宗等奏陈豫省河道缘由折·附田文镜书函》，张书才主编：《雍正朝汉文朱批奏折汇编》第6册，江苏古籍出版社1990年版，第728页。

⑥ 道光《辉县志》卷7《渠田志》。

水田赋重，加之漕运用水限制民众用水，还不如种旱田，能不受此害。田文镜与同僚商议，“此五闸似不宜更拆，候小闸建就再行酌夺”。小闸建成后，“如法试之，渠竟无涓滴”，[①] 旧闸得以保存，但三斗门也被保留下来，官斗门一开，东西民渠并不能获得多少水量。如今，我们不宜苛责何国宗之劳民，因其以帝王钦差为漕运用水着想也在情理之中，只是民怨沸腾亦非雍正帝之愿。田文镜颇受雍正器重，其议得到批准，仍维持此前官三民一之法，只是在卫河水浅时期也会做些调整。

乾隆三年（1738），河东河道总督白钟山言：“卫河水势，惟在相机启闭……嗣雨水调匀，百泉各渠闸照旧官民分用；倘值水浅涩，即暂闭民渠民闸，以利漕运。或河水充畅，漕艘早过，官渠、官闸亦酌量下板，以灌民田。”[②] 此后，百泉水利又有“二日济运，一日灌田”之法。乾隆三十年（1765），河东河道总督李宏遍历河南各处河流泉水后上疏称：

> 又辉县之百泉，系卫河之源。苏门山下，众泉涌出，汇为巨浸，实漕运之要需。南流里许，建有斗门三座，中为官渠，专以济运；西为民渠，分灌田畴。向例重运抵临清日，封闭民渠，使泉流尽由官渠入卫。五月以后，民间插秧需水，二日济运，一日灌田，按期互相启闭。六、七月间，听民自便。立法最善，官民并受其利，永当遵守章程。[③]

道光十九年（1839）起，又先后采用“官八民二”“官七民三”的分水规定，由于灌溉有限，致使两岸农民常因争渠夺水引起纠纷。[④]

（三）万金渠

洹水，一名安阳河，源出河南林县太行山东麓。由安阳城西南善应、

---

① 乾隆《卫辉府志》卷7《沟渠》。

② 《清史稿》卷127《河渠二·运河》。

③ （清）李宏：《查办豫省泉源河道疏》，贺长龄《皇朝经世文编》卷99《工政五·河防四》。

④ 道光《辉县志》卷7《渠田志》。

高平诸村，西北绕城而东，后入卫河①。万金渠由高平村设闸引洹水分灌民田，故又名高平渠，渠水东行三十里至安阳城西白龙庙堰，后分南北中三渠，再东入洹水。

据《新唐书·地理志》载，安阳县“西二十里有高平渠，刺史李景引安阳水东流溉田，入广润陂，咸亨三年开”，② 万金渠之建始于此时。宋至和中，韩魏公（韩琦）判相州时，又于城西北凿渠引水入城，疏浚干渠，水流畅旺。③ 魏公命人“于城西北隅傍壕，制二水硙，岁命酒官造曲几三千石，以纾民劳。建亭水滨，作诗刻石，欲为郡者游其地思”。④ 当时高平渠似主要为城市水利，于农田灌溉功效不大，后人继功不力，渠水微细，不能运动水硙。元祐二年（1087），知州杜纯将水硙改作立轮。其后知州李琮又“相地形别开渠口纳水，不用绝河横堰，而水自倍流。立轮不能支，遂作卧轮，以复旧法，分流入城，注满州园池沼，亦如旧”⑤。元总管高鸣又重浚曲沟至清流口段渠道，灌田千顷。到了明弘治年间，渠道尚能溉田，有水磨十座，“弘治末，水淤渠口，岁增月益，遂塞不行”。⑥ 宣德八年（1433），“修安阳广惠等渠”。⑦ 广惠渠当为万金渠之异名，⑧ 当时并未言明修渠之目的，当为农业用水之故。万历十三年（1585），彰德府知府陈九仞、知县刘宇等“以高平渠口易淤，宣泄无节”，乃开建大闸一，渠口小闸七，此为建闸之始也。万历十六年（1588）邑人郭朴有记，曰：

> 万历己酉、丙戌两岁，雨旸愆期，河北大歉，禾麦罕成，流移载道。彰德知府漳平陈侯夙夜殚心……渠堰砌以巨石，空洞长五寻有奇，阔四之一。前闸启闭以时，四隅石作雁翅。内制奔湍，外导溢流，中河石埭，横遏奔悍。堰上叠石为基，庙祀玄武，重轩前覆，

---

① 北魏时期，洹河东过内黄县北，入于白沟，见《水经注》卷9《洹水》。

② 《新唐书》卷39《地理三·河北道》。

③ 嘉庆《安阳县志》卷6《地理志·渠田》。

④ 嘉靖《彰德府志》卷1《地理志》。

⑤ 同上。

⑥ 同上。

⑦ 《明史》卷88《河渠六》。

⑧ 嘉庆《安阳县志》卷6《地理志·渠日》。

> 石槛外环。渠左创筑巨堤里许，下石上土，防秋泛涨。堰口两旁，石岸长阔有差，迤东间置小闸七，以便蓄泄。且分支渠数十，循渠浚筑，逶迤抵广润陂，几百里。官道东置堰，漳水逆入城壕，周卫崇墉，北置小闸泄归大河。后仿古制，造龙骨水车、桔槔诸器授民。①

后世渠道系统基本发轫于此。万历十九年（1591）知县李应策又重修闸堰，并建盖邨、流寺二支渠闸。二十三年（1595），知县朱冠重修闸堰，又于流寺渠开支渠四，盖邨渠开支渠十三，灌溉视昔倍焉。② 这样曲沟、盖村和流寺三处闸口基本形成。官方造龙骨水车、桔槔等水利设施，并教授民众使用方法，说明明代万金渠水利多为民用，洹水并未与漕运发生多大关系，万金渠的功能只做灌田和城市供水之用。

明末战乱后，万金渠渠道湮塞不通，顺治十八年（1661），御史薛鼎臣请浚万金渠，会有妨漕之说而止。康熙十一年（1672），彰德知府邱宗文，安阳知县高启元督工挑浚，建闸高平，以时启闭，又浚南、北支渠二道，以广水利。不久，又有人以"浚渠妨漕之说"上奏当事者，河南巡抚佟凤彩亲自履勘，认为渠水"分水无多，于运务无碍"。③ 前文已言，康熙二十五年（1686），靳辅以卫河水浅，与河抚定议"于每年五、六、七月之间，万金之渠封闭而水不许入"，百泉不准民间用水。二十九年（1690），又因运道水涩，河员闭塞渠口，涓滴不流于农田。后经总河王新命，巡抚阎兴邦履勘，确立用水规则，永远遵行。规则如下：

> 每年于三月初一日起至五月十五日止，以竹络装石，堵塞渠口使大流济运，余水灌田，过此悉听民便。至于民间放水，俱为分派日期。其永和中大渠溉田，以每月初一日起，至初六日止；十六日起，至二十一日止。其盖村渠溉田，以每月初七日起，至初九日止；二十二日起，至二十四日止。其南流寺溉田，以每月初十日起，至

① 民国《续安阳县金石录·万金渠修治记》。

② 嘉庆《安阳县志》卷6《地理志·渠田》。

③ 同上。

十二日止；二十五日起，至二十七日止。其北渠沟灌田，以每月十三日起，至十五日止；二十八日起，至三十日止。不得紊乱。[①]

民间用水日期由官方确立，说明万金渠管理上官方之重要作用。康熙三十六年（1697），安阳知县马国桢以北曲沟及盖郇西闸灌田之余尚有余水，因相地势于孙平村开渠建闸，而孙平等村始沾水利。这样万金渠四闸均已形成，渠道历次经过曲沟闸、流寺闸、盖村闸和孙平闸，于白龙庙堰分水，分出南北二渠，北万金渠在城西附近分水入城壕，再东由城壕分水下流，为中万金渠，与北万金渠皆汇入旧洹水。南万金渠汇入羑河，羑河再东流入旧洹河，最终万金渠由旧洹水汇入洹河。康熙三十八年（1699），又以清流口陡泄，创建石堰，以资蓄泄。雍正四年（1726），何国宗上疏称："洹河拦河筑坝，截流灌地，其弊较诸（百泉）五闸为尤甚。每至运道需水之际，官民通同作弊，涓滴不得归漕。今议将二十丈之拦河坝拆去十五丈，留五丈加高一尺，挑水入渠，适合官三民一之制。"[②] 田文镜则认为："无容建坝。况沿渠民地俱赖此水灌溉，今若拆去拦水石坝，则水不能入闸。上流渐竭，戽救无资。设遇旱干，则膏腴之地不几尽变为石田乎？"[③] 最终未将拦河坝拆去。

乾隆三年（1738），知县陈锡辂又督夫重浚，"夫河流浑浊易于淤淤，夏秋水盛兼有漫溢之虞，惟令民间按地亩挑浚，则无淤浅而其利永矣"。[④]三十九年（1774）春，雨泽衍期。河东河道总督姚立德、河南巡抚何煟，"以南漕未出河南之境，具题五月二十六日奉旨改定高平闸。每年四月初五日封闸，五月十五日启放，民漕均有裨益。过此悉听民便"。这样，由原来的七十五日封闸使全部洹水入卫济漕，改为现在的四十日。各村放水重新分派日期如下：

永和中大渠灌田，每月十二日；盖村渠灌田六日；南流寺渠灌

① 嘉庆《安阳县志》卷6《地理志·渠田》。

② 《内阁学士何国宗等奏陈豫省河道缘由折》，张书才主编：《雍正朝汉文朱批奏折汇编》第6册，江苏古籍出版社1990年版，第724页。

③ 同上书，第728页。

④ 嘉庆《安阳县志》卷6《地理志·渠田》。

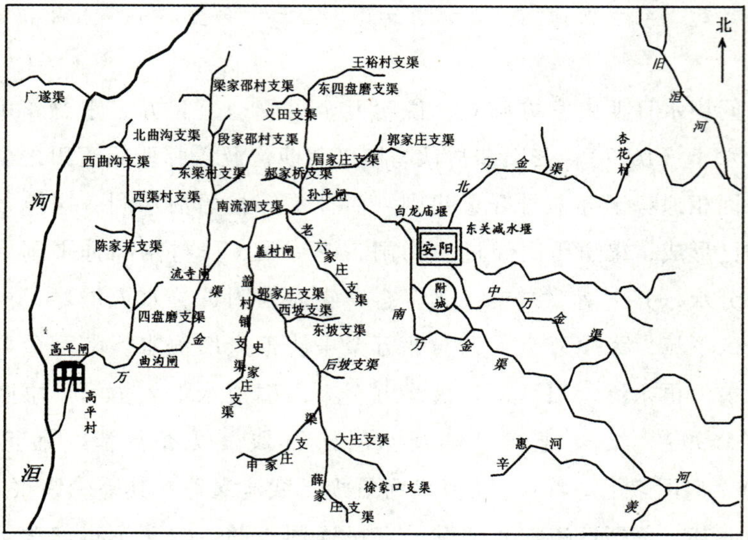

图 3—4 万金渠示意图

说明：图片据嘉庆《安阳县志》卷 1《万金渠图》编绘。

田六日；曲沟渠灌田六日。自是民各依期放利，无以紊乱启争者。康熙三十六年，知县马国桢于孙平郸建闸一道，用北曲沟、盖村两闸余水灌田，于是孙平等村亦沾水利。雍正十三年，知县王屏设立义田地一顷五十四亩零，完纳租课，养赡贫民。乾隆三十七年，永和大渠民人与孙平义田佃户互相启争，讯断通详，蒙巡抚何煟饬定孙平闸使永和三渠末一日之水，勒石永定章程，立有各渠闸使水日期。盖村闸，每月初七日起，至初九日止；二十二日起至二十四日止。流寺闸，每月初十日起，至十二日止；二十五日起，至二十七日止。曲沟闸每月十三日起，至十五日止；二十八日起，至三十日止。永和中三渠，每月初一日起，至初五日止；十六日起至二十日止。孙平闸义田，每月初六日使水一昼夜，二十一日使水一昼夜，于是孙平闸义田民田，均沾水利。[1]

---

① 嘉庆《安阳县志》卷 6《地理志 · 渠田》。

与小丹河、百泉稍有不同，万金渠民田灌溉之余，渠水仍归洹水。且洹水流量稳定，故而官方在保漕之余尚能兼顾农田用水。只是保漕济运仍会影响农业用水，四十日封闭民闸，农田涓滴不获灌溉。各支渠分水日期非常细致，也表明了万金渠为民命所系，因为若不详细分派，即发生民间引水纷争，甚至互相械斗。

这种情况至民国时期，仍然如此。至民国时“渠闸归渠户自理。曲、流、盖、孙四闸，始公立水利公所，后奉建设厅令，又易名为水利协会，专办渠田纠葛事项，以期水利均沾，不使略有偏枯之害。所有该渠流域村庄，其地势足以接渠使水者。数十年来，均援扩充水利之说，已挖引渠无算，成为定例。虽罄全洹之水不能尽如其原愿。每当大旱，往往有争水械斗之案”。[①] 民间自理万金渠，却又引发用水纷争。这表明，离开了官方干预，地方水利也并不一定能朝良性方向发展。在民众分水过程中官方扮演着仲裁、管理的角色，离开官方管理，渠堰湮塞，水争不断。

总之，万金渠在明清官方干预下，成为安阳地方水利开发之典型，这种在官方“督导”下的水利系统，又因国家漕运力量的介入而不得不分润于漕运用水。地方社会遵从着国家漕运大政，也服从着政府的管理安排，我们很难看到水利社会内部的力量，而“目前学术界夸大灌溉水利中的家族和乡村社会的力量，相对忽略了政府的作用。实际上灌溉水利自古至今都与地方政府的介入有一定关系”。[②]

三 小结

丹河、百泉、洹水万金渠在明清时期一直保持着地方水利的内在发展，但因地处卫河上游支流，在地理上与国家漕运水道发生联系，小民用水于是被认为“有妨漕运”，地方水资源不得不分润于国家漕运。如何分润？主动权在河道官员所代表的国家力量手中，其结果是以牺牲大部分民间用水利益为代价。这样，地方水利与国家漕运发生了互动与协调。

① 民国《续安阳县志》卷3《地理志·水利》。

② 王建革：《传统社会末期华北的生态与社会》，生活·读书·新知三联书店2009年版，第56页。

国家漕运之干预是“严肃”的，地方社会用水利益有较大损失必不可免，“官三民一”在数量上表明了这种官民用水差距。

为保障地方水利对于漕运之有效“服从”，国家通过加大行政管理和法律的形式确立官民用水规章。

雍正五年（1727），河南总督田文镜上奏雍正帝请求再次恢复河北道，其重要目的即在于加大小丹河、百泉、万金渠官民用水规章执行之管理。[①] 乾隆二十四年（1759），总河张师载等也说：“卫河水势如封闭民间渠闸卫水日增，仍可循官二民一之定期，应于其时饬令河北道督率地方官弁审度形势，酌筹启闭，毋许民间私为启泄，则百泉之浥注亦充矣。”[②] 雍正三年（1725），何国宗又请于小丹河、百泉、万金渠“每河各设闸夫八名，责成管河道同知、通判、县丞、主簿等官不时稽察。如有盗塞官渠，壅水自利者，以偷盗仓库钱粮例治罪”。[③] 因此，清政府为保障漕运用水之需，通过增设行政机构的方式，加大行政监督，严格管理卫河三处水源，从而加强了对民间用水的限制。

同时，清朝还以则例的形式“固化”官民用水章程。在《漕运则例纂》中一一记录豫北地方水利与国家漕运用水之规则及其制定过程、原委，以其为将来管理漕运与地方水利事宜之凭据。如前文所论卫河三处来源为漕运干预，着重谈到了康熙二十三年（1684）靳辅议定全部封闭民间渠口，实则顺治五年（1648）就已确立了官民用水规则。“顺治五年，河臣杨方兴题定每年二、三月间听民用水，四月以后即将闸板尽启。封贮渠口堵塞，俟运务完日，听民自便。”[④] 这是官民用水关系之最早记载，也成为后来官方不断调整官民用水规章之源头。

卫河水势微弱，漕运梗阻并非完全是小民用水导致运道水量减少之故，还有生态环境、气候等因素。卫河上游来水多发源于山西东南上党地区与豫北交界的太行山南段，山地植被破坏和水土流失的加剧也直接影响到了发源于此的河流的流量和含沙量。早在三国曹魏时期就曾“于

① （清）田文镜：《抚豫宣化录》卷2《题为恭请复设河北道员以资政治事》，中州古籍出版社1995年版，第69页。

② （清）杨锡绂编撰：《漕运则例纂》卷12《漕运河道·卫河挑浚》。

③ 同上。道光时期，辉县百泉河河夫仍存有七十二名，见道光《辉县志》卷7《渠田志》。

④ （清）杨锡绂编撰：《漕运则例纂》卷12《漕运河道·卫河挑浚》。

上党取大材供邺宫室”,[①] 至明清，经历代砍伐，已无大材。地方志编撰者已有清醒认识，“加以樵牧日烦，虽深山绝巘，若彼濯濯所称，木之属惟杨槐榆柳”。[②] 植被覆盖的日益缺失，使得水土流失日趋严峻，“上党诸山之水，建瓴而下，每一暴雨，顷刻涨高二、三丈，滚赤土流，去如丹色”,[③] 可谓水土流失的实证。这间接影响了入卫河流的水源补给量，也加大了河流含沙量，卫河也就常患淤塞。官方也说：“卫河之水全赖泉源，如汤河、淇河、苍河、新惠、永通、伏道等河均可汇流入卫。但山水性猛，动挟泥沙，水旺之时，一望衍漫，迨至稍退，即行淤垫。”[④] 另外，北方运道繁忙时节却是华北平原少雨期，华北地区60%的降水集中于夏季，尤其是河北平原，春秋两季天气波动频繁，但气团含湿量小，不能产生大量降水。[⑤] 天旱少雨，河道浅塞，而漕粮又在每年春秋两季北运京师，这就难免不发生运道缺水的情况。

在第一章笔者曾谈及卫河漕运兑粮地点或在直隶大名府境内，或在河南卫辉府境内；为确保卫河河道通畅，清政府甚至调整直豫交界地区统县政区幅员等。总之，在直豫交界地区的卫河河段是漕运管理的重点，这是从卫河作为运道来谈的。其次，作为漕运主动脉河流的补给水源，卫河在这一地区的防汛、堤防以及本章所谈的对地方水利管理又是一个重要内容。因此，直豫交界地区官民用水秩序的确立只是国家漕运与这一交界地区地方水利互动中的一个方面，尚有其他方面诸如堤防管理、水文监测（测量水位）、漕粮兑运、河道管理等问题可以进一步讨论。由本章来看，由于毗邻明清漕运河道大动脉和自然水系自身的联系等地理区位影响，直豫交界地区的水系管理、水利开发受国家漕运的干预必不可免。明清时期，国家插足地方水利的进程是步步加强，虽然地方社会与国家力量有所沟通，但“官三民一”等用水规章的确立表明，国家漕运力量始终占据首位。因漕运用水形势的变化，清中后期这些规章甚至

---

① 《三国志》卷15《梁习传》。

② 乾隆《长治县志》卷8《风俗》。

③ 顺治《高平县志》卷1《水利》，国家图书馆藏《清代孤本方志选》第一辑，线装书局2001年版。

④ （清）杨锡绂编撰：《漕运则例纂》卷12《漕运河道·卫河挑浚》。

⑤ 任美锷主编：《中国自然地理纲要》，商务印书馆1992年版，第169页。

一度得不到执行，国家漕运力量始终凌驾于地方小民用水之上。漕运干预地方水利的结果，是农业生产萎缩，稻田减少。[①] 通过钦定漕运水则的形式，国家以法律的形式确保这些官民用水秩序的持久运行，这是传统王朝对于卫河上游直豫交界地区各地水资源分布特点权衡之后的垂直干预。

① 参见高敏《古代豫北的水稻生产问题》，《郑州大学学报》1964 年第 2 期；陈铮《清代前期河南农业生产述略》，《史学月刊》1990 年第 2 期。

第四章

水利开发与互动秩序（下）

——以地方之间用水为例

在直豫晋鲁交界地区存在着两个水利发达的区域，一是沁河下游地区，二是滏阳河、大陆泽流域。这两个地区水利开发的历史相当久远，从元明以来，一些流域内县际之间逐步形成了诸种用水秩序，上下游县份之间如何分配水源，皆有章程为据。这些章程也可能是上下游用水不均的“法定化”，又因灌渠上下游地理区位的不同县际之间和县级政区交界地带的用水冲突时有发生。

元中统三年（1262），顺德路邢台县人郭守敬受世祖忽必烈召见，守敬面陈水利六事，皆为关于太行山以东黄河以北地区的水利开发机宜。其中第二、三条为邢台地区的水利开发事宜，第五、六条为沁河下游地区怀、孟二州地方水利事宜。[①] 守敬奏罢，世祖叹曰：“任事者如此，人不为素餐矣”，随即加授守敬“提举诸路河渠”之官。邢台地区（属大陆泽流域）与沁河下游地区皆为古代华北地区著名的灌溉农业区和稻作农业地区。因发源于晋东南的河流东向、东南向穿太行山进入华北平原的山麓洪冲积扇，这些河流携带大量泥沙沉积于冲积扇上，土质肥沃，加之地势高差作用，只要在这些河流出山的山麓地带开渠，设置闸堰，即可获得水利之兴。元初这些地区水利不兴，郭守敬所陈水利六事颇切时宜，因此得到世祖赞赏，守敬对于这些地方的水利开发历史颇为了解，

---

① 《元史》卷164《郭守敬传》。

故而不为妄谈。明清士人所倡之西北水利[①]也包括这些地区。

本章以沁河下游地区和大陆泽流域的县级政区之间和其交界地带的水资源利用为中心，来看地方之间在水利开发上的水平互动及用水秩序的确立、用水冲突与协调的过程。从这两个流域内的县际之间和县级政区交界地带的视角出发，由内而外地反观大交界地区——直豫晋鲁交界地区的水利开发与地域互动问题。[②]

一 自下而上：沁河下游地区的水利开发与互动秩序

沁河下游地区是古代河内、河东和河南三大地区的交界地带，由此向南越过黄河即到河南地区，向北越过太行山、中条山即到河东地区，地理形势尤为重要。沁河下游地区在明清时期为河南怀庆府，虽然秦汉所形成的河内地区范围较大，但至明清时期逐渐“浓缩”至怀庆府所辖境地，方志资料多以“河内”称之。明代怀庆府辖河内、济源、孟县、温县、武陟、修武六县，至清代又将原武、原阳拉入，怀庆府辖有八县。

怀庆府内水系以黄河为大，其次为沁河、济河、溴河、泷河、丹河。黄河在孟津以下往往南北摆动，颇为地方之害，故无水利可言。沁河由山西发源出太行山之处为枋山（亦作孔山），山麓地带为历代设堰开渠之处，沁河由济源入河内，再于武陟入黄河，水利最为博大。济河在济源境内发源，清代主河道东流灌河内县护城河，东入沁河，其间又有分支猪龙河南流入孟县境内入黄河，济河千仓渠在宋代即闻名于世，水利仅次于沁河。溴河、泷河皆发源于济源，水低于地，几无水利可言。丹河由山西高平发源南穿太行山为丹口，进入河内县东北入沁河，明清水利

---

① 明清时期所倡西北水利之西北，地理范围较广，包括了今天河南、山东、河北、山西、陕西、甘肃、宁夏地区，见（明）沈德符《万历野获编》卷12《户部》；（清）许承宣《西北水利议》，《学海类编》本。

② 直豫晋鲁交界地区跨越几个高层政区的河流所产生的水利开发与互动问题文献中也有体现，代表性河流是滏阳河，明清时期因直豫两省围绕此河流水利开发一直矛盾、纠纷不断。清初不得不调整行政区划，将河南磁州划归直隶广平府管辖，只是前人研究较多，笔者不再对此进行讨论。

开发颇胜于前，在第三章中已有阐发。本节以沁河水利为主、济河水利为辅，来看水利开发在县际之间展开的过程、用水秩序的确立、调整和县际用水冲突等方面。因明清时期济河下游河段也汇入沁河，故本书将所述地理范围总名之为沁河下游地区①。

(一) 明以前水利开发的时空过程

沁河下游北以太行山与山西相隔，境内北高南低，山地坡岗集中于北部，皆为太行山支脉，南部越近黄河地势也就越趋平缓。沁、济、湨、泷、丹诸河或由北向南，或由西向东、东南顺流而下，这些河流之洪冲积扇一直连接到南部黄河冲积扇，冲积扇上积聚着这些河流所携山西泽州地区的肥沃土壤，灌溉得力即可丰收。这与上游泽州地区山多田少，河道下切，水利开发困难的高原环境大为不同。

水利“惠归下土”是沁河流域水利开发的上下游南北地理差异的真切写照，而沁河下游水利开发的历史也甚为久远。方志资料一般将沁河水利开发的历史追溯到秦代，称秦时即在沁河出山不远处建堰，分渠灌溉。明人娄枢说：“秦渠至汉刘颂为河内太守，表罢三公水碓，而民获其利”,② 即认为秦渠至汉代尚能沿用，只因显贵设置水碓而民失其利。乾隆《济源县志》亦言：“秦渠在县东三十里，沁河源出山西沁源县铜锭山，由泽州入济源界。秦时以枋木为门，以备蓄泄，故名枋口。”③ 此枋口为历代开挖渠道之处，至明代形成五条主要渠道，故此口称为五龙口。秦渠的兴建奠定了后世沁河引水渠道的基础，后世著名灌渠——广济渠的渠首也在这里。但因此处居沁河出山口，地势低平，渠口易为洪泛所

---

① 对于这一地区的研究，国内学术界的积累颇为丰富，只是研究旨趣不一。可参见钮仲勋《豫北沁河水利灌溉的历史研究》，《史学月刊》1965 年第 8 期；钮仲勋、孙仲明《豫北沁河下游的历史变迁》，《史学月刊》1981 年第 5 期；张汝翼主编《沁河广利渠工程史略》，河海大学出版社 1993 年版；马雪芹《明清时期豫北地区的农田水利事业》，《古今农业》2000 年第 3 期；谢湜《“利及邻封”——明清豫北的灌溉水利开发和县际关系》，《清史研究》2007 年第 2 期；宋永志《明代以来沁河下游的水利开发与社会变迁》，博士学位论文，中山大学，2009 年；李留文《地方精英与地域文化变迁研究（13—19 世纪）——以济源为例》，郑州大学出版社 2016 年版等。

② （明）娄枢：《重开丹沁河渠记》，道光《河内县志》卷 23《文词志下》。

③ 乾隆《济源县志》卷 6《水利》。

淤塞，历代迭经复修。至明万历二十八年（1600），河内知县袁应泰率民上移渠首，改由孔山山洞引水，从而开启了沁河水利开发的又一高峰。

东汉元初二年（115）二月，安帝诏令河内等郡“修理旧渠，通利水道，以溉公私田畴”①，秦渠应有所修复。曹魏时期，野王典农中郎将司马孚上表请修枋口堰，以方石为门。“若天亢旱，增堰进水；若天霖雨，陂泽充溢，则闭石断水，空渠行涝，足以成河。云雨由人，经国之谋。”②于是沁河两岸垒石为门，以代替木门枋，此后石门亦以枋口称之，民获大利。隋代初年，怀州刺史卢贲“决沁水东注名曰‘利民渠’，又派入温县名曰‘温润渠’，以溉舄卤，民赖其利”。③ 利民渠、温润渠的开凿已扩大了沁河下游地区的灌溉面积，将沁水引入温县是前代所未记载的。水利灌溉由北而南的空间顺序已有表露，后来历代水利开发都不会只关注于沁河灌渠上游的济源地区，而是由济源再东、南下及河内、孟县、温县、武陟四县，利及数县。

唐李元淳为怀州刺史时又曾“决沁渠七十余里”，灌溉民田。太和五年（831），河阳节度使温造看到河内土地膏腴，而“民户凋瘵”，再次上奏开古秦渠枋口堰，“役工四万，溉济源、河内、温、武陟四县田五千余顷”。④ 这是最早记录沁河下游渠道灌溉面积的清单了，其灌溉顺序由北而南，依次开来，基本上奠定了后世沁河下游灌渠分布的基础，后世只又加入了孟县。五县同享沁河水利，一时堪称盛况，但其间也必将蕴藏着矛盾，因为灌溉顺序自上而下，一旦上游设堰分水，或独揽水利，下游即不得灌溉，这是后话。

至元中统元年（1260），谭澄为怀孟路总管，“岁旱，令民凿唐温渠，引沁水以溉田，民用不饥”。⑤ 唐温渠，当为唐温造所开沁河灌渠，谭澄复开，为元代沁河下游地区水利开发奠定了基调。中统二年（1261），沁河广济渠最终兴修，据《元史·河渠志》载：

---

① 《后汉书》卷5《孝安帝纪第五》。

② （魏）司马孚：《请修枋口表》，乾隆《济源县志》卷13《艺文·表》。

③ 《隋书》卷38《卢贲传》。

④ 《旧唐书》卷165《温造传》。

⑤ 《元史》卷191《良吏一》。

> 广济渠在怀孟路，引沁水以达于河。世祖中统二年，提举王允中、大使杨端仁奉诏开河渠，凡募夫千六百五十一人，内有相合为夫者，通计使水之家六千七百余户，一百三十余日工毕。所修石堰，长一百余步，阔三十余步，高一丈三尺。石斗门桥，高二丈，长十步，阔六步。渠四道，长阔不一，计六百七十七里，经济源、河内、河阳、温、武陟五县，村坊计四百六十三处，渠成甚益于民，名曰“广济”。①

河阳即明清之孟县。广济渠渠首为石堰，效司马孚之陈法，开渠四道分灌五县，《元史》将之列入《河渠志》，足见其影响之大。中统三年（1262）郭守敬向世祖建言水利六事之第五条言：“怀、孟沁河，虽浇灌，犹有漏堰余水。”② 应是就广济渠而言。开渠之后，只言灌溉五县，但用水规章尚不明确。中统三年（1262）八月，中书省臣忽鲁不花等奏：“广济渠司言，沁水渠成，今已验工分水，恐久远权豪侵夺。”世祖乃下诏：“依本司所定水分，已后诸人毋得侵夺。”具体“水分”史籍未详，当自济源而下顺应地势，历河内、河阳、温县、武陟而下，分别用水。至元十九年（1282）四月，为加强广济渠等水利的管理，又增设怀孟路管河渠使、副各一员。③ 不过河渠使历久生弊，与地方水利渐有不合，为民所怨，至元二十八年（1291），怀孟河渠副使尚野巡视地方，问民疾苦后，建言：“‘水利有成法，宜隶有司，不宜复置河渠官。’事闻于朝，河渠官遂罢。”④

广济渠渠首虽为石堰，但沁河夏秋之交时常暴涨，渠首易于淤塞，加之上游豪强垄断水利，广济渠二十余年后即告颓废。至文宗天历三年（1330）三月，怀庆路同知阿合马又上奏言：

> 天久亢旱，夏麦枯槁，秋谷种不入土，民匮于食。近因访问耆

① 《元史》卷65《河渠志二·广济渠》。
② 《元史》卷164《郭守敬传》。
③ 《元史》卷12《世祖本纪二》。
④ 《元史》卷164《尚野传》。

老，咸称丹水浇溉近山田土，居民深得其利。有沁水亦可溉田，中统间王学士亦为天旱奉诏开此渠，募自愿人户，于太行山下沁口古迹，置分水渠口，开浚大河四道，历温、武陟入黄河，约五百余里，渠成名曰“广济”。设官提调，遇旱则官为斟酌，验工多寡，分水浇溉。济源、河内、河阳、温、武陟五县民田三千余顷，咸受其赐。二十余年后，因豪家截河起堰，立碾磨，壅遏水势。又经霖雨，渠口淤塞，堤堰颓圮。河渠司寻亦革罢，有司不为整治，因致废坏。今五十余年，分水渠口及旧渠迹俱有可考，若蒙依前浚治，引水溉田，于民大便。可令河阳、河内、济源、温、武陟五县使水人户自备工力，疏通分水渠口，立闸起堰，仍委谙知水利之人，多方区画。遇旱，视水缓急，撤闸通流，验工分水以灌溉；若霖雨泛涨，闭闸退还正流。禁治不得截水置碾磨、栽种稻田。如此，则涝旱有备，民乐趋利。请移文孟州、河内、武陟县委官讲议。①

设立碾磨势必要截河起堰增加水力；栽种稻田，则会增加用水量，民必以水为命，私自截河同样不能避免，所以要禁止种稻。另外环境因素也使渠首易于塌陷。至此，结合前代沁河灌渠兴修来看，沁河下游灌渠的开凿顺应地势即能在数县之间收获水利，这种自然地理上的便利使得水利开发的历史颇为久远。但灌渠的兴建经过一段时间总会废弃，除了沁河水文、降水等生态环境因素外，人的因素其实一直隐蕴其间。广济渠自上而下（即自北而南）顺应地势流经五县而最终归于黄河，只要上游地方民众侵夺水利，下游用水即告短缺。而且人为加大用水量，如设立碾磨、私自截河设堰、种植水稻等都会影响下游民众的用水。显然，济源县最处上流，自然有此便利，其次是河内县。广济渠创建不久即设立广济渠司，设官提调，规定“水分”恐怕正是基于此，随后在怀孟路设管河正、副使更加强了渠道管理，而且阿合马的奏疏已很详细地揭露了。其次，前代沁河灌渠的屡兴屡废恐怕与官方没有制定严格管理制度有关，这包括对渠道的定期疏浚、渠首的维护，确立用水秩序抑制豪强等方面，元代的作为有开创之功，但实施不当，不然广济渠也不会历二

---

① 《元史》卷65《河渠志二·广济渠》。

十年后再告淤塞。

阿合马上奏之后，朝廷令孟州等处官员亲诣沁口，咨询耆老，建议在枋口之上与其相平设一石堰，“如遇水溢，闭塞闸口，使水漫流石堰，复还本河，又从减水河分杀其势，如此庶不为害”。值得注意的是，勘察时约会河阳、武陟县尹与耆老共同商议，这些人士认为：“若将旧广济渠依前开浚，减水河亦增开深阔，禁安磨碾，设立闸堰，自下使水，遇旱放闸浇田，值涝闭闸退水，公私便益”，[①] 其后朝廷委官相视施行。此次复修广济渠着重以孟州、河阳、武陟等处官员、耆老为建言对象，颇为微妙，而不提及济源与河内，我们已然看到了自上而下的用水秩序所蕴含的隐患。也就是说充分考虑下游民众的用水，平衡上下游县份的用水量，是沁河下游地区水利开发的重点。河阳、武陟官民倡议“设立闸堰，自下使水”，一是加大渠道灌溉面积，使己之土地能收灌溉之利；二是确立自下而上的用水秩序，先由下游民众用水，然后再由上游用水。明代袁应泰开凿广济渠洞口后，随后确立了用水制度，正是详细地确立了“自下而上”的用水秩序，其原因恐怕正是源于元代的“自下使水”，这是以往研究沁河下游水利者所忽略的。[②]

“自下使水”是沁河下游地区灌渠上下游县际之间长期针对用水矛盾而互动的结果。沁河灌渠上下游各县皆有用水权，但上游民众私自截河并无法律违背之嫌，明清法律明确规定地方水利法规的只有地方官员“失时不修堤防”之判罚[③]，而没有触及地方社会诸多水利问题之实质。因此，若无强有力的官方触手的调控，上下游之间用水不均是必不可免的事，而地方之间的互动只能通过攻讦、械斗、诉诸官府的方式。最平和的方式即是确立用水规约，可以是民间自发的，也可以是在官方确立

---

① 《元史》卷65《河渠志二·广济渠》。

② 如谢湜对于清代豫北沁河灌渠水利与县际关系曾做过深入的描述，但他意在通过水利在县际之间的展开来反思水利共同体理论，认为从地域关系的角度开发水利不仅能超越水利共同体，而且能看到的是一个社会变迁史。见谢湜《“利及邻封”——明清豫北的灌溉水利开发和县际关系》，《清史研究》2007年第2期。谢氏立足于济源，看济源、河内两县的用水矛盾和地域联系，因而没有注意到沁河下游五县之间自下而上的用水秩序及其在沁河下游地区的重要性和原因。“自下而上”用水秩序的建立是沁河灌渠上下游地方之间互动的结果，是下游民众通过官方以求分享水利的一种表达和实践。

③ 《大明律》卷30《工律二·失时不修堤防》。

之后所要遵行的，这在各地水利社会中皆有表现，在沁河下游地区我们看到的是官方确立下来的用水规约。规约既是制度，又是地方社会之间长期互动而形成的秩序结果。

（二）明代“五龙分水”与“二十四堰”制的创立

1. “五龙分水”的形成

沁河自山西发源，属夏秋暴涨型河流，“乘高趋下，怒流湍悍可畏”。两岸虽有堤防，但常受暴雨冲刷而易被冲毁。“成化年间堤渐陵夷。十八年夏秋之交，霖雨大作，河暴涨决堤，毁城摧房垣，漂人畜不可胜纪。”[①] 沁河灌渠也因之而常常淤废。

入明以后，除广济渠外，沁河下游民众又开挖多条灌渠，共完成干渠五条，形成“五龙分水”之势。明人娄枢所撰《重开丹沁河渠记》记录了隆庆二年（1568）怀庆府知府纪诫重开沁河、丹河水利之事，称在此之前“丹分十八支派。沁分五渠，俗称‘五龙口’，曰利人、曰丰稔、曰广济、曰温润、曰减水，而五渠又东有支派，引水灌田”。[②] 张四维记录此事时也说：“考郡《志》所载沁水凡引为支河者五，丹水凡引为支河者十。”[③] 丹河渠道数目稍有不同。这表明在隆庆二年之前沁河下游地方已形成了“五龙分水”灌渠系统，至隆庆二年（1568）纪诫又加重开。利人、丰稔二渠即为后世利丰渠，温润渠当沿元怀孟路总管谭澄所开之唐温渠。广济渠在万历年间重加开凿，新开挖减水河一道，可能与此减水河有关。

又据正德末年，河内名士何瑭所撰《重浚广济渠记》言：“沁水自山西来，至怀庆府济源县王寨里出山，地名枋口。嬴秦时于上流凿为五渠，分引其水，以灌民田，岁久湮塞。弘治六年（1493），河内县崇下乡民张志奏开广济渠，以灌济源、河内、温、孟、武陟民田。正德七年（1512）利上乡民马荣复奏开利人渠。”[④] 何瑭认为沁河五渠自秦渠枋口堰时即有，

---

① （明）何瑭：《重修沁河堤记》，《柏斋集》卷7《记》。

② 道光《河内县志》卷23《文词志下》。

③ 张四维：《修建河内县河渠碑记》，《皇明经世文编》卷373《张凤盘文集》。

④ （明）何瑭：《重浚广济渠记》，《柏斋集》卷7《记》。

可能有些夸大，但其言正德七年乡民奏开利人渠，表明此前利人渠早已有之，揣摩其文意，可以断定，明弘治、正德年间已形成了五龙分水之势。①

沁河五渠中广济渠最为重要，沿前代之旧，历代重浚多由此渠着手。弘治六年（1493），河南参政朱瑄上言："广济渠苟尽人力可苏民困，巡抚徐恪以闻。敕瑄专主其事。随宜宣通，置闸启闭，由是田得灌溉。"②正德十六年（1521），怀庆府知府韩公重开广济渠、利人渠，据何瑭《重浚广济渠记》曰：

> 利人渠口地势平坦，水流顺利，故一向疏通。广济渠口地势高仰，水流艰涩，故累致湮塞，虽岁加疏浚而终不流通。一遇亢旱，则名为水田者，悉成焦壤，百姓皇皇无所控诉。正德十五年冬，洪洞韩公来守怀庆……明年正月三日……躬往渠口。……既至上下山原往来审度，见利人渠去广济渠不及一里，而渠水浩浩有余。乃议斜凿一渠，分利人渠水入广济渠，则两渠民田灌溉皆足其力省而功倍。利上乡民惧其减己之利也，争论不已……民既帖服……两渠通流，灌溉皆足，是岁大稔。

由此文来看，广济渠渠口应在利人渠口之上，故而"水流艰涩"。此次重开广济渠，仍未在渠口有所作为，只是由利人渠开挖一渠入广济渠乃通流，当为考虑当时地方财力，不妄兴作而已。利人渠主要灌溉济源田亩，别分渠水入广济渠，济民自然不愿。四十余年后，广济渠再告淤塞。隆庆二年（1568），怀庆府自四月至七月不雨，乡民陈兴水利，知府纪诫乃开水渠六条，其中沁河为通济河、广惠北河、广惠南河。据称：

> 通济即郡志所称广济，《水经》所谓沁水南出为朱沟水者。历济源、河内、温、武陟四县，入黄河，延一百五十余里。意古秦渠、

① 谢湜言"明嘉靖二十五年（1546）至天启年间（1621—1627），共开凿利丰渠、广济渠、广惠渠、永利渠和兴利渠，形成'五龙分水'之势"，不知何据，恐有不确。

② 道光《河内县志》卷13《水利志》。

> 唐温渠大较此耳，夷塞积久，漫为平野，于是浚而廓之。岸口以丈计者六，底半之深十丈。其派引而旁出者十有四焉，中为石闸二。广惠南、北河俱济源县东，石梯取水。岸口视通济得三之一，底视岸口得四之三，深一丈。北河长四十二里，派河十，中为阴洞二，大小闸九。南河长三十三里，派河十有三，中为阴洞一，桥二，闸如派河之数。二河俱复入沁。①

通济渠即广济渠，纪诫重开沿元代之旧，灌溉四县田亩。广惠南北河都在济源县东当为后世利丰渠所分利人、丰稔二渠，主要在济源、河内境内使水。此次重修灌溉面积，据娄枢《重开丹沁河渠记》载，纪诫"穷广济分派之源，于五龙口间有存遗址者，面阔四丈，因浚之，深二丈，底半之。建桥闸四十四，长一百五十余里，可灌田五千余顷。广惠南、北二河亦播流于沁之出山地名石梯者，俱阔一丈五尺，深称之，底得三之一，南建闸一十七，异流三十五里入沁河，灌田二百五十余顷"。②历史时期沁河下游渠道灌溉面积最高也不过唐代之五千余顷，纪诫重开差相仿佛，娄枢只言"可灌田"顷数，恐实际面积没有如此之多。

需要指出的是，在万历二十八年（1600）河内知县袁应泰凿山开洞之前，此前数度重修只言渠名、工程技术方面，而不言渠水如何分配。正德十六年（1521）怀庆府知府韩公重开广济渠乃是分利人渠之水，济源民众颇有微词，这种借水行为，并不涉及严格的用水分配问题。济源处于上游，如若不愿或拦截渠水，下游即不获灌溉之利。显然，一味开渠分水，而不确立上下游之间的用水、渠道管理之规章，渠道势必早晚不通，以故此前多次重修灌渠。

考察前代沁河下游灌渠淤废的原因，不外乎有如下几点：沁河洪泛泥沙淤积渠道；管理不力；上游豪强截水，致使下游不获水利；渠道失之挑浚等。泥沙淤积渠道，致使渠首、渠身季节性淤塞，这是生态环境因素，与沁河上游山西高原的水土流失有关，非下游地方人力所及。而行政管理不力和上游豪强截水则是下游地方民众的因素了，沁河下游地

---

① 张四维：《修建河内县河渠碑记》，《皇明经世文编》卷373《张凤盘文集》。

② 娄枢：《重开丹沁河渠记》，道光《河内县志》卷23《文词志下》。

区灌溉水利的核心问题是上下游的用水秩序问题，官方对此秩序的确立和有效监督是灌渠得以发挥高效的保障。与其他地区不同，沁河下游水利制度中很少有民间自发的用水规约，而大多是官方的硬性规定。宋代济水千仓渠条约就是如此，[①] 明万历时期袁应泰二十四堰制用水制度也是如此。元代设立广济渠河渠使，恐怕并非事出无因，这与其他地区是有所不同的。济源地处上游，沁河渠道的渠首都在济源境内，济源在整个灌溉渠系中占有优势，若无官方监督管理，下游地方用水利益势必受损。也就是说，自然地理上的区位差异，造成了县际用水不均形势的“内生”，下游地方若要保障用水利益，则要通过官方确立“自下而上”的使水秩序，以之作为此后争得水利，与上游济源地方互动的凭据。此外，沁河是黄河下游最大支流，沁口落差大，又有季节性，开挖灌渠并非易事。因此，历代沁河下游灌渠的开挖都是官方行为，只有在官方组织人力，提供资金下才有可能成功，民众只能寻求“代理”“奏开”水道，而无法亲自动手，沁河下游地方也就不可能形成民众自发的用水规约，而是需要官方的规定。而民众面对用水矛盾时所依仗的只有官方条约，千仓渠条约在明清仍为地方所遵正基于此。[②] 官方条约规定了上下游地方之间用水的秩序，这包括时间、水量等，从而形成上下游地方间水资源利用之互动。

2. “二十四堰”制

沁河下游灌溉渠首常受泥沙淤积，迭经疏浚，解决渠首问题是个关键。前代“累沙为口，易决难浚，方浚即决，利不偿害”。[③] 万历十四年(1586)，河内知县黄中色又加重浚，没过多久渠首又复淤塞。[④] 至万历二十八年（1600），河内知县袁应泰与济源知县史记言循枋口之上，凿山开洞。最西边为广济洞，“为河内民力所开，工最巨；次东曰永利，为济民所开”[⑤]；最东边为利丰洞，为旧渠，河内民加以重浚，渠身“买济源民地，以顺水东下，兼利济地，而仍嘉靖时故名”。此三洞即称为“五龙口三洞”。袁应泰所开之“新”广济渠最终形成，这与元代和此前之“旧”

① 周宝珠：《千仓渠科条碑记与宋代农田水法》，《历史研究》1995 年第 6 期。
② 乾隆《济源县志》卷 6《水利》。
③ （明）高世芳：《凿山创河记》，道光《河内县志》卷 23《文词志下》。
④ 康熙《怀庆府志》卷 3《河渠》。
⑤ 道光《河内县志》卷 13《水利志》。

广济渠是不同的。利丰洞新中国成立以后建广利灌渠后，为广利灌渠渠首，洞已不存，广济、永利二洞仍然存在。笔者于2010年8月前往当地踏访，二洞兀自立于沁河出山处枋山之下。在广济洞之上有袁公祠为河内民人所建，笔者于祠内访得《袁公祠记》石碑一通，文曰：

> 我郡乾方五十里邀月枋口山者，引沁水环流郡南，绵亘一百五十余里，是为广济渠。一开于宏治九年，开府海虞徐公奏议重浚。再开于隆庆三年太守文安纪公。然皆土口易淤，下流淹没，利不敌害，旋兴旋废。万历己亥夏，凤翔袁公来尹河内，下车初，值旱。公步祷境内山川，虽百里不惮劳也。继谓水旱宜备，询渠之应复者得广济屡废之故。乃知广济非石口不可，因谋凿山腹为洞以通沁流，分布正派，余波以杀水势，蓄泄有时。会议既定，檄其事于三院三道，邻邑民侯应时等若干人分授之。俾应时总其成，应时尝住督工三年罔间，公捐俸余佐费约支万金。洞开，独委应时再住二年，修砌闸桥，工始就绪。延流二百余里，视昔较远，灌济、河、温、武四邑民田数千顷。除军屯不愿沾润者，无夫役之劳，因无灌溉之利。余各照夫定水，享利有差。公更虑修葺无资，无以计长久，再设广济一仓。买民田二顷四十余亩，坐落利上乡陆图、南鲁等村，召佃户梁鹏等种，岁除谷百石以需用。

此次开山凿洞前后历时五年，三年完成石洞，二年修砌桥闸。工程特点为悬闸于洞内两崖间，启闸受水，闭闸障水，永无崩塞之患。使用暗洞、暗闸，“在坚硬的崖岸上凿一石洞来引水，比在坚硬的崖岸上开明渠要省工得多”。[①] 虽则如此，此次工程颇为艰辛。据高世芳《凿山创河记》称：枋山崖石坚固，工人以利锥凿之，再以烈火焚烧，烧而复锥，“日以百刻而仅减毫末，弗开弗止也”。[②] 渠首建成后，又于下流渠道开挖减水河一道防止暴雨决溢。广济渠长一百五十余里，灌溉济源、河内、温县、武陟四县地（一说孟县也在内）。此次工程总领工为济源人侯应时。渠

---

① 钮仲勋：《豫北沁河水利灌溉的历史研究》，《史学月刊》1965年第8期。

② （明）高世芳：《凿山创河记》，道光《河内县志》卷23《文词志下》。

口闸有闸夫，堰有堰头，均按时启闭输水。水量分配原则是“照夫定水”，即以各县出工人数来确立各县用水量，河内出夫最多，分水最多。

广济渠建成后分为二十四堰，分别为永益、永利、长丰、天富、永福、和丰、广丰、大丰、大有、太平、广有、永济、广阜、新兴、广隆、万盈、长济、兴隆、兴福、宏福、万亿、大济、永通、广福。[①] 其中济源分有五堰，其余的十九堰分布在河内、孟县、温县和武陟四县。济源与其他四县相比所得堰数较少，乾隆《济源县志》将济源沁河水利广济渠列于五龙口三洞之末，暗示灌溉水利之少。且言广济渠在济源开洞，却“架桥而东直趋河内。由东许村下分四堰，惟永益堰灌北官庄、休昌等田六顷七十八亩零；天福堰灌许村、朱村等田二十二顷九十五亩零。又水车四架灌田三顷四十二亩零”。[②] 显然乾隆时期济源五堰已不足论了，仅灌上述田亩。

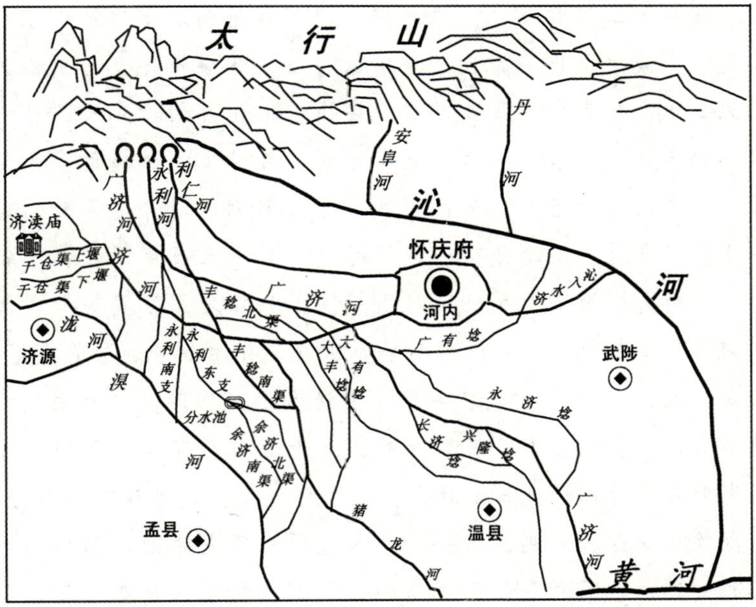

图4—1　道光六年沁河下游灌渠示意图

说明：图片据《河北采风录》卷4《沁水河渠全图》编绘，道光六年（1826）刊本。

① 康熙《怀庆府志》卷3《河渠》。

② 乾隆《济源县志》卷6《水利》。

济源处于广济渠上游，却只占五堰，久之恐会侵夺水利。袁应泰于二十四堰建成后亲撰《广济渠申详条款碑记》规定渠堰防护及灌溉制度：第一，明河基以防侵占。即渠道两岸不得侵种。第二，定渠堰以均利泽。确立二十四堰，禁止“强有力者擅开一堰”，严禁上流开堰霸水，“盖事可霸之以自利，而下流遂至涓滴不沾矣”。第三，泄余水以免泛溢。第四，设闸夫以便防守。渠口与减水河口均设有石闸，设闸夫启闭，并确立工食制度。第五，分水次以禁搀越。第六，栽树木以固堤岸。[1] 六条中以第一、三、六条为渠道本身防护规章，其余三条为渠道用水规章，又以第五条最为重要，他规定了广济渠在五县境内的灌溉秩序，内容最多，兹引述如下：

> 大旱之时民以水利为命，乃强梁者肆为兼并，而小民涓滴无望焉。于是相率而告高阜，或疾视吞声莫敢谁何。相应编订水分，自下而上，挨次引灌。除大月浸河水一日，各堰不得呈讨引灌外，每月以二十九日为率，每日百刻，共计二千九百刻。共夫四百六十二名，每名分全河水六刻二分七厘七毫。自第二十四堰而上，至第八堰，共夫四百六名半，分全河水二十五日六时。每月两轮，每轮输一十二日九时，上轮自初一日子时起，至十三日申时止；下轮自十五日午时起，至二十八日寅时止。以十分计之，万盈等十一堰四分二厘，广有等堰二分八厘，太平等四堰三分为一号。自第七堰而上，至第一堰，共夫五十五名半，分全河水三日六时，每月两轮，每轮一日九时。上轮自十三日酉时起，至十五日巳时止；下轮自二十八日卯时起，至二十九日亥时止。以十分计之，天富等三堰四分四厘，永益等三堰五分六厘，为一号。各堰通融照夫轮灌。仍令二十四堰各建一闸，一闸之中计百步总砌一阴洞，引水入干渠，灌田俱各用锁，该总管司之。凡过用水之时发钥开闸，及阴洞依次放水，搀越之弊不禁而自无矣。如仍前恃强搀越，计亩罚谷，俱入广济仓同公田谷，备濬河之用。[2]

① 道光《河内县志》卷13《水利志》。

② （明）袁应泰：《广济渠申详条款碑记》，道光《河内县志》卷13《水利志》。

本条款的核心是每月灌溉两轮，照号轮灌，“自下而上，挨次引灌”。由第二十四堰向上，依次灌溉，即先下游武陟，再温、孟，最后是河内、济源。毫无疑问，二十四堰灌溉制度“自下而上”是元代“自下使水”之延续，二者都是官方行为。袁应泰很清楚，二十四堰制的灌溉施行对河内县最为有利，但其最关键的是上游不能出问题，一旦上游霸水，即使有此二十四堰制也不能发挥作用。所以他严禁上游私开闸堰之霸水行为，又确立严格的“自下而上”的用水秩序。袁应泰有此“权力”，主要是因为河内县在此工程中出力最多，因而所获水利也最多，具有话语权；河内县为附郭首县应得到了怀庆府知府的鼎力支持，后世知府也一再地维护河内县利益及二十四堰制的良好运行。这一秩序的确立，表明袁应泰是立足于如何保障下游民众用水利益，从而使整个沁河下游灌渠系统能达到用水的平衡。“自下而上”无疑表达了下游民众的心声，这种心声是对上游长期截水的控诉，诉诸官府的结果。二十四堰建成后，史称怀庆府“膏腴沃壤，几尽境内”。[①] 当然，济源地处最上游，且渠口在其境内，却仅分得五堰，并未获得多少水利，这为济源与下游诸县之间的用水矛盾埋下了隐患。

除开挖广济洞外，万历三十年（1602）又开挖了永利洞。袁应泰倡议开洞时，济源县令史记言表示赞同，亦加入开洞行列。不过济源县财力不足，广济洞处于最西，地势较高，最难开挖，故由河内县开挖。永利洞在广济洞之东则由济源县开挖。永利洞渠首不如广济洞高，落差小，引水量较广济洞为弱，而且广济洞在永利洞之西，处济源境内却直趋河内境内，对于济源自然不利。对于这种结局，乾隆《济源县志》记录了开洞时的一个插曲，“广济渠虽河内所开，而经由济地。济民坏地承粮，自应分水灌田，乃利地无几，而永利、常丰二堰则皆为河内用。且入河内界，计分二十四堰利地较济多数倍。济人谓史为袁给者，以此”。[②]“给”，即为哄骗之意，那么史记言如何为袁应泰所“给”呢？乾隆《济源县志》接着说：“史公记言与河内袁公应泰凿山开洞，引沁水入内地。

---

① （清）薛所蕴：《重修广济河渠碑记》，雍正《河南通志》卷79。

② 乾隆《济源县志》卷6《水利》。

济民初凿其西，袁给史曰‘济力弱，姑凿其下，渠成乃相易’。及渠成则食言。济在西，所用乃在东之水，故资其利者无多。”史公为袁公所给在济源民众看来是隐晦的事实，乾隆《济源县志》多次提及，似在表达用水不均和对河内县多占水利的不满，这些都成为后来河、济水争的口实之一。

显然，济源县通过县志来记录开渠过程之隐晦，表明了县际水利不均的事实。万历四十一年（1613），济源县令石应嵩在永利渠下分开玉带河，意欲扩大济源县灌溉面积，建大闸一，下分三堰，堰下又各分二支水渠，渠共建14闸，灌牛家社、苗店、西湖、官庄、郭路、瑞村、薛家庄、梨林、北荣等村地亩共251顷零111亩。又据道光时期济源县令周承锦向河北道员王凤生禀称：“其永利一渠系万历年间，经济源史、石、涂三令，鸠集县民凿洞导渠，以灌东乡之地。又因限于地势，不能过于宽深，故仅足以利一乡中之一隅。分定十堰，共浇地二百五十余顷。编立号期水册。一月之内，除朔望通河用水，下余二十七日，每五刻浇地一顷，周而复始。此数百年相安之乐利也。……嗣因河、孟两县绅民接东南两支河尾，先后导渠，收引入溴余水，故永利渠有余之水，亦改道而入河内县境，不必尽归溴河矣。”① 这样，清代永利洞余水也为河内民人所用了。

五龙口三洞最后一洞为利丰洞，在永利洞之东。肇开于嘉靖二十五年（1546），乾隆《济源县志》称为“河、济二邑民人开创”，只是粗就规模，此后迭经废兴。袁应泰凿广济洞时又令河内民众疏浚利丰渠。万历四十四年（1616），河内县令胡沾恩重新整饬后，方得大利。利丰渠在济源县同样获利不多，河内县认为利丰渠为河内人重新疏浚，以河内功劳为大，故而河内民众当享有多数水利，这同样加剧了后来河内、济源水争。

总之，五龙口三洞首先利及济源东境、河内西境，再南灌孟县、温县、武陟三县。三洞口皆在济源境内，却只有永利洞专为济源所用。袁应泰凿洞之后随后确立了二十四堰用水制度，自下而上挨次使水，意在保障这种秩序。秩序的确立是在水利开发中上下游民众长期互动的结果，

① 《河北采风录》卷4《济源县水道图说》。

只是它需要官方的有力保障。明代五龙口三洞开凿的首倡者是河内知县袁应泰，历时五年，方才成功。在河内民众看来，开渠由河内民众出力最多，故而应多享有水利，广济渠为河内民人所开，所以直趋河内，济源少沾水利；利丰渠也是河内民众疏浚，河内民众也应多沾水利。以官方规制的形式将此种用水秩序确立下来，意图长久执行，但时间一久恐会出现诸多问题。

(三) 上下游用水冲突与调控

明末清初，河内地区出现短期的混乱，用水秩序也得不到执行。崇祯十七年（1644），济源人李世能、李学孔等“乘闯逆之变，突于利丰未判处，私开大闸尽夺两河之利”。① 广济渠历数十载后，清初也是“渠渐淤塞，仅存涓涓细流，而泽不下究”。顺治十五年（1658）十月，河内知县孙灏“按水利纠夫，躬行督率，首尾挑浚，宽深如故，各堰闸渠尽行修复”。② “自广济正渠以暨各支渠，并利仁、丰稔诸渠咸浚深广如旧式，未三月而告成，事浸灌之利大饶而用不争”。③ 此次疏浚，据碑记称由渠口开始，广济、利丰诸渠皆深广如旧，虽然河内碑记中提及济源之作为，不过《济源县志》中未提及此事。河内县为怀庆府首县，而且财力胜于他县，在沁河下游地区渠道梳理中，河内县总是占据突出位置，也往往首倡渠道之维护。

五龙口三洞皆为悬闸，沁河虽时有暴涨，只要闭闸封堵渠首自然不易冲淤，而渠道却常致淤塞。这自然有生态因素，但袁应泰所订二十四堰制中包括渠道疏浚事宜，各县要派利户出夫疏浚。可见，渠道淤塞的原因主要还是人的因素，既有夫役不疏浚渠道的原因，还有上游截霸水流之故。广济渠的水利因“日久弊生，豪强梗法。使水则霸截上流，挑河则偏苦小户，遂有纷纷告退，不愿使水，亦不应夫者。以至河壅不能受水，广济仅涓涓耳”，④ 这才有孙灏疏浚之事。广济渠上游豪强截水，

---

① 道光《河内县志》卷13《水利志》。

② 顺治《怀庆府志》卷2《山川》附《水利》。

③ 《重修广济、利丰河渠碑记》，道光《河内县志》卷13《水利志》。

④ 顺治《怀庆府志》卷2《山川》附《水利》。

不遵守前代规章，霸截水利，下游享受不到水利，自然不肯派夫疏浚河道，渠道也就日久淤塞。

对于上流截水之事，地方乡绅是深恶痛绝的。乾隆初年，温县致仕官员王作梅曾对河北观察使胡公言及广济渠修成之初：

> 条理详密，蓄泄有闸，闸有定所，守闸有夫，夫有工食。各堰灌田有定数，使水有时刻，毫无搀夺。历年既久，豪强虎踞上流，鱼肉下堰，私砌闸口，多开沟渠，以自肥殖，而干河之浅窄弗顾也。在下堰者，天旱不得灌田，雨涝常苦决口，斗殴人命尽由于此。某幼时犹记郡东五十里尚有灌田布种者，今则郡城左右皆蒿目无计矣。计每十年河道干塞十余里，其衺者十余里，广者更二十余里，更复数十年而袁公之制尽隳矣。议者举欲挑河口，平私渠。夫挑河口则不待言矣，私渠饕利已久，一经铲平，争斗必多，是又起一风波也。①

王作梅之言代表着广济渠下游诸县民众之心声，广济渠淤塞不行一方面出于地痞、豪强虎踞上流，私开闸堰，下游不沾水利；另一方面是“衙蠹”，一则可能为与地方豪强勾结，二则管理不善，致使旧章不行。王作梅建议恢复“袁公之制”，再加宽渠身，自下使水，满足上游私建人士之既有财物，或许能开通广济渠。

在五县用水体系中，河内与济源用水矛盾最大，其次是下游武陟、温县、孟县与河、济之用水矛盾，五县中河内县享有水利最大。

1. 河、济水争

河、济水争的焦点自然是围绕着利丰、广济二渠之用水冲突。可以说，在长久的用水互动中，沁河下游地区县际之间所形成的用水秩序只有得到上下游的严格遵守才能维持灌渠的正常运作，这包括上游民众不拦截水利，下游民众同派夫役定期疏浚渠道两个方面，县际用水实际上已形成了唇齿相依的状态。河内士绅说：广济渠自“明季袁公应泰即故渠凿山开洞，其功尤巨，其利尤溥。以渠首在济源，虑豪强争利，乃明

① 道光《河内县志》卷23《文词志下》。

章条目大书深刻，垂于贞珉，仁人之用心可谓深且远矣。然二百年以来，二邑之人犹未能平其心以遵贤令尹之教，屡烦当事之处分。……惟有申诫斯民，恪守成规，与济邑之人相濡以沫，相安于无事，则永远利益盖无穷期矣”。[①] 当然，相濡以沫只是河内县的一厢情愿，恪守成规在济源县看来并不公道。

利丰河在河内看来为该县民众疏浚自应多占水利，济源县只是“沾光”而已。至康熙丁巳年秋，沁水泛溢，利丰渠口淤废，渠堤冲坏，河遂废。怀庆府知府杨公随即修复，对于此次修复济源县多有出力，而河内县志却只字未提。河内乡绅、井陉道员杨蕃生撰《修复利丰河碑记》，乾隆《济源县志》着意保留此碑记[②]。杨姓为河内大族，在广济、利丰渠道的开凿、维护中均能看到其身影。此碑记谈到了利丰河利在河、济二县，并不独利河内县。乾隆《济源县志》将此碑记刻于县志之中，意在表明济源本应享有用水之权，而且利丰渠所灌济源地亩也记录下来，而此前的县志中并未记录。其后济源无利户盗开水渠，河内民众坚决反对，并对济源县志增加利丰渠灌溉田亩表示不满。

广济渠二十四堰至康熙六十年（1721）以来，“渐因水利不均，浇灌维艰，多递高阜”，只存十五堰，曰永益堰，隶济源县；曰天福堰；曰太平堰；曰万盈头二两堰；曰兴福堰；曰大丰堰；曰大有堰；曰兴隆堰；曰长济堰；曰永济上中下三堰；曰广有上下两堰。[③] 二十四堰制久已不行，清代十五堰用水秩序甚至也因上游不遵旧章而一度得不到执行。乾隆二十年代知府沈荣昌重浚广济洞，记曰：

> 康熙六十年，因告干者多（用水者出夫工日，利户不下灌，不愿出夫曰告干），水利不均。河捕通判赵溥集各公直均定时刻水册次序，则永益、天福、大丰、大有、太平、广有上下、永济上中下、万盈头二（指万盈头堰、二堰——笔者注）、长济、兴隆、兴福用水时仍旧制，自下而上，从兴福始。牒府存案，民用不争。然原制堰

① 道光《河内县志》卷13《水利志·序》。

② 乾隆《济源县志》卷6《水利》。

③ 《河内县水道图说》，《河北采风录》卷4。

> 二十有四，计夫四百六十有二，是时仅存堰十五，夫止三百二十八名六分二厘矣。越三十五年为乾隆丁丑，水流益弱，河身愈高，十五堰中亦纷纷告干，存夫三百二名。……盖永利洞居广济洞下流，水缓沙壅，济人欲杀广济入水之势，以益永利。乃诡言祈禳，愚人耳目。倚洞起建石阁，则洞门掩蔽，筑桥以盖水道，则深浅不知，而私相壅石洞中，无怪洞水虽深，不能流注。席丞闻其弊于府，萨守亲勘得实。于是先浚下流，渠河俾有容纳，然后推毁石阁，显出洞门。席丞率夫役乘筏入洞，用辘轳出巨石数百枚，小石以万计。水流如箭，渠水充盈，而告干已久之宏福、光隆、万亿、达济、永通五堰皆沾余润。庆有秋……故志之以告后贤知淤阻之由，时宜加意也。①

赵溥，康熙四十年（1701）代任河捕通判②。据乾隆《怀庆府志》“粮捕水利通判”载，怀庆府初设督粮通判一员，河捕通判一员。雍正元年（1723），因黄沁交涨，将粮盐捕归并驻城通判，黄沁捕为沁河通判。乾隆七年（1742）又改沁河通判为黄沁同知，止存驻城通判一员兼司水利。乾隆二十九年（1764），布政使佛公德奏准移驻清化兼理税务。③则河捕通判主要职责在于黄沁防洪，兼管地方水利，与元代广济渠司颇有类同。赵溥重订十五堰水分，表明此前一度混乱，皆因上游利户截流渠水，下游民众无利可享，出工时期自然不愿派夫疏浚渠道。很明显这些利户是济源民众。济源人为分杀广济洞水势而“诡言祈禳”，在广济洞口建起石阁，掩蔽洞门，并且在洞内放置大小石头，以阻广济水流。沈氏言语中对于济源已有不忿，而且称“志之以告后贤知淤阻之由，时宜加意也”，盖欲后人防止济源上述行为再次发生。

因此，只要上游济源民众劫夺水利，十五堰用水秩序同样不能执行，下游民众自然因水利不均而不愿派夫役疏浚渠道。康熙五十年代末，怀庆府知府再次疏浚河渠，又再造十五堰水册一簿，似乎对于十五堰用水

---

① 《浚广济洞记》，道光《河内县志》卷13《水利志》。

② 乾隆《怀庆府志》卷15《职官下》，未注明何年任职，但下一任者为康熙四十七年。

③ 同上。

有所调整。据乾隆三十年代河内知县谢维沛回顾称：

> 计一河公分二十四堰，渐因水利不均，浇灌维艰，多递高阜。自康熙六十年以来，止存十五堰兴工使水而已。然其用水之日，起派定之时刻，皆因夫役之多寡，亦因河势之上下，不得以私意混乱增减之也。前升任本府正堂方复疏河渠，命造一册，未之颁行，实与旧册大有互异。民多以为不公，惟愿多照旧册遵行。[①]

查乾隆《怀庆府志》谢氏所言前任知府为康熙五十四年—六十年（1715—1721）知府方愿瑛[②]，方氏所造渠册一本，应有所调整。一种可能是加大了济源民众用水量，下游民众以为不公；另一种可能是河、济用水加大，而下游温、孟、武陟诸县以为不公。民众愿意以旧册为准，显然仍是按“夫役之多寡，亦因河势之上下”的“自下而上”旧册所载分水时刻，矛盾仍旧隐蕴其间。

至雍正七年（1729），济源、河内二县用水矛盾激化。济源民众劫夺上流，培植芦苇，阻塞下游渠道，河内县上控府院。河南总督田文镜命沁河通判朱侠会同孟县知县前往广济、利丰河上游查勘，以解决河、济纠纷及上下游分水矛盾。朱侠查勘后上奏再次强调了沁河下游灌渠用水“自下而上”的用水规章乃“法之至善”。其奏疏又称下游诸县不愿出夫修浚上游河渠，于是让河内民夫代替工作，按夫分水，那么己所用之水也为河内县代用。可见，五县共同的用水秩序已然“解体”，徒具形式而已了。这就给济源民众以口实，其认为五县协力开河，而水利尽归河内，济源“坏地承粮”却为何不能多享水利？朱侠尤其注意到河渠淤塞之因在于下游民众所获水利不多又距离上游太远，不愿出夫跋涉，致使河身淤塞。于是建议各县各在本境疏浚河渠，按照所得水利之土地的多寡出夫。上游济源无利户所种芦苇、水车矶心尽皆拆去，同时允许济源无利户用桔槔、笆斗灌溉。这既继承了袁公自下而上用水之旧制，又作了调

① （清）谢维沛：《广济洞十五堰水分清册原序》，道光《河内县志》卷13《水利志》。谢维沛于乾隆三十四年—三十八年任河内知县，见乾隆《怀庆府志》卷15《职官下》。

② 康熙五十四年至六十年任怀庆府知府，乾隆《怀庆府志》卷15《职官下》。

整，意图缓和济源无利户之抵抗。朱侯请求“设立堰长，照号使水，自下而上，河民既不代用三邑之水，济民何由垂无利之涎？”①

道光《河内县志》将朱侯的奏折与其后断案碑记均记录在案，并言：“雍正七年五月十九日，据广济、利丰二河公直绅衿利户侯瑄、赵三福、徐万富等禀称培苇、建闸侵霸水利等事通详各宪其详。……以广济、利丰二河创自明季，河内邑侯袁公、胡公协同乡绅衿民，捐资谷买地亩，开山凿洞之由成也。志书揭石昭昭可验。迨其后，济民村居上流，贪得无厌，遂有私闸、私渠、水车、芦苇种植之侵害矣。自国初以来屡控屡违，几无宁岁。”对于河内利户之控诉，朱侯将其控词移会济源县令汤权，而汤权却“始以‘水深难折’支吾。继以‘将粮换水’蒙混”，朱侯不得已将勘察报告上奏田文镜，期望上宪核夺。② 该文表明官方主要在于保持秩序的平衡，即考虑整个流域内的用水均势，维持明代二十四堰分水之旧序。

然而，至乾隆二十三年（1758），怀庆府知府萨宁阿的断案碑记表明雍正时期的判决并未得到有效执行。萨知府认为广济河二十四堰前代创立用水规章“每月两轮照号用水，挨次引灌，必先武陟，次温、孟，次河内、济源，自下而上，不许紊乱，并无许用水车之议，详载志乘，百有余年。嗣因济民或建桥闸，或开满洞，或置水车，或种芦苇，种种奸霸，阻挽水利，结讼不休”。③ 雍正七年（1729）断案，只准葛自新（为开山公直葛汝能之子孙）置水车使水，其余无利户准其“地高于水者桔槔称水，水高于地者，笆斗戽水，其余一概拆毁”。但济源无利户并不遵照，仍复留存。萨知府命“严催押拆，如再抗违，先行挐究”。在河、济、温三县会勘后，济源知县萧应植也遵奉府判，申令违者重究。萨守还指出雍正七年断案至今，“业已三十年，而石墙、矶心竟未拆毁，每年仍复用车盗取利水，实属顽梗狡情”。

怀庆府知府的强力干预，仍在维持旧制。只允许济源无利户用一量水车、桔槔、笆斗等工具取水，不许劫夺水利。济源县令萧应植虽言遵

① 《河北道重勘广济封稔两河檄文》，乾隆《怀庆府志》卷29《艺文·疏表·附录》。
② 《广济、利丰两河断案碑记》，道光《河内县志》卷13《水利志》。
③ 《乾隆二十三年萨太尊断案》，道光《河内县志》卷13《水利志》。

奉“宪饬”，但念及济源所享水利无多，仍旧推脱执行，这种府、县官员之间的“对抗”恐怕并不常见。[①] 萧应植的强势更明显的表现是他主持新修了《济源县志》。在该志中萧氏将利丰河在济源境内的利地明确记录为一百余亩。“利仁渠自程村西北流，浇灌许村、安村、梁庄、曲塚等田二十六顷有零；丰稔渠自程村东南流，浇灌朱村、樊家庄等田六顷有零。樊家庄以下又分南北二支，南河灌水运、桥头、水东、梨林、塚上、薛庄等田三十九顷零，北河灌东许、小许、范家庄、小官庄等田二十四顷零，俱达河内界。”[②]《济源县志》将利丰河利地加入一百余亩，意在表明济源有享利丰河水利之权，这在前代济源志书中从未体现。这更加激化了河内利户之“愤懑”，这些利户认为济源县志为伪版，应予销毁。乾隆四十八年（1783），河内县柏香镇绅士杨道国说：

利丰渠……虽发源于济源之五龙口，而河口、河身皆河内用价置买。故间有利地之在梁庄、曲冢者，止枚夫五名，浇地不过十一二顷，俱在河内水册派造之列。为五堰，按时分刻，起自下堰，按次而上，一月两轮，不容搀越，百年旧例总属如此。除梁庄、曲冢每月十四、二十九日两号水利外，若王寨、程村、许村、安村、朱村等无枚夫。水册无名，皆属无利，所以河内志书详列利丰水利，而旧济志不载。济民恃居上流，垂涎水利，渐开私闸。造水车，植芦苇，种种侵霸屡控屡违。……二十三年，萨太尊饬令河、济、温三县会勘挑河……府存三县合用印册可查。自二十三年至二十六年不过三载，萧公岂遂忘之，而又将无利数村增入新志，自相矛盾乎？显系济邑经手绅士，并奸吏徇（原文：狗）私谋骗之故。……今济私造伪志，硬增利丰水利添入无利地亩九十余顷，屡控府宪，叠行票催。济邑张公左袒推延，虐邻滋讼。幸蒙府宪洞鉴隐微，批饬“水利有关民生，旧志既略而不书，新志忽行增入，其为经手绅士徇

① 冯贤亮对于清代湖州地区行政控制的研究中也谈及湖州知府与县令之不合，知县对于知府之抵抗，见冯贤亮《从国家到地方：清代江南的府县秩序与行政控制》，《学术月刊》2010年第5期。

② 乾隆《济源县志》卷6《水利》。

(原文：狗) 私谋骗可知。”……但济伪志刻成，例系刷印，呈送各宪。若不通详毁其伪板，拆其私闸，平其私渠，纵一时断明而伪迹犹存，讼机仍伏。①

此文主要记录河、济水争中各上宪的判决，从而为河内反对济源独霸水利提供证据，并鉴知后世。我们能理解济源民众劫夺水利及济源知县萧应植等推脱“宪饬”之原因——从明代二十四堰自下使水的用水秩序确立以来，即决定了济源用水的“失利”，尽管其间可能真有济源县令史记言为袁公欺骗的隐情，但木已成舟，一旦改变，上下游地方间的互动只能以争斗、冲突的形式来解决。解决冲突的方案仍是回归旧制，因为在上宪看来袁公旧制是不易良法，能达到府级政区内各县之间用水的均衡，朱侠一再强调仰体上宪对各县“一视同仁”之意，则是最好的证明。当然，清代这些上宪对于济源民众屡次盗水之原因是心知肚明，因而对于济源民众盗劫水利之行为有所体谅，准其用桔槔、笆斗取水，意在缓和冲突，维持旧规的大体稳定。乾隆《济源县志》也并未得到销毁，得以保留。

至乾隆三十年（1765）后，“（广济等渠）渐淤渐满，水不能通”，各渠又复淤塞。其间，河内知县谢维沛又不得不对十五堰分水制度重新造册。明清异代，旧册所订水分必定因人为干预与实际不符，所以“多有时日重复者，亦有时日落空者”。谢氏只得重新造册一份，“以现在之夫，派现在之水，依拨水之分数，定时刻之多寡”②。恐怕济源民众所享水利与往日差相仿佛，永益、天福居于上流在济源境内，照夫增派仍“于势不可”。上下游矛盾并未解决，知县一片苦心希望“各安本分，息其争端，绝讼根”，恐怕难以实现。

虽然济源县令萧应植很强势，但这种强势县令的出现并不多见，萧令及前面汤权也不敢公然与府级官员翻脸，只是蒙混或表面遵从。而大多数县令只能默认现实，在济源已有渠道的基础上，争取灌溉面积最大

---

① 《乾隆四十八年利人河济民霸水各上宪断案始末节略》，道光《河内县志》卷13《水利志》。

② 谢维沛：《广济洞十五堰水分清册原序》，道光《河内县志》卷13《水利志》。

化，如前面提到万历时期的县令石公增加永利河下游渠道。康熙三十年代，济源县令甘国墀甚至决定与民众在广济洞之西重开一洞，据称甘公：

> 尝巡视永利河渠至枋口，览前朝史公袁公凿洞引水处，慨然曰“济邑据沁上游，而洞渠顾反居下，仅仅十之一二，是何异守彭泽而不知沃渴者之腹也？”乃留居数日，乘船相度其上，始得水石溜旋处曰“此可凿也”。……于是锐意以图必成。倡捐银谷，集谕一路士民议举，老成有识者输值之。乃以一斗谷易凿石一斗。一时工匠夫役，无不踊跃，不期年已凿三分之二。通邑父老子弟，莫不欣欣色笑，以为旦晚间可观厥成也。①

甘公效仿袁应泰凿山开洞，意欲“尽灌邑北一带旱田”。已凿三分之二，却因其“兄来任本省臬宪，例当避。奉文调山东汶上县”。功亏一篑，百姓“咸遑遑如婴儿失父母”，“唏嘘泣下，去之日老幼攀辕卧辙”。济源民众盼望水利之情溢于言表，甘公留下的只是遗憾。

2. 孟县、温县、武陟与河内、济源水争

武陟、孟县、温县处于广济、利丰、永利诸河之下游，旱则上游劫夺水利，涝则己地为泄洪之区。

道光时期，武陟境内之广济渠已无水，县志称：“广济渠今已不能径达于河，夏秋雨后泛滥，于县西南境所害田亩甚多。若能疏通故道使入于河，或改道入于沁，其患庶可弭矣。”② 民国《武陟县志》同样表达了地方人士的看法：“（广济渠）水淤滩高，致下流不通，四面泛溢，害及河、武两邑。而武邑被害尤巨，自上而下淹没良田千余顷。抵城之南，三面堤围，水无所出，潴蓄浸淫，即仓库、衙署皆在可虞。……按广济渠凿山开河，创兴水利，济、沁（沁阳，即河内）两邑渥沾利益。武陟地处下游，小旱之年尚可少分余润，大旱则水为上流堵截，渠可扬尘。一遇霖潦，遂成潴水之壑。……渠道壅塞已久。民国三年（1914），道宪胡公督饬疏浚，济、沁两县分任其责，武民拒不与闻。非敢放弃权利，

---

① 《甘公德政去思碑》，乾隆《济源县志》卷25《艺文三·碑记》。

② 道光《武陟县志》卷9《山川》，道光九年刊本。

盖深明利害之故，诚不欲劳力伤财，引水自贻患也。”[①] 武陟县竟为避水患，而不愿分得水利。

温县境内有大丰堰、兴隆堰、长济堰、大有堰、永丰堰（丰稔北河，又名永兴堰），水利灌溉较之武陟为佳。不过“县北地势卑下，河身浅狭，每遭水溢之患。明永乐十四年（1418），主簿章得义疏通，经县东南与济水合入河。嘉靖三十年（1551）知县孟津重浚之。至万历年间，河内令袁应泰凿山开洞为广济河等堰，温遂为支尾，旱则河内利其灌溉，潦则温县受其淹没。惟令上河利夫每冬挑浚，庶温沉灶之害可除矣”。[②] 由此也可看出，为何二十四堰创立之后下游诸县不愿派夫挑浚，实则所获水利不多，反成上游河、济二县排涝之区。

三县之中孟县与河、济水利纠纷最大，集中于余济河与通济河。

袁应泰创立二十四堰时，利及孟县境内，只是不久“但溉河内而不及孟矣。其后惟永利河下流及利丰河下流尚溉及孟地耳”。[③] 地方人士也说：“怀郡水利多在河、济二县，孟则无之。”[④] 至天启五年（1625），孟县由济源永利东支渠尾间接水入县境，自济源“官庄东起，由杨家坟大小卫村、王亮、葛万，至本县之赵改村，为余济河”。[⑤] 后又从河内丰稔南渠引水，自河内邓村起，至赵改村，也东入余济河，孟县始重获灌溉之利。此次开渠并不容易，乃由孟县崔姓士绅发起，买济源民众地亩以开渠道而成。据康熙十六年（1677）孟县士绅崔聘三《余济河纪事碑》说，此河之开乃县令申天秩与崔聘三之祖崔邦庆、崔邦彦“告准府道详允”之后才获批的。又“以金一百零六两一钱，钱九千三百，买宋思问、和旻等六十一契地一顷四亩五厘，余济河于是有身”。宋思问、和旻当为济源民人。天启六年（1626），乡民郭名金又请求上宪与崔邦庆等再引丰稔河尾一道，至赵改村汇入余济河。[⑥]

顺治三年（1646），孟县人又因永利东支水小不足灌溉，又从遂村接

① 民国《续武陟县志》卷5《地理志·河渠》。

② 乾隆《温县志》卷6《水利》。

③ 民国《孟县志》卷3《水利》，民国二十二年铅印本。

④ 《邑侯叶世槐重浚余济河碑》，民国《孟县志》卷3《水利》。

⑤ 民国《孟县志》卷3《水利》。

⑥ 《崔聘三余济河纪事碑》，民国《孟县志》卷3《水利》。

永利南支余水汇入余济河。至赵改村分水池再分为南北二支，南支长十五里，汇入溴河；北支长十八里，汇入沇河（即济水支渠猪龙河）。此次开渠，仍“捐金钱二百八十八千七百七十，买济民邵永宁、商性等三十三契地三十二亩九厘二毫五丝，为河身一道”，委派总管李长国，公直赵以龙督工。施工中仍是计地派夫。李长国与崔聘三之父“将孟县之民编为四小甲。头小甲夫十名，二小甲夫十名半，三小甲夫八名，四小甲夫十名零六分。外大卫、小卫、王亮、葛万四村夫十名半，共四十九名零六分，集众鸠工不两月而告成。又虑守闸无人，旱固不得水泽，涝亦难免淹没，众利户攒金十两四，公直出银四两。每年作利银七两以抵五龙口守闸工食，守闸夫李思孝立孝收讫，日后不愿收闸将本银十四两退回”。[①] 余济河身承粮地亩，蒙粮河厅批准将粮一概免除。

此次开渠，孟县人薛所蕴也撰有《余济渠重接遂村水利碑》，他对永利河与广济渠相比灌溉面积少，而且仅在济源境内感到不满，叹曰：“何其功溥而被狭欤？”殊不知永利河在济源境内也是灌溉有限，又何能利及邻县？薛氏又言天启年间所引永利东支之余济河，“涓涓几何，而上游者又复多所悋闭，泽不及远”。[②] 显然济源民众用水以自己为准，不愿放水下注。“乃上流者苦于泽之无多，每壅闭不能下究，仅存渠之名，无渠之利。”[③] 此新引永利南支渠道又经过了河内大卫、小卫、王亮、葛万四村后方入孟县境内之曲村、洪道、赵改、罗庄、后姚村、吴家寨、赵庄、药师、韩丈、立义、前姚诸村，后世不乏河内诸村劫夺余济河水之患。至顺治十五年（1658）之秋，县令刘侯又加以重浚。

余济河经过河内四村，尚有河内范村人王永先“半枕之水，灌田一顷二十五亩”。康熙五十一年（1712），范村人姬明志、和尚朗明、姬天章、苏彦贵等在分水石东半里许私开青沟一道，挽截利水，下游民众遂失水利。孟县利户、公直自然不愿，上控于知府和孟县知县。之后上宪令河内河捕官督令“姬明志等将所挑之沟作速填塞。犹恐刁风复炽，再行私开，立石垂戒，以杜后患”。上官批牍如下：

---

① 《崔聘三余济河纪事碑》，民国《孟县志》卷3《水利》。

② 《余济渠重接遂村水利碑》，民国《孟县志》卷3《水利》。

③ 《重浚余济河渠记》，民国《孟县志》卷3《水利》。

据详余济河一道，原系孟邑人与崔一连之前人出钱买修，永图余济利。内有河内县范村王永先半杴之水，灌田一顷二十五亩，历有年所，非自今日始也。碑文、卯册凿凿可凭。和尚朗明理宜遵守旧例浇灌，乃图利己之私，率领姬明志、姬天章、苏彦贵竟尔创开青沟，以截下流之水，不法甚矣！犹不痛加改悔，复敢哓哓渎告，宜重惩究，姑从宽免。仰该捕官关会河内捕官，押令姬明志等即将所挑之沟作速填塞，立石照旧例使水取具。朗明等不得再行私开，甘结报查。其张临吾、张薄烟情愿包补，从宽免责，余犯审系无辜俱照详释逐缴。①

王永先"半杴之水"应是余济河经过己地，与孟县人协调后所分水份。"杴"同"锨"，为开渠之挖掘工具，后演化为计算分水量之单位，即以开渠时出力多寡（锨数）来计算后期所得之分水量，出力民户即为利户。这在沁河下游地区水利社会中较为常见，如道光《河内县志》载："广济河……再东至龙涧、尚香镇、冯村等处，曲折入武陟县界保安庄，南至董宋村入黄。宽仅五尺，深仅二尺，涓涓细流，居民赖以灌田。于渠边培土为帮，壅之使高于地者一二尺不等，以便因时放水入田，水足仍将缺口补完。不过一夫一锨之力，而坐致厚利。"② 这与大陆泽流域以"镰"来计算分水量颇有类似之处（下详）。和尚郎明等人却借范村享有余济河水利之便，私自开渠，打破常规，与旧例不合。怀庆府知府判罚原则也是以余济河旧日灌溉规章为准。对于余济河如此水量之灌渠，官方尚要保持旧章，更何况是利丰、广济二渠了。

孟县与济源围绕着余济河渠首管理也发生过纠纷。余济河水源大多源自永利河下游东、南二支，一旦上游截流水利，余济河也就形同虚设。更为突出的是余济河接引永利河南支渠道一带地势低洼，南支由北向南汇入溴河较易，而若东引经河内大卫、小卫诸村，再入孟县境内东流入济河则较难，这需要架设水桥一座，并置蓄水闸二座，方能使永利河南

① 《余济河断塞私青沟碑》，民国《孟县志》卷3《水利》。
② 道光《河内县志》卷9《山川志》。

支渠水自流汇入余济河。因渠首在济源境内，水桥与闸座之管理只得让济源当地人商民承管，在桥头置有苇地六亩一分，又拨给四亩八分，以作商民口食之费。雍正十年（1732），商民病故后，其孙商应中却将苇地私自“盗当，得价肥己。并不疏浚河道，修理桥闸，以致河淤闸坏，下流壅塞”。余济河堰长李宪章上控怀府知府祁公，祁公批复：商应中照旧承管，“河淤闸坏则听孟民别招人户”。然而商应中“竟违府断案，仍然盗当苇地，损坏桥闸”。堰长李宪章又控于孟县县令，县令移会济源县令催修，不想商应中竟买通孟县人王取，在济源私充堰长，“情愿认修，矇眬回关”。公直李肇基等又呈控知府，蒙批示“照案令孟民别招人户，仍移命济邑发落。原地归还孟民，听孟民别招人户总理，其私充堰长矇禀之王取重惩三十”。[①]

雍正以后，余济河又复淤塞。同治二年（1863）、十二年（1873）又复重浚。[②] 进入民国，余济河久已淤塞。民国十七年（1928），经官方批准开挖北渠，三月告竣，无奈济源上游不肯放水。民国十九年（1930），乡民杨挺亚、崔晴岚往返交涉后，水始下流。南渠则因溴河河身淤高，渠尾間不畅，已难恢复。

再看通济河。下游民众开渠要经过上游地方，上下游用水形势差异明显，“上流使水有济田禾，其下流则河低岸高，不获其利”。开渠必须买上游县之地。通济河开于康熙三十年（1691），由济水分支猪龙河开渠，经孟县北董、岑村、子昌等村，至武桥村仍入猪龙河。然而渠首在河内崇义镇，隔此镇地一畛，“难以迳通”。[③] 其地又处于河、孟、温三县接壤之处，温县民众也欲分得水利。孟县知县刘凡请求知府批准后，会同河、孟、温三县勘验河口，后面谕崇义镇民，愿出银买地行水。后得崇义镇民杨四玉等人情愿出卖土地后，刘凡出俸银十两买地，方得开渠。然而刘凡迁后“此河遂不得行”，其原因地方人士很清楚——“有利之者，自不免妒之者”。孟县公直张硕儒等、温县公直仝琯等各请于县令

① 《邑侯李公讳麟源公断孟邑余济河水利及济源县孟民苇地碑》，民国《孟县志》卷3《水利》。

② 民国《孟县志》卷3《水利》。

③ 《孟县邑侯刘公新开崇义镇水利渠记》，民国《孟县志》卷3《水利》。

后，答复曰："昔既妒汝而使成者坏，今岂悬怜汝而使废者兴乎？"[①]"妒者"当为河内崇义镇之民，这可由知府鲍公批文可以推断，鲍公曰："六邑皆吾赤子，何独厚于河内而薄于孟、温？况此水有利于孟、温，无损于河内，何惮而不为？尔等急浚之，虽有妒者无虑也。"遂令孟县县令张侯，温县县令杨侯及各公直、总甲、小甲挑浚渠道，并得到张侯捐资二十两，鲍公捐资五两后，从康熙四十三年（1704）十月兴工，至四十四年（1705）四月得以完成，名曰"鲍公渠"。可以看出，渠道的开挖与维护，若无县级政区和统县政区官员强有力的支持就无法完成，一旦这种力量撤出或管理不济后，渠道便又复湮废。自乾隆二十三年（1758）后，通济河久未疏浚，无复旧迹，其原因很可能还是上游河内崇义镇民众干扰所至，渠水不通，加之天雨淤积，终致淤废。

孟县士绅叙述境内水利往往追述元明之"盛世"，对于清代水利不兴不免叹息。前代河渠"故道皆淹没已久，不可复考。以故一遇岁旱，则膏腴尽为石田，民甚苦之"。虽然余济河"余波所及沾濡无多，然数村得沐膏泽，亦时时获有利济"。[②] 由此也可以看出孟县等下游县份对于仅有的少量水利之珍视。乾隆《济源县志》曾言河内地区渠道"利及邻封"之语，应主要是指河内县而言。由前文来看，孟县等下游诸县为上游河、济二县"包揽"水利而少获灌溉之利已表露无遗，即使是在明代二十四堰兴起之后，仍是如此。下游诸县所享之水利，实为上游济源、河内所用之余水而已，甚至也要河、济民众不加干扰之后才能实现。

钞晓鸿对于关中渭河北部水利共同体的考察指出，共同体的解体与地权分散也有关系，而且上下游区位差异对于此种解体也有推动作用，水利共同体的解体因环境、渠道区位差异等原因颇为复杂，各地区因差异而存在不同。[③] 由于资料所限，我们无法得知沁河下游地区的地权情况，但从上文来看，沁河下游地区土地买卖较为常见，因开渠而买他县之地在广济渠、利丰渠、余济河、通济河上均有体现。买地开渠就是对

---

① 《鲍公重濬通济河碑》，民国《孟县志》卷3《水利》。

② 《重修余济河官庄东北架桥碑》，民国《孟县志》卷3《水利》。

③ 钞晓鸿：《灌溉、环境与水利共同体——基于清代关中中部的分析》，《中国社会科学》2006年第4期。

于原有渠道系统重新拓展，这似乎打破了原有“共同体”的系统，其所牵涉的上下游县际之间诸多的社会关系是复杂的，这自然冲击了原有的“共同体”系统。谢湜曾抓住豫北济源、河内水利灌溉体系中的“利及邻封”特点，认为从地域联系的角度看水利社会，恐怕比水利共同体更切实际。[①] 共同体理论的概念体系在国内学者中歧见迭出，钱杭曾以湘湖水利为个案对水利共同体与水利社会概念作了区分，他认为：“仔细考虑该词（即共同体）‘指’与‘所指’的关系后，倾向于将共同体理论主要视为一种关注某类社会关系、互动方式的研究策略和方法。”“可以不去过多地顾及共同体理论的概念体系，不必在实际生活中去刻意‘寻找共同体’，而是把握住共同体理论的核心范畴——共同利益，运用共同体理论的分析方法——结构、互动，深入到中国历史上那些实实在在的水利社会中”，并从类型学角度深化对中国水利社会史的研究。[②] 也就是说，共同体是一种紧密的社会关系，要注重其内部结构和互动。以往研究多重视此理论所强调的社会关系和社会结构，而忽略了对共同体内部的空间结构、地理关系的细致考察。

笔者在本小节中未提及水利共同体，也未将这一区域归结为某种水利社会类型，而更倾向于强调沁河下游地区因上下游县际之间围绕着水资源分配而产生的县际用水秩序。该用水秩序既是一种社会秩序，也是一种空间秩序，其形成和发挥作用既包含了灌渠系统的空间演变过程，也包含了地域社会关系发展的社会过程。“自下而上”用水秩序产生和发展所反映的社会互动是深层而复杂的。沁河出山环流处在济源境内，但下游河内县是首县，且财力充足，屡次插手上游济源地区的用水，这是其针对沁河水文自身特点而与上游济源的互动行为，代表了下游武陟、孟县、温县民众分享水利的“热诚”。不过，沁河下游地区上下游自然地理形势的差异和秩序形成后对用水不均的“固化”，又从水利社会内部“冲击”着秩序的稳定。于是，济源县屡次劫夺水利，下游孟、温、武三

① 谢湜：《“利及邻封”——明清豫北的灌溉水利开发和县际关系》，《清史研究》2007年第2期。

② 钱杭：《共同体理论视野下的湘湖水利集团——兼论“库域型”水利社会》，《中国社会科学》2008年第2期。

县因拓展渠道系统而与河内、济源发生纠纷，因而这一用水秩序的稳固需要官方强有力的干预，后世官府总要维持明代二十四堰用水之旧规。其原因，一方面沁河径流量大，济源五龙口恰处于沁河出山环流之处，此处开渠符合沁河水文特点，济源虽处上流，似不能独享水利。明以前，历代于此开发水利皆以数县为主，而不独利济源，而且各灌渠大多从西北向东南分布，顺应了自然地理形势。另一方面，官府以民之父母自居，自然希望所辖境内实现灌溉水利效益的最大化，甚至在冲突中维护下游利益，以前代旧章作为判定标准。沁河下游地区水利开发历史悠久，地势得天独厚，作为一个"水利区"和承粮重地，官方不插手是不可能的。如明代怀庆府赋税独重①，势不能不大兴水利，以利及数县。这或许反映了地方官府的一种"区域观"，也表明了五县共同的"相互依存"的用水秩序背后存在着官方触手，尤其是府级官员在其辖境内一直干预县际水利开发之互动，在水利纠纷中起着仲裁、弹压的作用。当然，沁河下游地区各县实力的差距以及地方大族、士绅在地方水利社会中也作用明显，河内大族、河内县经济实力都较济源为强，从而能插手上游济源地方水利。只是在沁河下游地区，地方社会自身的作用仍不比官方作用为大。

虽则如此，元代广济渠历二十年后即告淤废，明代二十四堰制到了清初仅余十五堰，甚至后来下游三县纷纷"告退"，"二十四堰制"从而演化为河、济二县之用水秩序而已。因此，沁河下游地区看似"共同"的五县用水秩序只是短期的"甜蜜"，却有着长久且不易协调的用水不均矛盾，这不仅表现为河内、济源水争，还有孟县、温县、武陟三县与河、济水争，最终面临解体。因此，在沁河下游地区只有建立在社会互动基础上的用水秩序的形成、作用与打破、解体，而缺乏相对持久的"水利共同体"。

二　大陆泽流域水利开发与县际矛盾

此节所论大陆泽流域的水利主要围绕河北南部邢台、沙河、南和、

① 王兴亚：《明代河南怀庆府粮重考实》，《河南师范大学学报》（哲学社会科学版）1992年第4期。

任县四县来讨论。明清时期这里属于直隶顺德府管辖，邢台县为顺德府附郭县，境内水利主要集中于百泉河（上游称七里河）、牛尾河、沙河等河流，以百泉河、牛尾河水利最为发达。在古代这一地区也是北方地区著名的灌溉农业区，在直豫晋鲁交界地区水利最为发达之一的地区。郭守敬所陈水利六事之第二、第三条即关于这一地区的水利问题。许多学者对这一地区的水利史、水利社会史有所研究，一些学者以邢台地区的水利来论述，是以今天政区而言，但研究历史时期这一地区的水利问题，邢台地区似有不妥；王建革将之归于滏阳河流域的水利社会。不过明清时期百泉河、牛尾河皆汇入任县南泊（古大陆泽之一部分），并不直接汇入滏阳河。清代《畿辅水利备览》也将此数县水利归于“大陆泽水利”。[①] 故而本书以大陆泽流域称之。

20世纪40年代，以东京大学法学部学者为中心的东亚研究所和满铁调查部的学者，对近代中国华北，尤其是河北省邢台县的水利组织进行了共同调查。调查资料集中收录在《中国农村惯行调查》第6卷之中[②]，故而日本学者对这一地区的水利社会研究较早，成果最多。日本学者宫坂宏[③]、好并隆司[④]、前田胜太郎[⑤]、石田浩[⑥]等都曾对此展开研究，这些学者一般都认为这一地区以“镰”为中心形成了水利共同体。当然也存在着一些争论，根据森田明的整理[⑦]，争论焦点主要是：水利组织和水利

---

① 《畿辅水利备览》卷4《大陆泽水利》。

② 中国农村惯行调查刊行会编：《中国农村惯行调查》第6卷，岩波书店1981年版。（本书以下简称《惯调》）

③ 宫坂宏：《华北水利共同体状况——〈中国农村惯行调查〉第6卷——以水篇为主（上）（下）》，《历史学研究》第240号，1960年1月号，第241号，1960年2月号。

④ 好并隆司：《水利共同体中有关“镰”的历史意义——对宫坂论文的疑问》，《历史学研究》第244号，1960年8月号。

⑤ 前田胜太郎：《关于旧中国的水利共同体的共同体性格问题——对宫坂·好並论文的疑问》，《历史学研究》第271号，1962年12月号；前田胜太郎：《华北农村的水利组织》，仁井田纪念讲座编辑委员会编：《现代亚洲的革命与法》（上），劲草书房，1966年。

⑥ 石田浩：《关于华北水利共同体——〈中国农村惯行调查〉第6卷，以河北省邢台县等调查为中心》，《亚洲经济》第18卷第12号，1977年；石田浩：《华北“水利共同体”争论的整理》，《中国村落社会经济构造的研究》，晃洋书房，1986年。

⑦ 森田明：《中国对“水利共同体”论的批判和建议》，《东洋史访》13号，2007年。其他有关邢台县水利组织的论文有内山雅生、弭丽峰的《关于现代中国农村的水利灌溉——以河北省邢台市邢台县事例为主》，《宇都宫大学国际学部研究论集》第22号，2006年。

权（镰）；水利设施的管理、运营；水利组织与村落；水利组织与国家（公权）之关系等方面。[①] 马场毅针对上述争论，提出了自己的看法，认为与日本的近世、江户时代不同，在近代中国的华北，村庄与水利组织不是一致的。但村庄与水利组织也并非毫无关系，水利组织村庄，但并非由村全体组织构成。[②] 美国学者杜赞奇则从文化权力的角度对这一地区的水利社会与国家、地方文化权力的关系作了探讨，认为专制国家通过封龙神立权威来控制农民的龙神信仰，强化国家对乡村的统治，[③] 他所依据的资料也是满铁调查资料。国内学者王建革对滏阳河流域的水利社会研究中也涉及邢台地区的水利问题，并将这一地区的水利社会与天津地区作了比较，指出这一地区的渠道灌溉和以闸会社会组织和可分性水权（镰即代表水权，可以买卖）为社会联系的水利社会模式，是在土地私有制为基础的旱地水利模式，具有普遍的代表性。[④]

上述研究多以镰为中心探讨水利共同体的形成，水利组织与村庄的关系，已取得了较为深入的成果，笔者不拟继续讨论。上述学者因视角和资料的原因，集中围绕几个县域内的水利组织——闸会来探讨，视角相对“收缩”。与沁河下游地区一样，这四县同处一府管辖，府级政府对渠道的开挖功不可没，但后期渠道的维护，用水秩序的形成则多由地方水利组织、士绅力量等依靠水簿来管理，这与沁河下游地区是不同的。同样，在这一地区河流的流体特征使其发挥作用的空间不可能固定在一个县域之内，用水互动也逐渐在数县间展开。虽然也有资料表明国家曾在这一地区试图推行自下而上的灌溉秩序，但并不持久，甚至得不到施行。邢台地区独擅水利的情况屡屡出现，与下游南和、沙河、任县之间用水矛盾时有发生，这是以往研究所少有谈及的。本节即探讨这一地区县级政区交界地带围绕水利而发生的互动与用水秩序等问题。

---

① 以上学术史归纳参见马场毅《近代中国华北农村的水利组织和村落、宗教圈问题——以河北省邢台县为例》，《爱知大学国际问题研究所纪要》第135号，2010年。笔者于2010年8月参加首届水利社会史学术研讨会（山西·太原）得马场先生惠赐大作，在此谨致谢忱。

② 马场毅：《近代中国华北农村的水利组织和村落、宗教圈问题——以河北省邢台县为例》，《爱知大学国际问题研究所纪要》第135号，2010年。

③ ［美］杜赞奇：《文化、权力与国家——1900—1942年的华北农村》，王福明译，江苏人民出版社1994年版，第22—33页。

④ 王建革：《河北平原水利与社会分析（1368—1949）》，《中国农史》2000年第2期。

(一) 水利社会的形成

顺德府处于太行山东麓，地貌上既有山地又有平原。太行山东麓山前地带有众多泉源，泉水汇聚成河，成为境内各县赖以灌溉的农业之源。这些河流多较短促，历二县或三县即汇入大陆泽，于是这些河流水利开发及其用水秩序也在这二、三县之间展开。

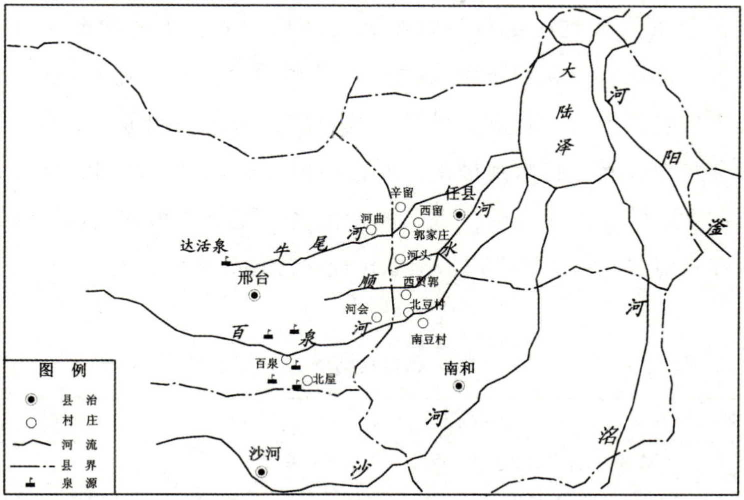

图 4—2　1820 年大陆泽流域水系

说明：底图源自谭其骧主编《中国历史地图集》第 8 册《清时期》，嘉庆二十五年(1820)。

邢台境内北部有白马河，发源于邢台县西北九十里乔寨山，古称渎水。东流八里入内丘县境，东入任县大陆泽。白马河之南为牛尾河，亦名响水河，在邢台城北二里，汇合达活、野狐等泉水东流，也叫达活河。达活泉较为著名，郭守敬说："顺德达泉引入城中，分为三渠，灌城东地。"[①] 牛尾河东过关湾河经几道闸后，至河曲村东入任县界，流入大陆泽。百泉河上源为七里河，因处邢台城南七里，因而名之七里河，因下游百泉汇入，成为百泉河。七里河发源于城西北九十里黑龙关东口的跑马泉，

① 《元史》卷 164《郭守敬传》。

东南汇聚众多小河，在城南七里处东流，水势更大。又经五里，接纳南岸百泉之水，始名百泉河。再东流经过几道水闸，至河会村流入南和县界，分成两个支流，东南流入澧河，正流则向东北流入任县大陆泽。

除上述三河外，顺德府境内还有沙河、圣女河、澧河等河流，但以牛尾河、百泉河水利最为发达，闸堰最多。各县水利开发史大多称源于明代。可能明代以前也有工程，但多湮塞无闻。《明史·河渠志》说："邢台达活、野狐二泉流为牛尾河，百泉流为澧河，建二十一闸、二堤，灌田五百余顷。"[①] 这应是对当时水利的确切记载。牛尾河源于邢台，下流任县入大陆泽；百泉河下游为澧河，经邢台、南和、任县也入大陆泽。二十一闸应包括邢台、南和、沙河、任县三县境内的闸堰。

四县之中，邢台县水闸最多。邢台境内多山，泉源众多，开发泉源灌溉农田在当地保持较长历史，由泉源所汇之河流更是水利之源。境内西北多山，唯东南部一隅地势平坦，闸堰也最多。各处闸堰见表4—1：

表4—1　　　　邢台县闸堰

闸堰名	渠道状况	兴、修情况
永泽闸	城东南七里河北，东一里为小龙泉堰，周围三亩余。引华家庄永泽源水自河会村起，至河曲村止，灌田八村，计五十余顷。渠阔七尺，长十三里	万历间知府张廷庭、知县朱诰创建
百泉闸	七里河之南。引百泉水自楼下村起，至沙河徐王村止，灌田八村，计二十五顷。渠阔一丈，长八里。八村分水共五百二十名，每月周而复始	明弘治中建。嘉靖间知府刘应节、知县何岑重建。隆庆间知县耿鸣世；万历间知县吴光龙、知县王大受；顺治间知县米襄相继重修
珍珠堤	百泉闸东南一里。引本堤泉水自百泉村至楼下村止，灌田二十余顷	明嘉靖时，知府刘应节、知县何岑创建
流珠堤	珍珠堤西。引清水等泉自前楼下村起，至后楼下村汇合珍珠堤水，共灌民田五十余顷。兴水利者刘、朱二公，故民借以名堤，识不忘也	明万历中，同知刘应科、知县朱诰创建

① 《明史》卷88《河渠志六》。

续表

闸堰名	渠道状况	兴、修情况
葫芦套闸	流珠堤西一里，即盛流闸。自马场东西楼下村起，东投入旧瓦河，抵徐王村，灌田七村，六十余顷。渠阔一丈，长九里	明万历十五年（1587），知府张廷庭、知县郝持创建
黑龙潭闸	葫芦套闸东北踰河一里。引本潭水自小汪村起，至石井村止，灌田十村，计一十余顷。渠阔一丈，长十五里	万历间知县郝持、朱诰相继开修
明沙泉闸	黑龙潭闸西南七里。引本泉水自晋祠村起，至朱家庄止，灌田十余顷。渠阔一丈，长六里	万历间，知府王守诚建，知县朱诰重修
晋祠闸	鸣沙泉东三里。引晋祠泉水灌本村田计二十余顷。渠阔一丈，长五里	隆庆中，知府费尧年创建，万历知县朱诰重修
武家庄闸	晋祠闸东一里即东小汪闸。引沟头泉水分立东、西二渠，东自小汪村起，至双路村止，灌田八村，计一十五顷。渠阔七尺，长六里；西自黄家屯起，至祇村闸止，灌田八村，计一十八顷。渠阔七尺，长四里	隆庆知县耿鸣世创建
关家湾闸	引百泉河水，武家庄东二里	万历中知县王自巨开
东汪闸	关家湾闸东二里，即永利闸。引七里河水自东汪村起，至河曲村止，灌田九村，计十五余顷。渠阔一丈五尺，长十里	万历间，知县郝持、朱诰相继重修
溥济闸	东汪闸半里	崇祯七年（1634）重建
大贤闸	溥济闸东五里。自大贤铺起，至河曲村止，灌田十村，计三十顷。渠阔四丈，长二十余里	万历间，知府张廷庭、知县朱诰开修
永济闸	在大贤闸东即隆兴闸。渠阔一丈，长十里。自景家屯起，至西贾郭入于小胡村，仍入于百泉、七里河。灌景家屯、康家屯、前李儿庄、小李儿庄、樊家屯、吴家屯、贾郭六村地五十余顷。景家屯镰四十五张一分；前李儿庄镰二张四分；康家屯镰一分；吴家屯镰四分；樊家屯镰四分；小李儿庄镰一张九分；贾郭镰二张。旧桶仍为景家屯地	创自嘉靖间知府刘应节，因水冲没。万历间，乡人王进忠告准改修兴隆桶，申明两院永不封闭。崇祯间又坏，生员景时焕、李京、杨名扬，乡民景启昌告准买东汪东郑家湾地建闸，改名永济

续表

闸堰名	渠道状况	兴、修情况
龙兴闸	永济闸东南一里。共镰十五张，浇灌四村地亩。自河会村起，至南和县井家庄止。渠广一丈，长七里	创于天启年间，因康熙七年山水冲毁。重建于康熙八年，改名重兴闸
广润闸	龙兴闸南数步。共镰五十张，浇灌四村地亩。自河会村起，至南和县南豆村止。渠宽一丈，长三里	创于万历年间，因康熙七年山水冲毁，重建于康熙八年
小汪闸	城西北五里。引达活泉、野狐二泉水灌本村田十余顷。渠阔五尺，长一里	嘉靖间，知府刘应节、知县何岑创开
翟村闸	小汪闸东一里。引达活、野狐二泉水自官道西、李家庄西至翟村起，至界家屯止，灌田十余顷。渠阔一丈，长六里	嘉靖间，知府刘应节、知县何岑创开
水磨闸	翟村闸东二里。引达活、野狐二泉水自白塔村起，至先于村止，灌田一十五顷余亩。渠阔三丈，长三里，名北关闸	嘉靖间，知府刘应节、知县何岑创开
吴家庄闸	水磨闸东四里。自张村起至小吕村止，灌田一十二顷余亩	万历间，知府王邦宪建
张村闸	吴家庄闸东北四里。自吴家庄起，至祝村止，灌田三村计七顷余亩。渠阔一丈，长七里。道光年间已废	隆庆间，知府邓楚望建
祝村闸	张村闸东六里。自小吕村起，至河曲村止，灌田七村计六顷余亩。渠阔八尺，长五里。道光年间已废	嘉靖间，知府刘应节、知县何岑建
河曲闸	祝村闸东五里。自祝村起，至铁炉村止，灌田六村计四顷余亩。渠阔八尺，长三里。道光年间已废	嘉靖间，知府刘应节、知县何岑建
孔村闸	在邢台县西北五里。引达活河至毛家小庄	康熙五十八年（1719）又建
东利闸	晋祠闸东北百余步	乾隆二十六年（1761）增建
北利闸	东利闸西北	乾隆二十六年（1761）增建
朱田二庄闸	北利闸北	乾隆二十六年（1761）增建
黄家屯闸	北利闸之东	乾隆二十六年（1761）增建
大贤坝	长三十丈，宽二丈五尺，高一丈	雍正五年（1727），知县李相筑

续表

闸堰名	渠道状况	兴、修情况
东汪坝	长八十余丈，宽二丈五尺，高一丈五尺	乾隆四年（1739），知县刘蒸旻建

资料来源：光绪《邢台县志》卷1《山川·水利》；光绪《畿辅通志》卷87《河渠十三·堤闸二》。

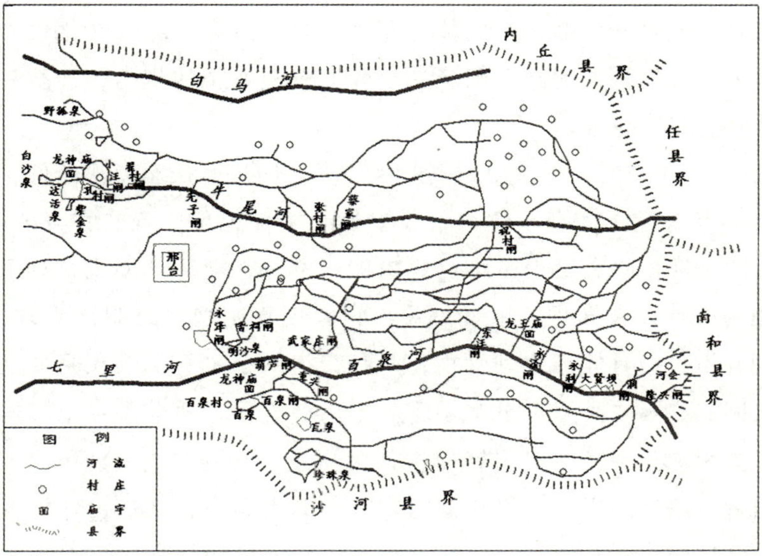

图4—3　清末邢台县闸堰分布图

说明：图片据光绪《邢台县志》卷首《舆图》编绘。

各闸所灌溉的“利地”，多则十村，少则一村，以水源多寡为论。一般而言，各村围绕着闸为中心形成闸会组织，即水利共同体，但闸与村落并非完全对等，而以实际享受水利为准。在用水分配上以镰来划分，镰的单位为张，如广润闸有镰五十张。镰本身是计算受水地亩的一种单位，每张镰一般为50亩，它既是一种责任又是一种权益。满铁调查表明，镰的名称最初由出役的河工使用的掘地用的铁镰发展而来，当时的镰就是一种分工派工的单位，体现责任。但镰在分水管理中体现的是权利。如邢台县第三区开湾河的使水规则，“开湾河灌田八千四百亩，分为一百六十八张镰。每镰一张，灌田五十亩，每分镰灌田五亩多，厘镰灌田间亩。各村按田多寡，分配镰数，按镰使水，每月一轮，每轮一张镰约使水二时。每轮自下游使起，挨次而上”。[①] 因此，镰不但有分工出役的意义，还有分水管理中所体现的水权意义。[②] 这里满铁调查是民国时期的情形，但由上表来看，清代甚至更早，以镰来划分水权早已形成了，如永济、龙兴、广润闸等。

闸会组织一般控制2—10个村庄，不同季节负责不同的水利事务，包括开河、浇地、监督分水时刻，等等。杜赞奇还认为围绕着龙王庙，闸会之间还形成水神信仰上共同体，而其间闸会内部士绅的文化权力则作用于其间，不同权力的闸会则享受不同的祭祀龙神的权力，甚至有些闸会不得祭祀某一龙神。[③]

由表4—1来看，邢台境内闸的兴建多在明代隆庆至万历年间，明末和清代小有重建。官府在建闸过程中处于主导地位，若非官方的支持，调动劳力，完成水利工程是难以想象的。不过，闸一旦形成，对于闸堰的管理则由闸会来管理。也就是说，官方创立闸堰，或制定管理规则，但后期并不参与具体的水利管理，而是交由闸会本身，仅在闸会之间或村落之间、县际之间用水发生矛盾时方出面干预。闸会是一个多层次的结构，如南和县济民闸上层管理机构为河正、河副、老人、公直等，负责各村镰户的是小甲。小甲长期固定，而老人和公直则通过定期选举选出。在济民闸，河正的选举是公直与镰夫相商选出。河正、老人等并无一定的月俸，只是每年领一定的粮食，粮食则由全体镰户分摊。[④] 在北方，一个闸口渠系所浇灌的土地往往是以渠系为基础呈线形地分布。尽管渠道流过许多村庄，但不能将各村庄的土地浇遍，只有部分土地受惠。如南和县的济民闸，在其渠系所覆盖的村庄中，有的为60%，有的只有30%。[⑤]

南和县引百泉河水闸中之六闸，康熙时期名为大贤闸、均济、永济、

---

① 《惯调》，第248页。

② 王建革：《河北平原水利与社会分析（1368—1949）》，《中国农史》2000年第2期。

③ ［美］杜赞奇：《文化、权力与国家——1900—1942年的华北农村》，王福明译，江苏人民出版社1994年版。

④ 王建革：《河北平原水利与社会分析（1368—1949）》，《中国农史》2000年第2期。

⑤ 《惯调》，第228—235页。

济民、贾朱闸，为元至正时期知县尹泰所浚，其后淤塞。明洪武、永乐、景泰、弘治、正德时期又再重浚，[①] 尤以正德时期为著。乃时为知县的刘璋之功。百泉河入南和境“旧当分六渠以灌，其上流三渠淤不事者多年，下三渠亦浅狭。山水时至则涨湮。虽或民资疏取，所获亦微”。刘璋莅任后加以重浚，下游任县“村野多南和民地，其利则与任人共之，六渠既通四境多沃，用水三等，民则大裕。客潦横溢，渠不告淤；春夏久旱，民不告饥。故俗称小江南”。[②] 当时南和与任县两县用水尚能共同合作，而大贤闸坐落在邢台大贤铺前，经南和县南豆、北豆、康家庄、西贾郭等村，灌田六十四顷，说明当时已形成了县际之间的用水关系了。此外尚有兴龙闸、永赖闸、惠民闸、邵家闸等闸。其中，兴龙闸也“坐邢台大贤铺前。自李儿庄起，经樊家屯、东家屯至小胡村止，下流土桥河，灌田五顷五十亩”；永赖闸“坐沙河徐王村。自张相村起，经西里村、刘义屯，以至砖瓦固村止，下流狼沟河，灌田五顷余亩”，均坐落他邑，可能也形成了跨县闸会。

任县地处平原，东北最洼，大陆泽汇聚众流，境内河流利、害参半。西北有圣女河，西部牛尾河，西南则为百泉河，水利只在城西最为发达。任县境内牛尾河闸主要有永固闸、恒利闸、万全闸和兴利闸。其中，永固闸在“在河头村西北，西留村西南”，明代知县时公创建，后又分为南、北二闸。此闸与邢台河曲村接壤，后世屡屡发生上游开沟截流之事，二县争水案件屡屡兴讼。恒利闸由辛留寨、西留寺、庄北章等村共同建造，乾隆三十三年（1768）重修，但牛尾河水源不畅，全靠邢台关湾（关家湾）村用水之余得以灌溉，也发生过争水事件。[③] 此外城东尚有滏阳河诸闸，但因上流截流严重，不及城西发达，已非本书讨论范围。

四县之中，沙河县水利最弱，土地贫瘠且多为沙地。境内最大河流沙河无灌溉之利，却含沙量较大，枯水期河道两岸均为沙碛。县境水利仅仅集中于东北狼沟河、葫芦套河、小澧河和洛泉。狼沟河分为东西二河，皆发源于邢台厂里村，历县东北入南和县境。葫芦套河在狼沟河东

---

① 康熙《南和县志》卷3《水利》。

② 康熙《南和县志》卷8《艺文·刘侯水利记》。

③ 民国《任县志》卷1《水利》。

北五里，入沙河境后分为二流东西合入东、西狼沟河。狼沟河溉地二十余顷，其村庄六，“曰北祝、曰南祝、曰六方、曰晋村、曰北杨、曰段庄”；洛泉溉地四顷有奇，“其村庄二，曰大村、曰北留”；小澧河溉地二十余顷，“其村庄六，曰北祝、曰潘庄、曰赵村、曰薛家庄、曰青介、曰善下”。[①] 葫芦套河附近闸座为徐旺闸，亦名普济闸；又东半里为普润闸，亦名永赖闸；又东一里为泥沟闸。[②] 这些闸座与邢台县境最近，二县也会发生水利纠纷。

可以看出，四县之中邢台县水利最为发达，诸闸的开创多由府级官员主导。邢台是顺德府附郭首县，知府过问地方水利在地理上较为便利，其他三县水利则相对较少得到知府过问，多为各知县之政绩。当然遇到水利纠纷时知府必然过问，而且水利兴修之前要层层报官后方得开工。由此来看，上述四县所处流域内水利开发是各自为政的，各县水利以闸为中心，集合着县域内村落人群（仅有几处闸跨两县），而没有如沁河下游地区跨五县之灌溉水利工程，也就无法形成流域内长期统一的用水秩序。明代建闸以后，官府曾试图确立过跨县用水秩序，但效果并不显著，其时邢台尚不能独擅水利。其后各县用水各自为政，矛盾也就时而发生。用水矛盾出现时官方会出面调解，如明代南和、任县用百泉水利有“南七任八”之议。雍正时期国家试图干预此四县之间的用水，推行过“自下而上”之用水规章，但皆不得长久执行。

（二）国家干预

对于华北地区来说，“国家的在场”是这个地区的持续性作用力量，尤其是金元以来。“要理解华北社会，国家的角色是必须考虑的”。[③] 自从元代南方士人提出在北方重兴水利，开发稻田，以解决京畿粮食储备问题，畿辅地区的水利兴作便时断时续，明清时期总名之曰“西北水利”。雍正初年，又倡导畿辅水利。雍正五年（1727）在畿辅地区开设国家营

---

① （清）赵一清撰，戴震删订：《直隶河渠书》卷25《大陆泽四》，《中国史学丛书·三编》，学生书局2007年版。

② 光绪《畿辅通志》卷87《河渠十三·堤闸二》，续修四库全书本。

③ 赵世瑜：《作为方法论的区域社会史——兼及12世纪以来的华北社会史研究》，《史学月刊》2004年第8期。

田局，营治稻田。总干事为怡贤亲王、朱轼等人。当时畿辅地区分为四局，京东、京西、京南、天津局。其中，畿南地区为京南局，自滹（沱河）、瓷（水）以西，统辖正定、平山、井隆、邢台、沙河、南和、磷州、永年、平乡、任县等州县。"兼正定、顺德、广平三郡之地。西带重峦，源泉并注而交流毕会于大泊，所谓形如聚扇，而滹、滏二河为之外干也。民于其间，壅流艺稻，无烦导课，而建闸筑岸，具有调理。"① 每局皆设专职官员负责，配有一定的辅助人员，并责成地方官同各局官员密切配合。为统辖四局，还设一水利营田府，由怡贤亲王允祥总理其事，并设置观察使一员，监督各局的营田情况。清政府的上述举措引起各地官吏普遍重视，"一时守令，皆慕而思奋"。②

顺德府辖境水道众多，民间闸堰较多，是京南局营田的重点。邢台、沙河、南和、任县营田数额如表4—2所示：

表4—2　　顺德府营田数目

县名	雍正五年营田数	变动情况
邢台	雍正五年，县治东南楼下村、孔桥村并西北孙家庄等处农民自营稻田共七十八顷三十八亩八分	六年，县治东南小汪村、宋家庄、孟家庄等处农民自营稻田共四顷五十一亩。七年，县治东南袁家店、康庄铺等处农民自营稻田共四顷零六亩五分
沙河	雍正五年，县治东北大村、赵村、徐旺村等处营田共一顷四十八亩四分，农民自营稻田共三顷五十七亩一分一厘一毫	九年，改旱田七十一亩六分九厘九毫
南和	雍正五年，县治西南豆村、河头郭等处营田共一十一顷九十八亩八分，农民自营稻田共六十一顷二十四亩二分	六年，县治西北薛家屯、东贾郭等处农民自营稻田共七顷八十九亩八分一厘。七年，县治西南张相村农民自营稻田共四顷四十三亩一分

① （清）潘锡恩编：《畿辅水利四案·初案》，道光三年刻本。
② （清）贺长龄等编：《皇朝经世文编》卷108《工政·直隶水利中营田四局工程序》。

续表

县名	雍正五年营田数	变动情况
任县	雍正五年，县治东北边家庄、牛新寨、孙家庄等处营田共八十四顷五十九亩二分零五毫五丝，农民自营稻田共六顷十二亩一分二厘	七年，县治正北、西北张村、大北张村等处营田共二顷七十五亩六分。农民自营稻田共八顷五十八亩四分二厘。九年，改旱田八十一顷七十九亩二分一厘三毫

资料来源：潘锡恩编：《畿辅水利四案·初案》，道光三年（1725）刻本。

营田包括官营和民众自营稻田两种，皆计入在内。四县中以邢台、南和稻田最多。邢台"故不知种稻"，明嘉靖时知县何岑教民艺稻，"就百泉诸水灌田数百顷，遂为永利"。① 百泉水位于邢台城东南，雍正时农民利用该泉营稻田8000多亩。达活、紫金泉位于城西北，清代利用此二泉经营稻田500亩。光绪《邢台县志》载，县"东南水田多稻"。到民国时，"百泉河上下数十村，提闸栉比，粳稻青葱，得水利焉"。② 邢台县境内一直保有东南部稻作和西北部旱作两种农业景观，不过东南地势平坦却偏居一隅，西北山地高岗占境内面积十之八九。南和县西北接邢台县境之地亦利用百泉河水种稻。清雍正时营稻田8555亩，邻近的沙和县也引百泉余水营稻田500余亩。民众自营稻田官方给以一定的便利，故而有自愿行为。不过，稻田需水量大，而且赋税较高，一旦水源短缺，稻田并不能一直保持下去，所以其后又有改为旱田的现象。

畿辅四局的设置是国家干预地方农业生产的标志，官营稻田必将导致用水的"集权化"，官方若要保障稻田需水必须插手地方水利，即国家干预。营治稻田自然不是一县之内，而是要在数县展开，在营田局看来，邢台、南和、任县等县稻田同等重要，在水利上就要要做到各县均衡、公平用水。对于牛尾河、百泉河等河上下游用水不均之情况，营田局官员自然明了，如称："独是食利者自私，贪得者无厌，距高泽不知有夏，恃源而欲绝其流。以故灌溉之余，陂池以浴鹅鹭，而下游之舟楫鲜通；洿泽以养菰蒲，而邻邑之香秔尽槁。故南局田不患其不营，而患营之不

① 嘉庆《重修大清一统志》卷31《顺德府二》。
② 民国《邢台县志》卷1《风俗》。

广；水不苦其不足，而苦水之不均。”[①] 营田官员不得不采取强制干预的办法。

怡贤亲王亲历各地查勘地势、水文，对于京南地方水利颇为知悉。雍正四年（1726），其在给雍正皇帝的奏折中直接谈道：

> 白马河源从内丘之鹊山，经邢台，居民建闸，壅之而不使下，下流遂湮。水涨之时，则以邻为壑。故北之圣女、南之牛尾二河俱被其冲突为任邑害。今应浚白马入泊之流，严邢台闭闸之禁，害去而利乃可兴矣。……牛尾河发源邢台之达活泉，水盛岸高，直达于任县泊。作闸节宣，利赖曷穷焉。又南为百泉河，源出邢台之风门山，亦名七里河，历南和之北豆村、康家庄等处，有闸十三座，溉田数百顷，而任县不沾一勺之润。今应立法以均其利，自下而上，各以三日为期，则沿流一带皆水田也。但河身尚隘，宜展而倍之。[②]

所奏提及两处水利不均，一是白马河上游为邢台闭闸，致使任县不沾水利；二是百泉河南和与任县间用水矛盾，尤其重要者提出任县与南和用百泉河水“自下而上”，应均其利，目的在于各县均有水利，以利稻田。对于南和、任县来说，邢台、沙河均处上游，“邢地高而南任卑，百泉之邢用十之二，南、任十之八，前明时即有‘南七任八’之议。《沙河县志》谓百泉支流入沙者，沙沾其利十分之一，九皆归南”。[③] 又据光绪《畿辅通志》引《任县志》言“旧例达活河水（即牛尾河）邑分其五，百泉河水邑分其七”。达活河任县分其五，是与邢台县分水，而百泉河水所分七成乃是与南和县分水，不涉及邢台，是除去邢台所用之十之二后的水量，即又有“南八任七”之说。不管如何，这里的“七”和“八”不是实际水量而是分水天数，光绪《畿辅通志》接着说：“嘉靖四十七年，通判顾松查得南和之田与泉近而水亦达，任县之田与泉绕而势难至。因拟任县地方每月初一日卯时起至初九日寅时止。又十六日卯时起至二

① （清）潘锡恩编：《畿辅水利四案·初案》，道光三年刻本。

② 同上。

③ 《畿辅水利备览》卷4《大陆泽水利》。

十四日寅时止。南和每月初九日卯时起至十六日寅时止，又二十四日卯时起至初一日寅时止。依时启闭，周而复始。竖碑府署，以垂久远。”①这是自下而上的用水秩序，先从任县开始，再到南和县用水。顾松所拟此用水规章应没有得到执行，因为上述“南七任八”皆言只是“议”而已。直到雍正水利营田才有怡贤亲王强制建议执行，并派水利官员亲临当地负责灌田用水，“遣员于春夏时，酌田多寡依期启闭，厥利均焉”。②

南、任二县地势平坦，一旦水源有保障，水利开发即可展开，所以无论是明代“南七任八”之议，还是清代“自下而上”使水皆源于此。不过，百泉河发源于邢台，一旦邢台地方独擅水利，南和、任县之间的用水秩序也就无法保持，其与邢台县用水矛盾一直潜藏着。

国家干预对于地方用水秩序短期内应是有效的，雍正水利营田的确收到一时效果，但几年之后就无法保持下去，表4—2所列稻田之后很快改为旱地即为明证。因水量、土质、气候等因素，河北地区营治稻田有其内在的“限制”。③赵一清引述乾隆《沙河县志》说沙河县“地瘠土松，不宜粳稻”。该县稻田“始于雍正五、六年间。数年之后水涸，复改为旱田。今考旱田亦有必资乎水者，故县东北皆藉数河之利以资灌溉。一营稻田，则上流之水必用闸以司启闭，无论水势微弱，下流不能仰涓滴之利。即当水盛之候，亦止计为蓄潴以供种稻之用，而诸村旱田未有能分其余润矣。故营治稻田，断不宜于沙邑者也”。④光绪十六年(1890)，李鸿章分析畿辅兴水田之事说：“直隶水田之利，不独地势难行，即天时亦南北迥异。春夏之交，布秧宜雨，而直隶彼时则苦雨少泉涸。……以近代事考之，明徐贞明仅营田三百九十余顷，汪应蛟仅营田五十顷，董应举营最多，亦仅千八百余顷，然皆黍粟兼收，非皆水稻。……雍正间怡贤亲王等兴修直隶水利。四年之间，营治稻田六千余顷，然不旋踵而其利顿减。九年，大学士朱轼、河道总督刘于义，即将

---

① 光绪《畿辅通志》卷87《河渠十三·堤闸二》，续修四库全书本。

② （清）潘锡恩编：《畿辅水利四案·初案》，道光三年刻本。

③ 即王建革所谓“稻作限制”，见氏著《传统社会末期华北的生态与社会》第1章第3节，生活·读书·新知三联书店2009年版。

④ （清）赵一清撰，戴震删订：《直隶河渠书》卷25《大陆泽四》，《中国史学丛书·三编》，学生书局2007年版。

距水较远，地势稍高之田，听民随便种植。可见，直隶水田之不能尽营，而踵行扩充之不易也。”① 因此，国家干预地方水利是短时期的，稻作不行，推行也就不会持久。一旦这种干预减弱或撤销后，各县仍将按照自发的行为开展水利活动，上下游用水矛盾再次浮现，调节各县用水纠纷只能由府、县官员来执行。

另外，水利营田反而也会加剧县际用水矛盾，其根源就在于水稻种植。正如上述乾隆《沙河县志》所说，“一营稻田，则上流之水必用闸以司启闭，无论水势微弱，下流不能仰涓滴之利”，上流之县是指邢台县而言。稻作用水远较旱作为多，邢台县若要全力保障境内稻田用水，又如何能分润于其他几县？邢台境内早在明代就已有稻田，“不下万顷”，稻田赋税远较旱地为高，而全县稻田所承税额占三分之二。② 光绪《邢台县志》亦称：“邢古附郭，邑西几二百里太行峙焉，下皆沙石不可田，其平野可田无水遭旱干即赤。惟东南数里赖有泉得溉，故其田少，登其额属上等，凡百征输视他处最繁。其民终岁勤动于畚锸、桔槔间，仅足供上租，无三六之积也。”③ 为保留这些赋税高额之水田，就必须保障农田用水量，这又如何能保障邻县的农业用水呢？邢台东南百泉建闸后附近十余村之田为县境“上壤”，“而地之赋亦赋上上，缘邢之西北及东南之无水灌者，地多岗阜峣峋，沙碱不毛，以一隅补一隅之不足也”。④

下游任县地方人士也这样看待营田：

> 盖稻之为田，以水始终。故善营田者，必择水利有余之处，而后可以从事；必择水流有常之处，而后可以从事。彼牛尾、滏阳皆非大河，而牛尾尤小，此有限之水也。诸村处二河之末流，去源甚远，期上流皆外邑、外郡，开渠建闸，不一而足。以有限之水，应无穷之求，虽上流犹多未周，安得有余沥以及下？虽黍麦尚不可恃，安得有长流以治稻？以是知营田之必无成也。乃当事者不量水势之

---

① 《清史稿》卷129《河渠志四》。

② 《畿辅水利备览》卷4《大陆泽水利》。

③ 《葫芦套闸记》，光绪《邢台县志》卷1《山川·水利》。

④ 《修筑百泉闸记》，光绪《邢台县志》卷1《山川·水利》。

多寡，不度地理之难易，勇于立功，锐意兴作……第见三、四月间，河水未断，群役来督。俾民及时养秧，秧方句萌，水旋为上流所阻，而萌者萎矣。迨至五、六月中，雨降而水暴下，郡役来督，俾民买秧而插，苗方向荣，水又为上流所踞，而荣者枯矣。一岁之中再受其误，而民之靡费固已不可胜计矣。①

此为任县士绅冯文的话，言语中对于上官营治稻田之不切实际流露出不忿之情，国家强制干预对于地方并无多少裨益，反而加重地方负担，其间上下游各县用水之不均亦可见一斑。

邢台、南和二县稻田最多，境内本已有稻田，又加国家营田，用水势必大增。雍正以后，国家营田多改为旱田，但农民原有稻田则仍有保留。乾隆十二年（1747），刘于义上奏："百泉在顺德府东南八里，周环三里许，水从地涌泉流甚旺。灌溉邢台稻田一百二十余顷，南和县稻田八十余顷，为利甚溥，现在宣畅无庸修治。又有达活泉在府西七里，野狐泉在府西北十里二泉建闸开沟，灌溉田亩向甚有益。今泉眼枯塞，废弃可惜。臣等随谕邢台县知县劝民挑挖通利，以复旧规。"② 这里未提及任县之水田，想必多改为旱田，沙河县更不必言。不过旱地仍需水灌溉，只是用量较水田为少，因此四县用水矛盾仍然存在。主要矛盾是邢台与其他三县，其次是南和、任县之矛盾。

（三）"踞闸独擅"——用水冲突与调控

邢台境内虽闸堰众多，水源又大多发源于己境，但牛尾、百泉之水邢台并不占据多数，其原因则是地理形势使然。明隆庆年间《修百泉闸碑记》颇为明了地表达邢台之"苦衷"：

邢治隶顺德，为附郭邑，控地甫百里。西入太行居之七八，野多峣嵴冈阜，土杂山石，不纯可佃种。独东南一隅水涌百穴，因名曰百泉。傍地平坦，广衍可为耕耨区。顾东行不数里民既田

① 民国《任县志》卷8《艺文·营田策》。

② （清）潘锡恩编：《畿辅水利四案·三案》，道光三年刻本。

尽，辖属他邑，隶邢者止十之二三而已。且势逼山脊，西高东下，若建瓴然。每夏秋，雨集山潦，横至则冲突，邢阜之土淤溃。东南诸邑田一淤辄沃饶，二三岁愈于附粪，而邢之田乃获漉为沟壑，甚至尽涤厥稿穰，上遗沙石，不复成田者有之。旱则诸邑之民引泉水溉田，坐收兹渥利；而邢地近泉者反陇高水下，非大排激之不能入田。以故山川形势虽萃于邢，而利卒归之他邑。民之籍邢者，率苦窳寡蓄藏，轻流易窘。而他邑接邢壤之民视邢为颇饶，识治者每用恻然，而力不能为之趋避，丘民嗷嗷待理者不知凡几。①

邢台东南境为太行山山前冲积扇，但地土狭隘，尚未享有多少水利，河流即归于下游三县。隆庆三年（1569），知县耿俣乃建百泉闸，此后邢台境内水利建设迎来高潮，稻作农业也逐渐兴起，此前文已有论述。这样势必减少下游三县分水量，但邢台闸堰建设一发不可收拾，因为既得水利也不可能再回往日之苦境。由前文来看，官方似乎曾协调此数县用水分配，如任县达活河（即牛尾河）曾“分其五”，南和、任县也有“南七任八”之议，只是似乎并未彻底执行。邢台有上述地理形势，加之稻田赋税高昂，用水集约化，“踞闸独擅”就不可免。雍正三年（1725），怡贤亲王谈及百泉河水利，说百泉“时出不穷，不惟利周本邑，兼可润及邻疆。但土人踞闸独擅，每启争端”②。南和县有均利、惠民等闸能分百泉河之润，但“邢人踞闸独擅，水颇失时”。于是每年“春夏时酌定限期，如期启闭，以均其利”。然而，国家强制干预并不持久，水利营田没过多久即告颓废，县际矛盾仍旧存在。邢台东南地区既有水利，还能培植苇田，有手工编席业。1937 年的调查中说，邢台“东南部河渠栉比，苇田较多，妇孺皆善编席”。③

① 《修百泉闸碑记》，光绪《邢台县志》卷 1《山川·水利》。

② （清）潘锡恩编：《畿辅水利四案·初案》，道光三年刻本。

③ 《河北省邢台县地方实际情况调查报告》，《冀察调查统计丛刊》1937 年第 4 期。

1. 百泉河用水纠纷

(1) 邢台与南和之争

邢台与南和县水争，集中于百泉河入南和两县交界地区诸村，邢台境内大贤村、河会村、景家屯等村，南和县则河郭头、北豆、南豆诸村。两县既有灌溉纠纷，也有疏浚河道所引发之纠纷。

邢台以下，南和、任县等县的部分闸堰可能比邢台地区还要早，如上述《南和县志》提到元代知县尹泰曾创建闸座，明代重修，但邢台东南地区大量兴建闸堰已成事实。那么，在农业用水高峰期，邢台县的水利作为势必导致下游地区用水量减少，下游地区往往会引述明代曾建议过的分水规章，诉诸官府，请求遏制邢台建闸或开沟，或也准其享受水利之惠。

大贤村旧有永利闸（清代为大贤闸，自大贤村至河曲村），由知府费公创立。"原欲邢民岁时攸赖，无终极也……自是东鄙数里即不敢称沃野，亦庶几免凶年焉。"其后却遭到南和县民之告讼，上控于后任知府，认为邢台县开闸导致下游南和诸村水少无利。南和民众提出或者封闸，或者两县分日引水灌溉。知府断后下令封闸。起初邢台地土尚且能种植水稻，其后"菽麦甚至甘心倾败，弗为所者将二十载"，地方民众认为"郡守""源流不察，市私恩"，不满之情溢于言表。而且认为"以邢之渠利邢之民，理固然"，这成为后世知县解决县际纷争的合理性解释，即水源出于邢台，而灌溉邢人地土合情合理。至万历十七年（1589），知县朱诰着手重新开建，朱诰认为"若郡独我邑最冲，土埆而墝者十有八九，幸藉尺寸水田缓急佐之，今复为彼有力者夺，其何以堪？……是渠以利邢之故而兴，以旁邑侵邢之故而废，尤当专溉吾邑，无足疑者。"[①] 此次开闸得到知府张廷庭的支持，闸成后昔日告封闸、分日灌溉者已无法置喙。这次重开水闸为后世邢台与邻县争水过程中判定奠定了基础，以邢人之水利邢人之地，成为后来判定之主要依据。

明清法律中关于地方水利纠纷之判定没有条文，只有数条关于官员对于公共水利渎职之判决。不过地方开渠建闸，仍要层层上奏才能获批，而此过程还可能受他县干预。万历四十四年（1616），畿南大旱，邢台县

---

① 《开修大贤闸记》，光绪《邢台县志》卷1《山川·水利》。

东南十六村欲开关家湾水沟，南和、任县二县上控府院，极力阻止。邢台知县王自巨上奏抚、按两院代民请求，其辞曰：

> 本县十六村民许思玉告开百泉河新沟引水浇地，以泉水邢台水也，沟地邢台地也。邢地高而水落，先旧顺河边止开六耳闸，此六闸中南和县又分三闸。南、任二县地低而水流长，南和顺河连前三闸开十六闸；任县顺河开桶百道，水出邢而邢民使水曾不当下县十分之一，此思玉等之因旱而思开也。职恐工大始问以开沟之地价，不阅月而有价矣。继问以开沟之夫役，不阅旬而有夫矣。复限以买地而后举工，不越日而沟地尽买矣。大要以邢台之民用邢台之水，其势便；以如焚之旱需杯水之润，其时急。①

任县“开桶百道”是指当地另一种引水方式，即将大木掏空，横穿河堤引水，撤桶后即将洞口堵塞，谓之“桶引”，较为方便。南和县立闸十六座，任县也有百桶，邢台民众用百泉之水不当其十分之一，无怪乎邢台民众屡有开沟建闸之议。但为缓和南、任二县矛盾，王自巨与县人妥协，将旧闸二丈六尺减去二丈，“准开六尺，以九分与两县，以一分予新沟。少救邢民之危，不失两县之水，彼此相济”。

邢台之退让表明了生态灾害时县际之间面对水源问题所做出的互动、协调，而在上官来看各县民众均为子民，应酌量均衡水利。而且似乎以前百泉河数县之间用水规章之议成为上官考虑的因素之一，如顺德府知府称：“看得邢台百泉之水向与南、任均利，著有成规。迩缘邢台新建一闸二县争讼，业经会议与该县旧设六闸通融闭一用六，但择人司水未有一定，恐难示信。覆行查议于南和县选委老人一名，时邢台七闸之启闭日就本府经历司给发标封，令其轮次递闭。如初一日闭一闸用六闸，次日依序而行，更番迭用，周而复始，仍勒石闸傍，明示遵守。似此可垂永久，自杜纷争矣。”不过，这里成规只是南和与任县之分水日期，并不涉及邢台县，该知府所谓成规应是邢台原来六闸使水之“规”，一旦开挖新闸则为不遵旧规。大名道道员也说：“邢之旧闸六，新闸一。闭一用

---

① 《关家湾开闸记》，光绪《邢台县志》卷1《山川·水利》。

六，以旧济新，在邢不为增，在南、任不为减。除南、任‘上七下八’业有定期，无容再议外，合无以南、任司邢闸，责令该府经历司给发封记，一次轮闭，周而复始。如此则启闭以时，灌溉适均，争端杜而久利垂，又何用甘结为业。”① 大名道道员认为南和与任县有“上七下八”之分水陈规，而支持知府判决，并提议让南和、任县民众掌管邢台“启六闭一”之闸座管理，以期公平，而不生弊病。此案经府、道、抚、按诸官员级级批复最终解决纷争，邢台新沟并不开启，而仍以六闸分水灌溉，又以南、任二县人掌管启闭管理。

上案中，可以看出灾害时期下游二县对于邢台之强势，南、任二县力图维持“南七任八”分水所必需的水量，一旦上游邢台县建闸必然打破这种用水旧规。但南、任用水旧规是维持此二县之用水均势，对邢台而言自然不均。而且“南七任八”与邢台无涉，以发源于邢台之水利邢人地，“情通理顺”。

至清代邢台县屡以此为据，开沟建闸，逐渐占据主动地位。

关家湾闸六尺新沟得到保存，清代地方民众皆感王自巨之德，王自巨将断案碑记勒石闸首，以为后世之据。顺治九年（1652），阴雨连绵，闸为洪水冲决。康熙二十年（1681），知县申公重新开创，民众皆言“以邢水灌邢地，情通理顺”，② 以期确立开闸之合理。乾隆二十年代，顺德知府金文淳又重新疏通关湾河，“以灌十八村之地，一万六千八百亩。其下流入于达活河，以注于任县大陆泽。长五十余里，广丈余，深七八尺，跨以桥槽，凡七十有二。”③ 进一步扩大了关湾河灌溉面积，也并未遭到南和、任县之抵抗。

下面我们再以具体案例，来看清代官方在调节各县水利纠纷中所依据的“合情合理”之辞。

顺治元年（1644）五六月间，旱魃为虐，邢台、南和、任县三县争水。“初则任与南争，继则南、任合而与邢争，而沙河复从旁置喙。南、任之言曰‘上七下八，水有定期，天旱则邢人壅水以自利，天雨则邢人

① 《关家湾开闸记》，光绪《邢台县志》卷1《山川·水利》。

② 《重修关家湾易名申公闸碑记》，光绪《邢台县志》卷1《山川·水利》。

③ 《重浚关湾河详定修规碑记》，光绪《邢台县志》卷1《山川·水利》。

决水以病邻’，其说似也。沙之言曰‘郑家堤距沙咫尺，挹彼注兹，可以救邻，邢不得以有用之水，置于无用。’”[1] 郑家堤在百泉闸南，为蓄水分渠之用，离沙河县较近，故其意欲邢人决堤分水入沙河以分余润。邢人认为“南七任八，非南、任与邢之分水之期也。二百余年未有更易”，据理力争。上官蔡公亲自前往当地调研，后召集四县绅衿百姓排解纷扰曰：

源出邢而利于邢，情也，理也，势也。邢用之有余，南、任始受邢之惠，亦情也，理也，势也。未有邢不足，而舍己之利人者也。至于淹没之说。因秋水暴涨，自和顺、辽州透太行而下此，泛滥之水邢受害于先，而南、任递及至，岂百泉一掬之水为害哉？亢阳不雨，天屯其膏，地爱其宝，即郑家屯堤之水亦有泉竭之叹，安得波及于南、任耶？故南、任受水之利，当以邢为德；南、任受水之患，不当以邢为怨。则南、任之说穷，沙河争郑家堤之水尤属无谓。邢人筑堤以蓄水，肯决堤以散水乎？况沙河地高，不能搏而跃之，郑家堤之水非怀襄洚洞，又何必将邢丰腴之地而夷为水乡，沙未获水之利而邢先受水之患，安可毁已成之功，而为无益之害也？

蔡公断理后沙河、南和、任县之民也莫不“帖服”，邢人认为其原因是三县民众“钦公之明”。蔡公之言虽是以情论理，但“南七任八”不涉及邢台是根本原因，也就是说百泉河并不存在整个流域的分水规章，以致邢台增加水利，南河、任县也莫可争论。在水利问题争端中“旧章”极为重要，显然大陆泽流域并不存在持久的流域性水利规章，只有顺应河流自然形势灌溉的“地理秩序”。明代官方只能尽力平衡各县用水，以期各县用水安堵，不发生纠纷。到了清代，形势发生了变化，各官府皆以水源出自邢台，邢人建闸是合情合理之辞作为判决依据。蔡公审理后得到道院、按院支持，皆以泉出自邢台，邢人不愿，他人也难强求。按院更言：“安有不灌己田，而先灌他县者哉？所谓饥馑之春不赈朋戚也。”可以看出，清代百泉河流域县际水利中南和、任县、沙河已处于弱势，而且这种局面一时得到了官方的支持。

---

① 《百泉闸定案碑记》，光绪《邢台县志》卷1《山川·水利》。

百泉河流量有季节变化，天旱时节径流不大，邢台部分闸座高于河床，水流自然无法入闸。解决方法则是拦河筑一平坝，抬高水位入闸，主流则过坝下注。若在平常时期主流自然不受多大影响，但天旱时期惜水如金，势必会加大入闸水量。乾隆五十二年（1787），河会村广润闸附近民众拦河筑坝，却遭到南和民众坚决反对，上控府宪，据《惯调》所记《广润闸循旧筑坝碑记》曰：

> 水之为利溥矣。生于天，成于地，利于人。利之所在，无人已皆不欲之。但天地之间，物各有主，攘人之利以利己，非理也；舍己之利而利人，非情也。准情度理，变而通之以尽利，势也。邢邑广润闸，建自前明万历间，引百泉之水，以资灌溉。盖源出于邢，而利于邢也，于兹二百有余年矣。惟闸座高于河底，非拦河筑坝，不能搏跃以上，其势然也，岂违禁曲妨哉？丁未（乾隆五十二年）夏，旱正，水注维艰，筑坝蓄水。南邑之人，窃取不得，而明争之又不得。遂召刘寅、高宝树、王飞熊、王俊，挺身兴讼，以百泉河指称澧河名色，捏控。道宪批委顺德分府亲往勘讯。经分宪稽，以事关水利，躬率邢、南各印官，亲往履勘。后复令邢台县成公（指知县成邦直），南和县梅公会审。又恐各子其民，未能平允，再委广宗县陈公，三县会审。讯明刘寅等所禀，悉属虚捏，将刘寅等依不应重律，杖责完结。着河会村民人循旧筑坝，详蒙分宪转详道宪龙大人批准，如详发落结案。盖源出于邢，以邢之利，利邢之人理也。邢台余利始行波及于南邑，以笃邻好，情也。坝不筑而水不入闸，而邢无以利其利，势也。理之当然，情之自然。[1]

广润闸“自河会起至南和县南豆村止，渠宽一丈，长三里”[2]，灌溉河会村与南豆村等四村地亩，创于万历年间，康熙七年（1668）为山水冲毁，重建于康熙八年（1669），共镰五十张。我们可以推断在此案之前，以广润闸为中心邢、南二县交界地区应形成了一个跨县闸会（即共

① （清）赵好礼：《广润闸循旧筑坝碑记》，《惯调》，第371页。

② 《惯调》，第326页。

有镰五十张），或共同体，两县四村村民同享水利。但在灾害时节，邢台拦河筑坝，致使南和村民损失水利，于是上控官府，共同体内部出现了纠纷。以往研究多强调这种以镰为中心的水利共同体的存在，但对于这一地区共同体的“变奏”或解体着墨不多。目前来看，这种跨界水利共同体本身就有一种脆弱性，在生态灾害和上游劫夺水利时就会发生内部冲突，共同体即被打破。广润闸创开之始自然是利及南和境内，但闸首毕竟在邢台境内，南和也不便管理监督。

此案与明代上述大贤闸案相比，南和县明显处于弱势。南和县民不惜以澧河指代百泉河，澧河乃南和境内河流，故为捏控。而邢台民众以“物各有主”，“源出于邢，以邢之利，利邢之人”为据，得到了上官理解。而且判案过程中又拉拢第三县作为中间人，以便公允，结案后南和县自然无法再争。其原因正是百泉河流域内缺乏整个流域性的用水规章，“南七任八”只是邢台以下各县之用水规章，尚要得到邢台用水之余来保障实施。

在民众日常水利生活中除了灌溉外，尚有疏通河渠，防御涝灾诸事。清末畿辅地区再次讲求农田水利，邢、南二县因疏浚百泉河事宜又发争执，案情甚至控于直隶总督袁世凯处。

广润闸渠道灌溉面积覆盖邢台、南和四村，但南和县对于邢台拦河筑坝却无法干涉，南和人不能越境干涉是症结所在。明代开关家湾河，让南和、任县民众管理邢台县闸堰启闭之职正是要打破这种越境不便之局面。但这是在非常时期，时间长久，南和、任县人越境管理邢台闸座更不可能，除非得到上官之支持。

南和县西北境内因百泉河水利最为沃饶。该河由邢台河会村，流入南和县境窦（豆）村界，绕西北各村庄二十七里，至任县甘寨村，由东盟台以达大陆泽。雍正三年（1725）南和县“南窦、河郭、西薛屯、东贾郭、张相村等处遂得分营稻田，而西北乡一带，亦均开渠引水，以灌麦田，计沾溉所及者，约有一千数百余顷”。[①] 邢台境内河会村地势较高，该处设有三闸，“曰龙兴、曰济民、曰广润。该闸系浇灌邢邑河会，及南邑南里庄、井家庄、康家庄、北豆村、河郭头、南豆村等田地。河会村

① 《南和县姒令锡章禀查勘农田水利情形文并批》，《北洋公牍类纂》卷24《农务·水利》。

以下又有一闸名扬美闸，系灌南邑南豆村、河郭头、康庄等村田地”。[1]同治年间，河会村河道淤塞严重，南和诸村得水日稀。河会村地势高亢，河道淤积反而便于水入闸口。南和民众欲前往河会村挑挖河道，却遭到河会村民坚决抵制，二县民众互相讦讼。

至光绪元年（1875），知府薛公与邢台知县松公、南和知县史公会同勘察，“断令邢、南二邑，分认段落，各挖各段，并酌定每年放水闭闸日期”。[2] 这条引文是光绪三十年（1904）南和县知县姒锡章查勘本县农田水利情形后，上奏度支部之奏疏，二县民众构讼当时还有隐情。据《惯调》记载，光绪元年（1875）三月，南和县知县史公与邢台县知县松公联名谕令二县民众，曰：

> 卷查该绅民人等前以河规紊乱，互相争讼一案。现经本县会讯确立，查阅河簿旧章，本极公允。乃因南和下五村各小甲参差不齐，不惟挑河人夫不到，及应摊钱文亦不按时摊给，以致景长寿等垫款无着，因而兴讼，有伤和气。兹本县会讯，断令所有景长寿等代垫钱文，已饬樊仁义等五村，按六成规还清楚。其余应办河工，日后均按旧章遵办。并饬南和下五村，公保老人一名，以备遇事与景家屯老人会商。大河自分水、龙王庙、永济闸口起，至杨家沟嘴止，共一千零五十丈，分八段挑挖，易挑者六百八十丈，难挑者三百七十丈。……现以全河丈尺，中间易挑者，分作二段，首尾难挑者，分作六段。邢台景家屯合段分四段，南和下五村合段分四段，两处绅民各分一半，各立界石，各具认管丈尺甘结。永远各挑各界，每年闭闸四次，均由两县老人监视，商同开闭，不准私行开。[3]

按照上述说法，南和民众不支付挑河经费故而邢台河会村河道淤高，南和知县亦在联名之上，想来不虚。二县知县断令各挑各境，但南和民众仍无

---

① 《平乡县等禀会勘邢、南二邑疏浚七里河议定尺寸仍照旧案办理文并批》，《北洋公牍类纂》卷24《农务·水利》。

② 《南和县姒令锡章禀查勘农田水利情形文并批》，《北洋公牍类纂》卷24《农务·水利》。

③ 《惯调》，第329页。

法监督邢台挑河工作，其挑挖与否并不能干涉。《惯调》将二县闸会各老人、小甲及镰户情况也记录下来，应是源自当时断案碑记。这里列表4—3、表4—4如下：

表4—3　　光绪元年（1875）邢、南二县老人小甲花名

<table>
<tr><th colspan="2">村落</th><th>职务</th><th>姓名</th></tr>
<tr><td rowspan="10">邢台县</td><td rowspan="9">景家屯</td><td>老人</td><td>景增力</td></tr>
<tr><td>叫人</td><td>杨永春</td></tr>
<tr><td rowspan="8">小甲</td><td>景得名</td></tr>
<tr><td>南景孔</td></tr>
<tr><td>景鸿业</td></tr>
<tr><td>景兆凤</td></tr>
<tr><td>景大爱</td></tr>
<tr><td>师长生</td></tr>
<tr><td>景振芳</td></tr>
<tr><td>杨家庄</td><td>杨有良</td></tr>
<tr><td rowspan="6">南和县</td><td>北里庄</td><td>老人</td><td>李学经</td></tr>
<tr><td>北里庄</td><td rowspan="5">小甲</td><td>杨可喜</td></tr>
<tr><td>樊家庄</td><td>樊保成</td></tr>
<tr><td>吴家庄</td><td>吴学易</td></tr>
<tr><td>西贾郭</td><td>侯宗仁</td></tr>
<tr><td>康家屯</td><td>康文诰</td></tr>
</table>

表4—4　　光绪元年（1875）邢、南二县村落镰户

<table>
<tr><th colspan="3">村庄（里甲）</th><th>镰数（单位：张分厘毛丝）</th><th>镰户（以人名计）</th></tr>
<tr><td rowspan="8">邢台县</td><td rowspan="8">景家屯</td><td>一甲</td><td>镰六张八分九厘四毛</td><td>17户</td></tr>
<tr><td>二甲</td><td>镰六张四分五厘三毛</td><td>35户</td></tr>
<tr><td>三甲</td><td>镰五张四分二厘二毛</td><td>27户</td></tr>
<tr><td>四甲</td><td>镰五张一厘八毛</td><td>24户</td></tr>
<tr><td>五甲</td><td>镰八张六分三厘三毛</td><td>54户</td></tr>
<tr><td>六甲</td><td>镰一张二分四厘二毛</td><td>16户</td></tr>
<tr><td>七甲</td><td>镰三张五分八厘一毛</td><td>12户</td></tr>
<tr><td>八甲</td><td>镰二张八厘</td><td>29户</td></tr>
</table>

续表

村庄（里甲）		镰数（单位：张分厘毛丝）	镰户（以人名计）
南和县	北里庄	镰二张四分七厘	91 户
	樊家屯	镰四分	48 户
	吴家屯	镰五分	34 户
	西贾郭	镰七分八厘五毛	59 户
	康家屯	镰八分	18 户

说明：景家屯八甲中有杨姓镰户，但却无杨家庄之杨有良，疑杨有良只为小甲，负责水利，却不享受景家屯使水之镰。或已使其他闸坝水权。《惯调》，第 330—334 页。

由表 4—3、表 4—4 来看，河会村附近诸闸与南和县形成了一个跨县闸会，每年定期挑河都有经费支出，而表 4—4 中两县村落使水镰户都已详细列出，表明了这种跨县闸会在水权上的分割情况。这个闸会在大陆泽流域较为典型，表明整个流域内有类似跨县闸会的分水规章的存在，但并非整个县际之间，而仅仅存在于县级政区交界地带的闸会。二县县令提议得到知府薛公的支持，但是断案之后邢台县“并未遵照分挑一次”，南和县民众竟无可奈何。

到了光绪三十年（1904），南和县令毛公鉴于河道失修，南和数十村庄久失水利，乃邀集两县“绅董苦心调处，不以理论而以情感。邢邑始允分段开挖。然其时实只去浮土数寸，毛令不久卸任，而河身复淤如初”。[①] 其后县令姒锡章再次前往当地履勘，并禀告知府李映庚，得其支持后，谕令各自挑浚。然而不久李映庚又被调任，工程再次搁浅。李映庚曾禀告总督袁世凯曰：

（百泉）河于邢、南分界处西岸，挖开支沟谓之曰三叉口，分全河之水三成之一，旁列三闸，灌邢邑东北各村。其正河二成之水折向南流，久归南民灌地之用。……而邢邑河会一村地势较他村居高，于正河折向南流之处，相距不越数十丈，接连开有三闸，尤为独占

① 《南和县姒令锡章禀查勘农田水利情形文并批》，《北洋公牍类纂》卷 24《农务·水利》。

水利，蓄泄启闭听命闸头。当春夏欲用水时，各闸分正河之水，而正河反致断流，水不能流入南境，河道亦日渐淤塞。南民畏其凶横武断，恐酿衅端，不敢越境挑浚。若至淫霖积潦，山水涨发，邢民不欲御水保稼，紧闭沿河各闸，逼水下注正河，而正河素日淤平，无沟宣泄。凡南境之承其下流者，遂至漫溢田陇，淹没宅宇。是南民不但失灌溉之利，且受淹没之灾，因而兴讼至三十余年。虽断案如山，邢民抗阻愈力，竟不能规复旧制。①

李映庚前往当地亲自勘察后，见到河会村所立三闸水源畅足，而其下百泉河正河河身却淤如平地。旧河身七丈二尺，两岸为邢民侵种，"非禾即稼，仅留数尺干沟"。河会三闸尽夺全河之水，却不使涓滴下行，"自灌有余，卖与邻村，计亩索价"。两县相控以来，断案如山，抗违如故。其原因李映庚查访得知：

缘有河会村贡生张玉谷者霸闸卖水，已经三世。河会村之下游，及南和境得水利者不过数村，而水价极昂。至夏秋水盛，水咽不畅，则以南和为壑。毛令知隔境之力不足以制之也，遂挽邢台廪生胡绪为介，以交欢。与该贡生肥甘餍乎其口，馈赠充乎其室，甚则躬自奉觞，为南人谢过。而该贡生挟之扑碑，则为之扑碑；挟之毁卷，则为之毁卷，以碑与卷皆有其先世霸水恶迹，不啻丹书也。浃洽既深，遂得定议，各挖各境，南和之困始苏。不意毛令去任，该贡生旋将挑处填塞，非盛涨不能过水。……卑府……看得河会村之田均在河东，处处与南和毗连，沿河设闸三座，另开一洞穴，木贯乎其中，皆卖水具也。……严饬邢境各闸一律封闭，俾南和之民得以冻浇。……查邢台所以制南和之死命者，即在于各挑各境，若许南和越境挑浚，则其计立穷。②

① 《署顺德府李守映庚禀请南和规复水利文并批》，《北洋公牍类纂》卷24《农务·水利》。

② 同上。

李映庚同时请求开春疏浚河道时，派遣大名练军前往当地弹压，以防豪民无理滋事。袁世凯批曰："俟来春开工疏浚时，秉公切实筹办，务使水利均沾，以苏南民之困。"此案中河会士绅力量之大可见一斑。前文所言同治年间河会与南和村民之争，就是张玉谷之祖父贡生张安与南和生员魏玉田之争水案件。二人"迭次赴郡省上控"。后判定："每年放水以谷雨前十日开闸，白露后十日闭闸……邢南四闸老人分段接锨拨夫，随时疏浚。河底总宜较闸稍高，不准挑挖过深，免夺其溜为主。"① 然而判案后竟未挑渠一次。河会张氏独霸水利有三世，而张玉谷戏弄南和知县毛令之诸多行为令人印象深刻，我们不得不想到杜赞奇所谓之"文化权力"论，其原意是闸会借助士绅力量扩大影响，以便在争水中能占据优势。此案中河会村三闸甚至由士绅直接控制，或可补杜氏之说。

李映庚不久也即卸任他往，工程又告停止，河道淤塞如故。第二年，南和民众再次上奏，知县姒锡章禀告知府后得到支持，知府又邀集平乡县知县洪烈作为第三方会同查勘。确立正河挑深一尺一寸五分，两县官长会勘核办，不得争执。仍旧按镰派夫，分段挑挖。南和民众颇为积极，共计河工五千九百丈，而旬日之间即挑挖五千二百丈，其余七百丈乃与任县犬牙错壤，须与任县会同挑挖。②

虽则如此，此次挑挖"仍照旧案办理"，即各挑各境，李映庚所倡之南和县可以越境挑挖淤积河道没有执行，邢台县执行并不得力。至民国时期，两县村民因争水、越境挑河等事仍旧纷争不断。南和县百泉河为邢台上流地痞把持，"县内农民非运动地痞，用钱买水，难获灌溉之利"。③ 越境挑河一案，南和民众更言清末毛县令、姒县令都是各挑各境，"仅去浮土数寸遂挑遂塞。旱则将闸开放，独霸水利；淹则将闸紧闭，以邻为壑"。④ 可见清末虽有上官极力过问，但执行仍旧不彻底。1928 年南

① 《平乡县等禀会勘邢、南二邑疏浚七里河议定尺寸仍照旧案办理文并批》，《北洋公牍类纂》卷 24《农务·水利》。

② 《南和县姒令锡章禀查勘农田水利情形文并批》，《北洋公牍类纂》卷 24《农务·水利》。

③ 《河北省南和县地方实际情况调查报告》，《冀察调查统计丛刊》1937 年第 2 卷第 5 期，第 119 页。

④ 《河北省政府公报》1928 年第 121 期，第 10—11 页。

和县长再次禀告于河北建设厅请求越境挑河，之后河北建设厅委派科员会同二县查勘，乃让南和民众越境挑河，纠纷才告一段落。

(2) 邢台与沙河之争

百泉泉源东南附近有葫芦套泉，与沙河较近。沙河县水利最为薄弱，只东北境内能分百泉支流余润，故而此处用水易与邢台发生矛盾。总体上，沙河县处于弱势，在于分邢台之余水而已。

两县之间发生直接水利关系始于万历十四年（1586）。当时“百泉东溢入葫芦套，又尽泄于七里河，邢、沙二邑苦之”。郡守陈九功倡议建堤坝于其北，而于南岸开渠。“计村落，邢台五，曰孔桥、曰王快、曰东市、曰南市、曰南市屯。沙河二，曰前徐王、曰后徐王。计役夫，邢台四百三十七，沙河六十二。计溉地亩，邢台四千六百三十，沙河八百四十。”[1] 渠成，名之曰“盛流闸”。此次建坝开渠知府主动批准，意在使百泉水溢入葫芦套而入七里河，由葫芦套向南开渠，由邢台汇入沙河境内，沙河能沾余润。盛流闸各村都有引水耳沟，俱各按时启闭，均沾水利。

至万历十八年（1590），二县发生水利纠纷。沙河民众欲分葫芦套、瓦河水利，控于知府。邢台县“被沙河县民告争（水利）。本县朱老爷断令，双庙以前，邢台正东，沙河正南，不许侵我瓦河旧例，亦不许别行挑沟。至万历十九年（1591），又被沙河民告扰，蒙本县朱老爷召沙河民。谕之曰‘尔胡贪而健讼若是！夫以邢民所买邢泉，不尽为邢之用，而以借汝。汝又不图报德，而狡焉以侵我旧例，是无厌也。’因蔽其罪，乃始顿首服请，勿复敢争也”。[2] 沙河民众一再告扰之原因，万历十四年（1586）沙河县分得邢台泉源水利应是主要理由。即邢台若再建闸开渠，沙河民众也应分得水利。无奈泉源处于邢台境内，分润与否在于邢人。

万历四十五年（1617），大旱。邢台县重立重兴闸，与葫芦套闸之水在孔桥村东分为南北两河。“北河仍浇灌孔桥、王快，东市三村地亩；南河浇灌孔桥、王快、南市、南市屯、两徐汪六村地亩，俱系买地挑沟，阔一丈，长九里。议定上村使水，闭下村正沟。该下村使水，闭上村耳

---

① 民国《沙河县志》卷1《水利》。

② 《直隶顺德府邢台县为新开闸口作兴水利事》，《惯调》，第363页。

沟。按日分时不容紊乱，民获大惠。”[①] 此时不仅扩大了灌溉面积，而且严格了渠道管理规章，也利及沙河县前、后徐汪二村。

崇祯十四年（1641），又复大旱。百泉源头处原有旧堤，溃败已久，知县韩接祖欲重新建，拦蓄百泉之水以便分水，立闸名曰“永利”。“未几，而沙民无端起讼。且蚁聚蜂屯，欲决百泉之堤，以槁邢东九村之禾。”[②] 韩县令坚决反对，禀告上官，得到批准，沙河不得分有水利。

葫芦套诸泉流量有限，只能靠建造堤坝蓄积水源，然后才能建闸分水灌溉。邢台民众尚且不敷使用，岂能分润于沙河？况且泉源在邢台境内，再决堤开渠入沙河县境，颇费周章，邢人自然不愿。在邢、沙二县水利纠纷中，沙河县一直处于弱势，分得水利无多。但沙河县却能屡屡“过问”邢台水利，上控知府官员意欲从中得到利益。诉讼是地方民众为争得他县水利之普遍做法，府级官员负有调解整个辖区各县纠纷之职，常为均衡各县水利，故有时会“满足”这些告控民众之愿。如上文邢台、南和二县围绕永利闸之纠纷中，知府“源流不察，市私恩”之举，即为明证。

2. 牛尾河用水纠纷

任县于四县中最处下流，为众水汇聚之所，水利不多，却常受水害。境内西有牛尾河，东有滏阳河，南部则有百泉、顺水二河可资灌溉。滏阳河从磁州以下各县节节闸留，余水无多，而“百泉、顺水其利多在邢南之境，至任已所溉无多。牛尾发源府北，邢民据其上流，任境所引皆其灌田之余也。任与邢、南旧有水利章程，达活水任分其五，百泉水任分其七，而上游之民壅遏如故”。[③]

任县所谓旧日水利章程只是站在己县角度之一家之言，前文已言这些水利章程并未切实执行，各县资料均表明章程极为模糊，甚至不提，在整个流域内发挥效用不大，所以“上游之民壅遏如故”。任县地方士绅同时又言：“地方官各护己民，即官于此者，能越境而与之争乎？”表达了这种无奈。

---

① 《惯调》，第357页。

② 《郡人能绍先百泉闸顶头堤序》，《惯调》，第365页。

③ 民国《任县志》卷1《水利》。

虽则如此，通过争水上控官府，或许能分得部分水利，这似乎是一种“投机”行为。上文提到，任县与南和县用水中也有矛盾，旧有“南七任八”之议，而邢台处于最上游，是矛盾中心，任县希望能从争水中得到实惠。隆庆二年（1568），邢台乡民欲在大贤铺东部相度地势开一水桶，下注景家屯诸村，告知知府费公得到批准。然而不久任县民众即“争水具告本府费公”，要求封闭水桶，以免减少任县分水量。之后邢台县得到抚按两院批准勘察以“水源出自邢台”，“永不封闭”,[①] 任县落败。

而最容易发生纠纷的地方自然是两县交界地区。牛尾河在邢台、任县交界地区立有几处闸座，邢台境内河曲村有仁义闸，任县境内河头村有南、北永固二闸。两县水利纠纷即主要围绕此数闸展开。

邢台东部河曲、李道二村“南迫牛尾，北近关湾。地夹二河，十年九潦，而任境西隅与邢接壤。吴岳、安庄等村地多沙碱，常苦亢旱”。若从邢台境内开沟下达任县，自可两利。光绪三十二年（1906），知府李映庚令两县绅董会议，邢邑廪生胡绪、任县贡生丁习祥等协商定议后，禀请知府相地开工。不过新沟接河曲村仁义闸，村民“乘间取水，易夺牛尾河下游水利”。其间“纠葛百端，动有窒碍或妒嫉以毁渠，或搅扰以争水，甚至汹汹欲斗”。[②] 后经知府、邢台县令共同定例，“令新沟只许使关湾余水，不准用牛尾河水。河曲仁义闸自按两节闭闸，浇地至白露节，启闭放水，不准余水放入新沟。其河曲东广义沟自可接大河引水，亦不准筑椿当坝。广义沟许河曲灌溉，弗许永固闸拦阻，河曲灌田已毕，亦不准放水归仁义沟，以夺永固闸水利”。在邢台，境内民众担心用牛尾河水利，减少水量；在任县，永固闸沿渠民众担心新沟拦截牛尾河水量，而减少己之水利，最终该沟只能用关湾河余水。新沟开成后任县获得“冻浇地七百余顷”。[③] 可见，在旧有水利基础上，任何新工程的创立都将牵动地方社会的诸多关系，若要保障工程实施，就必须得到官府干预。一旦这种干预力量撤除，地方之间用水仍要延续传统的上下游用水态势，

---

① 《兴隆闸改修永济桶记》，光绪《邢台县志》卷1《山川·水利》。

② 《南北永固闸断案碑记》，民国《任县志》卷1《水利》。

③ 《任县谢令麟芝禀查农田水利情形文并批》，《北洋公牍类纂》卷24《农务水利》。

上游劫夺下游水量之事仍会发生。

民国十七年（1928），邢台河曲村人拦河建坝，致使任县诸村不得水利，发生争水纠纷。任民赴状控于邢台县长，但该县长“畛域太明”，维护己县民众，任县民众不得不上控建设厅。据任县县长杨国经禀称：

> 据县属南、北永固闸代表李振兴、高文蔚、苏文明、李同、李维凯呈称：为拦河当坝，垄断水利，吁恳转呈委勘，以维民生事。窃邢、任两县旧有牛尾河一道，自邢台之河曲村，向东北流入任县之河头村。两村设闸蓄水，以资灌溉。在河曲村西旧有仁义闸，村东旧有广义沟。河之西岸砌有水口一眼，以便引水入沟，灌溉河曲地亩，向无闸坝杜绝下游水利也。在河头村西旧有公修南永固、北永固二闸，以灌河头、西留等十三村之田，立有笔记水簿，二百年来各灌各地，向无争执。至清光绪三十二年，有河曲村屠户柴二皮，上接广义引开新沟，欲卖水他村，以营私利。身等村当以巧夺水利，妨害下游，赴邢呈控，兴讼数年。蒙邢台龚前长批判广义沟只准河曲村灌地，永固闸不得干涉。但河曲村只许任水自流，亦不得拦河当坝及接开新沟，以夺永固水利，立有碑记可证。……不料今年十一月初旬，又有河曲村棍徒王八月、柴德馨为首，上接广义再开新沟，拦河当坝，卖水取利。身等十三村南、北永固二闸水利，尽被夺去……窃思设闸灌田二百年来原有旧约，中经涉讼判案犹新，奈该村一二棍徒，希图卖水肥己，紊乱旧章，重开新沟，杜绝下游水利。十三村民为生死所关，公推身等曾经呈请邢台县政府查卷，制止在案。奈该县长畛域太明，讨好邢民，置之不理。……因此吁请分别转呈河北省政府河北建设厅……秉公办理，以维向章，而全民命。①

文中邢台屠户自然是地方豪民、恶棍之辈，而任县上控代表当为地方士绅，两者俱是地方上有“权力”者。邢台前县令畛域太明，袒护己县之民，自可理解。所谓“旧章”，是这个跨界闸会之水簿，任县以此为

---

① 《河北省政府公报》1929年第175期，第18—19页。

准可分得部分水利。一旦邢台民众打破旧章，自然不愿，不惜上控省建设厅。这种级级上控是地方民众不得已之举，也是针对用水不均而对邢台民众独擅水利之自我保护，在各地均有表现。第二年，河北省建设厅厅长训令，邢台民众“所为殊属非是”，令该县县令迅速查明。

三　小结

沁河下游地区县际用水秩序是自下而上的，其间虽然济源县所获水利不多，屡次劫夺水利，但统县官员的监督、维护是强有力的，后世总要维持明代二十四堰用水之旧规。其原因，笔者认为沁河径流量大，济源五龙口恰处于沁河出山环流之处，此处最易开发渠道，济源虽处上流，似不能独享水利。明以前，历代于此开发水利皆以数县为主，而不独利济源，而且各灌渠大多从西北向东南分布，这是顺应自然地理形势。明清时期“自下而上”用水规章的细化，实是遵循沁河水文特点及前代陈迹，“利及邻封”，自然不比独利一邑要好。其间，府级官员在其辖境内一直干预县际水利开发之互动，在水利纠纷中起着仲裁的作用。当然，沁河下游地区各县实力的差距在地方水利社会中也作用明显，河内大族、河内县经济实力都较济源为强，从而能插手上游济源地方水利，不过在沁河下游地区，地方社会自身的作用，仍不比官方作用大。

相比之下，大陆泽流域县际用水秩序则没有沁河下游地区“严格”。明代水利开发多在邢台境内，间或有南和等县，流域水利开发是各自为政的，一开始就没有形成一个跨流域的用水秩序。我们只能看到县级政区交界地带围绕着一两个跨县闸会而形成的用水规章，可谓“交界线”上之水利互动秩序。然而，由于泉水流量自身的限制，一旦上游地区用水量增加，或泉源萎缩，势必减少下游水量。邢台境内闸堰截流，下游数县之“共同体”也就不复存在。而那些交界地区的闸会，只要上游邢台地方民众打破常规——建闸、开挖新渠或不疏通河道，共同体内邻县之村落则无水利可言，因而这种交界地区共同体只是短暂的“甜蜜”，而无法持久。“决裂”的情况总是发生在旱魃为虐的时期，以水为命，上游邢台地方尚且水源不足，又如何能分润于邻境？这正是各级官员在处理水利纠纷中的“合情合理”之辞，对于那些愤懑之县也必能发挥作用，使其俯首帖耳，服从裁定。

总之，地理区位和政区界限的存在使得县际之间用水差异明显，其中政区界限因素最大。同一政区内部可以调节，但当涉及大尺度的县际之间、府际之间甚至省际之间，政区界限的作用越明显。行政界限人为地分割了水利开发、管理的空间范围，上游政区内部的水利开发行为被认为是合理的。在大陆泽流域，邢台县在清代的水利作为被认为是合情合理的，以水出邢台而邢人用之为据，邢台民众用水置于下游数县之上，水利开发有着自己的空间界限。即使在沁河下游地区，下游县份对于济源水利开发之干预出现，但一旦济源民众在己境劫夺水利，自下而上的水利秩序则付诸具文。虽然县际交界地带有共同体存在或水利秩序存在，但一旦上游政区内民众有“非常行为”，共同体即动摇。“南七任八”与邢台无涉，南和与任县同样有上下游矛盾，原因正在于此。在大陆泽流域，我们则见到下游南和、任县、沙河之弱势，这些县只能通过诉讼的形式，通过官方力量裁决或可分得部分水利，但即使如此也不能得到邢台县之持久遵守。

因此，交界地区地方之间围绕水利开发而产生的诸多互动行为中，高于交界之上的行政力量之垂直干预是非常重要的。这些行政力量可以是统县政区官员，也可以是国家力量。但是国家力量在短期内插手这一地区的地方水利管理只是历史“事件”，与长时段内在的地理“结构”因素相比，则如过眼云烟。

第五章

灾害调适与省际冲突

——以卫河下游直鲁交界地区为中心

近年来，史学界对于灾害、环境变迁与人类社会应对的研究颇多。灾害频仍与社会应对的结果，必然导致民众的适应，这其间包括调整自身行为，采取措施以适应灾害环境等方面。故而单纯的社会应对并不能完全涵盖传统时代灾害与民生的全部，于是本书引入人文地理学“调适”（adjustment）概念，来代替传统“社会应对”研究。调适与应对并不相同，应对是指对对象的主观反应、采取的举措，而调适不仅包括这些反应、举措，还涉及调整行为与适应、预防、降低损失这一层次，“人类能够也确实通过调节他们的事件和行为减轻了环境灾害”。① 应对是手段但并非总能最终解决问题，而调适不仅包括应对，还包括应对之后，逐渐适应、预防和建立相关防患机制这样一个过程。“人类调适的概念，作为行为的实际引导、研究范畴和人类与自然界共存的理想，50 年前应用于洪泛平原，现在用于全球变化。”② “调适”概念起源于古代“与自然合作的艺术”，③ 但美国地理学者吉尔伯特·怀特（Gilbert White）最先给出了“它的现代表达”。他于 1942 年完成其博士论文，对“社会怎样调适自己以适应周期性的水灾有了更广泛的思考”，人类调适的思想甚至被称

---

① ［美］苏珊·汉森编：《改变世界的十大地理思想·导言》，肖平等译，商务印书馆 2009 年版。

② 同上书，第 87 页。

③ Glacken. C, *Traces on the Rhodian Shore: Nature and Culture in Western Thought from Ancient Times to the End of the Eighteenth Century*, Berkeley: University of California Press, 1967, p. 147.

为改变世界的十大地理思想之一。[①] 这一概念对于河北平原这样一个易发周期性河患的地区颇为适用。

本章主要讨论社会互动的激烈形式——冲突，冲突是因双方出现矛盾后产生的过激行为。当双方归属于不同政区时，地方官员各分畛域，各子其民，冲突无法得到有效解决，而不得不依靠上级行政力量的干预。本章所涉时段以明清民国时期为主，研究地区为卫河下游直鲁交界地区，围绕着直隶广平府清河县与山东临清州、武城三州县矛盾、冲突展开讨论，同时也要从“尺度逻辑”“空间关系”的角度，考察此地区以外更大时空尺度的人文环境、水系变迁和水患与本地区的关系。从流域水资源管理角度来看，明清时期卫河上游以国家垂直控制地方水资源为漕运所用为特点，而卫河下游地区则以对水患的防控为主，这包括官方与民间两个方面。

一 疆界错壤与水患频仍

卫河历大名、馆陶至临清入会通河，始名南运河。临清以西地势低平，卫河河道渐趋平缓，加之泥沙淤积，极易决堤泛滥。而漳河等河的摆动、汇流更加剧了水患发生的频率。卫河与南运河接壤地区两河皆有堤防以备水患，维护堤防成为河道两岸地方民众每年要承担的义务。不过，堤防的存在又使两岸河流或洪水无法轻易汇入运河，在汛期，一旦泄水不畅即酿成水灾。加之这一地区废弃河道较多，极易积水，下游排水不畅即危及地方民生。在政区上，这一地区处于直隶、山东交界地区，疆界犬牙相错，直鲁疆界在这一地区颇不“平直”。在河道、水患的管理上，两省之间难以协调，矛盾、冲突不断，尤以水患调适冲突最为突出。因而，对这一地区水患与交界双方调适与冲突的剖析，能为我们提供一个交界地区灾害调适与地域互动的良好案例。

---

① ［美］苏珊·汉森编：《改变世界的十大地理思想》，肖平等译，商务印书馆2009年版。

（一）疆界错壤与插花地

临清州属山东省，武城县归其管辖，清河则为直隶省广平府辖县。由于直隶与山东这段交界地区的省界没有以卫河、南运河为界，临清州与武城县在卫河、南运河西岸有大片土地（卫河西岸还有丘县，也属临清州管辖），清河就夹在临清与武城之间，政区界线犬牙相错。这种政区界线从明代即是如此，由来已久，清代因袭而无所变更。直至 1964 年方以卫运河为界，析卫运河西部原山东省临清县的五个区，划归河北省设置临西县；将山东省武城县河西地区划归故城县，故城县河东村划归武城县，这样才使这段省界趋于平直。在卫河西岸临清处于上流，一旦发生水患，只要开挖渠道将水排干即可。清河居临清下流受其所排之水，武城又处清河下流，也要承受清河之排水。犬牙相错的政区格局使得防御水患问题往往难以协调而发生矛盾，清河夹在临清与武城之间，处于矛盾的中心位置。《清河县志》也说："（清河）东临山左，南近河阳……犬牙相错。"①

此外，山东临清、丘县、冠县在直隶清河、威县、南宫等县接壤处还有众多插花地（方志文献中也称为"飞地"）。插花地分布与清河西部、南宫县南部、威县东部地方，皆为山东临清、冠县、丘县"飞地"。发生矛盾和水利纠纷时，直隶诸县无法管理，而飞地所属州县也是鞭长莫及，这在一定程度上也加剧了直隶与山东疆界错壤之程度。清河西面、南面皆为临清县属村落"包围"，居于下游，这为后来清河应对水患时与临清发生矛盾奠定了"政区基础"。康熙《临清州志》尚没有说有飞地在直隶境内。② 民国《临清县志》引乾隆十四年（1739）《临清州志》称："自城东汶河北浒起，为会通一里，逶迤北转为二、三、四里，均在卫河东。其五、六里则夹在河北省（原文如此，应为直隶省，当为时人转引失误所致）清河、南宫界内，形如二灵芝，俗称十八村，即本县插花地。"③ 乾隆五十年（1785）《临清直隶州志》舆图清楚地标明州属会五、会六里

① 同治《清河县志》卷 1《疆域》。

② 康熙《临清州志》卷 1《疆域》，康熙十二年刻本。

③ 民国《临清县志》卷 2《疆域志》。

介于清河、南宫、威县之插花地与临清州并不连接，孤立于直隶省内。[1]至民国时期，此地为临清县第十区。“在城之西北，孤悬河北省内，与本县他区不相连属。其地又分为二区，亦不衔接。南区甚小，有村庄三。西界丘县十八村，南界冠县十八村，东北界清河县。北区较南区面积大数倍，有村庄十三。南界丘县十八村，南宫地包起东北西三面，共计一十六村。仅有会五、会六二里，在本县十区中地域为最小。”[2]

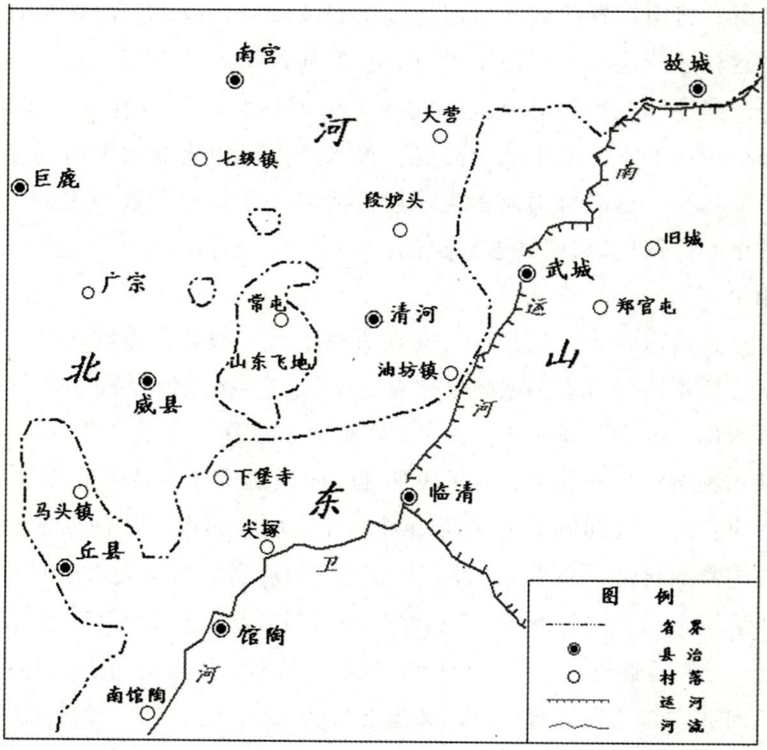

图 5—1 1934 年直鲁交界地区示意图

说明：图片据丁文江、翁文灏、曾世英编纂《中国分省新图》编绘，申报馆发行 1934 年第 2 版。

---

① 乾隆《临清直隶州志》卷首《州境图》，乾隆五十年刻本。

② 民国《临清县志》卷 2《疆域志》。

清河县西部接壤山东临清、冠县、丘县之插花地，距离清河县城里数在十五至二十里之内，距离山东诸县却较远，见表5—1：

表5—1　　民国时期清河县周边山东插花地

县名	面积	地亩	区公所	保卫团	学校	距清河里数	距该县城里数
临清	约三百余方里	约九百余顷	第十区区公所设于桑园村	保卫团一处	高级小学校一处，初级小校十二处	十五里	与清河梨杭村接壤，距该县城五十里
冠县	约三百五十方里	一千一百八十七顷	无区公所，有粮柜一处	民团大队一排，保卫团一处	高级小校一处，初级小校十五处	十八里	与清河三食店庄接壤，距该县城一百三十余里
丘县	约三百二十方里	一千一百四十顷	第五区区公所设于辛店，有粮柜一处	保卫团一处	初级小校十三处	二十里	在临、冠插花地之西，与临冠插花地接壤，距该县城一百三十余里

资料来源：民国《清河县志》卷2《疆域》，民国二十三年（1934）铅印本。

清初顾炎武也曾注意到此处疆界错壤、插花地之情形，其言："自古以来，画疆分邑，必相比附，天下皆然。乃今则州县所属乡村，有去治三四百里者；有城门之外，即为邻属者。则幅员不可不更也。……管辖之地，多有隔越……清河（属广平）、威县之间，有冠县（属东昌）地。……或距县一二百里，或隔三四州县。薮奸诲逋，恒必繇之。"顾炎武引述《周礼·职方》说职方（形方）氏掌制"邦国之地域，而正其封疆，无有华离之地。有王者作，谓宜遣使分按郡邑，图写地形，奠以山川，正以经界。地邑民居，必参相得，庶乎狱讼衰而风俗淳矣"。[①] 顾氏建议按照山川形便原则调整县级政区疆界犬牙相错、插花地之情形，以

① （清）顾炎武：《日知录》卷10《州县界域》，黄汝成集释，上海古籍出版社1985年版。

减“狱讼”、正风俗。言下之意，插花地对于行政管理多有不便，易为盗薮。

实际情况就是如此。“插花地远离辖区的形势，还不自觉地为不利社会稳定的活动提供了庇护。”① 民国《清河县志》则说：“以上三县插花与各该本县非特不相连接，且距离各该县城百余里或数十里之遥，中间颇有间隔，一切行政鞭长莫及。盗匪乃利用此弱点，视为渊薮。县属及邻封各县土匪之多，实原于此。”又言：“（清河）蕞尔弹丸，仅守一隅。况复密迩东省，地多插花，不特民俗习染逼近齐风，而环境多匪，此剿彼窜，诚莅斯土者所当注意也。”②

由于河北平原多数河流汛期较为一致，漳、卫等河汛期洪水皆积聚于这一直鲁交界地区，水灾发生时呈现“一体化”的特点。但是政区界限犬牙交错，一处防堵无关大局，最终形成一处决口都要遭灾之特点。乾隆二十二年（1757）六月二十八日，山东东昌府禀告：“所属武城县境运河，计长一百三十里。北抵直隶故城，南接夏津，交错直隶之清河，直达临清，俱为该县上游。近因河水泛涨，虽竭力督夫时加防护，而临清州之范子厂及塔湾二处运河决口，由东北泛溢，经清河县之油坊、夏津县之渡口及夏、武接界之毛家店……田禾庐舍悉被淹浸。漫溢西北，水势汪洋无定。”③ 因此，在这一交界地区水灾防护中，交界各方的整体协调是一个至关重要的问题。

总之，疆界错壤，加之插花、飞地大量存在，清河与山东临清等县在行政管理及纠纷处理方面颇为艰难。政区原因造就了矛盾的出现，也加剧了矛盾的处理难度，河患调适矛盾与处理即是一个方面。

---

① 傅辉：《河南插花地个案研究（1368—1935）》，《历史地理》第19辑，上海人民出版社2003年版，第47页。

② 民国《清河县志》卷2《疆域》。民国政府着手解决插花地的问题是在1941年，据《河北省顺德道公署周年特刊》（1941年，第44页），顺得道邀请各关系县及当地驻军部队长官组成插花地整理委员会共同研讨解决插花地归并事宜。其中东临清县属之宫家庄、杨李张屯、刘家庄、张家庄、北侯林士、团堤、桑园、后中、前中、南侯林士、中侯林士、潘家庄等十余村，远飞在南宫县西南境，拟划归南宫管辖；临清县之南仓庄、豆方屯、牛家寨等三村远飞在清河县西境，拟划归清河管辖。

③ 水利水电科学研究院编：《清代海河滦河洪涝档案史料》，中华书局1981年版，第136页。

（二）水患与废河纵横

清河与临清、武城在卫河、南运河西岸地区，水患频仍。其原因首先是卫河的决溢；其次是这一地区废弃河道、洼地众多，又淤积较甚，排水不畅，易发生涝灾。

就地势而言，河北平原地势大抵向东部倾斜，在直、鲁交界地区地势极为低平，历来是水灾发生的主要地区之一。卫河属于北方漕运管理河流，在具体管理中既要用水，又要防止河流决溢，堤防颇为关键。卫河在临清以南和以北河段南北地势渐趋低平，加之多流汇聚，也常有决溢之患。临清卫河西岸地区、清河县与武城县南运河西岸地区，常受卫河决堤之害而易为泽国。嘉靖《武城县志》说："武城地卑土淖，又当卫河下流之冲，三面受害。一遇到水涝，堤岸溃决，室庐荡没。"① 康熙年间，漳河入卫，"漳水全挟卫水而来，以一线运河承受之，此泛滥所由日甚欤。频年以来屡有水患，轻则淤塞闸口，或冲决堤岸。"② 卫河伏秋易于水涨，沿线地方虽然"岁修无敢懈"，但沙土浮松，堤防易于溃决，地方官唯沿堤种柳为务。③

清河县同样面临卫河汛期决溢之危害。卫河汛期河势湍悍，"每秋霖汛滥，灌以漳、沁、安阳、高村诸河之水，洪涛奔驰，堤防稍不及，即冲决漫衍。漂室庐，没禾稼、城池府库"。在卫河防洪上也表露了隔境不便，直鲁二省难以协调之问题。清河县所辖运河"上界临清下抵夏津凡四十里，每秋水时至，辄督夫千余，防守戒严。恐河口一决，或灾城邑"。④ 只是从馆陶至夏津有要害二十六处，其中尖塚、吊马桥、白庙诸口最为要紧，皆在山东境内。清河县"岁役夫八十，为防水。至则益乡夫数千，昼夜戒严，仅免一决"，而"尖塚、白庙、吊马桥属在他境，彼民肥瘠不关，莫肯为防"。⑤

这一地区土壤盐碱化严重，也因水患频仍，地势低平，排水不畅所

---

① 嘉靖《武城县志》卷1《疆域志·山川》。

② （清）许士准：《临清州西南宜设减水闸议》，民国《武城县志》卷13《艺文》。

③ （清）厉秀芳：《武城民堰种柳记》，民国《武城县志》卷14《艺文》。

④ 同治《清河县志》卷4《山川》。

⑤ 民国《清河县志》卷2《河渠》。

致。山东丘县“自顺治九年漳水横发，连渰七载，地亩沙压，人民逃亡。西北四十余村尽成沙丘墟，满目荆棘，烟火断绝”。[①] 武城县“地多沙碱，不堪行犁……土卑土淖，一遇水决，四境尽为洿池，为山东凋敝之邑”。[②] 清河县盐碱化程度较重，其县城在唐代永昌元年（689）即“缘清地久积碱卤，遂移于永济渠以东”。[③] 宋代老城至明代正德年间，“因地多斥卤，修补不坚，每易倾颓”而迁城。1949 年以前的旧城附近，沿清凉江南岸、古莲花池附近的村庄，每逢春天，农民刮“碱土”淋硝盐。[④] 究其原因，与运河堤岸阻碍沿岸各县排水，洪水期“水无发泄，积久成濠，渐变卤碱”。[⑤]

在清河、临清、武城境内还有多条枯河，文献中称为之“废河”。这些废河平时无水，夏秋汛期却能注水，但河道淤积，又多为农田所垦，反而易发涝灾。

南运河西岸最大河道为清洋江，又名清凉江、黄芦河、黄潞河等，文献中一般将其看作漳河废弃河道之一。漳河在明清时期河道摆动极为频繁，学界多有研究。这里不妨引述时人言论，如称：“明初，漳水自临漳县入成县，注魏县。至元城县之西店东，由馆陶县入卫河。正德初，徙于元城之阎家渡入卫。又十余年，自魏县双井村入卫。嘉靖初，自回隆村入卫，后复自内黄县石村入卫。万历二年（1574），漳河北溢由魏县、成安、肥乡入曲周县滏阳河，而馆陶之流绝。国朝顺治九年，漳水又自广平县之杜村，经元城县贾家庄后绕至广平之平固店，直注丘县。分为两道，一从县西经直隶广宗县下达滹沱河，一从县东经直隶清河县北至青县入运河。”[⑥] 从清河县至青县这条河道就是清凉江。首起广平府广平县，东北历山东丘县，直隶广平府清河县，山东武城县，直隶景州、交河、沧州至天津府青县入南运河。清凉江平时无水，夏秋暴雨方能汇

---

① 民国《丘县志》卷 1《地理志》，民国二十三年铅印本。

② 顾炎武：《肇域志·山东》。

③ （宋）乐史：《太平寰宇记》卷 58。

④ 河北省清河县地方志编纂委员会编：《清河县志》，中国城市出版社 1993 年版，第 108 页。

⑤ 王建革：《清代华北平原河流泛决对土壤环境的影响》，《历史地理》第 15 辑，上海人民出版社 1999 年版，第 163 页。

⑥ 乾隆《东昌府志》卷 6《山水一·漳河》。

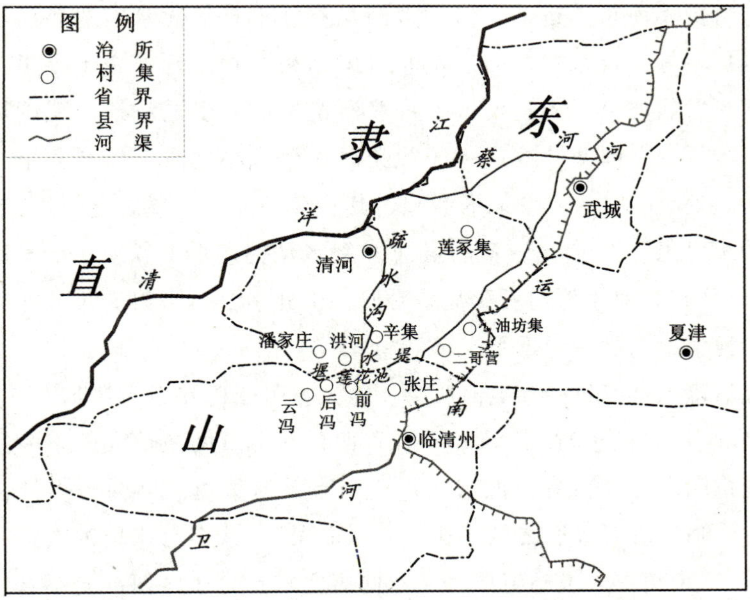

图 5—2　1911 年直鲁交界地区水系示意图

说明：政区界限据复旦大学 CHGIS 数据库，1911 年县界。

聚众流，成为运河西岸地区沿河道村落的主要排水河道。

清河县还有一字河，又名邑字河，在县东北，“上由莲花池下至武城县。每遇水患，泄安家洼一带之水而入蔡河”。[①] 一字河为清河东部泄洪要道，与临清接壤处之莲花池、安家洼、洪河等低地洪水多由此河排泄。蔡河西起清洋江，东通武城卫河减水闸。据《行水金鉴》载：“蔡河起自段沙土村北，经张宽向东北入武城界，在三官庙村入御河，可泄清河县东北部一带积水。”还有七里河，在清河东南七里，为县令卢士杰所浚泄洪河道。“上自莲花池西，由县东门天齐庙口与疏水渠并入黄芦河。”这些河流平时多“涸枯”，地方人士却说：“惟霖雨过大，及运河与他河涨决时输入该河，为患颇巨，故不敢以涸河而漠焉置之。”[②]

武城境内也是如此。康熙四十五年（1706），济宁道道员曾议将清凉

① 民国《清河县志》卷 2《河渠》。

② 同上。

江之水入清河县蔡河再引入卫河，以入卫济运。清河县勘禀后认为，清凉江虽可由蔡河东入运河，但“蔡河虽有河形现今无水，地势高于黄潞河五六尺不等。自张宽村而东俱系民间承粮之地，延袤二十余里，至武城之北三官庙方可引入运河。若将蔡河挖掘深通引之济运，无论坏民田无数万难开挖，即使开挖成河而黄潞河现今水小之时，尚有宽至二三丈五六丈之处。一经水发，汹涌浩瀚，其势莫当，恐一线之运河不能分受，反有冲决之患”。[①] 道光《武城县志》纂者认为若非此次禀告，“运道民生恐未可问”，对于清河所禀甚是赞同。由此引文也可以看出，在清康熙年间诸河道就已淤积深重了。

临清境内枯河集中在卫河西岸，地方志明确称其为“废河”。这些废河遗迹颇多，“极难辨识”，其要者有四，其中有两条最大，其一为老黄河，由馆陶东北入临清，再东入夏津，为黄河故道。因河道多沙，又名沙河，为临清废河故道之最。其二为“旧渠”，或名汉张甲河故道或即清河故道，“由馆陶入境逾卫河。经黎博店之东，台庄之西，老军营、老官寨之东，过孙槐庄入清河县境之老官沟，下达清凉江”。[②] 这条废河随地而名，有于家河、梁家河、洪河诸称，临清西部地区皆靠此水泄洪。该河也是历代临清与清河因排涝、防洪矛盾集中之焦点。

就地势而言，临清卫河西岸地势高于清河与武城，但皆属平原，为河北平原的东南缘。这一地区地势低平，且有一些洼地分布其间，如临清与清河交界地区的莲花池、安家洼等洼地。受上游地区洪水和运河堤岸顶托作用，这一地区极易发生涝灾，若要排水则要沿运河西岸临清、清河、武城等县一直向北汇入一些古河道或其他河流。这些洼地平时无水，尚可耕作。一旦“恒雨浃旬，则临、冠诸道之水数十里湃聚洪河、莲花池、田家洼诸所，停蓄如盆盎，田庐尽坐鱼鳖”。[③] 道光三年（1823）九月初一日蒋攸铦奏称：直隶地方“七月下旬以来，晴霁日多，积潦渐次消落。……惟积洼之区甚多，水无去路……兼之山东临清漫水下注，

① 道光《武城县志续编》卷2《山川》。
② 民国《临清县志》卷2《疆域志》。
③ 同上。

直境毗连州县，现尚一片汪洋。不特无可疏消，并且无从查勘”。[1]

水灾之影响是深重的，官方以遭灾村落数目、歉收情况和灾民状况作为统计、报告之主要内容。乾隆二十二年（1757）七月初九日，方观承奏称：“广平府属之清河县，前因山东临清州之尖庄、姜家村两处漫水，淹浸百有余村。今临清之镇定门复报漫溢，水更汹涌，清河连前被水村庄共三百二十六处，深一二尺至六七尺不等。”[2] 道光三年（1823），琦善奏称：该年直鲁交界地区卫河水灾“实属非常异涨，为往年未有之事。……临清州赵家庄等九十九村庄成灾八分，大屯等一百四村庄成灾六分，蛤蜊屯等五十八村庄成灾五分。……武城县小商庄等四十二村庄成灾七分，刘辛庄等一百一村庄成灾六分”。[3] 光绪十六（1890）至二十一年（1895），直鲁境内连年水患，卫河下游直鲁交界地区水灾更甚。光绪十六年（1890）十月十四日，李鸿章奏称：“查顺、直各属，本年夏间淫雨兼旬，连宵达旦。……南运河……先后漫溢多口。上下数百里一片汪洋，有平地水深二丈余者。庐舍民田尽成泽国，小民荡析离居，凄惨万状，灾象之重，为数十年所未有。……计灾重者通州等五十五州县。……清河县张家庄等五十六村成灾七分，鲁家庄等四十二村成灾六分，坝营集等十九村歉收四分，赵家庄等四十五村歉收三分。”[4] 光绪二十年（1894）、二十一年（1895）水灾中，官方尤其提到了清河南部诸村落受灾情形。如光绪二十年（1894）十一月初六日，李鸿章奏称：“查顺、直各属……自五月下旬起，至七月底止，节次大雨，淫霖不休……平地水深数尺至丈余不等，汪洋一片，民田庐舍多被冲塌。……灾区之广，灾情之重，与光绪十六、十九两年，大略相同。清河县辛集等一百四十七村成灾七分，连冢屯等四十八村成灾六分，王太、和庄等十七村歉收四分，谢炉集等五十八村歉收三分。”[5] 光绪二十一年（1895）十月二十一日，直隶总督王文韶又奏：“查顺、直各属，本年四月初间，连日

---

① 水利水电科学研究院编：《清代海河滦河洪涝档案史料》，中华书局1981年版，第392页。

② 同上书，第142页。

③ 同上书，第387页。

④ 同上书，第547—550页。

⑤ 同上书，第582页。

大雨如注，各河同时暴涨……伏秋节次大雨，加以山东临清运河决口，奔腾汇注，汹涌异常。……清河县东潘家庄等五十八村成灾六分，三十里庄等四十一村歉收四分，腾蒿村等九村歉收三分。”①

总之，水灾频仍是这一交界地区民众面对的司空见惯之事，在这种频繁发生的生态灾难作用下，地方民众长期以来逐渐形成了诸多水灾调适举措。

二 水灾调适

直鲁交界地区河患频仍既有气候原因，也有地势及运河堤防之原因，但河患酿成灾害则多是缺乏统一协调、妥善调适之故。政区疆界犬牙相错，在应对河患时省际之间难以协调，彼此各分畛域，且无妥善调适方法，故而酿成灾害。吉尔伯特·怀特列举了八种人类对洪水调适的方式：加高平地、通过土地整理减轻洪水危害、构筑堤坝免受洪水危害、提供及时的警告和疏散、对建筑和交通进行结构上的改变、改变土地利用方式以降低脆弱性、分发救灾物资和推行保险。② 他还指出：“每个地区的人都在忍受或分担着灾害带来的损失，每个地方的人都在试图改变灾害事件或避免灾害的影响，有些人甚至要变换他们使用资源的方式或迁到新的地点。”③ 这八种调适方式对我们研究历史时期洪泛平原地区的人地关系也颇具借鉴意义。结合相关史料，我们可以将历史时期华北平原地区的水灾调适方式归纳为如下数种。

（一）择高地集居

放弃原来居址，改变居住位置和居住形式是一种“目的性调适”，目的在于减少灾害损失。择居高地是华北平原民众自古以来就选择的应对

---

① 水利水电科学研究院编：《清代海河滦河洪涝档案史料》，中华书局1981年版，第589—590页。

② ［美］苏珊·汉森编：《改变世界的十大地理思想》，肖平等译，商务印书馆2009年版，第88页。

③ White，G. F.，*Natural Hazards*：*Local*，*National*，*Global*，New York：Oxford University Press，1974.

河患之调适行为。早在先秦时期，华北平原有许多地名有“丘”字，如平丘、楚丘、帝丘、陶丘、商丘等。学界一般认为“丘”是一种突出平原之高地。这些地名是先民因平原河患频发，择居高地形成聚落而得名，部分地名至今仍在沿用。

在直鲁交界地区，一些地名多以“埝”或“冢”命名。史料记载，隆庆三年（1569），“河决尖埝（冢），平地水深丈余”。清河“民多避居九埝得免”[①]。埝或冢，有高大坟墓和山顶之意，不同于一般低地。尖埝处临清与馆陶交界之卫河西岸，九埝为清河县内高地。清河境内还有一些地名有“埝”字。如连埝，清代为清河东北境一大集镇，地势高，民户繁多，今名连庄镇。黄宗智在研究冀—鲁西北平原的生态、居住形式与自然村结构时指出，华北平原的农村居住形式是集结式的。“华北平原的村民在高地建屋聚居，以避洪涝，可能亦有集体对付灾害的用意。”[②]本书考察之直鲁交界地区也包括在黄氏所说冀—鲁西北平原范围之内。王建革虽然认为黄氏所说仍有讨论的余地，“华北平原不是整体地处于洪水危害之下，真正的洪水泛滥地带，村庄反而不稳定，发展规模也不大，像是散村一样。大村落位于那些长期没有洪涝灾害的地区，在那些堤防建设好，长期土壤淤肥影响的沿河地带，大村落相对更多一些”。[③] 但他也承认河患对于人们择高地居住，甚至人为地修成高地建村的确产生影响。“无论是择高地建庄还是重建村庄，村庄合并的过程也是内聚型村庄发展的过程。”“在聚落的发展中，有一项因子不容忽视，这就是协同防御洪水”[④]，从而产生集居式聚落。

明初以前，受元末战乱，河北地区千里内几无人烟，一片荒芜。明初移民后，人口渐渐繁衍。民国《清河县志》说：“清凉江即古黄河，绕清河西北，每逢秋霖水涨，悉成泽国，各沙滩村镇被害尤烈。东南村庄之邻运河者，每遇河决，泛滥为灾。故清邑至元末，居民鲜少矣。至明

① 同治《清河县志》卷4《山川·河渠详记》。

② ［美］黄宗智：《华北的小农经济与社会变迁》，中华书局2000年版，第62页。

③ 王建革：《传统时代末期华北的生态与社会》，三联书店2009年版，第362页。

④ 王建革：《华北平原内聚型村落形成中的地理与社会影响因素》，《历史地理》第16辑，上海人民出版社2000年版，第89页。

初移民后，村落始星罗棋布，聚族以居。”① 集居型聚落规模较大，一般来说水患所影响的人口自然要比规模较小的分散聚落大。但集居式村落在应对洪泛时其力量也自然增大，当水患发生时，往往举全村之力采取措施。甚至当与其他村落发生矛盾、发生械斗时其实力也就更大。可以说，村落所集聚的人口数量也即聚落规模是其实力和敢于械斗的“保障”。

当然，政区界线是客观存在的，任一政区幅员在一定时期都是固定的，其政区内部民众应对洪涝选择高地集居的行为必然有所限制，而不可能任意迁徙。而且自明代以后，随着人口增长，土地垦殖的发展，华北平原各地聚落选址已基本固定，随后大多是内部规模的扩张，而不会出现频繁的迁徙。因此，择高地集居只是水患调适方式之一，而非最主要的方式。

（二）开渠排涝

通过开挖渠道以排泄洪水是一种较为常见且重要的灾害调适方式，表现为官方和民间两种方式。在直鲁交界的运河地区，卫河是水利的中心，官方代表着国家层面，官方开渠往往深思熟虑，要反复思考漕运或其他重大“国计”层面。民间则从小民自己的身家性命出发，在层次是“乡土”的，开渠较为无序，多是小民的自发行为，在交界地区极易产生纠纷。

1. 官方排涝

上文已言，康熙四十五年（1706），山东济宁道道员曾建议将漳河之水由清凉江分流入蔡河，入运河济漕。因清河知县禀明河道淤浅，恐致涝灾而作罢，故而在面对重大利弊之上，省际之间清河与武城尚能有所协调。此后又有人建议于临清西南建减水闸，于卫河盛涨之时分水西北过临清、清河汇入清洋江。“水涨则泄之，以分其势，上流既减，下流自安。”此法虽较中肯，地方人士却说：“清洋江自武城以北，已多成高壤，不可复使受水。伏思以国家之利害论，而漕运大而州县之利害小；以一方之利害论，则临清以北一带临河州县之利害大，而清洋江河身之利害

① 民国《清河县志》卷2《疆域》。

小。且清洋江自水不通，流民渐侵占，所输不过河银，若惜此区区之利，而运河水大无泄，势必冲决堤岸有碍漕船。况临清以北地方既被渰没，清洋江亦必不免。盖南高北下，水终归于清洋江，其势然也。”① 即认为考虑国家利弊，地方小民区区之利也当不惜。但是清洋江久被淤塞，一旦分流清河、武城地方恐遭水患，且涉及两省地方民众切身利益，“虽施之一村一落且难，而况连阡接陌，跨直、东两省之地乎？”小民安土重迁，坏地开渠，势必减少土地收入，则又不便。

道光初年，上宪又饬清凉江沿线地方州县禀明清凉江水文情况，以裁定是否可以从临清境内挑河，分卫河水势入清凉江，以缓解卫河汛情。武城知县徐宗干认真踏勘后禀告说：

> （清凉江）虽淤塞已久，而河底洼下，故水易聚；河身宽大，故水易涸。所有卑境附近各村庄坡水向来存注于此。……如于上游开一支河，疏之以复其旧，诚不与水争地之良法也，但宽长深广非稍加挑浚即可通畅。就现在形势而论，于各处坡水容纳有余。如上游既有来源，南高北洼，水势建瓴，毋庸加宽，必须加深以防漫溢。
>
> 至按地派工，直、东两省犬牙相错，分段派夫，似多不便。且小民识见短浅，囿于一隅，田间沟渠未通，开此河亦属无益。沟渠既通，即不挑而水亦可泄，督令民修未能乐从。②

徐氏认为清凉江河身低洼，从上游开一支河汇入清凉江以分泄卫河水势固然可行，但并非“稍加挑浚即可通畅”。而且，若要直、东两省民夫派修恐多不便，一则疆界犬牙相错，易起冲突，地方职责不明。二则小民田间沟渠尚且未通，时常患涝，又岂能愿意大规模挑挖清凉江。

总之，明清官方挑河的目的主要在于保漕济运，分泄卫河水势而已，而重点不在民间排涝，甚至不惜小民利益，会加剧沿线地方的水患。即

---

① （清）许士准：《临清州西南宜设减水闸议》，民国《武城县志》卷13《艺文》。

② （清）徐宗干：《上程大中丞议水利书》，民国《武城县志》卷13《艺文》，民国元年刊本。

使官方挑河也会因隔境不便而并不能很好处理，更何况民间面对水灾时各自为政，以邻为壑呢？

2. 民间排涝

民间开渠排涝发生在雨水过多或卫河汛期泄洪时期，它是水患时期乡村社会采取的适应性调适行为，但因调适行为的随意性及行政归属的不同往往易引起冲突。开渠可以是重新挑浚原有淤塞渠道，如清河境内则有一字河、七里河等旧有渠道，只要挑浚深通即可。也可以是重新开挖渠道，以泄洪水。民间小规模开渠工程由村民自办即可，但跨县域大渠之开挑，因涉及诸多工费、人力问题，其兴修必须节节上表，得到批准后方能实施。

明弘治中，清河县三老宗安等诣阙上书，直呈本县水灾情形曰："水岁浸，清河沼而地鱼。而民壮者携老扶幼，沾濡手足。终岁汪洋，租庸无所出，不足以报县官。今四海统一，德泽汪濊，方以爱养元元为首务。奈何置数千顷膏腴之田，民十余万困于水而不为之所？积久不消，且为漕河害，非细故也。"[①] 于是朝廷派官督派夫役，于清河境内开渠一道，南自莲花池、洪河，北达清凉江，"广二丈，深等之"，长四十里，名为"疏水渠"，以泄河决及诸洼地积水。这是清河境内最大的人工疏水渠道，主要泄清河东南、南部诸洼地及河溢积水，至清末尚存。

一县之内上下游村落之间开渠排水较易协调，但当放置于不同政区时，情况就没那么简单了。前文所言临清西北境有一重要泄洪渠道，泄莲花池诸洼地之积水，渠道下游直逼清河境内。周边村落也各自挑挖小渠泄水，渠道皆北入清河境内。清河南部本就低洼，又增临清所排之水，为患更巨。清河则处武城上游，清河西北部村落也会挑渠将己境之水排入武城境内。三州县村落各自为政，排水并无章法。上游村落在洪水时直接开沟泄水即可，而不会考虑是否会淹没下游"境外"村落，下游村落就会采取另一种调适举措——筑堤挡水。这就出现了两种矛盾，一是上游开沟排水造成下游村落淹没；二是下游村落筑堤挡水，致使上游村落排水不畅，也发生内涝，直鲁交界地区因水灾调适而发生冲突就是围绕此两种矛盾展开的。

---

① 同治《清河县志》卷4《山川·河渠详记》。

（三）筑堤防水

1. 官方筑堤

这种方式由官方监督，但具体摊派则落到小民之上，成为民众之“役”。主要针对卫河、南运河而构筑堤防。

清河县堤工甚为紧要。早在明代，贾待问就说：“清河在前代为望郡……旧有护河堤长四十里。每遇秋水，县大夫督夫千余，昏旦堤防，诚虑河一决，则败田庐，没禾稼，灾及城邑，不可救药……以故是邑河防视他务为要。”[①] 武城县民同样负有护堤之责。道光二、三两年（1822、1823），武城屡遭卫河决溢，知县徐宗干上疏言及该县堤工说：

> 查山东运道年年淤浅，常被水冲，最关紧要……伏查卫河发源于山西、河南漳沁诸河，来源皆旺。唯卫河并无闸座拦蓄，奔流北注，消长靡常。又如卑县两岸堤埝例系民修，因频年被水，收成稍歉，民皆惜费，以致最要处所残缺卑矮。迎溜、扫湾在在危险，一遇盛涨即至漫滩穿堤。……及伏秋盛涨，附近村庄日夜防守。而去堤遥远之民，各分畛域，袖手旁观。且本境堤堰缺口，本境之被害浅，而下游邻境之被害深。本境受本境之水害浅，而受本境上游之水害深。如武城上年大堤口、漫口被淹，则恩县居多；夏津燕窝漫口被淹，则武城居多。以是本境之民视堤埝唯无碍，而隔境之民难以易地相劝。甚有私行刨毁，以邻为壑。恃强圈筑，曲防贻害，形诸争讼十余年而不结愚昧之见。窃谓修固堤防，殆所谓急则治其表，而通其血脉，利其筋络。必须有宣泄之宜，斯水患弭而水利乃兴。[②]

徐宗干指出了同属山东临清州所辖的恩县、夏津与武城三县在面对卫河决溢之不同态度，各县沿运堤村落因地理区位之不同，上下游很难协调，以邻为壑之事屡屡出现。若要维护卫河堤防安全，则不得不协调

---

① （明）贾待问：《护河堤记略》，乾隆《广平府志》卷7《水利》。

② （清）徐宗干：《上程大中丞议水利书》，民国《武城县志》卷13《艺文》，民国元年刊本。

好沿运各县统一管理之问题。在上述诸多护堤矛盾中，有刨堤，也有筑堤，形式各异。行政管理的不统一，无疑加剧了卫河堤防之危和各县之矛盾。

那么省际之间面对水利问题又当如何呢？应该指出，在面对重大水利问题时，跨省之间必然要有协调之举。清河县护河堤在“县东运河西岸，长四十里。按威县、清河与山东之临清接壤，卫河水盛，则有泛溢之虞。本朝乾隆六年二邑与临清协筑子堤，置汛防护，于是永庆安澜，民享其利”。[①] 但是这种情况在地方上恐怕并非“常态”，纷争必不可免，地方官员对于省际之间各分畛域导致水利失修、频遭水患之事也是明了的。道光初年，山东省级官员告谕地方：“以山左频年被水，总因大小河道淤塞之故，饬即督同绅士耆民悉心相度。如系本境雨水，择低洼地亩凿为深塘；如系外来之水，须如何疏浚可以不涝，按照地亩均匀出夫。若非民力所能办者，撙节估计借项修理，不得畏难苟安，亦不得强压纷扰等因。”[②] 徐宗干则说，治水“必须运动邻境，两无所防。顾民田，则运道有碍；顾本境，则邻邑有妨。一县各治一县之水，其害尤甚于不治”，[③] 这恐怕代表了交界地区地方官员的无奈和真实言论。因此，地方之间如何协调则需要行政干预与协调，否则仍归于一纸具文。

2. 民间筑堤

民间筑堤，包括在地势低洼地带、易涝渠道沿线筑堤和村落外围筑堤两种。地方文献称前一种为“土堤”“土埝”，后一种则为“村埝”（有时也包括土埝）。清河县南为防止临清西北诸村开渠排水，修筑一条堰水堤，该堤也成为清河与临清之分界线和二县矛盾的焦点之一。武城县西南境为防止清河东北诸村排水也构筑一条堤堰，名为毛家堤。三州县围绕着排水、筑堤屡发冲突。

村埝的构筑改变了聚落形态，也加快了河北平原地区聚落的集聚化进程，是村落内聚的原因之一。1889 年，倪文蔚的奏折中反映滑县、长

① 嘉庆《重修大清一统志》卷 32《广平府·堤堰》。

② （清）徐宗干：《上程大中丞议水利书》，民国《武城县志》卷 13《艺文》，民国元年刊本。

③ 同上。

垣县一带的水灾情况说："卫辉府之滑县，地居直隶长垣之下游，该县桑园村接近滑境。六月下旬，河水盛涨，桑园民埝被冲，黄水奔腾下注，循滑堤东北。……滑堤内外两面皆水……北面寨墙早坍，居民筑有圈堤一道，水至堤面仅余尺许，情形岌岌可危。"① "民埝是单个村庄修建的护村堤坝，当众多村庄的民埝联成一线时，整体防洪才比较有效。当堤防无法连接时，防洪只能靠民埝。"② 顾琮曾这样描述漳、卫、汶三水冲击地区的堤防的情况："查临清、恩县、夏津、武城、德州一带，间有民修堤堰，尚未联络整齐。泛水出槽，难以防护。若令民力修正，而连年被水灾民，势难力役。"③

下游地区构筑土堤乃是水灾调适所采取的"不得已"举措，因为地势低洼而屈居下游，排水自然不畅。总体来看，直鲁交界地区既有土堤，也有村埝，以土堤对此交界地区县际冲突最有影响。

除上述数种调适方式以外，传统社会应对水患之调适行为还有灾后赈济、建立社会保障机制，等等。以社会保障而言，主要通过设立社仓、义仓等仓廒建立社会保障预防机制。如在河北饶阳县，弗里曼的研究表明，"在 18 世纪中叶，清朝政府主要通过救灾，给穷人提供一些短期生活保障。……当春季粮食供应不足时，饥民可以在这里（义仓）借到粮食，到秋季收获之后再归还，并付 10% 的利息。当旱涝灾害造成了超过常年收获 30% 或者更大损失时，利息可以免除"。④ 社仓和义仓平时储粮，灾害时放粮赈济，既有官方行为，也有民间行为，是一种社会保险机制，只是很难将其看作怀特所谓现代意义的"推行保险"之调适。而且，传统时代这种社会保障举措的保障期并不长，没有建立长效机制，其管理"仍有一个周期性崩溃和重建的过程"。而且，"华北乡村社会太过依赖中央政府。国家也试图建立常态的救济系统，大灾之后一般随即

① 水利水电科学研究院编：《清代海河滦河洪涝档案史料》，中华书局 1981 年版，第 531 页。

② 王建革：《华北平原内聚型村落形成中的地理与社会影响因素》，《历史地理》第 16 辑，上海人民出版社 2000 年版，第 90 页。

③ （清）顾琮：《议覆漳河泄涨疏》，光绪《畿辅通志》卷 82《河渠略八 · 治河一》。

④ ［美］弗里曼、毕克伟、赛尔登：《中国乡村，社会主义国家》，陶鹤山译，社会科学文献出版社 2002 年版，第 24—25 页。

建设乡村仓储系统，只是因为管理腐败，一段时间后又放弃了”。[①]

三 省际冲突

（一）清河与武城之争

清河与武城矛盾的焦点在于一字河、蔡河。一字河又名邑字河，由清河南部与临清之交莲花池，逶迤向东北方向入武城境内。莲花池在清河县南部辛集以南一带，处临、清交界地区，地势异常洼下，每年夏潦稍盛，即一片汪洋。一字河东部临运河大堤，受大堤顶托，清河东部雨积易涝，因而一字河为清河东部泄洪要道。一字河进入武城境内后，武城民众于卫河西岸置一减水闸，为武城泄洪之用，一字河下游再入蔡河。

明弘治时期，清河县三老宗安等诣阙直言本县水灾情形后，朝廷派官员督派夫役于清河境内开渠一道，名为“疏水渠”，以泄河决及诸洼地积水。若干年后，渠道淤塞仅存旧迹，境内水患又复如前。嘉靖三十七年（1558），武城知县“私其民”，召徒役于卫河西接一字河处，筑横堤四十余里，“逆绝上流”，这是两县矛盾之开始。嘉靖四十一年（1562），水患逼迫清河县，民情汹汹，“莫知死所”，而“武城人且聚堤抵掌，以明得意。由是二省交恶，谋动干戈”。武城人杀清河县民李秉。“讼之台府，属吏勘当，又击杀隶人胡守仁，具狱上廷尉，朝廷下明诏，令两省使者平其事。武城人强不服，犹豫未言撤堤。”[②] 武城人不服之原因应是清河县将己县之水排入武城境内，武城民众坐受水患，故而认为筑堤乃“合理”之举，上官强令其撤堤，民众自然不服。在此案中，武城县颇为强势，甚至杀死勘查吏人，此事颇让人为之瞠目。之后，虽有朝廷明断，武城民众却并未撤堤。

至隆庆三年（1569），卫河决于尖塚，平地水深丈余，清河民众死者十余人，“民多避居九塚得免”。武城人“日操兵刃守堤如藏。府属水势壅迫，一夕决堤直下如建瓴，而武城人反自贻伊戚矣”。清河地方人士感

---

① 王建革：《传统社会末期华北的生态与社会》，生活·读书·新知三联书店2009年版，第336、340页。

② 乾隆《广平府志》卷7《水利》。

叹曰：

> 夫土之有川，犹人之有口也。止啼而塞其口，岂不遽止，然死可立待也。故善为川者，导之而已矣。曲防为戒，五伯犹能言之；郑国有渠，秦享其利。今天下一家，壤土相接，而欲以邻为壑，其谓何然？此犹争于末流也，防不弛则河不决，渠不淤则决不为灾。①

清河地方人士认为水应疏导而不应堵塞，对于武城之举无力干涉，只能愤懑，并未得到上级官府之有效裁度。“渠不淤则决不为灾”，是指疏通清河境内渠道而言。

清河县无奈，只得再请朝廷疏浚此前境内之疏水渠。万历六年（1578）春，水积地中，“民田十余顷种不得布，万姓嗷嗷”，清河士绅再议重浚疏水沟，知县向日红上奏上宪后得到批准。疏水渠“延袤、深广一拓旧制。乃撤洪河、莲花池积水行渠中，沛然若决江河，注古黄河而下。然后民得平土而食之。又督夫千余修漕堤凡四十里，嗣后水得不为灾，而河亦不决，决且有渠无患，又不争于武城人”。② 不过疏水渠与其他枯河一样常受泥沙淤积，万历六年以后仍不时淤塞，需加疏浚。③ 总之，在明代两起纠纷中，清河排水不畅，却无法左右武城之强势，地方政府也并没有制定协调两省矛盾之有效措施，矛盾延续至清朝。

乾隆三年（1738），清河县河决为患，不得不挑渠排水。武城人“自毛家店起，延袤至徐里村止，潜地增高，且分土于东，而使水西流”，该堤也称为“毛家堤”。清河民众不堪内涝，遂上控于上官。两省各派官吏勘察，以平其事。大名道与曹东道道员前往履勘后，议定“武民挑沟，清民疏（蔡）河”，但两县并未遵守，两县民众随后又再次请求上官勘议。事平后清河县将断案公文刻于石碑之上，主要文字如下：

---

① 乾隆《广平府志》卷7《水利》。

② 同上。

③ 如万历二十九年知县郑际明复浚；同治十一年春知县王镛复浚。见同治《清河县志》卷4《山川·河渠详纪》。

……议着武民挑沟，清民疏河者，大名道与曹东道之原议也。嗣后武邑官民以土筑堤，未肯着议拆毁，清邑蔡河亦未疏浚，以至互相详请职道等覆勘。职道等于本年四月内，带同两府县会同勘议。总之堤不拆则水患在，清邑河不疏则水患又在。……两邑之官民以自私自利之臆见，遂废原议。檄文两府县应拆者拆，应浚者浚。

去后，兹据该府县详报前来，武邑之堤自毛家店起，至徐里村止，拆口三百七十四个，共计长一千九百六十七丈九尺。内有毛家店、安家洼四处，范家庄三处，孙家窑、徐家窑、张家庄、王程村共十二处，挑浚平坦，可以分水之势。其余参差残缺，虽未尽平坦，亦可出水。清邑之河自段家沙土起，接连徐里村，武邑之沟头止。淤塞应疏之处共十段，计长九百四十丈，未疏之段不至壅流，均可引水入河。经两府覆勘，具报完工。职道等复会同覆勘允属如式。嗣后每遇挑沟，两县预期关会，亲至该处，令夫役将土挑去，不得堆弃堤旁。其现在堆积之土，亦不得仍填拆口以内。倘武民拆口后潜地增高，以致壅塞上流者，官参吏处，而清邑不将蔡河时为挑挖，任其淤塞者，罪亦同之。据两县令将文勘过，开浚堤河之尺丈宽深，造册申送存案，前来职道等查核无异。相应据实详请宪台查核批示，以便饬令两邑立碑送摹，永远遵行无替，则两邑百姓均蒙造福无既矣等。

因蒙直隶总督李批：两邑皆下游，受害相同，理当共禀公心，御灾捍患。今武城之堤虽未尽如原议，拆去平坦，清邑界沟亦有未尽疏浚之处。然既开拆，以出水流通，两无壅障。该道府会勘已明，俱可无庸深求，以节民力。嗣后武民不得潜地增高，将现在壅积之土仍填拆口之内，并将来挖沟之土再行壅蔽堤旁。清邑亦不得将续有淤塞之沟不行勤加挑浚，则彼此均免垫溺之害，而有衽席之安。不但两令当各加约束而勿逾，亦有望于莅此土者，恪守成规永息纷争也。仰布政司即转饬遵照，仍移咨山东总河督院会核，饬遵立碑，永远遵守。取两县印结遵依，碑摹呈送各院备案存查。

乾隆三年闰九月清河知县金昌世武城知县王殿显合两邑士民同立。[①]

由碑文推断，疏浚蔡河工程量大，故而清河民众不愿施工，排涝时应是各村落随意开沟排入武城境内。武城民众也仍以筑堤为要，甚至暗地增高，两县均置上官断议为具文，矛盾一直未得解决。直鲁两省道员之勘议着眼于两县，因此疏河、挑沟实为导水之法，而非堵水，确为明见。但两省民众各以自身利益为主，不顾两县同处“下游”之大局，一处壅堵则整体皆涝。所以两省道员说二县“官民以自私自利之臆见”不遵原议。最后不得不极力弹压，甚至得到直隶总督李卫之明确批文。这种因流域内各方应对水利问题之利益不同而产生的矛盾在其他地区也有出现。如张建民在对长江中游堤垸修防工程实施问题的研究中指出：“遵循着一定的原则或精神，而最基本的原则当属按照预期的是否受益和受益多少来负担修防工程的经费或人力，因为只有将代价的付出与利益的收入直接结合起来，才能充分调动人们修防的积极性……在共同利害关系的前提下，还有必要进一步分别利害所及至程度，按照受益大小确定各自负担之轻重。”[②] 由于明清法律并无处理地方水利纠纷之明确条例，此次判决上官只是以行政力量干预，若两县不遵则“参处”，并将断案公牍刻于石碑之上，以作为今后处理纠纷之“法律”，这是传统社会地方水利处理之通例。两县各自实施疏河、拆堤之工程，但若将两县境内蔡河全部疏浚，汇入清凉江，水有归路，则今后排涝可免纠纷。同时，明确各自受益大小来分派工程负担，统一调配，应是卫河下游直鲁交界地区低洼地区可行之水灾调适方法，因此此案上官之断令仍是解决眼前矛盾而无长久规划。

断案之后，在武城县民众看来，武城应是被同情之对象。《武城县乡土志略》在追述王殿显之政绩时说：“（殿显）初至，访知本县民田历年

① 光绪《清河县志》卷1《河渠》。

② 彭雨新、张建民：《明清长江流域农业水利研究》，武汉大学出版社1993年版，第210—212页。转引自尹玲玲《明清两湖平原的环境变迁与社会应对》，上海人民出版社2008年版，第224、244页。

多被直隶清河水害，其患皆因旧所有毛家堤渐圮。即力请于山东巡抚某公，复修旧堤并浚旧时界沟，通于蔡河。俾水有所泄，不至泛溢为害，即于清河亦无不利焉。乃因此与清河长争，垂成而罢。越明年病卒于官，至今武城人颂之。"① 武城县各时期地方志均未录存上述断案碑记。可见，两县各执一词，却皆诉己县之困境，即使清河县排涝为武城筑堤所堵，但也有以武城为壑之嫌。

此后，两县相安无事，民国《清河县志》编纂者认为其原因是"碑志约束一般士民之力量亦巨矣"。② 不过武城毛家堤虽被部分平毁，以便出水，但仍间断留有一些堤身。民国十九年（1930），武城县民竟以共同修堤事与清河民众商议，并请武城县长咨询清河县长，实为礼节上的强势。后经清河范家庄、安家洼一带绅民据理力争，方未成事。

（二）清河与临清之争

清河与临清相比也处下游，临清境内积水皆顺应地势由南而北入清河境内。二州县交界地区有多处洼地，包括莲花池、田家洼、洪河、高家洼等，卫河决溢及日常雨潦皆汇聚于此。若无渠道疏导，这些洼地内积水"停潴不得涸"，"田庐尽为鱼鳖"，周边皆为泽国。早在嘉靖时期，《广平府志》编撰者就说："（清河县）东南有莲花池，何家、马头潦下者千余顷。秋雨至则没田禾，沉庐舍，至有系婴儿于树上者。"③ 与武城一样，清河民众防御水患之方法也是提倡筑堤。这种"水来土掩"的做法也使临清境内的洪水排泄受阻，二州县纠纷不断。

弘治时期，三老宗安等在奏准于县内开疏水渠一道的同时，又获准建堰水堤一道。此堰水堤与武城境内所筑横堤并无二致，是为阻挡上游来水而筑。该堤在清河县城南三十里辛集、洪河之南，东起卫河堤崖，西至鲧堤④，高丈余，长五十里。该堤大抵沿清河与临清交界线而筑，长

① 《武城县乡土志略·政绩录》，国家图书馆分馆编：《乡土志抄稿本选编》第4册，线装书局2002年版。

② 民国《清河县志》卷2《河渠》。

③ 嘉靖《广平府志》卷3《山川》。

④ 鲧堤为华北平原上古堤，在清河县西南三十里，延袤千里，自顺德府广宗县界而来，相传鲧治水时筑。见同治《清河县志》卷4《山川》。

度也几与之等同。清河县方志资料虽云“河决为害，恃此障之”，似乎是说以挡卫河决溢之水，但其沿交界线筑堤之举，无疑也“暗含”阻挡临清境内而来之水，不单单指卫河水患了。明代，堰水堤外为临清卫所屯田籽粒地，籽粒地附近有高家洼古迹以受积水，堤以内即为清河粮田。“相传州水归洼，县水归渠，古堤为界甚明也。”[①] 这表明该堤的作用不仅在于挡水，是在行政界线以外人为“制造”的划分洪水排泄范围的界线，临清之水只能归于高家洼，而清河之水则由疏水渠北入清凉江。但是大雨之时，高家洼不可能一直承受积水，势必向北漫溢，堰水堤无疑将其拒之门外，临清西北部内涝不可避免，这是临清民众所不能忍受的。

堰水堤建成以后，临清民众连年“贪种洼地，致堤渐平毁，水漫为灾”。万历四十三年（1615）夏，清河民众欲修堤，临清“豪猾伪言清河堤伤其田，率众为暴，遂此构讼不息。上官下两省州县议，彼所谓田非额田也，故为河滩地，为田则十二而当一，岁征籽粒三五升焉，能为有无。乃清河田则当国家租庸，而民命所系，其利害轻重多寡，迥不相侔”。[②] 临清籽粒地收入不比清河民田正赋，“上官”应是以清河为是。不过上官只是令两省州县议论调和，而并未派官亲临当地勘察处理，临清时为东昌府属州，清河只为广平府小县，实际处理恐怕并不容易。我们当然不能完全相信清河文献之客观性，但从中至少能推知在该案中涉及临清军卫屯田问题，而且此堤以外还可能涉及王府庄田的利益。据《明孝宗实录》：“初德府庄田每亩准征租二斗。在直隶清河县者，成化间以畿民劳困，减至五升，仍命其余不得比例。至是，临清州民奏称‘本州庄田与清河接壤，事同一体，亦请量与减免。’”户部上奏后，弘治帝认为“先朝已有成命，临清不得比清河例，其征如故”。[③] 《清河县志》说“文移经岁不决”，说明此案不了了之。

清末，清河与临清围绕排涝与筑堤再起争端。万历以后堰水堤多有坍塌，甚至被临清民众平毁。此后堰水堤“旧痕仅存，河决为害，束手被灾。偶遇风雨较大之年，洼地积潦，临民挑沟放水，清民培堰御水，

---

① 同治《清河县志》卷4《山川》。

② 同上。

③ 《明孝宗实录》卷27，弘治二年六月甲寅。

南北相争，历有年所”。[1] 光绪二十七年（1901），清河、临清二州县民众为水起衅，清河知县杨善庆约集临清知州会勘，并通详直督李鸿章裁夺。最终确立“上不准挑沟，下不准加堰”。表面上似乎已解决了问题，并饬令二处民众“各恪遵在案”，但这种对于水患放任自流的决定意在息事宁人，却于地方民生毫无裨益，矛盾仍未解决。

宣统二年（1910），秋雨积潦，临民挖沟，清民培堰，又起争端，迭控不休。直隶总督、山东抚院委员、直隶道署官员均介入其中。宣统三年（1911）春，两境之民先后各赴天津直督处呈控，直隶总督批示后，饬遵在案，均无异言。这是民国《清河县志》对此案之概括，下面具体来看宣统初年这场冲突的裁决过程和内容。

此次涉案村庄，清河县者为南部洪河、潘家庄、二哥营、田家庄等；临清州属村为云冯、前冯、后冯、张家庄等。临清村落地势较高，水由南而北，势若建瓴；清河地势却极为洼下，“自上而下，形同仰釜”。因此，导水之法，临清境内排水较易，下游清河县境较难，地势使然。疏水渠自明代即建，但年久淤塞，排水不畅。堰水堤也渐冲塌，河决为灾，作用甚微。光绪二十七年（1901）所定上不准挑沟，下不准筑埝，只不过是“暂平一时之争，尚非永除水患之计”。宣统二年（1910）七月下旬，临清西南一带雨水过大，平地积潦，但西北境与清河接壤处雨水较小，并无水患，却因临清上游之民节节放水，直抵临清西北之云冯、前冯、后冯等村，临清民众不愿开挑沟渠，尽驱水入清河境内。清河民众迫不及待，不约而同培堰御水，增高堰水堤，临清州民极为不愿，随即上报知州，请求裁夺。据称：

> （临清）州民孙某、徐某等不遂私计，捏报成灾。挟嫌谎禀州尊亲到其地，水浅埝矮皆所目睹。州尊只知见好于属民，不顾下游，直与清为难。县主乐大老爷与州尊会商，以雨不成灾为言，继以“上不挑沟，下不加埝”成案相质，且以挖渠疏水为请。州尊非立平旧埝，并将清邑各村村正副等严行究办不可。乐县主稍与相争，州尊竟据孙某谎词冒昧禀详，以致扰动两省，误害大局。嗣府主刘大

① 民国《清河县志》卷2《河渠》。

> 人诣境亲勘，遂于农忙收获之际，扰动民夫，于洪河村东南，潘家庄西南，挑挖新沟二道，将水泄入旧渠。又复疏通旧渠，以畅尾闾，不惜劳民伤财，以为息争睦邻之计。①

在这次纠纷中，清河知县与临清（已为直隶州）知州因行政级别不同，彼此态度也各异。临清知州之强势使得清河知县节节让步，不仅平毁旧埝，而且由临清、清河接壤处开挖两条泄水沟汇入清河之疏水沟。清河境内疏水沟不仅于清河有利，且能利及临清西北排涝。“堰水堤亦渐冲塌，河决成灾，两境百姓均有不是。”这说明清河地方并无定期疏浚疏水渠之章程，这不仅是清河地方之事，而且与县级之上，直隶、山东高层方面对于易涝地区水利管理不当所致。疏浚渠道不仅耗费民力，而且颇费财费，增加行政成本，交界双方官民当然不愿。此案也表明，交界地区出现纠纷较为敏感，纠纷发生时清河县希望与临清“私下解决”，而不愿“扰动两省”，以存“睦邻友好”，不“误害大局”之意。而临清民众却恰恰相反，生怕知州不知，知州又将案情禀于上官。于是广平知府介入，却也步步退让，不惜劳民伤财，以息事宁人。

至此，清河县已做出了许多妥协，此案似乎可以完结，但临清知州却“尚未遂意”。山东巡抚、直隶总督各派大员来当地会勘，仍议定开挖新沟，并疏通旧渠。“嗣又分派委员相度地势，测量高下。拟于洪河村东，潘家庄西将所开新沟二道加宽加深，收尽南来之水，普令入渠，此永除水患之计，亦清民苏生之年。”这种做法，不唯清河有利，临清也能防患。然临清村民并不满意，事情更加难办。据清河县民赴天津直隶总督府控词曰：

> ……临清官民竟百般要求，非由洪河村西北，潘家庄东北另开新沟不可。殊不思挖清河之地泄临清之水，在清民已属向隅。但既经各大员会议，为两境百姓作百年之计，清民亦甘动众费财受一时之害。若舍已成之渠，改挖新沟，本道更为迂回，民田复多毁坏，其目前之劳费固属不堪。且所称改挖新沟二道，一在洪河村西，一

---

① 民国《清河县志》卷2《河渠》。

在潘家庄东，将两村田庐加在水之中央，两村百姓千余家均不免其鱼之悲。于南来之水万难收尽，于临清亦复何益？风闻临民孙某等约集该州巨绅，赴我大人辕下联名呈控，偏执改挖新沟之议，意图挟制。并于案尚未定之时，业已刊石立碑，扬言必置清民于死地。伏思清河县偏处一隅，南乡尤称瘠苦，去岁事起仓猝，培埝御水并无要约之举，亦无倡率之人，竟冤诬任一峰等为头目，意在箝尽读书人之口，剩此蚩蚩之氓，肆其欺弱暴寡之谋。此次性命所关，不得不匍匐来辕，泣诉实情，恳乞大人垂怜拯救。则清邑之民世世感鸿恩于无既矣。①

临清巨绅与清河县读书人任一峰自非普通民众，应为当地士绅，表明两州县士绅均介入其中，充当地方社会之“经纪”或代言人。这些地方精英，“他们社区的权利，是得到政府和公众普遍认可的。他们作为地方官员和百姓之间的斡旋者，向地方官员提供咨询，经常在地方行政的某些方面扮演积极的角色”。② 临清士绅力量较强，故欲“置清民于死地”，“箝尽”清河士绅之口。可见，围绕着排水、筑堤，二州县积怨已深，此次临清之强势，恐非一时之气，而是积久之爆发。临清官民坚决要于洪河村西、潘家庄东改挖新沟二道，由下文涉案官员勘议公文来看，临清确是有失公允，以强势压迫邻封。

此前山东巡抚、直隶总督各派候补道员许某、叶某到当地查勘，而临清民众不久就将二道员所勘建议及直隶总督批复刊石勒碑以为凭据，该碑并非最终裁定方案，其内容甚至保留在民国《临清县志》中。碑文前段指出二位道员前往当地后，立即着手挑开清河堰水堤多处口门，“口宽在二丈以内，一丈以外”，意在尽快泄尽临清境内积水。此前广平府知府已下令在洪河村东、潘家庄西开挖两条新沟，临清境内积水很快消弭。二位道员又认为今后仍维持光绪时期之判决——“上游临民永不准挑沟顺水，下游清民永不准筑埝截流，任水自行，可无争执”，这是治标之策。治本之方则为“是非宣泄尾闾，永除两境水患，万难一劳永逸。考

① 民国《清河县志》卷2《河渠》。

② 瞿同祖：《清代地方政府》，法律出版社2003年版，第337页。

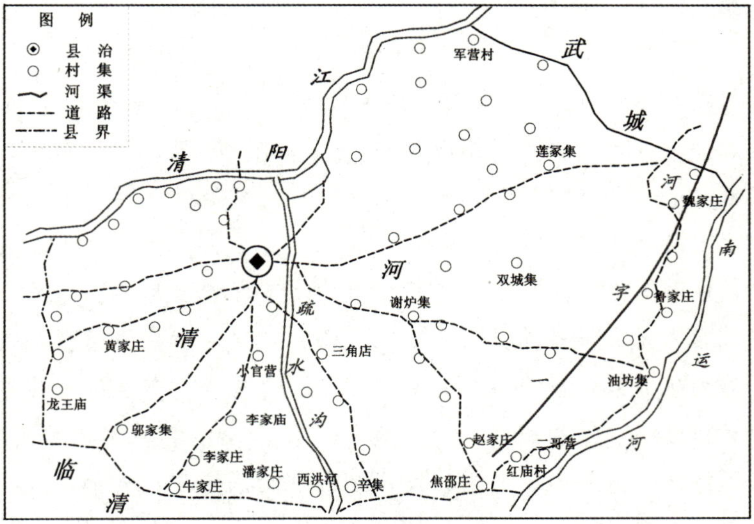

图 5—3 清末清河县图

说明：图片据佚名《畿辅舆地全图》编绘，同治十一年（1872）官刻套印本。

洪河西北即古洪河旧址，地极洼下。又潘庄东北，亦有旧官沟，由该两处开沟二道，引水汇入旧官沟，即可直达清凉江。水有归宿，永可相安无事”。[①] 这与此前洪河村东、潘家庄西所开旧渠方位正好相左，如上文清河民众控词所说“将两村田庐加在水之中央”，这恐怕是山东道员许某之建议。又言若另开新沟，沟地皆在清河境内，“似应由东省酌筹津贴或帮出民夫，方昭公允”，这又应是直隶道员叶某之提议，以为清河民众之考虑。二道员建议再派熟悉河务干吏前往当地勘察，确议。直隶总督命大顺广道道员孙某派正在直隶开州、长垣主持河务的候补知县姜锡潘、候补县丞朱恩绶前往当地勘察。直隶总督又言“仍俟案结以后，由金牧将全案禀词、批牍、章程等件择要勒碑，在于后冯庄、常家庄两处直东交界处所，分别竖立，以资遵守而杜争端”。但临清民众却将此未最终定案之建议刻于碑石，此恐怕是在清河洪河村西、潘家庄东另改挖新渠二道的凭据。

---

① 《会勘水灾永杜争执文》，民国《临清县志》卷 12《艺文志》。

姜锡潘、朱恩绶至当地后，清河绅民立即向此二位特派员禀明事情原委，禀文曰：

> 彼时即在于酌中地段开挖新沟二道……如龙须式引入旧官沟。……从大粮地内开此新渠两道，共有十余里，劳民伤财，定非浅鲜。……今委员大人来境，遂照叶大人详禀、制台大人金批，仍挖去年所开新沟，顺入大渠受水甚利，实至当不易之法。而临清委员欲在潘家庄东，洪河村西另挑新渠，不惟首功尽弃，亦并水势难泄。生等闻之不胜诧异，夫水之就下，理所必然，洪河坡、莲花池地势如釜，今之新渠适在釜底之中，正当低处。若在潘家庄东，洪河村西开挖，势居釜沿，非但舍近求远，而形势过陡，水走曲路，绝不能泄。并且两渠之间，清田数百顷仍属不保，若如所改，是开渠仅为消临清之水，并未论及清民受害也。……生等村地本居临清下游，水自南来皆入清地。若从临民指改渠道，水无归宿，仍复漫溢。临清固无虑水患，而清邑则贻害无穷矣。①

姜、朱二人认为临清民众不合情理，以清河民众为是，乃禀告大名道道员孙某。认为若就原开“新沟二道仍相度地势加以宽深，足资宣泄。若由洪河村西北及潘家庄东北另行改沟二道，须绕至村后。不特沟路迂远多毁民田，抑且两间十里之遥。其中清地百十余顷，水无拦摭，势必尽成泽国。似不如就原沟接长，量加宽深之为愈也”。② 姜、朱二人又建议因旧官沟（即疏水渠），“年久淤塞，渐与地平”，应一律疏浚，以备今后二州县水患。

孙某览其禀文后认为姜、朱二人之议较之许、叶二人立意“格外加慎，推阐尽至，甚属持平，不宜再有争端，徒祸邻疆”。孙某禀告直隶总督说：“在临民，水有去路，患害既除，又何必强迫清民，非令受其大祸不可。揆之公理固属难行，审之事实岂甘隐忍。乃东省印委既以直省勘议办法，临民断难允从，必令开新渠如其所拟，方能商办。而清民不甘

① 民国《清河县志》卷 2《河渠》。

② 同上。

大受其祸，亦难听其要求，即再勘商，亦无成议。”但他随后又说若以官力强事压制清河民众，“曲循于人，不惟日后难以相安，即目前亦恐铤而走险，滋生事端”。孙某建议直隶总督移会山东巡抚，饬令临清知州弹压临清民众，不得阻挠大计，“以维大局之处”。

直隶总督陈夔龙表示赞同，之后确立仍于此前所挑二道新沟加宽、加深，临清之议没有批准，方将清河民怨平复。

最终，此案在直、鲁两省大员干预下至此告一段落，但疏水渠如何疏浚，临清民众如何帮贴文献中并未记载，实际上恐怕并未得到有效疏浚。民国《清河县志》说：“（疏水渠）直接可泄洪河、莲花池之水，间接可泄十二洼及马家洼之过量水，以入清凉江。历年民隙疏浚，借以防患。近数十年失浚，雨波即屡遭水患，且与邻封兴大讼，致两省府道莅临，仍以疏浚此渠为归结。每议疏渠，有泥之者曰‘清凉江为飞沙所积，已不能受南来水矣。’实地考察殊觉不然，考渠尾有碑志二，其一额文‘奉旨疏浚’四字，此碑当是渠成时建。现碑已仆，其座尚露地上。因碑量颇重，屡浸水内，积四百年之下压力，当然下降若干寸。即全认为积沙，最深不过二尺，以三十里宽深二丈之渠，其波斜决不止二尺，即有积沙亦必能受南来之水也。（民国）十五年浚而无大效者，因其宽深皆未如旧也。”[①] 两省府道莅临当地勘察，皆以疏通疏水渠为是，但竟有“泥”之者，此泥之者或为临清民众，或为清河民众。因为疏渠耗费财力，又徒增力役，清河民众自属不愿；临清又属隔境，亦不愿帮贴。政府处理并不得力，并未确立清末彼此协调后之帮贴、负担等涉及两县利益事宜。

此案之后，二十余年两县相安无事。至民国二十一年（1932），雨水为灾。清河之民再次筑埝截水，致使水道阻滞，临清境内数十村庄受灾严重。临清民众公举代表“乔贞玉等奔走呼号。至二十二年七月，山东建设厅始派技士鲁祖，河北建设厅派技士江衍坤同赴该地勘查，并拟具测量老官沟、清凉江，计划涸复临清洼地办法。旋于二十二年九日，山东派测量员张善准，河北派李蕴又赴该处从事测量，由清河境洪河村迤东，潘庄迤西起，至清凉江止，现已竣事，预备施行挑挖。果能成功，

---

① 民国《清河县志》卷2《河渠》。

则一劳永逸，两县人民数百年之争执，可以永除矣。”[1]

四 小结

挑沟与筑堤是易涝地区民众在长期生态困境中所采取的调适行为，这在华北平原地区表现较为突出。若在单一聚落或政区内部统一管理自可达到防洪之效果，但当这两种调适行为放置于交界地区后，情况就变得复杂，它涉及不同政区地方民众之间的利益与协调问题。通常情况下，水患来临时上游民众只顾开沟排水归于下游，而不会考虑下游地方的情况；而下游地方为防水患则会采取相应的堵水措施，并不一定会沿上游地方所开渠道顺势再行开挖排除积水。这样上下游地区便会产生矛盾，甚至发生械斗，词讼不断，造成持久之积怨。新中国成立后清河县民众也承认：“因上下游利害冲突，历史上临清（今临西部分）和清河纠纷、诉讼不断，甚至发生械斗。清朝皇帝的‘御批’也未能了结两县民众积下的宿怨。”[2] 这是交界地区水患调适所面临的主要问题。

交界各方因流域地理区位之不同，在水灾调适中之负担也各异，一般来说只要建设小工程即可，而不会考虑大规模的水利工程。因为其间涉及民众之负担，行政成本等诸多因素，上下游地方之间更是利弊各异。“虽然不少矛盾和冲突都以行政区划之间的交涉表现出来，但究其实质却是水之利害相关的利益集团间的纠纷，而行政区域只是其依托形式而已，各级行政单位都是如此。因为行政区划与自然山水的格局并不一致，同一州县并不同利害，不同州县却可能有同利害。”[3]

吉尔伯特·F. 怀特强调人类面对洪水时调整自身行为以适应洪水，即调适的重要性。人类可以适应洪水，并加强洪泛区的管理。这提示我们要认真思考洪泛区的管理问题，即谁来管理？如何管理？我们认为，历朝历代政府掌握着各种资源的调配，水利工程、灾害治理等重大问题

---

① 民国《临清县志》卷2《疆域志·河渠》。

② 清河县水利志编写组：《清河县水利志》，河北科学技术出版社1991年版，第146页。

③ 彭雨新、张建民：《明清长江流域农业水利研究》，武汉大学出版社1993年版，第219—220页。转引自尹玲玲《明清两湖平原的环境变迁与社会应对》，上海人民出版社2008年版，第208页。

的解决以及水利纠纷处理都需要政府干预。当灾害调适出现冲突、矛盾时，地方间的“水平”协调不一致时，就需要中央或次级政府的“垂直”干预。政区因素同样应予以重视，尤其是在交界地区。从本书来看，在水患频发的交界地区，界的重要性异常突出。界并非一些学者所说的“模糊的”概念，而是作为一个“构件”深刻地参与到地方社会的诸多方面。界规塑着交界各方水患调适的“权利范围”，界内可以各自为政，但不能越界行事。在周期性的洪泛平原地区，界尤其为各自行政归属的民众看重，无怪乎他们要在交界地区立碑，甚至人为地“制造”一种新的界线，如土堤、土埝，以之塑造防洪的边界。

我们自然不能苛责地方小民以己之利益为中心，缺乏流域全局观念，因为小生产者的安土重迁、保守的特点使其无法有更开阔的眼界。而且在常态下，不合理的行政边界对小民的生活似乎影响不大，现代经济学家也已证明高层政区交界地区往往自成一个经济单元，交界各方经济、文化交流频繁①。但在灾害时期，因涉及各自的利益等诸多问题，各分畛域，以邻为壑的情况就出现了，界被“刮目相看”了。正如冯贤亮所说：“政区边界存在的不合理性，如果不是因为地方县级政府之间利益分配不均而纠纷不断，生活、工作在边界地带的乡村民众并没有感到太大的不妥。”②

综上所述，在政府干预之前，从民众的角度来说，灾害调适的方式通常源于人类的本能，是一种自发行为，但自发的调适行为往往是一种无序的行为，在交界地区所牵涉的利益关系较多，矛盾丛生。为此，在交界地区面对洪灾时具有打破政区界限的“眼界”就显得极为重要了。这里的“界限”有两层含义，一是政区的“限定”作用；二是政区被调整，原有界限被改变。前一种是“隐形的”，后一种则很明晰。那么，这两种政区“界限”能被打破吗？答案是肯定的。如在20世纪40年代，宏毅县（此县以杨宏明、孙毅两位抗日牺牲烈士的名字命名，1945年8

① 安树伟等：《省级“行政区边缘经济”与统筹区域协调发展》，《重庆工商大学学报》（西部论坛）2005年第6期。

② 冯贤亮：《明清中国地方政府的疆界管理——以苏南、浙西地域社会的讨论为中心》，《历史地理》第21辑，上海人民出版社2006年版，第107页。

月 28 日撤销。由今临西、清河、威县、丘县的部分村组成）连年遭受洪灾，严重歉收。1944 年，宏毅县三区、五区部分村庄，尚有积水 1 米深，群众生活极为困苦，迫切要求挖沟筑堤，消除水患。时当日伪扫荡，宏毅县与清河县、武城县对如何排水，长期未能取得统一意见，积水久不排除。同年，边区参议会召开后，上级对治理水患极为重视，遂于五六月间逐级开动员会，做群众思想工作，最终宏、清、武三县达成排水协议，联合开挖疏浚官道沟，三县分别成立了治水委员会，负责开沟工作的实施。此官道沟即为旧时清河境内之疏水渠。工程于 6 月中旬陆续开工，三县民工 1 万人（宏毅 1000 人，清河 6000 人，武城 3000 人）。三县村民在日伪碉堡之下，冒着生命危险，计划 10 天内完工，大部分区村 3—5 天即完成任务。疏水渠挖通后，当年 7 万亩耕地脱水种植。三县联合开挖官道沟是在抗日民主政府领导下，根据地人民团结治水的一个范例。[①] 对于第二种情况，在 1964 年得到解决。1964 年以卫河为界，析卫河西部原山东省临清县的五个区，划归河北省邢台专区管辖，次年，设置临西县；将山东省武城县河西地区划归河北省故城县，故城县河东村划归武城县，才使这段省界趋于平直。

20 世纪 40 年代宏毅、清河、武城三县民众在边区政府领导下冒险疏渠的“干劲”令人敬仰，而 60 年代河北、山东两省省界的调整原因尽管尚不明晰，但其背后存在政府或国家力量的调控不言而喻，一个新兴的中国及地方政府有能力解决旧中国所遗留的历史问题。因此，我们认为，打破政区两种“界限”的关键因素在于政府或国家力量。

---

① 清河县水利志编写组：《清河县水利志》，河北科学技术出版社 1991 年版，第 146 页。

第六章

交通管理与县际纷争

——以直豫交界地区漳河草桥的修造为中心

交通设施的管理、维护会与交通线路、设施所在地方社会发生诸多关系，明清时期地方县政的一个重要方面就是对于交通及其附属设施的维护管理（如驿路系统）。在交界地区，交通设施的兴建、维护还可能涉及不同政区之间的协调、合作，甚至会产生矛盾。

漳河从山西发源，东流入华北平原后河道摆动频繁，明清时期时而入卫河进入南运河，或又曾夺滏阳河北流入海。[①] 这不仅对明清北方漕运构成威胁，而且对南北交通顺畅与否也产生了影响。明清更迭，漳河在直隶和河南交界地区有一段成为直隶与河南的省区交界线，即直隶广平府磁州与河南彰德府安阳县、临漳县的交界河段。东西走向的漳河河道成为南北交通的障碍，这一河段与北方地区南北大动脉交汇（明清时期这里也是华北平原两条驿路交通大动脉之一，今京广铁路即南北贯通于此），在现代化交通设施出现之前，漳河洪枯水期只能通过摆渡和修筑简易桥梁的方式沟通南北。受漳河生态变迁的影响，漳河之上的桥梁只能以草桥的形式搭建，而且选址多有变更，又因漳河草桥属于国家驿路系统的附属设施，其修造被摊派于此交界地带的几个州县，成为此交界地带州县之间纷争的根源。

本章以直豫交界地区漳河草桥的修造及其所在地方州县之间的关系为线索，探讨交界各方围绕着交通设施管理义务而产生的矛盾纠纷，其

---

① 明清时期漳河摆动情况，可参见石超艺《明清时期漳河平原段的河道变迁及其与“引漳济运”的关系》，《中国历史地理论丛》2006年第3辑。

间地方之间的水平互动和国家交通与地方社会之垂直互动皆能有所展现。

一 建桥以渡

我国南方地区河网密布，土质黏重，河道变迁不如北方频繁，故而河流之上易建桥梁，桥梁也成了南方地区典型的人文景观，所谓“小桥流水人家”。北方地区河流的径流量表现出较强的季节性，含沙量也大，枯水期水退沙出，间或可以通过，但也很少完全断流，对于交通往来毕竟仍有所限制，洪水期这种交通限制作用尤为明显。清末，美国人明恩溥就注意到华北地区河流的交通阻隔作用，他说：“中国北方的河流虽然没有南方那样多，但仍然对通行形成了一定的障碍。”[1] 北方地区河流易涨易退、善淤善决的特性，使得桥梁的修筑并不能如南方地区一样能充分发挥效用，故而一些大型河流之上固定的桥梁不太常见，渡口却很多。明恩溥也没有讨论北方地区河流的桥梁，他只是细致地考察了北方渡口的摆渡情形。

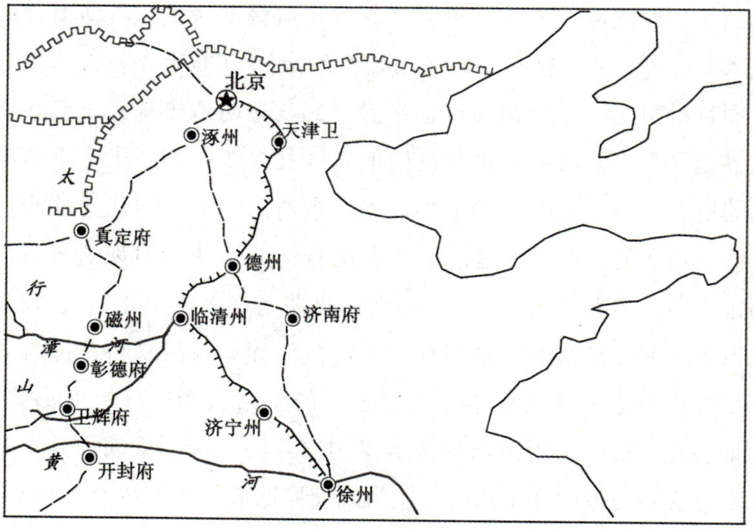

图6—1 明代太行山东部驿路图

说明：图片据杨正泰《明代驿站考》，上海古籍出版社1994年版。

① ［美］明恩溥：《中国乡村生活》，陈午晴、唐军译，中华书局2006年版，第23页。

在北方地区的民众日常生活中，摆渡足以解决交通问题，而无须兴建桥梁。而且在河流枯水期，水退沙出，一些河流也可以通行。乾隆五十七年（1792）五月十五日，蒋攸铦奉命典试贵州，由北京南下经过漳河时，见到“山水未发，河中淤成沙路，南北分而为二，俱可径行”。[①]当然，这种情况毕竟与河流降水补给量的季节性关系密切，只能出现于“山水未发”时期。通常情况下，华北平原的河流还不至断流，对于交通的阻隔作用仍应存在。交通也有着官方或国家属性，尤其是国家驿路交通系统。驿路交通线路、形式的选择和重要交通设施的兴修、维护等是国家进行社会控制的重要手段。在非常时期，军政信息的传递遇到大型河流的阻隔靠摆渡往往贻误时机，自然不如通过桥梁前行节省时间，所谓“逢山开道，遇水搭桥”。临漳县境内漳河之上虽有多个渡口，但嘉靖《临漳县志》仍说：“临漳漳水经流，不假舟梁，民必病涉，公私阻滞。”[②]

桥梁是陆路交通最重要的附属设施，是跨越水道实现陆路连接的主要方式。明清桥梁种类众多，按建筑材料划分，可以分为石桥、木桥、砖桥、土桥、铁索桥、草桥、藤桥、竹桥，等等。[③]大型河流之上兴建桥梁也并非易事，除了资金、劳力等社会因素外，还涉及河流水文、生态等问题。上述明清桥梁出现这么多类别，也大多与此相关。据笔者所见，北方地区河流之上除了渡口以外，官方多以浮桥或草桥沟通往来。明洪武六年（1373）五月，“造渡淮浮桥”[④]。嘉靖时期，河南浚县道口镇因卫河过境，过往民众“轻舠小艓，以渡以济，往往沉溺，民病涉焉”，于是知县葛公建立浮桥[⑤]。直豫交界地带的漳河则有草桥之设。不过，渡口可以常设，浮桥或草桥则与河流一样属季节性兴修，并非长期固定存在。例如，明代保定府的主要桥梁如官桥、拒马河桥、北河桥、西河桥、白沟桥等都是冬作春撤，长沟桥、南门桥、阎家湾桥等，都是随毁随修[⑥]。漳河草桥也是秋冬搭建，春夏撤桥。其原因还是北方河流的上述水文、

① （清）蒋攸铦：《黔轺纪行集》卷1，道光三十年刻本。
② 嘉靖《临漳县志》卷2《桥津》。
③ 张艳芳：《明代交通设施管理研究》，天津人民出版社2009年版，第279页。
④ 《大明会典》卷75《方域五》。
⑤ （明）孟思：《浚县新建道口浮桥碑记》，《孟龙川文集》卷14，万历十七年刻本。
⑥ 弘治《保定郡志》卷3《地理·桥梁》。

生态因素，河流流量随季节性变化，桥梁难以持久。

那么，漳河之上为何要搭造草桥呢？漳河为北方地区较大河流，发源于山西，有清、浊二源，于河南彰德府涉县交漳口汇合，进入河南彰德府林县、安阳县，东经磁州（明代属河南省，1726年改归直隶广平府）入彰德府临漳县境内，此后或入卫河，或分流北行与其他河流交汇后入海。漳河属季节性河流，泥沙含量大，有“小黄河”之称，在磁州与安阳、临漳交界的一段河道与太行山东麓南北通行的古老通道呈十字交错。在海河水系形成以前，华北平原东部河网众多，南北交通多取道太行山东麓，后世相沿，成了古今南北交通的要道，明清时期它也是北方驿路中最为重要的一条，清末京汉铁路（民国称平汉铁路）、今京广铁路也贯通于此。虽然由北京南下经真定府西跨太行由山西亦可南下、西行，“是为捷径。然险隘不通大车，故取路河南”。[①] 磁州、彰德府（治安阳）正处于南北之冲，驿路冲烦，为南下南方诸省之要道，故有“十省之冲衢”之称。不过，漳河的横亘阻隔了这条官道，而且漳河善淤善决，河槽宽广，不易设置石桥。乾隆《安阳县志》说：“漳水湍悍，迁徙不常，而沙土性松，不可叠石，秋冬寒河以架草桥，则可耳。明郡守刘聪曾作漳河石桥，后废不复，亦地势使然。”[②] 于是漳河之上除常设渡口外，古代多设置草桥或柴桥沟通南北。早在北周大象二年（580），宇文忻攻克武陟后，进至相州（今安阳），尉迟迥曾以“精甲三千伏野马岗，忻以五百骑袭击，斩获略尽，进至草桥”。[③] 这极有可能是关于漳河草桥的最早记录。漳河含沙量在海河水系主要河流中仅次于永定河和滹沱河，[④] 历史上漳河枯水期如能徒步渡河则可，否则地方上也会设置临时性柴桥以通往来。宋代楼钥北上经过漳河时，也看到“水缩沙出，中多石子，俗传可以暖腹。南向循河行三四里，于陿处作柴桥，以渡”。[⑤]

---

① ［日］竹添进一郎：《栈云峡雨日记·上》，张明杰整理，中华书局2007年版，第24页。

② 乾隆《安阳县志》卷2《建置》。

③ 《隋书》卷40《宇文忻传》。

④ 此为1984年数据，据邓绶林等编著《河北地理概要》，河北人民出版社1984年版，第194页。

⑤ （宋）楼钥：《攻媿集》卷111《北行日录上》，《四部丛刊初编·集部》。

可见，清代以前漳河之上搭设草桥是有古法可循的，只是并非常制，从明末开始方为定制。乾隆《安阳县志》说漳河草桥之兴修自“明季”至清朝，“历数十年而并无变更”。[①] 这种做法一直延续至清末。因南北驿路取道磁州讲武城与安阳丰乐镇之间，漳河草桥也多兴建于此，故习惯上称之为丰乐镇草桥或建隆桥。清代以前漳河草桥的构造不可考，而且选址也并非一直在丰乐镇，有时在磁州岳城镇。嘉靖《磁州志》称：“建隆桥本州南三十里岳城，跨漳河，今废。”[②] 万历时期，又在磁州朝官（冠）村南搭设[③]。清代漳河草桥的兴修日期、构造则较为固定，桥以木桩（椿）架成主体结构，上面再铺草蒙土。每年农历九月兴修，次年夏初五月撤除[④]（有时在二月撤除[⑤]），撤后则由漳河官渡或民间渡口渡河。

清代漳河草桥每年一修，因受漳河水文变迁影响，其选址也不只是在丰乐镇一处，变迁极为频繁，或在临漳县境内，或在磁州、安阳境内，只是总名之曰“丰乐镇草桥”而已。这是由上述漳河水文变迁所决定的，随变随修，并无固定地点。而且每年农历九月已是秋季，水势已退，此时兴修稍稍有所便利。所以光绪《临漳县志》说：“（漳河）汹涌善决，土性柔缓。故桥不可以石成，惟秋深水涸时，以木造梁；春则撤之，其势然也。”[⑥]

二　界在三属与州县轮修

临漳、安阳境内漳河之上多有民间自发所建木桥、草桥。临漳县有薛村桥、马庄桥、张小庄桥、佛屯桥、砚瓦台桥、砖寨营桥。[⑦] 安阳县渔洋渡口、临漳县三台渡口也建有草桥，只是这些草桥均归居民自行公搭，

---

① 乾隆《安阳县志》卷12《杂记》。

② 嘉靖《磁州志》卷1《桥梁》。该方志舆图上标出讲武城南部漳河上有“漳河古渡”，并无桥梁图示，而境内滏阳河上却绘有很多桥梁，说明漳河桥梁当时并不常设，见嘉靖《磁州志》卷首《舆图》。

③ 万历《重修磁州志·舆图》，万历九年刻本。

④ 民国《续安阳县志》卷6《交通志·桥梁》。

⑤ （清）骆文光：《禀改安磁驿路草桥》，同治《临漳县志略备考》卷4，骆文光纂修，同治十三年刻本。

⑥ 光绪《临漳县志》卷2《建置·桥梁》。

⑦ 同上。

在管理上纯为民间自发建设，并非常设，随废随修，也不累民。漳河草桥则是官方驿路系统的附属设施，每年按期修造，草桥的规格自然比民间草桥要高。漳河草桥因官方驿路经过，称为“官路草桥”，官方桥梁的修造要摊派于此处地方州县之上，由民间出资，官方管理督修。清初，“每年九月，临漳与磁州、武安、安阳合作草桥，夏初则撤。其木植柴梢堪用物料，俱各收贮以俟来年复用”①，四县各出工料、银两前往草桥所在地共同搭造。康熙二十七年（1688），经磁州知州朱廷相与临漳、安阳、武安县令商议，定为“四县轮流分搭，越岁一更”。② 此后，武安县以“隔境搭桥不便，秉准免办，且各处民心不一，不愿合力公办”。③ 最终，磁州、安阳、临漳三县分年轮流搭造草桥，一直相沿至清末。

这些州县要提供修桥所需木、草料，并派夫运送至造桥地点搭造草桥，办料所需银两则由胥吏催科于州县民户。官方对于此种做法，似乎很“无奈”，称磁州与安阳之间的驿路，“南通十省，地处冲衢，往来差使以及递解人犯、饷鞘等项既无车畜行店，势不能不向民间雇备”。④ 但又言：“地方力役之征原非得已，若不随时留意稽查，力为撙节，必致劳民伤财，非特心有未忍，抑且民不能堪。”可见官方自然明了此种累民做法之害，只是“留意稽查，力为撙节”而已，对于此现状并未意图改变，具体原因留待下文详述。

漳河草桥的选址并不固定，也加剧了修造草桥的难度。嘉庆时期朱云锦叙述漳河水文说：“乾隆五十九年（1794），漳水盛涨，由临漳之三台村挟洹入卫。六十年（1795），经河抚臣奏明，捐款堵筑，工甫竣而涨骤发，漳复横溢南趋。自此遂于内黄县之豆公村与卫水合流。漳性浊，水一石挟泥数斗，且涨落无常。”⑤ 漳河草桥的兴修选在秋冬之交，选址多有变更，也是考虑到漳河水文情况。最初，漳河草桥选在丰乐镇斜对岸之武吉村。“后五吉之水分而为二，始下移于讲武城。然河身阔几三百

---

① 光绪《临漳县志》卷2《建置·桥梁》。

② 康熙《磁州志》卷9《桥梁》。

③ （清）骆文光：《禀改安磁驿路草桥》，同治《临漳县志略备考》卷4，骆文光纂修，同治十三年刻本。

④ （清）王凤生：《河北采风录》卷2，《中国水利志丛刊》，广陵书社2006年版。

⑤ （清）朱云锦：《漳卫合流说》，贺长龄编：《皇朝经世文编》卷105。

丈，岁废金钱万计。”[①] 顺治十一年（1654），磁州乡宦张溍提议将草桥改于安阳渔洋口渡口处搭造。此处“土人支木，其上覆以茅，终岁勿坏。盖由此地西接太行，水泄石上，两岸土固而陿”[②]。河身窄狭，水缓沙停，“岁可省工料三之二”。[③] 然而不久，又因清廷用兵，驿站设置塘兵，安阳腰站设于丰乐镇，磁州腰站设于花村，“皆与渔洋口之道相左”，遂复移桥于上漆园。顺治十二年（1655），桥再移于赵村北。至康熙二十三年（1684），河口冲决，又移于下漆垣，“其费几与讲武城等。二十四年（1685），知州任塾以兵罢，撤塘，议仍移桥归于渔洋口不果”。[④] 至乾隆初年，“所建亦无定处”[⑤]。漳河自渔洋口以下，河道渐宽，武吉分水后，至临漳境内往往南北迁徙，冲漫两岸，渔洋口处河道浅窄，的确有方便之处。而且，清末京汉铁路漳河大桥也是建于渔洋口东边不远处之西高穴村与磁州上漆园村之间（见图6—2），当时负责筑桥的比利时工程师们在丰乐镇与讲武城之间漳河河道勘察桥基时，发现河床深处全是流沙，他们断定“在这种地壳上，是根本建不成铁路大桥的”[⑥]，于是改建铁路大桥于西高穴村附近。

然而，因官方驿路在讲武城与丰乐镇之间，漳河草桥的兴修也多于此处东西摆动。乾隆四十二年（1777）八月初三日，临漳绅士吕游再次请求改草桥于渔洋口兴修，“以乞修复旧制，以苏民困”，禀告于磁州知州德公。德公再禀上宪后再无消息，所议随即搁浅。到了八月二十日，吕游好友安阳冯翙羽又至磁州，再次请求改设草桥于渔洋口。其禀文如下：

> 漳河草桥原无定处。前人父母惟恐劳民伤财，故用磁州乡绅张溍议，定于渔洋渡口，河身窄狭，水不变迁，可为久远之计。不意

① 康熙《磁州志》卷9《桥梁》。

② （清）张溍：《渔洋桥记》，康熙《磁州志》卷17《艺文下》。

③ 乾隆《彰德府志》卷10《桥梁》，乾隆五年刻本。

④ 康熙《磁州志》卷9《桥梁》。

⑤ 乾隆《彰德府志》卷10《桥梁》，乾隆五年刻本。

⑥ 中国人民政治协商会议河南省安阳县文史资料研究委员会编：《安阳县文史资料》第1辑，1988年，第142页。

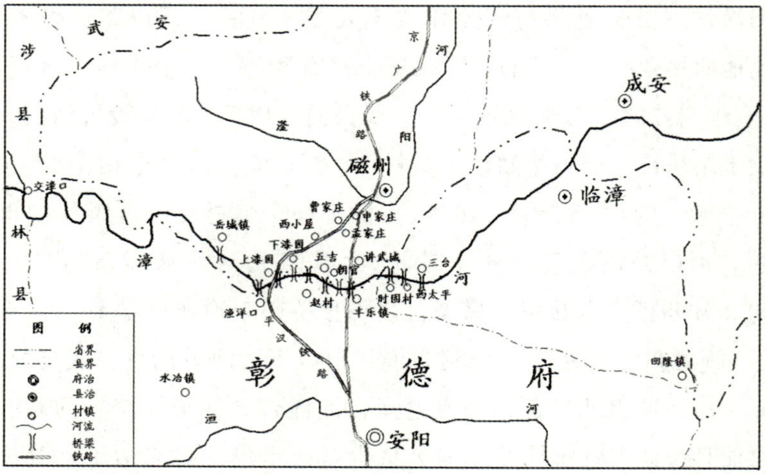

图 6—2　漳河草桥变迁示意图

说明：政区界限据复旦大学历史地理研究中心 CHGIS 数据库，1911 年县界。

有倡为异说以扰败善政者，民间之苦难更仆数矣。借工程浩大之名，故沿村号树，无有数目。得贿赂买免，则放赵甲而逼钱乙，其无钱买免者则责治而押纳之，此号树之害，其苦一。今年荒旱，牛骡马大半尩羸，雇工佃户大半逃走。以饥肠饿腹之夫，御羸瘦待毙之马，佻佻公子，行彼周行，有号哭道路而已，此运送之害，其苦二。一家有木累及四邻，故凡有成材之木，人皆视为妖物，谁肯作养？成材者日复一日，年复一年，所谓故国尚得复有桥木乎？此树木价贵所由来也，其苦三。棚木之上必用铺草，似此卤荒，如何置办？其苦四。下椿、起椿必用水马，稍不谨慎而性命在顷刻矣，此修筑之害，其苦五。沙土松缓，水流迁变不定，桥搭于此，河迁于彼，此吏胥之喜而百姓之忧，其苦六。凡此六者，皆渔洋所无也。而或者曰“迁道数里，行人不便”，初不知用勾股求弦之法，所差仅六里有奇。而州南十里、府北二十里皆洼下，遇雨雪载途，则车马不通。绕路崎岖，出入簷下，行人之苦有难言者，不如渔洋大道之高平坦荡也。今若仍复旧制，迁桥于渔洋，则一州两县感恩戴德，无有穷极矣。①

禀文所列兴修草桥之六害可归纳为办木料扰民、运送害民、草不易得、造桥危及百姓生命和水文不定、桥梁难定。其中木、草为生态方面，年年“号树”培植木料不仅费财而且扰及四邻。秋冬季节草料难得，更兼土质“卤荒”不易措办。而百姓之忧却是胥吏之喜，因为催办木料不仅可得贿赂，而且年年造桥亦可从中敛财。康熙《磁州志》称：漳河草桥“以前胥吏、里棍从中侵蚀，每次靡费千金，大为民累。至（康熙）三十六年（1697），轮磁州搭造，知州蒋擢亲为设法节省，其木料、车脚夫役、工食之费稽覈明晰，绝无中饱，而桥工以成。自后每当轮休，俱以此法行之，不复如当年之重费矣”。② 临漳县同样如此，如称“（漳河草桥）向例村庄按户鸠钱，胥役作奸派累，大为阖邑民害。雍正七年（1729），知县陈大玠捐俸搭盖，后仍派民钱”。③ 虽然地方官员设法节省造桥费用，甚至捐俸，但由民户“鸠钱”毕竟为经费之根本来源，胥吏扰民也就难以避免。若改道渔洋口则可大大缓解民间疾苦，但仍有人认为“迂道数里，行人不便”，冯翙羽计算后仅多出六里。

早在顺治十一年（1654），张溍请改于渔洋口时就有人提出异议，彰德府知府胡公却不以为然。他认为：“由邺抵磁七十里耳，益以数里不足为马病也，且孰与病民?”④ 最终由磁州、安阳、临漳“共襄厥成”，所费仅十之一二，五日即完工。只是其后不久草桥因上述朝廷用兵安置腰站原因又改于丰乐镇。甚至有时因漳河迁徙不定而不在丰乐镇与讲武城之间兴修草桥，一些地方官员也认为道路较远，不如丰乐镇近便。乾隆时期，彰德府知府李渭在彰德府所做政绩之一即为“漳河当孔道，旧设草桥于临漳，道回远，移于丰乐镇”。⑤ 于是，漳河草桥也就多在丰乐镇与讲武城间驿路附近兴修，也自然保留着上述“六害”，一直相沿至清末。

---

① 同治《临漳县志略备考》，卷4《卫漳考载》，骆文光纂修，同治十三年刻本。

② 康熙《磁州志》卷9《桥梁》。

③ 光绪《临漳县志》卷2《建置·桥梁》。

④（清）张溍：《渔洋桥记》，康熙《磁州志》卷17《艺文下》。

⑤《清史稿》卷477《李渭传》。

虽然漳河草桥曾于临漳境内时固村、西太平村、三台村兴修，但临漳境内属漳河下流，河道比丰乐镇以上更易迁徙不定。道光时期，临漳知县姚柬之向河北道道员王凤生禀告境内漳河水文时就称："（漳河）迁徙靡常，已非西门豹、史起之故道也。缘河身甚浅，旁无堤岸。水落归槽，至夏秋水涨之时则泛溢两岸，自十余丈至四五十丈不等。滨河地亩时被其害，土人谓之曰'浪漳河'，难以治黄之法治之。"[①] 因此，漳河草桥多安阳、磁州境内修筑。磁州（为散州）、安阳和临漳原来皆为河南彰德府属辖州县。雍正四年（1726），磁州划归直隶广平府管辖，统一分配水资源。这样漳河草桥的兴修成为此交界地区两省三州县轮流兴修之义务，一年一更。虽然临漳与磁州、安阳接壤，但漳河草桥大部分时间不在临漳境内，临漳也就认为其并无义务修建草桥，意欲退出。临漳退出轮修就会加剧磁州、安阳之造桥负担，安阳、磁州坚决反对，围绕着草桥兴修之义务词讼不断。

三　隔属不便与县际矛盾

乾隆十五年（1750）九月，高宗南巡返京，经草桥北渡漳水，曾作诗两首，其一题为《丰乐镇》，曰："一桥连两堤，两者限一水。迎者即纷来，送者亦旋止。守臣有尔我，予心何彼此。周裨寰海内，孰非我赤子？"[②] 高宗以民之父母自居，只是地方之间各分畛域是行政管理中的通病，"守臣有尔我"在交界地区表现得更为突出。

渔洋改道不成，草桥苦累之害不除。康熙二十八年（1689），临漳鉴于武安退出草桥搭造，随即禀告彰德府知府也希望退出，可惜被拒。乾隆初年，临漳再次提出申请，又遭拒绝，两次申请禀文俱不得见。然而作为临漳县的搭桥合作者，安阳县县志中却保留了坚决反对临漳退出的公文。其文曰：

> 漳河草桥安、临、磁轮流搭盖，岁某临漳士民以隔属不便控，

---

① （清）王凤生：《河北采风录》卷2《临漳县水道图说》。

② 安阳市交通志编纂委员会编：《安阳市交通志》，人民交通出版社1990年版，第339页。

邑绅衿具呈申办。略云：事惟公可久，物不平则鸣。如今日临漳之士民冒援赦款，抗违旧例，推卸搭盖漳河草桥，嫁祸邻封，不得不公恳详察，请宪批夺者也。夫漳河草桥每岁秋成以后，安、临、磁公同搭盖，自明季以至我朝，历数十年而并无变更。继于康熙二十七年二月内，蒙升任磁州朱（按：磁州知州朱廷相）以每岁分工搭盖劳逸不均，致多争竞，以伤邻好，因而会商良法，挨次轮流，事属至公。伊时通详各上宪，批允遵行，永以为例。此二十七年之原案，有可据也。暨二十八年六月内，临漳士民妄以越攀难堪等情，呈恳详免。蒙前任本府吴批令会议报夺，及会稿详覆，亦奉有“成例已久，不便更张”之批。此二十八年之原案，亦有可据也。且查临漳亦有草桥，木料每岁解银十八两九钱零；漳河渡夫，岁支工食银十三两六钱零，载诸全书，班班可考。况渡口额设之船，安、临、磁各备其一，而桥工按年轮搭，安、临、磁各任其劳，详诸郡志，历历可稽。今临漳士民捏称工劳费重，冒援赦款内所开“地方有现行事例不便于民者，详察开列，具题更正”，强欲详请，以冀脱卸于安、磁。殊不知木料银两奉裁之后，此桥向系官拆、官搭，有何不便于民？昔之司牧爱民之念，未尝不切，断不遗害于民间。如果不便于民，当日亦必力请中止，断不遵循至今日。诚有如本府太宗师大老爷所批“漳河界在三属，轮搭俱有成案。设有偏苦，亦不隐忍至今”。且曰“临邑新裁项下，原有搭盖草桥银两，当年先有定制，则今日协济之举，自非无因”，此真词简意切，难逃秦鉴者。及奉驳查，乃谬以当年原系协济木料银两，非令临邑之民驼载木料，前往隔属鸠工。噫！理屈词穷矣！夫此项银两，当年果系协济，何以全书内并未载有“协济”二字？且木料银两，与安相若也；渡船渡夫，与安相等也，既无此盈彼缩，难言协力相济。总之，临邑士民既不翻阅节批、详案，又不究心全书、郡志，屡以偏词争胜，妄图推卸。但成例历今数十年，而强欲纷更于一旦，不特安民在所不甘，磁民亦所不受。即谕临之士民，而令其详察旧案，确查全书、郡志，虽百其言，亦不能自解，当亦自悔其谋斯下而计亦左矣。①

① 乾隆《安阳县志》卷12《杂记》。

嘉庆《安阳县志》同样录入该文①。可见，安阳县通过县志的方式一再试图确立临漳与安阳、磁州轮流搭造草桥的合理性，以免临漳推脱造桥义务，而加负于安阳、磁州。临漳一旦退出则只有安阳与磁州合修，缩短轮修周期，从而加剧二州县地方的负担，显然这才是安阳坚决反对的原因。安阳反对临漳退出的依据包括临漳县境也有草桥，纳入县财政内；临漳与磁州、安阳均负责选派漳河渡口渡船、渡夫等，不仅仅修造草桥而已，而包括草桥在内。三县共同造桥，“奉有成例已久”，不能一旦更张，贻害于磁州、安阳。不过，上文已言临漳境内也有民众自行修造之草桥，数村合修自不用官方财物，安阳所言临漳草桥“木料每岁解银十八两九钱零”，实际是《临漳县志》所记官方漳河草桥之“解银”。至于漳河官渡渡船、渡夫毕竟不如草桥兴修之费为巨，所以安阳的反对依据并无多少分量。官方驿路在磁州、安阳之间，漳河草桥也是这条官方驿路的附属设施，而且多数时间在磁州、安阳境内搭造，临漳虽与其接壤，隔境造桥确有不便。而且此前临漳县还一直协济磁州驿递银两、夫马（下详），已属偏累，可见临漳之申请退出造桥并非无病呻吟。

虽则如此，临漳意欲退出修造草桥之举并未获批，仍旧被迫执行成例。那么临漳县修造草桥之苦到底如何？漳河草桥为何不能改道渔洋口以便地方民生呢？同治十年（1871），临漳知县骆文光再次申请将草桥改建于渔洋口，意欲减轻临漳之苦，草桥所引发的各方利害得失也得以彰显。骆文光首先写信致磁州、安阳地方官，文曰：

> 致磁州、安阳启者：查漳河草桥之在丰乐镇者，前据敝县绅耆“以安、磁驿路，应由安、磁百姓修垫，不当拨累临民”，赴各上宪衙门具呈。光（按：指骆文光）检阅旧案，当年临邑因有协济磁州夫马，每岁留支工料银四千余两，是以桥梁、道路亦由临民帮同搭造。迨雍正年间，磁州改隶广平府，临漳协济夫马、工料银两亦改归磁州留支，敝县仍按丁地照额解存司库。从此，临民得免协济之累，而桥工乃相沿未去，小民苦之。盖安、磁地方富庶，且在本境

① 嘉庆《安阳县志》卷28《识余》。

搭造易于为力，临民势居下游，汙莱不时，隔境代人搭桥，其难易实大相悬殊。从前邑绅吕游、磁州绅士张溍皆有改道渔洋之议，光亲往漆园、渔洋等处履度，方知张、吕二公之言不特谊切桑梓，实为老成之见。查由磁境之申家庄分路从孟家庄、西小屋、上漆园至渔洋开渡，抵彰德府城共计七十余里，与丰乐镇大道程途相等，且道路高爽，无泥淖之苦。西山佳气郁郁葱葱，沿途村庄稠密无异山阴道上。然愚民寡识，亦有不愿改道者。在丰乐镇之人多以涂饰门面、开旅店为生，若行旅、差使改走渔洋则门可罗雀，此丰乐镇之人所不愿也。安、磁夫马、丁役图丰乐镇有茶坊、酒肆之便，渔洋张显屯、洪河屯虽有旅店，总不若丰乐镇之华靡自便，此往来官人之所不愿也。在渔洋之人唯恐改成大道，车轧、马驰有损于田苗，见其害不见其利，此渔洋一带之人所不愿也。安、磁、临三处轮值搭桥之年，票差四出，按地派钱，工书、丁役皆有沾润，若改归渔洋则不得派敛，此三处丁胥所不愿也。要皆小人之见，不知大局之所在，张、吕二公言之详矣。……至公馆、马拨以及护送兵役，凡有河道之处，向视口岸为转移，不能拘定。况衡漳著自《禹贡》，城邑屡经变迁，何论道路村庄？惟渔洋之桥向用水马，不钉阡椿，问之该处居民，有言河底多沙石，椿木不能下钉者，此固因陋就简之说。若令制一巨锥锐其下，用力打之，即石根亦开矣。想高明亦必以为然，毋烦多赘，附呈地图一纸，即希览察。①

骆文光不仅指出了临漳之困苦，地方人士反对改道渔洋口的原因，而且也开始谋划在渔洋口造桥之技术，并提供详细地图一份。骆文光甚至对磁州、安阳地方长官提出“期望”，指出“我辈为官与民办事，固不可逆情以干誉，亦不可苟安以贻讯”，言辞恳切又落到实处。磁州境内滏阳河灌溉水利颇为发达，安阳境内洹河水利如万金渠等灌溉设施也较兴盛。临漳却居漳河下流，漳河河道迁徙不定，致使县境“汙莱不时”，西门豹、史起所倡之水利事业已是历史遥想，不如磁州、安阳富庶。所以骆文光说三州县造桥，“其难易实大相悬殊”。

① （清）骆文光纂修：同治《临漳县志略备考》卷4，同治十三年刻本。

由万历《重修磁州志》卷首所绘舆图来看，当时草桥并不在丰乐镇与讲武城之间，而在朝官村南，而官方驿路也有一条从滏阳桥分出南经曹家庄、小屋（清代分为东、西小屋）至朝官村草桥，并不一定要经由讲武城与丰乐镇之间。可见，骆文光所说“由磁境之申家庄分路从孟家庄、西小屋、上漆园至渔洋开渡，抵彰德府城共计七十余里，与丰乐镇大道程途相等”并非凭空捏造，而是大抵有前路可循。丰乐镇的历史相当久远，因其所处南北交通的要道，历来为北渡漳河的必经之地。早在宋代，从相州（安阳）北行的大道上，每十里置一马铺，丰乐镇正处于这个官道上，楼钥经过丰乐镇时，见到“居民颇多，皆作小坞以自卫”[①]，说明当时丰乐镇即为一大聚落。清代安阳县境内集镇除了水冶集外，只有丰乐镇最为发达，“商贾辏集之处，烟户最稠”[②]，镇内店铺繁多，南北往来人士多栖宿于此。因此，丰乐镇的繁荣正得益于南北官道经过此地，一旦交通线路改变势必影响到丰乐镇地方人士的切身利益。因此，骆文光所分析安阳丰乐镇人士不愿改草桥于渔洋口之原因确是有凭有据，丰乐镇草桥与地方社会之种种利益关系也被暴露无遗，漳河草桥虽是国家交通设施却与地方社会的利益有着千丝万缕的关系。

除了给安阳、磁州地方官员写信，骆文光也向彰德府知府咨文禀告，其文曰：

> 敬禀者窃查卑县绅士禀陈地方疾苦内有漳河草桥一条，以“安、磁驿路岁有支销，应由安、磁百姓修垫，不当扳临民代为支差，请改道渔洋，以免三处民累”。禀奉本府批饬，核议详办等因。卑职检查旧卷，考核府、县志书所载，从前丰乐镇草桥本系磁州、武安、安阳、临漳四县合作，后武安县因隔境搭桥不便，秉准免办。且各处民心不一，不愿合力公办，遂定为安、磁、临三州县分年轮流搭造。昔年三处百姓同力协作，尚属众擎易举，迨定为分年轮搭，则卑县民累愈甚。盖三年之后所收木植、物料均多朽烂、散失，是以每逢轮值应搭之年，必须采办新料。且地非本境，采办木植，运送

① （宋）楼钥：《攻媿集》卷111《北行日录上》，《四部丛刊初编·集部》。

② （清）王凤生：《河北采风录》卷2《安阳县水道图说》。

物料处处受人欺讹，所费倍于安、磁二处。卑县桥工向按地亩派钱，每粮银一两派制钱一百文，照额征粮银四万余两，计算共可派制钱四千余串。旧章归工书、差役承办，各乡民以工多浮费、桥非本境，相约推诿，不肯踊跃交钱。后经卑前县现任温县孙令，因临民疲累，钱粮尚难照额征解，桥工更难比追，由是推与四路绅董自行催收搭造。行之数年，绅士承办亦不能无弊，小民同一苦累。同治三年，前署县现补林县李令，因催办桥工稍急，绅士联名赴府上控，桥至次年正月尚未搭成。六年秋，某到任正值搭桥之年，力求撙节。每粮银一两止派制钱六十文，该绅董等亦勉力趋公，至十二月下旬始得告竣，距二月拆桥之期不过一月有余。是临民徒有搭桥之名而无搭桥之实，而劳费苦累实有不可以上达宪听者。本年又值卑县搭造，该绅董等因前次桥工尚多逋欠皆畏缩不前，并请援案禀求酌免。某查当年临邑因有协济磁州夫马，岁支工料银四千余两，是以桥梁、道路亦由临民帮同办理。迨雍正年间磁州改隶广平府，临民协济夫马、工料银两亦裁归磁州留支，从此临民得免协济之累，而桥工相沿未去，因循数十年。……若丰乐镇草桥改至渔洋，不独临民得免永累，即安阳、磁州百姓亦可免派扰。盖渔洋每年冬月有草桥由该处百姓自行搭造，今若改走差使，桥工必须加搭坚实。丰乐镇草桥每年在司库请领桥工银三百九十两，以后统归安阳县请领，发给该处绅民，以为帮贴之资。……自渔洋至府城，沿途各有集镇、旅店尖宿之所，且不过严寒冰结时暂走渔洋，余月仍在丰乐镇摆渡，似无不便。某思当此民穷财尽之际，地方官苟能遇事体恤，稍予变迁，节省一分民力，即培养一分元气。①

禀文中骆文光更是不顾得罪上官，甚至不惜援引自己在封丘为官之经历，来说明拘泥成例之害，希冀能改草桥于渔洋口。虽然骆文光这些公文有理有据，言之凿凿，但很遗憾所议最终并未执行。除了漳河草桥申请改道之事外，同治六年（1867）骆文光任上，正值北方捻军活动时期。骆文光治军械、修城垣、缓民赋，颇有建树。光绪《临漳县志》为

① 同治《临漳县志略备考》卷4。

骆文光立传，对其功绩颇为嘉许，但也对漳河草桥屡次申请改道不成表示遗憾。称“惟丰乐镇桥工累民，卒不得请，以为憾”。[①] 恐怕这时的彰德府知府也是以乾隆时期知府的批文来回应之，即“漳河界在三属，轮搭俱有成案。设有偏苦，亦不隐忍至今”云云。县级政区有等第之别，安阳为彰德府首县，地方官员处理事务时恐怕对此是有所考量的。而且首县往往能占有“先机”，早在弘治初年，临漳县民“原应邺城驿馆夫，后被安阳用幸更于回隆驿，民苦不便，累损无伸。公（指临漳知县周公）于弘治三年历申抚巡、都按欲改正之，当道执法不从，力辩千百余言。虽皮肤受刑，不辞其苦，当道察其有子民之责，方改正之。”[②] 这样，再考虑到骆文光文中所提及草桥与各地方人士之利益关系，对于临漳无法退出造桥义务和草桥改道不成之原因我们也能细细体会出来。

四 国家交通与地方义务

为何这样一个官方桥梁修造之经费不能由官方妥善解决，而要累及两省三州县民众，延续数百年之久？这要从明清驿传系统的管理来说了。

漳河草桥是国家驿传系统的一个附属设施，其兴修与国家整个交通系统的管理有着必然的联系。在清代以前，驿站并不同时具备文报传递、官员接待、物质运输三项功能，清代逐渐将这些功能合而为一，驿站与铺、塘等配套，最终形成了一套完善的驿传系统。其构成和功能的完备性使其在清代的政治、军事生活中具有重要作用，驿传系统作为政治信息传递的载体，与各种公文制度共同构成政治信息传递系统，为实现政治控制的目的提供条件[③]。在明代，漳河草桥的修造并非定制，自明季相沿至清初，而后不改。修造草桥的原因在当时除了便于驿路交通外，笔者也怀疑明末战事频繁，国家不靖，漳河驿路冲繁，故而设置草桥，方便军旅行进及运送军需物资等，漳河草桥的兴修成为定制可能正因为军

① 光绪《临漳县志》卷7《列传·宦绩》。

② 正德《临漳县志》卷7《名宦》。

③ 刘文鹏：《清代驿传及其与疆域形成关系之研究》，中国人民大学出版社2004年版，第1—9页。

事原因。大兵过境、军政信息的传递依赖桥梁更为便捷，上文骆文光禀告彰德府知府之文也隐约透露出漳河草桥与“公馆、马拨以及护送兵役”之关系。清初南方形势不明朗，顺治时期因用兵安置塘站，草桥又改回丰乐镇也表明了这种军事要求。

为了一改明末驿站累民之状，清代着意改革，在驿传差役制度方面，将明中期以后由“民当”改为“官当”的趋势固定下来，使之固定化、制度化，并于顺治二年（1645）作为谕旨发布。这样也就改变了驿传系统的经费来源，原来都由官府向民间征派，改革后则由官府从赋税正项中划拨，严格执行。自顺治至康熙初年二十多年的时间内，清朝中央一直旗帜鲜明、不遗余力地推行这项法令。康熙十四年（1675），规定：“司驿官藉口钱粮应付不敷，私令民间帮贴者，降三级调用。”[①] 然而，中央的规定只是为驿传系统的运转提供了一个标准，在实际运转过程中，各地驿传经费虽出于地丁银，但不同地区往往会有不同的经费筹措方式。对许多的州县来说，减轻驿站繁重差役的第一个思考方向是争取邻边无驿州县的协济。[②] 这在各地多有表现，驿传系统最终要落脚到各个省区，在国家驿路干道沿线，即所谓“冲繁之地”，驿道所在州县虽有官银维持驿传系统的运行，但实际运作中经费多有不敷，这就产生了要求邻近州县帮贴、协济之举。起初只是协济该州县提供驿站银而已，并不派夫马直接前往该州县服役，其后则渐兼有提供夫马、帮助搭造驿站附属设施之举。早在明代，在交界地区的交通设施管理中就已有数县合修之举，如万历时期全椒县与和州合修的浮桥、正德时期广西罗州和茗盈州合修的啧绕桥。[③] 漳河草桥，据嘉靖《彰德府志》记载安阳丰乐镇北之漳河桥每年九月“与磁州、临漳合力作之，夏初则撤”[④]，清代延续这一传统，其原因还是协济磁州驿站银所致。

前述骆文光追述临漳帮同搭造漳河草桥之原因是“当年临邑因有协济磁州夫马，每岁留支工料银四千余两，是以桥梁道路亦由临民帮同搭

① 光绪《清会典事例》卷 696。

② 刘文鹏：《清代驿传及其与疆域形成关系之研究》，中国人民大学出版社 2004 年版，第 230—231、254—256 页。

③ 张艳芳：《明代交通设施管理研究》，天津人民出版社 2009 年版，第 290 页。

④ 嘉靖《彰德府志》卷 1《地理志》。

造”。武安县同样如此，乾隆《武安县志》曾记武安县此前之漳河草桥、协济磁州驿站之经费情况，“漳河草桥木料银二十九两二钱二分二厘三毫。……乾隆二年，钦奉圣谕案内漳河渡夫各路铺司兵准复原额……漳河渡夫四名，工食原额银十四两四钱”，而协济磁州驿站原额银就有“四千三百二十二两五钱七分九厘，闰月原额银三百五十六两五钱”。① 可见，虽然漳河并不在武安境内，然而因武安与磁州搭界，武安县不仅要协济磁州驿站，而且也要派遣漳河渡夫、修造草桥，好在康熙二十七年（1688）武安县获准退出。而临漳县因与磁州、安阳交界，且漳河横贯县境，协济磁州驿站、协同搭造草桥更被认为是“理所当然”。

上述安阳县反对临漳退出修桥之文中认为临漳援引“当年原系协济木料银两，非令临邑之民，驼载木料，前往隔属鸠工”为临漳“理屈词穷”之证，然而事实并非如此。据光绪《临漳县志》载，顺治初年，临漳县知县王象天曾言及临漳县县情，其中之一为协济之害，“临漳有协济磁所递夫之案。明时原协济解银，非提调夫役也。自顺治元年，磁牧力争，径将所夫推临漳亲行供应。夫临离磁四十里，往往车牛到而差遣过，差遣到而车牛回。且中隔漳河，夏雨冬冰，过渡苦犹涉海矣”。② 顺治十二年（1655），已为太仆寺寺丞的王象天又向顺治帝上奏临漳县协济之苦。其称：“夫协济之名，原以本地冲繁借外县解银帮贴。查临漳协济磁州额派银四千余两，前朝皆解贮磁库，该州支应。我朝经制未定之初，磁州遂揹勒临漳往州走递，但临漳距磁州四十里，中有漳河阻隔，冬月苦冰坚，夏日苦水涨。一遇差繁，磁州旁观不应，计必赴临漳催觅，往往夫车未到差遣已过，或差遣未到夫车先期，守候已数日。且官因鞭长不及，致钱粮靡费，势不至夫逃、所困不止。臣愚谓宜照例将额派银两仍按数预解磁库，听该州附近供应之为便也。”③ 议下部院，部院又饬河南布政使、彰德府知府、临漳县知县详禀原委。据临漳县知县万廷仕称：“协济磁州递运所牛夫在明时每年额派银四千二百二十四两，解贮州库，磁州就便走差，成规已久。及至差使频多，遂攀临民赴彼走递，隔属隔

① 乾隆《武安县志》卷9《赋役》。

② （清）王象天：《邺下苦案跋》，光绪《临漳县志》卷16《艺文·杂志》。

③ 光绪《临漳县志》卷16《艺文·杂志》。

河自不免州人勒索之苦。”彰德府知府则称“只缘明末（临漳）协银不前，该州拉留临役走差，相沿至今，实漳邑自招之累也，而磁州是以为成规矣。至顺治五年（1648），该县遵照赋役每年征银四千九百二十八两”。河南左布政使佟延年认为：“临漳协济磁州递运所一款，由临邑协济站银不前，以致磁州拉留临役走差，其越境供应之苦，自取之也，于人何尤？为今计之，合将临漳应协磁州所银两责令按季关解，如逾季不给即揭报参处，该州亦不得累其越境，庶应协者知警，而受协者获有实用矣。”最终裁定临漳县照旧协济磁州递运所四千九百二十八两，必须“及时完解磁州以资应付，该州不得仍前措勒，如违参处。”[①] 这就表明，清代驿传制度的改革虽有国家政策，但在实际执行中各地并不统一，清初财政拮据，驿传政策的推行阻力颇大，各地只能依靠地方实际区处执行，协济州县之派累也就只能默许，也附带包括驿路附属设施，如漳河草桥的协同搭造。

此外，清代地方政府的行政“惯习”也是草桥累民之原因。在州县日常行政中，地方官长并不直接过问驿递事务，而是交由胥吏和驿站书吏们办理。这些胥吏们“常常滥用权力敲诈百姓，维持驿站服务成了地方百姓的一大负担。百姓常常被摊派为驿站喂马、支付驿站的费用。……事实上，许多民户经常被迫无偿向驿站提供车马和驴子，或者直接交钱代替车马。虽然律例禁止向百姓强征马驴，并规定违法的州县官将受到降级处分，但是只要驿站缺少足够的马匹可供使用，就会出现强征现象。简言之，真正为驿站事务承受痛苦的是当地的老百姓”。[②] 公共工程的修造可获得一些官银，只是多有不敷，仍需州县官长想办法处理，这是清代地方政府行政之通例。前文骆文光禀文称漳河草桥历年从河南布政司库房领“桥工银三百九十两”，这些银两并不够用，甚至有可能为州县官长私用。用于公共工程之官银并不够用，“州县官不得不用别的方法寻找经费。通常的作法是：或招募当地的居民提供劳力，或根据其田产面积按比例圈捐”。这种做法是清代地方政府官长之惯习，“州县官还有责任确保交通干道和重要桥梁的状态良好。如果陆桥状况很差阻

---

① 光绪《临漳县志》卷16《艺文・杂志》。

② 瞿同祖：《清代地方政府》，法律出版社2003年版，第260页。

碍交通，他将受到处罚。……由于州县官要对自己主持的工程再一定期限内的坍坏负责任，且向上级衙门申请官银时还免不了要向上级衙门书吏支付陋规费，因此很少有州县官申请官银资助修缮工程，除非事情绝对需要又万分紧急。基于这一理由，有个官员曾忠告：修缮公共工程之事，州县官们最好能躲就躲，以免自找麻烦”。[①] 漳河草桥正是因国家交通摊派和地方政府行政之弊双重“压迫”下成为地方百年之害。

所以，安阳地方官员也坦承：“地方力役之征原非得已，若不随时留意稽查，力为撙节，必致劳民伤财，非特心有未忍，抑且民不能堪。本县南通十省，地处冲衢，往来差使以及递解人犯饷鞘等项既无车畜行店，势不能不向民间雇备。”[②] 漳河草桥处于国家驿路之必经地段，其修造有明代故法可循，修造经费又是一笔不小数目，数县轮修自然比一州县修造要省费。也就是说，国家交通控制的执行过程中，并不一定要完全考虑地方间的空间关系，漳河草桥即使不在临漳境内，也不惜牺牲临漳之利益，这是临漳历来之请不得批准的根本原因。地方政府并无多少钱财去支付兴修公共工程之修造，尤其是对那些每年一修之工程，于是不得不将兴修工程之费摊派于地方小民之上，工程修建也成为地方有司、书差、保地肥己之源。骆文光也说：“此桥在上官以为二百年之旧章，在临民以为二百年之害！书差、保地皆欲于中取利，即地方有司亦有以此为利者。故去之甚难，今欲改至渔洋以除三处民害，更有所不能。总之，今之从政者多奉已而不在民众。”[③]

漳河草桥造桥经费只要不摊派于地方州县，也就无须改道，至光绪二十九年（1903），临漳县士绅彭九龄等“分呈直督、豫抚两辕，以丰乐为安阳、磁州之境与临无涉，蒙饬核议。经知县周秉彝禀府，准每年由豫、直司库各领银四百九十五两，磁、安、临三县轮年搭造，又恐水宽工大，乃捐筹制钱二千缗，发典生息，以备大工津贴，丝毫不以累民，数百年之害至此始除了”。[④] 三年后（1906），京汉铁路也已通车，驿路系

① 瞿同祖：《清代地方政府》，法律出版社 2003 年版，第 261—263 页。

② （清）王凤生：《河北采风录》卷 2《安阳县水道图说》。

③ 光绪《临漳县志》卷 16《艺文·杂志》。

④ 光绪《临漳县志》卷 2《建置·桥梁》。

统的作用逐渐衰退，漳河草桥也被撤销。民国二年（1913），北洋政府宣布将驿站全部裁撤，驿路系统最终退出了历史舞台。

五　小结

漳河草桥的修造反映了交界地区河流生态与交通、交通管理义务与县际纠纷，以及国家交通与地方社会的多重关系。

自然生态对于交通线路、附属设施的影响无法从过去交通史的研究中得到清晰的认识，在地方文献中却记录详细。如顺治初年，因黄河决口，山东地区黄泛严重，南北交通瘫痪。于是南方数省差遣、运送皆走河南官道，这给河南驿路沿线民众带来了沉重负担。此后，"河口已塞，水归故道"，河南巡抚贾汉复上奏请求更正驿路，江浙等省南北差遣复归山东。[①] 所奏随即获得批准。

磁州、安阳、临漳三州县之间互相搭界的水平空间关系，使得州县之间在驿递系统的运转过程中保持着协济、帮贴之连带关系，搭设草桥也成为临漳县的附带义务，即使驿路干道不在临漳境内。围绕着草桥搭建，三州县词讼不断，地方社会各方人士都牵涉其中，反映了交通设施管理中地方之间的水平互动。同时，漳河草桥又是国家驿传系统的附属设施，自上而下地作用于地方州县，州县官长只要每年保证完成该桥梁顺利搭造即可，具体事务则交由胥吏、书保办理。造桥费用摊派成为地方民众之苦累，却是地方官长、胥吏自肥之源。百余年来，地方上自下而上的上奏请求改道一直未获批准，草桥苦累延续至清末。漳河草桥的修造又反映了交通设施管理中国家与地方社会之垂直互动。[②]

总之，王朝军政信息的畅通都要仰赖整个国家交通系统的正常、有效。然而国家交通控制并非浮于地方之上的宏大结构，而是要仰赖地方社会的切实执行或变通处置，以便实现其正常运作，这样国家交通控制必然与地方社会发生着诸多联系和互动。国家交通在地方的执行需要地

---

① （清）贾汉复：《更正驿路疏》，顺治《河南通志》卷39《艺文》。

② 其他地区也同样有交通管理与地方社会负担、县际矛盾的案例，亦可与本书相比较。参见尹玲玲《明清两湖平原的环境变迁与社会应对》第七章，上海人民出版社2008年版。

方乃至地方间的协作执行，地方间的水平协调因各自利益的不同往往发生矛盾，这就需要国家垂直控制、干预的出现，但在漳河草桥这个个案中，水平协调无法得到妥善解决时，垂直控制却仍维持现状长达百年之久。明清时期交通管理所反映的地域互动关系在一些地区应也有体现，而放置于交界地区情况就更为复杂，需要深入研究。从政区、地域互动关系的角度加以探讨，能对以往交通史、历史交通地理的研究理路有所反思，甚至是对一些研究结论的修正。历史交通问题不单单是以往研究所呈现的线状的交通格局和点状的交通设施的分布，而是有着丰富的内容。

第七章

信仰扩散与地域互动

——以晋豫交界地区济渎信仰为例

社会互动的高级形式就是文化或知觉（信仰、精神、价值观等）互动。社会学认为，决定任何互动关系性质的因素就是利益或精神两大类，从互动的性质上可分为理性互动与非理性互动。[①] 理性互动是行动者对投入和产出关系的利益精确计算而采取的互动方式。非理性互动是未经精确的利益计算而采取的一种互动方式，行动者的目的是根据某种内在的或理想的东西（如意愿、信仰）来确定的，以精神性因素为纽带，如宗教互动、信仰习俗互动等。[②] 信仰文化互动是文化的传播，当涉及不同地域人群的互动时就是信仰文化扩散，属于非理性互动。理性互动与非理性互动又是相对的，不同民众对于某一信仰文化的接受固然出于一些非理性的因素，但民众对于接受此信仰文化所带来的"益处"心理上还是有所考量的，民众的功利心理是传统时代民间信仰发展最重要的原因。

信仰文化是文化群体中一个重要组成部分，在传统社会，信仰文化无疑成为民众日常生活中须臾不可离开的东西。节庆、喜丧、灾异等皆与信仰文化联系起来。一般来说，某一地域的民众在长久历史发展中逐渐共享着一些信仰，这些信仰也成为地域性信仰，形成信仰区，不同地域则有不同信仰，不同地域也可能会共享同一信仰。这些就是信仰文化区、信仰文化扩散和信仰文化的跨地域整合。

---

① 陆学艺主编：《社会学》，知识出版社 1991 年版，第 61—63 页。

② 朱力等：《社会学原理》，社会科学文献出版社 2003 年版，第 33 页。

一般来说，文化扩散的过程本身即是文化互动的过程，从而无须再进一步讨论文化接受者对外来文化的反应和互动，也就是说只研究文化扩散的单一方向即可谓文化互动，这是以往历史文化地理研究的通常做法。这固然是因研究资料的缺乏所致，也恐怕与研究视角和思路有关。本章试图通过济渎信仰在晋豫交界地区的扩散，来着重探讨文化扩散在交界地区不同地域之间的双向互动。

一 信仰的起源与发展

信仰文化可以分为国家信仰和地方信仰（民间信仰）。国家信仰如岳镇海渎、天地神祇、古今圣贤等，长久以来为传统王朝所祭祀，并推行到地方州县。国家信仰多为国家礼制型祭祀，从秦朝以来逐渐定型，形成了一套有着严肃的规格、等级的祭祀制度，列入国家祀典。国家信仰的目的在于维护王朝稳定和塑立正统性，新君登基或发生国家大事都要祭告于国家神祇，在重大灾害发生的时候也会祭祀这些国家信仰，以期维护社会稳定。国家信仰不如地方信仰繁杂，地方信仰起源于民间，这些神祇都具有多种“神力”，举凡自然事物、古今人物皆可成为民间信仰之神祇。国家信仰与地方信仰常有互动，即国家信仰经中央推广最终会落实到地方上，与地方社会发生关系，最终成为地方社会文化的组成部分，甚至会演变为地方信仰。尽管王朝每年都要定期对其祭祀，但这远没有地方民众对其信仰之热诚，信仰文化逐渐地方化、民间化和世俗化，如南海神。传统王朝又一再干预民间信仰的发展，部分信仰常被列入淫祀，划入王朝打压之列；有些民间神祇则又会被“国家化”，列为国家信仰，如天妃、碧霞元君等民间神祇。

济水从先秦以来即被定为中国“四渎”之一，秦以来，历代帝王对其祭祀不断，成为国家信仰。隋唐以来，豫北河内地区成为济水祭祀的中心，国家信仰逐渐民间化，济渎信仰被民众赋予了多种神力。此后济渎信仰以此为中心传播开来，甚至波及晋东南地区，太行山的横亘并没有阻挡济渎信仰的传播和在晋东南山间乡野的“生根”。也就是说“文化区域的活力并不受法定的界线（行政区划）与天然的界线（自然地理区域）所限制”。[①] 同时，晋东南地区的民众也在意图建立己境与济水源流之地缘关系；塑立己境河流与济水之关系，以之确立山西河流也具有济渎之神性，为其信奉济渎信仰提供“理由”。以往对于济水变迁、济源济渎庙的研究较多，而忽视了济渎信仰在各地的扩散、地域互动等问题。济水在东汉以后黄河下游南岸的河道逐渐消失，但济渎信仰仍如火如荼，不仅是在济源，其他地区也建立了大量行宫，济水仍然“活着”。

（一）国家祭祀与册封

济水最早见于《禹贡》。《禹贡》虽将所记地理事物附于夏代，但一般认为其反映了自龙山文化以来就已形成的人文地理区系，大约写成于西周时期，而后却又掺进了战国的事实，今天所看到的定本是战国时期的本子。[②] 因此，古人对济水的认识至少从西周以来就已形成了。《禹贡》中并未将济水作为四渎来谈，只是作为一条跨越黄河又独流入海的独特河流而已。更晚的《尔雅》里，已明确提出了“四渎”的概念。《尔雅·释水第十二》：“四渎者，发源注海者也。”《白虎通义》则解释说：“渎者，浊也。中国垢浊，发源，东注海，其功著大，故称渎也。”《礼记·王制第五》则言：“天子祭天地，诸侯祭社稷，大夫祭五祀。天子祭天下名山大川：五岳视三公，四渎视诸侯。诸侯祭名山大川之在其地者。天子诸侯祭，因国之在其地而无主后者。”即将五岳四渎归于天子之祭，在天子国都之所祭祀，而非在四渎所在地方祭祀。不过，《通典》将这种祭祀置于虞舜时代，杜佑称：“虞氏秩于山川，遍于群神。”司马迁《史记》记载商汤平定海内后，作汤诰曰：“古禹、皋陶久劳于外，其有功乎民，民乃有安。东为江，北为济，西为河，南为淮，四渎已修，万民乃有居。”[③] 这又说明商代即有四渎之说。

至西周时期“以血祭祭五岳，以埋沈祭山林山泽。一岁凡四祭”。[④]

---

① 周振鹤：《中国历史上自然区域、行政区划与文化区域相互关系管窥》，《历史地理》第16辑，上海人民出版社2000年版，第7页。

② 刘起釪：《〈禹贡〉写成年代与九州来源诸问题探讨》，《九州》第3辑，商务印书馆2003年版，第2—13页。

③ 《史记》卷3《殷本纪第三》。

④ （唐）杜佑：《通典》卷46《礼六·沿革六·吉礼五·山川》。

《仪礼》则曰："（天子）礼日于南门外，礼月与四渎于北门外，礼山川丘陵于西门外。"周代四渎祭祀应被列入国家祀典里了。可见，先秦时期随着人们对九州地理认识之深入，四渎观念已深入人心，对于四渎的祭祀属于"天子"的礼制，在天子国都祭祀，而诸侯只能在其统辖地区内祭祀名山大川。济水所在地区一直处于天子的核心地区，《史记·夏本纪》载："夏桀之居，左河济，右泰华。伊阙在其南，羊肠在其北。"羊肠，即羊肠坂，为济水发源之处济源北部太行山的重要交通要道，自古为豫北河内地区入上党地区的要径。周都丰镐，又建成周，济水地区仍是周王朝的核心地区。所以《史记·封禅书》言："昔三代之居皆在河洛之间，故嵩高为中岳，而四岳各如其方，四渎咸在山东。"① 因此，先秦以前天子对于四渎之一的祭祀应是可以肯定的，只是在国都祭祀，在济水流域地方之祭祀尚不能肯定。

在秦汉帝国进行文化统一与整合过程中，山川祭祀体系得到整理，逐步形成以五岳、五镇、四海、四渎为中心的祭祀系统。从此，四渎就不仅是一种地理概念，而且成为一套象征王朝正统性的文化符号。② 秦并天下，始皇帝令祀天下名山大川。"于是自殽以东，名山五，大川祠二。曰太室（太室，嵩高也）、恒山、泰山、会稽、湘山。水曰济，曰淮。春以脯酒为岁祠，因泮冻，秋涸冻，冬塞祷祠。其牲用牛犊各一，牢具珪币各异。"③ 这是济水立祠祭祀的最早记录，《史记》明确记载祭祀济水之处在崤山以东，而非秦国国都，其具体地点尚不得而知。

汉初分封诸侯，名山、大川多在诸侯之地，"诸侯祝各自奉祠，天子官不领"。④ 武帝"自封泰山后，十三岁而周遍于五岳、四渎矣"⑤。不过在汉宣帝之前，五岳、四渎祭祀尚无常礼，也无相关严格的制度和礼制。至汉宣帝神爵元年（前61）三月，皇帝"制诏太常：'夫江海，百川之大者也，今阙焉无祠。其令祠官以礼为岁事，以四时祠江、海、雒水，

---

① 《史记》卷28《封禅书第六》。

② 姚永霞、高明：《〈济渎庙北海坛祭品碑〉的历史文化内涵》，《济源职业技术学院学报》2006年第2期，第1页。

③ 《史记》卷28《封禅书第六》。

④ 同上。

⑤ 《汉书》卷25《郊祀志下》。

祈为天下丰年焉。’自是五岳、四渎皆有常礼。……河于临晋，江于江都，淮于平氏，济于临邑界中，皆使者持节侍祠”。[①] 四渎中唯河渎、淮渎祭祀之地与后世大体相同，江渎后世在成都，济水则在济源。汉代，济水在黄河以北为沇水，黄河南岸方有泲（济）水之名，临邑在东郡，今为山东东阿，正处泲水北岸附近。据《汉书·地理志》言，临邑县有“泲庙”，泲即为济，为济水祭祀之所。汉初设诸侯国，临邑所在东郡原为高祖子刘恢梁国封域之内，始建于高祖十一年（前196）三月。[②] 吕后七年（前181），改吕产为梁王。吕产被诛后国除，东郡还为汉郡。济水之祭祀当在诸侯国内祭祀，后诸侯遍裁，宣帝时在临邑祭祀济水，疑为源于当时诸侯祭祀。按照汉代人的观念“中国川原以百数，莫著于四渎，而河为宗”，[③] 当时对于河水的关注尚非济水能比。

东汉光武帝建武二年（26）正月，于洛阳城南七里制郊兆，设坛八陛，天地神祇皆于此祭祀，四海、四渎、名山、大川皆在其内。[④] 其后又在洛阳北四里，为方坛四陛，营北郊，祀地祇、高皇后，及其他“地理群神”。四渎方位：“西渎河西，济北，淮东，江南”，表明当时四渎名称基本形成，即西渎河水、北渎济水、东渎淮河、南渎长江，当时是在国都设神位祭祀。至明帝永平十八年（75）四月，久旱不雨，皇帝遣两千石官员分祷五岳、四渎，[⑤] 具体地点仍在临邑县内祭祀。[⑥] 不过东汉时期对济水之源开始关注，“济水”之名首次出现，《后汉书·郡国志》说河内郡温县“济水出，王莽时大旱，遂枯绝”。[⑦] 一般认为，此次大旱济水在黄河南岸河道逐渐淤塞，魏晋时期黄河下游济水河道逐渐消失。[⑧]

---

① 《汉书》卷25《郊祀志下》。

② 周振鹤：《西汉政区地理》，人民出版社1987年版，第10页。

③ 《汉书》卷29《沟洫志》。

④ 《后汉书》卷18《祭祀志》。

⑤ 《后汉书》卷2《显宗孝明帝纪》。

⑥ 据《后汉书·郡国志三》，东郡临邑县有“泲庙”。

⑦ 《后汉书·郡国志一》。班固记载西汉常山郡房山县赞皇山济水所出，但此济水位置原在今河北省，与后世之济水不同，当为同名之水。见《汉书》卷28上《地理志上》。李吉甫《元和郡县图志》亦云：“赵州赞皇县，济水源出赞皇山，西北流，去县南十里，此别是一济水。”

⑧ 史念海：《济水与鸿沟》，《河山集·三集》，人民出版社1988年版。

此后，至隋王朝建立之前，北方地区虽是政权迭更，四渎之祭常废而不举。不过，因有前代旧章，一些政权仍会延续，但只是在国都祭祀而已。如晋明帝太宁三年（325）诏曰："自中兴以来，惟南郊，未曾北郊，四时五郊之礼都不复设。五岳、四渎、名山、大川载在祀典应望秩者，悉废而未举。主者其依旧详处。"① 其间，北魏孝文帝太和十九年（495）祭祀济水之举颇值得注意，孝文帝《祭济文》曰：

> 维太和十九年，皇帝遣太常寺守散骑常侍景，昭告于济渎之灵：乾光资曜，坤载播液。惟渎畅灵，协辉阴辟。庶象凭和，升降芳沥。蕴神包化，比土宣绩。温方涌瑞，沇源导济。引流通沧，实侔四体。作润岱宗，含云吐澧。润波湛湛，川风泲泲。瞻洪津而怀德，乘长波而钦智。泛龙仪之郁穆，玉轩而浮被。沉璋璧之明物，冀牲洁以归寄。②

该祭文中明确提到"遣太常寺守"和"沇源导济"，说明这次祭祀不在国都，而是在济水上源之沇水流域。后世文献记载沇水发源于王屋山太乙池，伏流后在济源西部从地中涌出，汇为二池，池水合一始为沇水，至温县附近始名济水。《水经》说："济水出河东垣县东王屋山，为沇水。东至温县西北为济水。"郦道元注曰："《山海经》曰：王屋之山联水出焉，西北流注于秦泽。郭景纯云：'联、沇声相近，即沇水也。'潜行地下……今济水重源出温城西北平地。水有二源，东源出原城东北，昔晋文公伐原，以信而原降，即此城也。俗以济水重源所发，因复谓之济源城。"③《括地志》记载，"故原城在济源县西北二里"④，在今济源市庙街附近。因此，此次祭祀济水应在温县西北沇水上源，即今济源济渎庙附近。再者，隋代开始在今济渎庙设庙祭祀济水，隋代制度多延北朝旧制，亦可佐证。此次祭祀应是设坛祭祀，宣读祭文，当时尚未建庙。

---

① 《晋书》卷6《明帝纪》。

② 《初学记》卷6《地部中·祭文》。

③ （北魏）郦道元：《水经注》卷7《济水》。

④ 张新斌等：《济水与河济文明》，河南人民出版社2007年版，第43页。

济源设庙祭祀济水始于隋朝。开皇十四年（594）闰十月，文帝诏："东镇沂山，南镇会稽山，北镇医无闾山，冀州镇霍山，并就山立祠；东海于会稽县界，南海于南海镇南，并近海立祠。及四渎、吴山，并取侧近巫一人，主知洒扫，并命多莳松柏。"[①] 这基本确立了后世岳镇海渎祭祀之方位。四渎虽未明言建庙，但"取侧近巫一人，主知洒扫，并命多莳松柏"。说明当时济渎已然建庙，并派专人洒扫维护庙宇了。今济源县济渎庙内后世碑刻皆记该庙始建于隋开皇二年（582）。其后，开皇十六年（596）又置济源县，据《隋书·地理志》，河内郡济源县"有济水"[②]。这是隋代在济水之源建庙祭祀的一个旁证。因此，可以看出，从秦至隋，历代王朝对济水祭祀形成了由下游到上游的过程，黄河南部济水最先得到关注，魏晋以降济水黄河以北之上游河段逐渐进入国家祭祀视野，其原因是黄河下游济水河道湮塞，甚至消失之故。济水建庙以后，唐宋以后影响开来，逐渐世俗化，各地纷纷建立济渎行宫，形成了以济渎庙为中心，逐渐扩散开来的趋势，这是古代济渎信仰祭祀、传播的总体时空特点。

隋以后，济渎被王朝封公、封王，影响日剧。唐武德、贞观时期即明确了岳镇海渎祭祀之地，其中"北海、北渎大济，于洛州。其牲皆用太牢，笾、豆各四，祀官以当界都督刺史充"。[③] 北海之神也附祭于济渎庙，故济渎庙又称为济渎北海庙。济渎祭祀之地实际为洛州济源县。显庆二年（657）之前，济源县为河北道怀州辖县，显庆二年割于洛州。[④] 洛州即河南郡，后为河南府，治洛阳。《旧唐书》记载上述岳镇海渎祭祀之地皆言在某某州，不及于县。《新唐书·地理志》则明确记载怀州济源县有"济渎祠、北海祠"[⑤]。至天宝六年（747），玄宗加封济渎为清源公。十年（751）正月，又封四海海神为王，遣河南少尹豆卢回祭济渎清源公。[⑥]

① 《隋书》卷7《礼仪志二》。
② 《隋书》卷30《地理志中》。
③ 《旧唐书》卷24《礼仪志四》。
④ 《旧唐书》卷39《地理志二》。
⑤ 《新唐书》卷39《地理志三》。
⑥ 《旧唐书》卷24《礼仪志四》。

五代纷扰，济渎在中原，故为中原王朝祭祀，如后晋高祖天福二年（937）十月丙戌，“遣使祀五岳四渎”。[①] 南方国家却奉南方二渎为王，如吴乾贞二年（928）正月，封东海为广德王，江渎为广源王，淮渎为长源王[②]，此为江、淮二渎封王之始。宋太平兴国八年（983），岳镇海渎之祭列为常祀，北海、济渎并祭于孟州[③]，仍在济源县，时为孟州属县。仁宗康定元年（1040），四海、四渎皆封为王，济渎封为清源王。[④] 徽宗宣和七年（1125），徽宗又加封济渎为清源忠护王。[⑤] 金大定四年（1164），确立岳镇海渎祭祀之所，“望祭北海、北渎大济于孟州。其封爵并仍唐、宋之旧”。至明昌年间，从道士杨道全所请，再封“淮为长源王，江为会源王，河为显圣灵源王，济为清源王”。[⑥] 元至元二十八年（1291）春二月，加封五岳为帝，四海、四渎皆为王，其中济渎为清源善济王。[⑦] 济渎于济源县祭祀，祀官以所在地方官员为之。

明太祖混一天下，于洪武三年（1370）诏定岳镇海渎神号，尽去前代封号，四渎只称“东渎大淮之神，南渎大江之神，西渎大河之神，北渎大济之神”。[⑧] 北渎大济之神仍在济源县祭祀。

清沿明制，济渎之神称北渎大济之神，雍正二年（1724）赐号济渎曰“永惠”[⑨]，或御题匾额于庙宇，祭祀之地仍在济源。

观历代济渎之祭，与一统王朝相始终。从秦朝开始，成为王朝礼制的重要部分，但隋以前济渎祭祀在地方上之影响尚不明显。隋建庙以后，历代不断加封济渎之神，成为确立王朝法统正统性的重要举措，济渎信仰在地方上也逐渐影响开来。

---

① 《旧五代史》卷76《（晋书）高祖纪》。

② 《新五代史》卷61《吴世家》。

③ 《宋史》卷102《礼五·吉礼五·岳渎》。

④ 同上。

⑤ 乾隆《济源县志》卷13《艺文》。

⑥ 《金史》卷34《礼七·岳镇海渎》。

⑦ 《元史》卷76《祭祀五·岳镇海渎常祀》。

⑧ 《明史》卷49《礼三·吉礼三·岳镇海渎山川》。

⑨ 《清史稿》卷83《礼二·吉礼二·地祇·岳镇海渎山川》。

（二）济渎之“德”

济渎信仰的发展是个直线过程，其被祭祀的原因却易为人所漠视。在古人看来，济水之“德”在四渎中独具特色，为世所重。

济水之“德”源于济水之“神”，济水之“神”又源于“三伏三见”之说。《禹贡》曰：“导沇水，东流为济，入于河，溢为荥。东出于陶丘北，又东至于菏。又东北，会于汶。又北，东入于海。”① 沇水即为济水上源，于王屋山发源，伏流后又出为东、西二源，此为济水重源之说。《禹贡长笺》卷十一引《河南志》曰：“济水发源王屋山顶五斗峰下之太乙池，伏流东行九十里，复见于济源县西三里，汇为二池，所谓济源也。”济水重源即一伏一见。之后济水潜行黄河底下伏流，又溢为荥泽，此为二伏。溢为荥泽之后，又不见了，最后又于陶丘伏见，是为三伏。（见图 7—1）

济水三伏三见之说，现代学者皆有驳斥。岑仲勉认为：“济水一伏的话，毫不可信，太乙池已涸而济水犹涓涓的流出，就足构成最强的反驳。”② 济水截河而过亦被认为谬谈。史念海认为：“其实这（济水）不过是黄河北岸的一条河流，其流入黄河的地方和南岸另一条河流由黄河分流出来的地方，相距不远，因而发生了这样的误会。古代人们称在黄河以北济水的上源为沇水，到了行将流入黄河的地方才改称济水，就可以看出其中的一点消息。”③ “‘河北之济’与‘河南之济’两者毫无关系，前者是发源于今晋、豫二省交界处王屋山，东南流入黄河的一条支流，后者则和漯水一样，是从黄河分出而东流入海的一条支津。‘三伏三见’无非是承自黄河重源论的一种臆说而已。”④

今人对于济水的研究越细致，古人对于济水的臆想就越明显。然而，古人对于这样一条似是而非的河流，却将之归于四渎之一，深信不疑，将其作为国家岳镇海渎之列而祭祀、尊崇。古代不乏优秀的自然地理学

---

① 《尚书·夏书·禹贡第一》。

② 岑仲勉：《黄河变迁史》，人民出版社 1957 年版，第 189 页。

③ 史念海：《济水与鸿沟》，《河山集·三集》，人民出版社 1988 年版。

④ 王育民：《中国历史地理概论》上册，人民教育出版社 1985 年版，第 89 页。

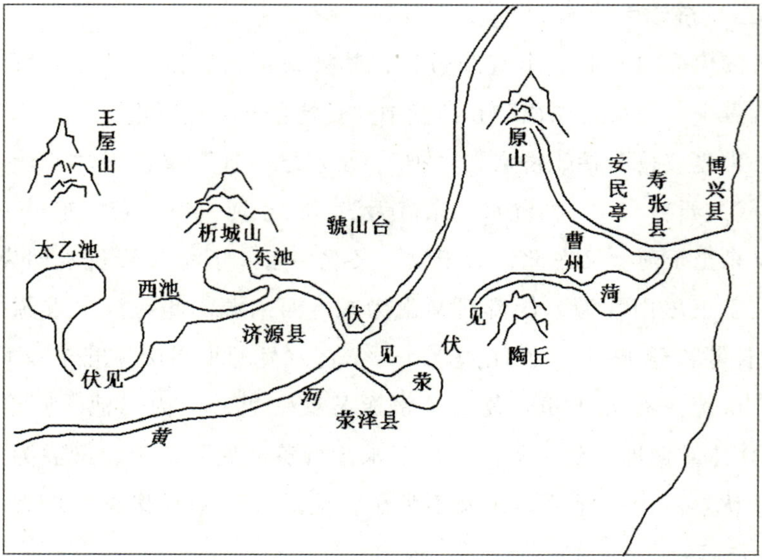

图 7—1　《禹贡》导济图

说明：图片采自朱鹤龄《禹贡长笺》，（台北）商务印书馆 1969 年版。

家，但他们对于济水三伏三见之说，却未能如今人理智，尽管部分原因是因济水在儒家经典之一的《尚书》中出现，不容后世学子辩驳，如同以“岷山导江”一样，延续着千年谬误。但济渎在古代被尊崇，已非单纯一条自然水系的问题了，而是一种信仰文化问题。单纯从自然水系变迁入手，只会把济水问题越搅越浑，无法理解古人对于济水之笃信不疑。无奈当代学者对于济水研究虽有上升至济水文明、河济文明的高度，却对于古人的济水信仰文化不多置一辞。[①] 笔者认为古人对于济渎的尊崇及对济水三伏三见的笃信，乃源于济水之“德”。

济水三伏三见，古人认为济水“性伏”。济水性伏实际是说济水之“清”，济水伏流为泉，并溢出而成河，清澈不浊。最突出表现即是济水

---

① 如张新斌等的《济水与河济文明》一书，用大量篇幅考证济水流路所经之古城、地点，以及济水与黄河关系、河济文明等做了大量讨论，却对古人对于济渎之信仰没有讨论，从而无法回答古人为何信奉济水三伏三见及尊崇、祭祀济渎的原因。见张新斌等《济水与河济文明》，河南人民出版社 2007 年版。

穿黄河而过，而却不为黄河所污，“清济浊河”名著于世。所以历代济渎封号多有“清”字。济水“性伏”与济水之“清”最终演化成济水之德。上文北魏孝文帝《祭济文》称济水“蕴神包化”“温方涌瑞”“瞻洪津而怀德”。对于济水之神、“涌”（即伏见）和怀德有所阐发，表明了时人对于济渎之认识，但济水之德尚不具体。唐太宗曾问许敬宗曰：“‘天下洪流巨谷，不载祀典，济甚细而在四渎，何哉？’对曰：‘渎之言独也。不因余水，独能赴海者也。且天有五星，运而为四时；地有五岳，流而为四渎；人有五事，用而为四支。五，阳数也；四，阴数也，有奇偶、阴阳焉。阳者光曜，阴者晦昧，故辰隐而难见。济潜流屡绝，状虽微细，独而尊也。’帝曰：‘善。’”[①] 也就是说济水时通时枯，却能潜行地下而不绝流，独而尊。唐人李甘在其《济为渎问》一文中饶有兴味地说道：

> 北诸侯来朝，过温。温令送于温，指问水名。令曰：“济也。”侯曰：“岂济渎邪？”令复曰：“然。”侯曰：“河吾望也，其横千里，浑猛。如涨，无风或毁船杀人。得清、淇、洹、漳之水不加深，别为九河不加狭，彼所以为渎也。今尽济水之力，载数石之舟，广不能横，深不能浮，而曰与河同灵等秩，吾不识先生班祀之意也。”令曰：“济南去数十里过河矣，寡介如此，驰狂浊中，未尝波渝气夺。别河而潜积沙，连决千里，不压不翳，益壮其流。帅汶而东，终能发山输海，此其所以为渎也。今河负其强大，自积石不捷趋海，往来戎狄间，胁泾、渭、沣、漆、汾、洛、伊、沁之水，以滋其暴决。愁民生，中土患，势逆曲多，穷始归海，此皆济水所羞也。执事岂以大为贤乎！”侯默然。[②]

该文赋予济水、黄河以人格，黄河浑猛，济水却能“驰狂浊中”不为所污，绵延千里终能独流入海，与众不同。虽借黄河、济水之差异暗讽唐代藩镇诸侯，但也能反映唐人对于济水不负其强、狷介独立的君子

---

① 《新唐书》卷 223 上《许敬宗列传》。

② （唐）李甘：《济为渎问》，《全唐文》卷 733。

之风的认识。唐礼部侍郎达奚珣也说："（济水）截河通汶不以险阻断其势，不以淆浊绍其流，终独运长波，滔滔入海。沉潜刚克，斯君子之量欤？"[①] 宋开宝六年（973）重修济渎庙，翰林学士卢多逊撰写修庙碑文亦曰："若乃大川会同异源共注始也，殊其派或清浊之可分。洎乎合其流即混挠之无别，未有清能独守，浊不可杂。德冠百谷，名光四海，命之曰渎，不其宜乎！"[②] 因此，济水独流入海，独而为尊，有帝王之风；清劲而不与众流合污，所谓和而不同，群而不党，有君子之风，此为济水之德。济水之德至少从唐代开始即为世人所重，并逐渐深化开来，影响直至清代。

乾隆初年，清人所撰《重修济渎庙记》对于济渎之德阐发得较为深入，其文曰：

> 伏思天下名山何啻数千，惟四渎比于诸侯。济水之流，舟楫不施，沉圭碧而荐苾芬，累朝望祀，其尊与江、河等。考诸古记，济水发源于冀，经流于豫，分流于徐、兖入海，于青（史）凡三伏而四见。……盖其禀性清劲，不与众水为伍，故能群而不党，和而不同，曲折千里，而必达于海，其性然也。……而涓涓不绝，独全其孤刚之性，历千百世而扬清芬。江河以功显，济渎以德著。其性异，其德殊，则其神必灵……历代崇祀岳渎，以其功在生民，利泽万物。济渎于利泽之功有而不居，独其德冠群灵，性空百谷，清而能润，显而能藏。[③]

济水之德堪比帝王、君子，其清劲、独流的个性使之区别于其他三渎。由此，我们可以理解为何济水在两千多年间一直作为四渎之一而为王朝所崇祀，并深信"三伏三见"不为虚妄。

---

① （唐）达奚珣：《游济渎记》，乾隆《济源县志》卷15《艺文》。

② （宋）卢多逊：《重修济渎庙碑》，乾隆《济源县志》卷15《艺文》。

③ （清）尹会一：《重修济渎庙记》，《健余先生文集》卷4《记》，清畿辅丛书本。

二　信仰的地方化

虽然济渎祭祀属于王朝“专属”，但这种专属并未拒绝普通民众对该信仰的信奉，济渎信仰最终会落脚于地方之上，民众的参与也就必不可免。换言之，“地方”使得信仰落到了实处，济渎信仰的地点在济源济渎庙和各地行宫。

庙宇是信仰的物化景观，也是信仰接纳受众的场所，也是信仰文化在地方上的作用点。国家祭祀由统治者发起，通过定期的祭祀行为和与之配套的祭仪，宣扬了统治阶层的意识形态。这主要源于其期望国家升平、社会稳定、灾异消亡的“理想”。另外，这种国家祭祀行为不可避免地宣扬了此种神祇所具有的“神性”，即王朝基于此种信仰的“德性”或“力量”而去祭祀，从而在此种信仰所落脚的地方上产生了影响。最终，地方人群开始关注这种国家信仰，并转化为民众自己的信仰，即国家信仰的地方化。具体行为有两种：一是前往国家信仰场所——济渎本庙中膜拜、祈愿；二是在地方上建立济渎庙的行宫，在当地参拜——这是国家祭祀转为地方信仰的最实际的方式。

（一）济渎本庙的祭祀

济源济渎庙建于隋开皇二年（582），但今日庙中主要保存了宋和明清时期的建筑，建筑格局源自明代，呈甲子型结构，是四渎庙宇中保存最完整的庙宇。因北海祭祀一直附于济渎庙中，济渎庙又称为济渎北海庙。

今日所见最早对于祭祀济渎行为的记述保存在济渎庙中所存的《济渎北海祭品碑》中，[①] 该碑为唐贞元十二年（796）二月济源县令张洗所撰，碑文详细反映了官方祭祀济渎的复杂仪式及费用情况。唐代祭祀济渎设“渎令一员，祝史一人，齐郎六人，执鱼钥，备洒扫”。此年，“天子以迎冬之日，令成周内史奉祝文宿斋，毳冕，七旒、五章、剑履、玉佩，为

① （唐）张洗：《济渎北海祭品碑》，碑存济渎庙中。又见《全唐文》卷633《唐济渎庙北海坛新置祭器沈币双舫杂物之铭并序》。

之初献；县尹，加繡冕，六旒、三章，剑履、玉佩，为之亚献；邑丞，元冕，加五旒、五章，亦剑履、玉佩，为之终献。用三牲之享”。这表明官方对于济渎祭祀是非常隆重的，从固定的庙宇管理官员，到成周内史、济源县尹、县丞的着装都有讲究。碑文又言“沉币双舫，又以车取沁河渡口之舟”。所谓沉币，是古代祭祀名山用“埋”，祭祀大川则用“沉”，这种投沉仪式在唐代又有了演变发展，出现了祭祀五岳、四渎时投沉金龙、玉简、铜简、木简等形式，后世学者将这种投沉“金龙玉简”礼制简称为“投龙”。双舫即为装载所沉祭器（如币、金银器等）之船。同时，此前每次祭器有一百二十二件，要从洛州（济源属洛州，今洛阳）购买和挨家挨户借用百姓之物，转运于济源，往返要三百余里。此次则制作一整套祭器，以后皆可使用，而不需再从洛州转运。由此可见，唐代每次祭祀济渎庙就已有如此众多的事宜，而且每次祭祀甚至会扰及地方民众。国家祭祀对于地方民众的影响不可谓没有，民众的参与是不可避免的。

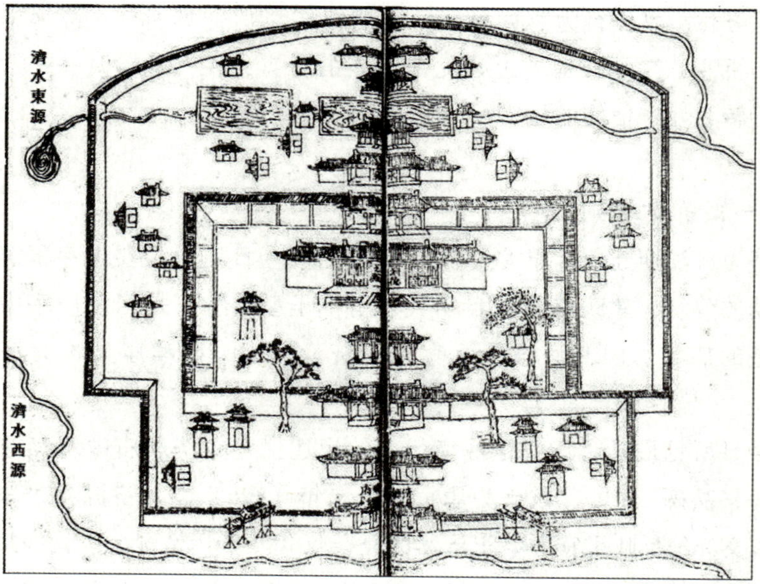

图 7—2　济渎庙图

说明：图片源自乾隆《济源县志》卷首《济渎庙图》。

北宋宣和七年（1125），徽宗加封济渎为清源忠护王，其文曰：

朕惟百川莫大四渎，禹导沇水，是为济源。汉祠荥阳，具载祀典。国家登秩，益严岁祀。循用王仪，所以致崇极之意也。河阳济渎庙清源王，利泽溥博，阴福吾民。属者寇发，邻郡将犯县境，邑人奔走祷于尔大神。雷雨迅兴，沁河有汤池之险；旌旗剡列，南岸象羽林之严。贼徒褫魄以咸奔，闾瑞安堵而相庆。奏函来上，休应昭然。嘉叹不忘，宜崇美号。庶答灵贶，式慰民心。来格来歆，一方永赖。可特封“清源忠护王”。①

雷雨之兴被附会于祈祷济渎之功，“邑人”对于济渎之信奉自不可置疑。时当金人南犯，徽宗因济渎之神护民而对其加封，必将进一步扩大济渎影响。当然，这也有因河北不靖，朝廷依靠济渎信仰调动其背后民众之政治用意，这在宋代较为常见。如项羽在绍兴二十九年（1159）、三十三年（1162）金军南犯江淮地区时被连续加封，就有朝廷利用民间信仰来动员、调动民众之政治用意。② 国家信仰在地方民众中的影响逐渐固化，成为地方民众信奉的神祇。这种情况从隋代建庙开始恐怕就已慢慢发生，济渎信仰在民众的影响，可谓“积渐所至”。

明清时期，民众入济渎庙进香一时称为“盛况”“士女杂沓”。信仰民众的增加也使得济渎庙香火日盛，形成了济渎庙会。济源县济渎庙会于每年三月开始，“诸列肆、地摊钱及香缗，悉有司征，充公费。庙地若干亩，则住持道士耕种之”。嘉靖十九年（1540）二月，河南藩王郑王朱厚烷奏称：“（济渎）庙宇颓圮，请赐给为业。岁收前项缗钱、地租，渐次修理，以便焚修，祝圣寿。”③ 礼部请从之。嘉靖帝以“岳渎正祀，朝廷重典，不许”。郑王意图插手朝廷重典之济渎祭祀，实际上应是借之自肥，济渎庙会所得“会费”是一笔可观的收入。

岳镇海渎庙宇与道士关系颇为久远，唐司马承祯就曾建议五岳建庙，归于道家。元世祖至元十六年（1279），曾命“真人”李德和代祀济

---

① 乾隆《济源县志》卷13《艺文》。

② 拙作：《古代项羽信仰的时空特征》，《历史地理》第24辑，上海人民出版社2010年版，第114页。

③ 《明世宗实录》卷234，嘉靖十九年二月甲戌。

渎。[①] 岳镇海渎神祇也归于道家神祇，道家借岳镇海渎神庙扩大影响是显而易见的，也间接助长了岳镇海渎信仰的世俗化。明洪武十年（1377），太祖派开国功臣谢成与道士郑允存、曾彦成一起祭祀济渎，[②] 济渎庙也由道士住持。明清济渎庙中除正神济渎神之外，济渎寝宫左右还有玉皇庙、长生殿等道教神宇祭祀玉皇大帝、寿星等神。民众不仅于济渎庙中祭祀济渎之神，也同样出入这些道家宫庙之中，济渎庙实际上也成为国家庙宇与世俗庙宇结合的复杂体，其世俗化也昭然若揭。[③]

济渎信仰大众化的又一表现是其会成为一些秘密社会煽动民众的工具。明正统七年（1442）四月，"有祈福济渎庙得诗于水中者，远近争传诵之。巡抚少卿于谦奏事当杜渐防微，往者妖贼张普祥假佛法诳愚民倡乱，今军民祈福济渎，岁以万数，恐萌祸端。遂收得诗者以闻"[④]。英宗对于于谦之论表示赞同，"令械其人赴京鞫治"，目的在于防止邪教徒借济渎庙会煽动邪说倡乱，济渎信仰也成为社会控制的对象。至嘉靖四十年代，因白莲教徒在济渎庙中煽动邪说，致起祸端，明中央下令禁止济渎本庙及各省济渎行宫进香活动。据巡抚河南右侍郎迟凤翔题称："拏问得白莲教首恶原忠仁等传用邪术，构谋不轨等项，招罪缘由及济渎庙祀每年军民会集易起祸端并要禁革，年例香银一体停止……其济渎庙祀分行各省一体严禁。不许仍前叩佛焚香，重起祸端。年例香税银两移咨户部尽行查革。"[⑤] 迟凤翔所奏为嘉靖帝批准。"各省一体严禁"足以表明济渎庙祀在各地民间影响之巨。此后，济渎庙祀一度冷落下来，济渎庙甚至渐有倾颓之危。据万历时期范济世《重修北海济渎庙记》称："（济渎）庙创于开皇二年。往春辄为会，顶香谒者尽远近民，而并藉香钱为修庙具。世庙末，有司以民因会为妖，遂罢会。每春，闭庙门，民徘徊不得入庙，亦渐圮。"[⑥] 其后，济源县令史公、朱公、蔡公皆屡次上奏请求修葺，最终获得批准，济渎庙焕然一新。济渎祭祀毕竟属于国家祭祀，一时为邪教利

① 《元史》卷9《世祖本纪六》。
② 乾隆《济源县志》卷13《艺文》。
③ 玉皇庙、长生殿今仍在济渎庙中，笔者于2010年8月踏访时得见。
④ 《明英宗实录》卷91，正统七年四月庚戌。
⑤ （明）杨博：《本兵疏议》卷17，万历十四年刻本。
⑥ 乾隆《济源县志》卷15《艺文》。

用遭禁止庙祀，但一段时间之后仍会延续前代传统。上文也表明，民众入庙的香钱是济渎庙维护的重要经费来源，也间接表明了济渎信仰的世俗化。

（二）信仰传播——济渎行宫

与民众直接前往济渎本庙中进香、祷告相比，其他地区建立济渎行宫是济渎信仰世俗化的更直接的表现。信仰文化作为文化特质的一种，一旦形成必将逐步影响开来，形成信仰文化的核心区与边缘区。随着其他地区信仰景观（庙宇等）的建立，此种信仰神祇就会成为区域性神灵。①

济源县济渎庙为济渎本庙，也是历代王朝祭祀济渎的场所。随着济渎信仰的影响，各地相继建立济渎庙，多数地方称之为济渎行宫或济渎行祠以区别于济源济渎本庙。通过搜集各地方志资料，兹将各地济渎庙详列表 7—1：

表 7—1　　济渎行宫分布

地点		条目	资料来源
山西	泽州	在泽州西南五里，洞云泉之前，皆以祈雨有应建	成化《山西通志》卷 5《坛墠》
	陵川	济渎庙，城西北二里。明嘉靖年建，道光二十一年（1841）重修	民国《陵川县志》卷 7《营建考》
	翼城	济渎庙，在南关西南隅	乾隆《翼城县志》卷 24《祠祀》
		济渎庙，在南关浍水河北。按济水在济源与翼无涉，此必浍水之神俗误为济渎耳	民国《翼城县志》卷 10《祠祀》
	曲沃	济渎庙，有三。一在东关，一在济溪，一在城。今黄帝庙即其故地。延佑中，邑人于济源烧香，至老辞神曰：“今老不能再至”。及抵家，行李中得一龟，神之，而立庙。四月十八祀之玄会，集商贸，今因之	嘉靖《曲沃县志》卷 2《政教志》

① 区域性神明指在广大的范围内取得共同奉祀，与之相对的则为地方性神明，其影响多限于单一地方。参见韩森（Valerie Hansen）《变迁之神：南宋时期的民间信仰》，包伟民译，浙江人民出版社 1999 年版。

续表

地点		条目	资料来源
山西	高平	济渎庙有三：一在建宁镇；一在骷髅村；一在陈堰，名西济渎	雍正《泽州府志》卷20《坛庙》
	浮山	（浮山县）龙池二……一在东南十五里之济渎祠	雍正《平阳府志》卷5《山川》
	长治	（潞州）卫城十里许有济渎庙，每岁男妇会集	雍正《猗氏县志》卷5《人物》
		鹞子山西北山麓有济渎庙，神座下涌泉，殿前环五色鱼池	乾隆《潞安府志》卷4《山川》
	临县	济渎庙在县治东南五里甘泉村。明正统七年(1442)，岁大旱。知县郭玄屡祷不应。遂遣僚属赴河南济源原籍，迎济渎神。至日甘霖立沛，岁大熟，因立庙祀之	民国《临县志》卷16《古迹》
河南	河内	济渎庙在城西郭；济渎行宫三月十八日祭	道光《河内县志》卷13《祠祀志》
	孟县	沇河镇距孟城二十里，内有济渎庙，元至正间建，有元人郭伯颜碑	民国《孟县志》卷1《地理上》
	新乡	济渎庙在络丝潭，明洪武间建	乾隆《新乡县志》卷24《祠祀上》
	修武	济渎神祠在县治西南隅，祠前有池，方广数丈。元文宗天历三年（1330），县尹谢公祷雨于祠，邑人常玉、连义等乃以砖甃之	民国《修武县志》卷8《民政》
	温县	济渎庙在张羌、林肇、王里、古贤、林村、阳门、郭村，河水经流之处居民多祀之	康熙《温县志》卷之上《祠祀》
		济渎庙在张羌、林肇、王利、古贤镇、郭村、林村、杨门	乾隆《温县志》卷8《祠祀》
	汲县	在卫辉府城	乾隆《续河南通志》卷14《舆地志·坛庙》
	延津	三官庙西	乾隆续河南通志卷14《舆地志·坛庙》
	郑州	郑州西郭外	乾隆《续河南通志》卷13《舆地志·坛庙》

续表

地点		条目	资料来源
河南	荥阳	荥阳县北二十里	乾隆《续河南通志》卷13《舆地志·坛庙》
	兰阳	兰阳县城隍庙内	乾隆《续河南通志》卷13《舆地志·坛庙》
	汜水	济渎庙在县治东永安保。昔由济水经流成皋，故建是庙。始于元大德六年（1302），毁于元末。国朝洪武四年（1371）修	万历《开封府志》卷15《祠祀》
		一在汜水大力村东岳庙西旁，有济池即荥渎；一在汜水给家屯	乾隆《续河南通志》卷13《舆地志·坛庙》
	柘城	济渎庙在柘城西十五里，济渎池，祷雨辄应。池仅方丈余，旱则有司率吏民往祀之	乾隆《续河南通志》卷13《舆地志·坛庙》
	获嘉	济渎庙在县东南十七里	民国《获嘉县志》卷4《祠祀》
	武陟	在古城村，相传济渎曾发现于此，因建以镇之	民国《续武陟县志》卷5《地理志》
	鄢城	济渎庙在五沟营北	嘉靖《鄢城县志》卷2《庙宇》
	偃师	济渎行祠在县西北五里邙山上，久废。始建未详，弘治十年（1497），士人姚清等重修，凡境内水旱灾疫，祷之辄应	弘治《偃师县志》卷1《祠庙》
	项城	济渎庙即城东三十里黄庙，黄姓创修，年代失考。光绪二十三年（1897），李金铭重修	民国《项城县志》卷10《祠庙志》
	嵩县	济渎庙在东关	乾隆《嵩县志》卷17《祀典》
	长垣	西关有济渎庙；匡城集，有济渎庙；赵岗集，有济渎庙	嘉庆《长垣县志》卷5《地理书》
	上蔡	县西北……济渎庙	康熙《上蔡县志》卷1《舆地志》
	泌阳	蒿陂泉在泌阳县慈邱山西南，土人建济渎行祠，每岁三月八日祭赛	乾隆《续河南通志》卷8《舆地志·山川》
	内乡	骆驼山在葫芦山西，上建济渎神祠，胡景旸、李荫有碑文	康熙《内乡县志》卷1《舆地》
	开封	济渎庙在府治北	万历《开封府志》卷15《祠祀》

续表

地点		条目	资料来源
山东	历城	近官济南者遂定以泺为济，建济渎庙于泉上，谬矣	乾隆《历城县志》卷8《山水考》
	菏泽	重修济渎庙碑在（济渎）祠内	光绪《新修菏泽县志》卷15《古迹》
	夏津	济渎庙在东南三里，邑人刘某建	乾隆《夏津县志》卷5《典礼志》
	曹州	济渎庙在西门外。府境济水所经，旧号济阴，故有庙。庙自后周，历金、元，河决庙与城俱湮。明正统间知州范希正重建。国朝康熙初郡人募赀重修	乾隆《曹州府志》卷9《坛庙》
湖北	保康	济渎庙，知县潘可贤祷雨有应	康熙《湖广郧阳府志》卷8《祠祀》

济源之外，最早兴建济渎庙的地方自然是西汉临邑县之济水祠，时为国家祭祀。王朝的重视，使得济渎信仰在地方上影响日益扩大，目前来看，最早的济渎行宫皆源自元代。元代帝王颇重于岳镇海渎之祭祀，前文已有所阐述。元以少数民族入主中原，对于中原王朝祭祀传统一体继承。自中统二年（1261）开始，元中央即确立官员代替皇帝祭祀之“代祀”制度，将十九处岳镇海渎祭祀场所分为五道。“东岳、东海、东镇、北镇为东道；中岳、淮渎、济渎、北海、南岳、南海、南镇为南道；北岳、西岳、后土、河渎、中镇、西海、西镇、江渎为西道。既而又以驿骑迂远，复为五道，道遣使二人，集贤院奏遣汉官，翰林院奏遣蒙古官，出玺书给驿以行。中统初，遣道士，或副以汉官。至元二十八年（1291）正月，帝谓中书省臣言曰‘五岳四渎祠事，朕宜亲往，道远不可。大臣如卿等又有国务，宜遣重臣代朕祠之，汉人选名儒及道士习祀事者。’”① 中央层面对于岳镇海渎祭祀的尊崇，为各地所效法，济渎行宫也遍布各地。这里不妨略举数例。曹州济渎庙于元至元六年（1340）、七

① 《元史》卷76《祭祀志五》。

年（1341）修[①]。元仁宗延祐年间，山西曲沃县已建有济渎庙了[②]。与济源县接壤之河内县在至正时期县坦掌里（清为坦掌村）已有“济渎神行宫”，至正戊子由里人再次重修[③]。

济渎行宫兴修的具体过程可由元代孟州济渎行宫之兴修来看。孟州（明清为孟县）有济渎行宫，据《孟州重修济渎行宫之碑》曰：

粤自太极肇判，三才鼎立。伏羲画八卦以定山川，唐虞封五山以祀岱岳，五岳既立，四渎由兴。古孟之西，邑曰济源，地有济渎之神，乃清源王之圣迹也。神聪明正直，忠烈无私，位天壤之两间，司渊德之广泽。功扶社稷，福佑生灵。上佐天时，运阴阳之化育；助行大道，明善恶之宏机。昔大唐之世，旱魃为虐，李继安祈祷于渎，应时感通，岁获丰稔，广泽之惠，遍于四方。国朝之祀典钦崇，万姓之朝参敬礼，以致士农工贾、江河舟楫、商旅负贩之徒，莫不依赖神灵，均蒙福佑也。孟之西市，王之行祠，实以岁月寖久，庙宇崩颓。风扳雨淋，尽毁神灵之像；星移物换，殆成荆棘之场。今市民念不朽洪恩，故夙夜莫惶宁处。市民李志安等奋身为首，教化兴修，召募善缘，共成胜事，鸠工集匠，轮奂一新。既而清虚大教嗣法许道玄特捐己囊，命工塑绘圣像。王之祠宇，革故鼎新，岂惟神圣之显灵，重启乡邦之瞻礼。今工缘告毕，命予属文，欲勒诸石以纪岁月。殆欲使后人睹甘棠而思召伯，过河洛而念禹工，与我同志之人，复嗣而辑之，庶神庥之不朽也。[④]

碑文撰于至元十六年（1279）四月丁丑，民国《孟县志》卷九《金石》仅录该碑名及年代，无碑文。由碑文来看，孟州济渎行祠在此前已有之，只因年久失修，庙宇倾颓，故又重加修葺。“市民”李志安等人是此次修葺经费的主要赞助人，道人许道玄也有出资塑绘济渎神像。济渎

① 乾隆《曹州府志》卷9《坛庙》。
② 嘉靖《曲沃县志》卷2《政教志》。
③ 《河内县坦掌里重修济渎庙碑》，道光《河内县志》卷20《金石志补遗》。
④ 陈垣编纂：《道家金石略》，文物出版社1988年版，第1106—1107页。

信仰背后的信众是广大的，“士农工贾，江河舟楫，商旅负贩之徒，莫不依赖神灵，均蒙福佑也”。碑文所云“昔大唐之世，旱魃为虐，李继安祈祷于渎，应时感通”，据乾隆《济源县志》载：“咸通元年大旱，河内县界沟村李继安，为商泛湖。至君山，得神牒，上帝敕下济渎行雨云云。命安于济池旁击石投之，安如其言，果大雨。”① 此事成为后人认为济渎灵验的“根基故事”之一。不过济渎庙中又有石刻曰：“大汉通容元年甲辰大旱，有怀州河内县人李继安为商泛湖，至君山庙祷祀，忽见一朱衣人持书一封付继安。令寄至济源县西北三里许有龙池，前有石一块，击之必有人应，其形差异，第勿惊畏。此书乃玉帝勅济渎之神行雨者，继安如其言，以书叩其石，其事果验。”石刻末尾又云“大宋开宝六年四月二十日再书此记”②，不刻著者姓名。此处又云在“大汉通容元年”而非唐咸通元年。嘉靖二十四年（1545）三月，李濂于济渎庙探访见此碑，颇加驳斥。③ 笔者于济渎庙中踏访仍见到此石刻，李继安之像早已不见。且不论李继安之事有无与否，至少宋元时期此事已在民众中广为传颂，济渎信仰之灵验并使之传播其他地区是毫无疑问的，在民众功利心理的作用下对于济渎神“追加”一些灵应故事，使其更符合民众信奉之情，是各地民间信仰中常能见到的事例。此济渎庙在孟县西门，明嘉靖十三年（1534）时造庙钟，有款识。④ 孟县城东二十里沇河镇也有济渎庙，至元十六年（1279）建，有元人郭伯颜碑。⑤ 此外，孟县境内还有多处济渎庙，元以后仍多次重修而保存下来。孟县城北门外有济渎清源王庙，正统六年（1441）重修。谷旦镇、西虢村、太子村、北获村、南社村皆有济渎庙。南社村，万历二十七年（1599）造济渎庙磬，款识云：“怀庆府孟县立义乡南社济渎庙一村人等聚，万历二十七年十一月造。”⑥

---

① 乾隆《济源县志》卷1《祥异》。

② 乾隆《济源县志》卷末《辨讹》。

③ （明）李濂：《济池灵石辨》，《明文海》卷113《辨丁》。

④ 民国《孟县志》卷9《金石》。

⑤ 民国《孟县志》卷1《地理上》。

⑥ 民国《孟县志》卷9《金石》。

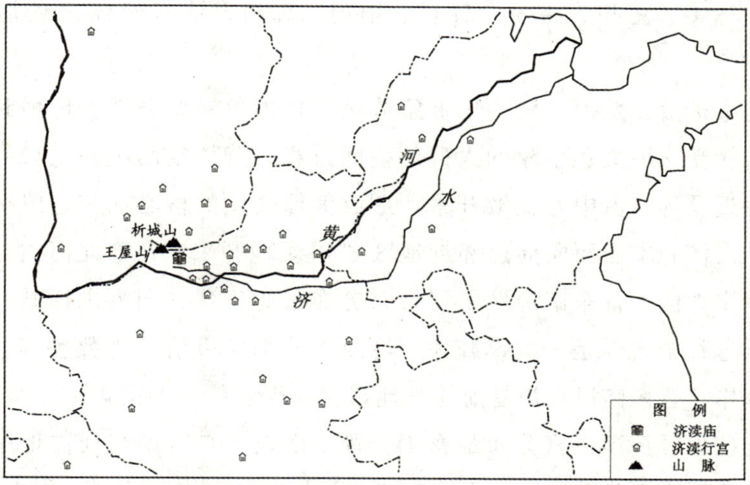

图 7—3 明清济渎庙分布示意图

说明：图片据表 7—1 制作，仅表明济渎庙空间分布特征，不计数量。

济源之外各地济渎庙的兴建反映了济渎信仰文化的扩散。文化扩散（cultural diffusion）是指文化从一地扩散到另一地的空间过程。文化扩散分为迁移扩散和扩展扩散，扩展扩散又分为传染扩散、等级扩散和刺激扩散。[①] 济渎信仰的扩散体现了刺激扩散、传染扩散和迁移扩散的特点。

刺激扩散，是指一种文化事象扩散过程中，接受者接受了文化的思想实质或抛弃原有文化的文化扩散过程，这个过程是接受者在文化事象的刺激之下完成。济渎作为四渎之一，其“德性”经过国家祭祀宣扬之后作为一种信仰作用于民众心理，国家祭祀一开始并一定要强求民间信奉，但在后期随着济渎信仰的发展，信仰的灵验更被世俗所大肆宣扬，逐渐为民众接受，国家祭祀转换为地方信仰。民众顺应国家之“教化”，也将之作为民众祈禳祛灾之神，信仰也就在民间传播开来。济渎本庙之外，凡济水流经之地方民众在其地建立济渎行宫，四时报赛。如武陟县古城村济渎庙“相传济渎曾发现于此，因建以镇之”[②]。汜水县济渎庙

① 周尚意等编著：《文化地理学》，高等教育出版社 2004 年版，第 177—178 页。

② 民国《续武陟县志》卷 5《地理志》。

“在县治东永安保，昔由济水经流成皋，故建是庙”。[①] 温县境内济渎庙在张羌、林肇、王里、古贤、林村、阳门、郭村，济水经流之处居民多祀之。[②]

传染扩散，是指一种文化事象从该文化事象初始载者，传播到其他正准备接受这种文化事象的人群的空间过程。若从空间关系上说，扩散过程由近及远，由中心辐散开来，形成信仰文化的核心区与边缘区。济渎信仰由济源本庙而向周边邻近地区“辐射”开来，在豫北河内地区和黄河南岸地区、晋东南地区济渎行宫分布最为密集，向外围递减。在这个扩散过程中人群是个关键载体，济渎本庙每年吸引着无数香客，豫北黄河两岸、晋东南民众最易前往当地祭祀，受济渎信仰的影响度也最高，故而这些地区济渎行宫分布最密集。晋东南地区自古即与河内地区在文化、经济诸方面联系紧密，于是有“上党与河内一体”之说。周振鹤说：“在明代以前，并不存在全山西省范围的一体化的山西文化，其中运城地区与山西关中文化一体，上党地区与河南省的河内地区文化接近，雁北地区则与边塞文化相对一致。”[③] 山西表里山河的自然地理形势并未限制山西文化的外向型发展，而且明清时期上党与河内地区信仰文化之趋近仍是一大特点，晋东南地区的民间信仰在河内地区多能见到（如汤帝信仰、崦山白龙信仰），而河内地区济渎信仰在晋东南的传播也并未受到阻滞。经济联系上，上党地区则是“麦菽瓜葫，半仰给河内”[④]。

迁移扩散，是指作为文化载体的人将文化从一地带到另一地的过程。在这种文化扩散中，并不需要大量的人口迁移来实现，少数人群的移动即可完成信仰文化的扩散。据嘉靖《曲沃县志》载曲沃县有三处济渎庙，其中一处在城内，“延佑中邑人于济源烧香，至老辞神曰‘今老不能再至’。及抵家，行李中得一龟，神之，而立庙。四月十八祀之，玄会，集商贸，今因之”。[⑤] 显然此济渎庙因曲沃邑人至济源济渎庙祈愿发生灵应

---

① 万历《开封府志》卷15《祠祀》。

② 康熙《温县志》卷之上《祠祀》。

③ 周振鹤：《中国历史上自然区域、行政区划与文化区域相互关系管窥》，《历史地理》第16辑，上海人民出版社2000年版，第6页。

④ 雍正《泽州府志》卷11《物产》。

⑤ 嘉靖《曲沃县志》卷2《政教志》。

而来，即人口迁移、流动是济渎信仰在其他地区传播的主要媒介。另外，地方官员中有原籍为济源者，对于济渎庙笃信有加，在其他地方为官也会建立济渎庙，建庙原因则为祈雨。如山西临县济渎庙“在县治东南五里甘泉村。明正统七年，岁大旱，知县郭玄屡祷不应。遂遣僚属赴河南济源原籍，迎济渎神，至日甘霖立沛，岁大熟，因立庙祀之”。①

三　“祷之辄应”：互动之前提

晋东南是个相对封闭的地区，自成地理单元，上党盆地包括长治盆地和晋城盆地，盆地外围以太行山与豫北隔绝，盆地内部高山深谷纵横其间，因而较为封闭。今天晋东南地区保存了大量明清古迹，很大程度上正是源于这种封闭性。从文化上，上党地区戏剧、民间信仰等皆自成一体，应该说外部信仰文化很难轻易进入当地并且能持久稳定下来，相反上党地区的信仰文化却能轻易地越过太行山向河内地区辐射。济渎信仰则是一个特例，它由豫北向北扩散至上党地区并在此“生根发芽”，从而丰富了当地民间信仰的格局。济源济渎庙所具有的信仰景观这里都有，且在上党地区民众的信仰心理上主观上又塑造了当地“河流”与济源济水的联系，以之为本地济渎信仰确立“依据”，从而在晋豫交界地区济渎信仰上形成了跨地域的文化互动，具体内容将在下一节来阐述。这里要讨论的是为何济渎信仰在扩散的过程中能在各地“落户”?

前文我们已提到济渎本庙济渎池的种种灵应事件，这是促使民众信奉的重要原因，但随着济渎信仰的世俗化，各地济渎行宫若无种种灵验事迹，民众恐怕也不会趋之若鹜。济渎信仰文化的扩散是因其具有能让受众甘为接受的“能力”，即“祷之辄应”。其表现是各地济渎行宫也有信仰景观——济渎池，并且灵验如同济源济渎池；济渎信仰具有多种神力。

（一）济渎池：信仰的景观

各地济渎庙的主要景观是庙宇的建立，否则也不能称为济渎“庙”，

---

① 民国《临县志》卷16《古迹》。

这是任何信仰文化的主要物化景观和标志。但济渎信仰还有一个标志性信仰景观——济渎池，这也是济渎神发挥神力的主要场所，济渎池也有地方称之为龙池，甚至也被称为“济渎”。民众于池中祈愿在上文中济源济渎池的灵应事件已有透露，其他地方济渎庙所在民众也会到池中祈祷，或由池中取水进行驱旱。如山西浮山县济渎庙在县东南十八里，“有池乃济渎也。方五丈，深一丈，多有灵异。凡邑之旱涝疾疫，祷之辄应，四方之人赴者云集。意诚者投楮于池，虽少必收；怠者，虽多弗纳。以此，人无敢谩焉。”[①] 这与济渎本庙济渎池之灵应如出一辙，说明济渎信仰在当地并未“变异”，而是延续和强化，自然也是一种附会。此外，浮山县县东十五里大卫里也有济渎祠，祠有“龙池”，祷雨胥应。[②]

济渎为古代四条大川之一，济渎神相应成为水神，水神所具有的控制旱潦的能力，济渎神皆有，济渎池则为济渎神发挥作用或民众祈祷的主要信仰景观。济渎池有以自然水潭或泉池为之，如新乡济渎庙有潭，“龙穴深邃”[③]。长治县南六十里有鹞子山，“西北山麓有济渎庙，神座下涌泉，殿前环五色鱼池”[④]。若无自然泉潭，当地建济渎庙必要人工挖凿水池，如山东菏泽县济渎庙元至元六年（1340）重修时，“凿池及泉，甓甃为池”，[⑤] 郡人“岁时荐享”，希望风调雨顺，利及郡境。

信仰景观也是一种符号和象征，暗藏着人们集体记忆的存在，或者说是强化某种记忆和秩序，通过集体记忆产生一种社会控制。[⑥] 各地济渎池成为济渎信仰文化景观中各地民众塑立的信仰文化“符号”，使得“同一地区文化的成员之间，通过这种公共符号交流彼此间的世界观、价值观和社会情感”，[⑦] 也强调着民众对济渎神力的记忆。因此，济渎池是民众所要延续济渎本庙的文化传统，但刻意开凿也就成为一种强调济渎灵应或希望将来灵应的符号和象征，告诫人们济渎信仰的神力是通过济渎

① （明）陈大统：《重修济渎庙记》，民国《浮山县志》卷40。

② 光绪《浮山县志》卷6《山川》。

③ 乾隆《新乡县志》卷19《名迹志上》。

④ 乾隆《潞安府志》卷4《山川》。

⑤ （元）商琥：《济渎庙碑》，康熙《曹州志》卷17《艺文》。

⑥ ［美］马丁·因尼斯：《解读社会控制——越轨行为、犯罪与社会秩序》，陈天本译，中国人民公安大学出版社2009年版，第27—28页。

⑦ 周尚意等编著：《文化地理学》，高等教育出版社2004年版，第267页。

池来作用的。当灾异饥馑时期通过在济渎池中祈祷，来实现灾害控制的目的，从而维护社会秩序。济渎池存在于人们的记忆之中，也在固化济渎信仰“祷之辄应”的神力。

（二）济渎之神力

岳镇海渎之祭既是礼制，也是中央王朝借之树立正统并希望其保障国家风调雨顺的重大政治举措。历代王朝境内出现灾异时，帝王多派官员致祭岳镇海渎，祈祷减灾降福。至元五年（1339），集贤学士揭傒斯代祀济渎之神，文曰：

> ……惟水其德在北，为我元受命之符。其体周流天地，为天地生物之本。则海渎之神于国家所系为尤重。而比岁诸郡大水，五谷不登，万物不得其所。上为天子忧，下为斯民病。此固天地之数，然国有忠臣、仁民而爱物，神岂无是心哉。夫天以恒道生，地以恒道成。水实为天地之功用，天子所以崇祀于海、渎之神者，务求顺其恒道，长为国家利泽而已。斯言也，神必鉴之。①

蒙元起源于北，北海、北渎被认为元朝“受命之符”，如此则元代屡次祭祀济渎实事出有因。在这里祭祀济渎之神，希冀能捍水患，促五谷丰登。明朝弘治以来，灾异屡作，国内不靖，皇帝多次派大臣致祭济渎，祭文也日益体现借济渎之神抗灾救民之愿，而非完全出于礼制需要。弘治四年（1491），孝宗告北海济渎神制曰：“伏自去岁一冬无雪。今春天时亢旱，雨泽愆期。田苗枯槁，黎庶忧惶。予甚兢惕，用时侧身修省，虔致祷祈。”其后，正德六年（1511）、嘉靖三十三年（1554）皇帝祭告济渎文皆有此意。② 国家祭祀济渎之祭品门类很多，以示皇家威仪，极为讲究，繁琐。③

古人认为北渎大济之神确实灵验，济渎之灵验首先从济渎本庙中传

① （元）揭傒斯：《代祀济渎北海记》，乾隆《济源县志》卷15《艺文》。

② 乾隆《济源县志》卷4《祀典》。

③ 同上。

扬开来。济渎庙中有东西二池，池中泉水喷涌，清泠可爱，为济渎庙一大盛景，同时也是济渎神奇之源。俗传济渎池中屡屡喷出物件，民众则往池中投送钱币、玉帛之物，以示祈祷。正统九年（1444）十二月，河南怀庆府济源县道士宋本澄“进红绿彩币二，花银瓶一。云济渎庙池内所浮出者，实朝廷清明所致，世不常有”。英宗乃“赐本澄钞六十锭，以劳之”。①《五杂组》所记更为神奇，称：“济渎庙神尝与人交易，以契券投池中，金辄如数浮出，牛马百物皆可假借。”② 官修《大明一统志》也对此表示确信，如称：“天下有四渎，而济渎最著。其中若有神物，时显灵验。祷者心诚则所抛之物即沉，否则不沉。每见潮锡涌出旧所抛者，或器物、绮帛之类，出水而干，虽千百年者宛如新造。庙宇森严，古木丛茂，祀典尊崇，历代皆然。”③ 显然从地方到国家文献均对于济渎神之神奇表示推重。甚至有人曾亲自试验，郎瑛称：“河南济渎庙神人有假贷货帛财物者，随祷即出水面。予加曾亲得之，如期还纳，复沉于水灵异甚验也。”④

对于济渎池中之神早在金代就有提及，据正大五年（1228）《济渎灵应记》称：

岁在戊子，天子以去冬不雨，宵旰忧民。粤春王正月，遣资政大夫中常侍兼上林署提点宫籍监使内□□□□□药局直长高佑衔命，降香于济渎显佑清源王。天语一发，不浃辰而雨至者三。使车载路，雪复盈尺，民熙熙然咸曰“大哉王言，一哉王心”。二月□□，使高佑□自□京师由三城戴星而行，未及巳刻已抵祠下。谨默致圣意，及所赐香酒拜祝于渊德殿。寻奠纸于海，纸立下如掣。俄顷，风行□□，势忽汹涌，有神物出其间，状大数围，俗所谓二将军者。延颈被纸御名，首东南。且进且退，如舞如蹈，凡数四，有望阙谢圣恩意。中使高佑敬惧酾酒，神乃前□及数卮，悠然而去。观者如堵，

① 《明英宗实录》卷124，正统九年十二月辛丑。

② （明）谢肇淛：《五杂组》卷3《地部一》。

③ （明）李贤：《大明一统志》卷28《怀庆府·祠庙》。

④ （明）郎瑛：《七修类稿》卷23《济渎物》。

以谓圣主之德至诚感神。跃鱼之祥，桑林之应，方之皇朝邈不及矣。①

《金石萃编》对于该碑文按语称：“二将军不知何神物，能衔纸舞蹈，而碑又云跃鱼之祥，则是鱼类矣。文称其状大数围，延颈被纸，以臆度之殆鼋之属也。”是为济渎庙池中之神为水中之兽，鼋之属为龙之一种，各地济渎庙池皆称为龙池。《太平广记》记载：“（唐）玄宗将封泰山，进次荥阳旃然河，上见黑龙，命弓矢，亲射之。矢发龙灭，自尔旃然伏流，于今百余年矣。按旃然即济水也。济水溢而为荥，遂名旃然。”② 则言济水之神为龙。《西游记》第四十三回中言龙王敖顺之妹有九子，其中第二子小骊龙即住于济渎之中。③ 此虽为文学著作，济渎池中有龙神显灵当是时人的普遍看法。济渎池中有神，且能假贷人财物，这在民众中的影响恐怕是深远的，为济渎信仰在各地的传播提供了前提条件。

与国家祈祷济渎之神“严肃”，地方民众的祈祷较为多样“活泼”。就祈祷民众来说，男女皆有，反映出济渎之多重“神力”。山西长治县十里许有济渎庙，“每岁男妇会集”，④ 能应各种需求。济渎为水神，首要之神力在于御旱降甘霖，如柘城西十五里济渎庙，“济渎池祷雨辄应，池仅方丈余，旱则有司率吏民往祀之”⑤；山西泽州济渎行祠在洞云泉边，以祈雨有应建⑥；山东菏泽济渎庙又称为“清源庙”，“旱祷辄应”。当然，济渎神在旱涝疾疫诸方面均有作用，如偃师县济渎行祠在县西北五里邙山上，弘治十年（1497）士人姚清等重修，凡境内水旱、灾疫，祷之辄应⑦。甚至济渎神还有助人驱除虎患之神力。正统三年（1438），济南近郊多虎患。山东右布政使王质“祷于济渎神，遣人操强弩捕治之，三日缚虎十七，其害遂息”。⑧

① 《金石萃编》卷158《济渎灵应记》。

② （宋）李昉：《太平广记》卷420《龙三·旃然》。

③ 《西游记》第43回《黑河妖孽擒僧去西洋龙子捉鼍回》。

④ 雍正《猗氏县志》卷5《人物》。

⑤ 乾隆《续河南通志》卷13《舆地志·坛庙》。

⑥ 成化《山西通志》卷5《坛壝》。

⑦ 弘治《偃师县志》卷1《祠庙》。

⑧ 民国《太和县志》卷8《人物志上》。

地方民众祭祀济渎神的时间一般为三月，与济渎本庙类似，只是各地日期不同，如河内县济渎行宫三月十八日祭①；泌阳县济渎行祠“每岁三月八日祭赛”②。祈祷之处多在济渎池，恐怕一如济渎本庙济渎池所行“投沉”之礼。山西浮山县济渎池“凡邑之旱涝疾疫，祷之辄应，四方之人赴者云集”。③ 也就是说，各济渎行宫之池虽非济源济渎池，但也都有与之相似的神性，经过地方人士、文献记载的宣扬更是影响开来。河南修武县之济渎神祠，“祠前有池，方广数丈。元文宗天历三年（1330）五月，县尹谢公祷雨于祠，邑人常玉、连义等乃以砖甃之”。此次祷雨的过程有碑文存世，据元济源县医学教谕李思诚《济渎灵池记》云：

> 修武县……坊曰清源，旧建济渎行宫，岁时致祭，礼无废焉，瞻者畏敬之。逮大元天历己巳，自春迄秋，大旱，百谷尽枯槁，县尹谢公率诸僚属祷雨于斯。隶长常玉至于池，顾其水已枯涸，泥污秽积，有亵神明。遂感于心，同耆老连义□之。于是丐金鸠工，淘洗至泉，既清且洁，以砖甃周围。岁寒之时，以□□□，览者无颠坠之患，临者无战兢之惧。基址损坏补之一新，不日成功。④

此次祷雨成功与否，尚不知焉。祷雨于济渎池似乎成为地方官长、民众应对干旱之文化传统和集体记忆，济渎池被重新清洗则是重新完善记忆之符号，以期实现控制灾异之目的。天顺元年（1457），又再次祷雨于济渎行祠中，而且济渎池之灵验更是愈发神奇。据翰林岳正修《修武县济渎行祠祷雨感应记》曰：

> 郭侯以乡进士令修武……方知向而岁适亢旱，砂煎石烁，种不土入。……济水出王屋，去邑才百里，其神灵闻天下。修武南门内建行祠，以祀之。其前有池，济水所出也。侯诣焉，淘池浚源，而

① 道光《河内县志》卷13《祠祀志》。

② 乾隆《续河南通志》卷8《舆地志·山川二》。

③ （明）陈大统：《重修济渎庙记》，光绪《浮山县志》卷34《艺文》。

④ 民国《修武县志》卷8《民政》。

> 以其政令之所缺者自咎于神。情切辞苦，其与出野暴露，积薪自焚者无异也。是日果雨，数日又雨，三农告足。庶情欢忭，遂命工甃以砖，周遭石为阑干。先是池水黑如墨，不产虫鱼，人皆异之，不敢亵。忽清澈莹然如鉴，无翳其中，隐隐有楼台、殿阁、人物往来之状，如是者数日。邑人惊骇，聚而观之，莫知所以。未三载而侯至，所建城池、楼阁、市桥、门巷焕然聿新，与向日池中所现者不爽。……父老曰“此吾侯之德也”。①

此记主要是借济渎池灵应事件，来记述修武县令郭侯祷雨抗旱之功，但祷雨于济渎池是深入人心的。“其前有池，济水所出也”尤为重要，济水性伏，各地济渎行宫之济渎池自然被认为是济水所伏而涌出者，反映了民众对济水水性的认知，也间接在塑造当地济渎池也会具有济渎之神力。

四　晋豫之间：信仰扩散与地域互动

济渎信仰通过信仰景观的建立，在各地强化着济渎神灵验之神力，从而在其扩散过程中为各地民众所接受。应该说，济渎信仰扩散至各地就已经形成了文化的互动过程，这是一种文化事象进入异地之后为当地民众所接受或反应的过程。因此，济渎信仰从河内地区“自南而北”扩散至晋东南地区这看似单一方向的过程，实际上也是当地民众接受、与之互动的结果。由此来看，似无须再讨论晋东南地区民众对济渎信仰之种种互动行为，因为文化互动已经“完成”了。但是，晋东南地区民众对于济渎信仰确实表露了一些“直接的”文化互动行为，济渎信仰的扩散就变成了明显的双向互动行为。

“行宫”意味着与本庙的主次关系，各地济渎行宫的建立间接象征着行宫与济渎本庙的联系，济渎行宫同样具有济渎本庙之“神迹”。济渎行宫也会“发生”与本庙类似的灵异事件，这些事件产生的合理解释则是民众内心对于济渎本庙神力的认知，从而附加于本地济渎行宫之中。换

---

① 民国《修武县志》卷8《民政》。

言之，济渎信仰是一种有中心的超地域联系的信仰文化圈，行宫与本庙保持着潜在的空间关系。当这种空间关系放置于交界地区时会产生一些跨区域的文化效应，晋东南济渎行宫与济渎本庙及济水的关系最为特别，济渎信仰文化具有了在此交界地区特殊的地域关系。其表现，一是济水发源之王屋山为晋豫界山，成为晋豫文化争夺的对象，晋东南民众甚至将析城山确立为济水之源，晋东南地区力图强调当地与济水之“天然”联系。二是晋东南地方民众塑造了本地济渎池与济水的特殊关系，即“王屋山以北之水皆为济水”，在信仰心理上晋东南民众并非被动地接受，而是主动地塑造文化关联。

（一）王屋与析城：济水源流之争夺

《禹贡》说：大禹“导沇水，东流为济”，沇水则为济水之源。据《河南志》称：“济水发源王屋山顶五斗峰下之太乙池，伏流东行九十里，复见于济源县西三里，汇为二池，所谓济源也。”这实际是在说沇水，其源自王屋山之太乙池，后伏流地中，在济源西部涌出，汇为东、西二源，二源汇流东行，是为济水。王屋山自古即为华夏名山，《禹贡》也记载说：大禹导水由“底柱、析城至于王屋”。《列子·汤问》又有愚公移山之事。王屋山实为太行山西南段分支，随地而名，历来为太行山南北高层政区之界山，明清以来则为晋豫省界。不过自然山脉纵横绵延，王屋山不只在济源一地而已，其向西一直延至山西阳城、垣曲境内。如此连绵的自然山脉，在传统时代政区疆界缺乏现代测绘技术的条件下，很难清晰地界定整个山体是否都为己境所辖。济源有王屋山且为济水之源，古今文献皆记载详细，济源地区方志资料更是如此。但王屋山山体广大，绵延至山西境内，又为两省界山，故又为山西地区文献所记，目之为己境名山。也就是说，王屋山既是济源的，又是山西的，清代泽州地方志中也多强调王屋山与晋地之地缘关系。各地交界山脉之记载多有类似情况，晋豫交界地区的王屋山则涉及了济水的源流问题。

泽州地区的地方志同样认为济水发源于王屋山，但此王屋山却是山西之王屋山。如雍正《泽州府志》称王屋山在阳城县南百里。又引《山堂肆考》曰：“王屋山在山西泽州阳城县上。有仙宫洞天，广三十里，状如屋。《列子》所谓‘愚公移山’者即此。……按山北绝顶曰‘天坛’。

左右二峰，东曰‘日精’，西曰‘月华’。上有石坛曰‘小有清虚洞天’。西有黑龙洞，洞前有太乙池，是济水发源之处。盖既伏而后见于济源也。”[①] 雍正《泽州府志》不言王屋山非山西名山，却引述《山堂肆考》的言论，则意在同意其说，王屋山在山西阳城县，且为济水发源之处，“而后见于济源”，这就确立了济水与山西之关系。相比之下，同治《阳城县志》记载晋豫疆界较为清楚，但试图强调王屋山与阳城之关系，将王屋山也记录在县志之中，如称：“王屋山，名见《禹贡》，在县南百十里。山顶曰天坛峰，峰属济源，而峰阴接县南境。在析城东南，县治之南少偏西。……天坛一峰固属济源而天坛峰阴即县南界，其在县境内之山如门崄山，老君堂诸山及五斗峰、漏明山之属皆王屋支峰，则不得谓王屋与阳城不相涉矣。”[②] 既然济水从王屋山伏流，地脉相通，山西处济源之北，王屋山又绵延至山西境内，那么济水也可以说是从山西发源，伏流而后见于济源。

晋豫交界地区河流从晋豫交界山脉发源而后又伏流见于济源，在文献中记载颇多，与济水极为类似。古人难有现代水文学实测技术，揆之常理，水从地涌出，是为泉涌，汇而成河，但山西文献却认为这些水泉是从山西发源伏流而后见于济源，很可能是在模仿济水伏流之说，目的在于建立济源地区河流与山西之地缘关系。同治《阳城县志》记载莽山时说，“有水从红峪注于剑口入济源界，伏流而重出，即溴梁水”。“桑林水……又东至小王庄伏地潜流，东北至马山麓从地涌出，注于沁水”。“溴水，本溴水别源，出县南六十里莽山……潜流数里至宋王庄，从地涌出迳济源城东与西源合”。而在乾隆《济源县志》中除济水外，其他河流均未提及伏流之说，也不言从山西发源。[③]

王屋山出于《禹贡》《山海经》等书中，济水亦为天下四渎之一，皆为天下名山、大川。《阳城县志》试图解释王屋山与阳城有着地缘关系，又说多条河流伏流而至济源。因此，我们不得不考虑《阳城县志》是在刻意建立其地与这些名山大川之文化、地域渊源，王屋山是济水之源，

---

① 雍正《泽州府志》卷6《山川》。

② 同治《阳城县志》卷3《山川》。

③ 乾隆《济源县志》卷2《山川》。

济水自然也与阳城有关系了。晋地在济源之北，济水由北而南伏流，又为何不能说是从山西地区伏流而至济源涌出呢？这是晋东南民众认为“王屋山以北之水皆为济水”之地缘因素。

我们还可以析城山作为佐证。阳城县之析城山载于《禹贡》，为境内最重要的山脉，名重于世。而且析城山也是汤帝信仰的起源地，传言为商汤“祷雨桑林”之处。《太平寰宇记》说：“上有汤王池，相传成汤祷雨处。”熙宁九年（1076），河东路大旱，朝廷委通判王伾至析城山祷雨获应，熙宁十年（1077）五月，封析城山神为诚应侯。政和六年（1116）三月，析城山殷汤庙特赐“广渊之庙”，诚应侯再进封嘉润公。[①] 汤帝庙为晋豫交界地区民众祷雨之处，明清时期仍旧“祷雨辄应，每仲春数百里外皆赖汤祠祷取深水，归以祈有年”。[②] 河内地区也分布着大量的汤王庙，析城山之文化影响已跨过太行山而入河内地区。然而最值得注意的是，此山也被认为是济水之源。雍正《泽州府志》说：“析城山（阳城）县西南七十里。……山高峻，上平坦。中有二泉，东浊西清，左右不生草木，数十步外多生细竹。其水自山阴……化为湿云，自窦中滴水降太乙池。旧《志》云‘周四十里，上有二泉，天旱不竭，与济渎通’。”[③] 这就是说济水源自析城山，山西之水降至太乙池，而后在济源形成济渎。析城山上之成汤庙在“城西南七十五里，相传成汤祷雨于此，有二泉不竭，与济渎通”。[④] 同治《阳城县志》同样说：“析城地底有泉，伏流为济渎发源处。”[⑤] 因此，晋东南民众认为济水之源在晋地之析城山，而后方在济源汇流成河。乾隆《济源县志》亦载有析城山，而不言在山西阳城境内，亦无其为济水发源地之说。其称析城山“在县西北九十里，四高中凹其形如城，上有成汤庙，人呼圣王坪。《禹贡》‘底柱、析城至于王屋’即此”。又有小析山，“在天坛西北，去县一百二十里，析城之前。上有成汤庙，岁大旱则祷于斯”。[⑥] 小析山亦为祷雨圣地，为“析城之支

---

① （金）李俊民：《析城山重修成汤庙记》，同治《阳城县志》卷13《艺文》。
② 同治《阳城县志》卷3《方舆·山川》。
③ 雍正《泽州府志》卷6《山川》。
④ 雍正《泽州府志》卷20《坛庙》。
⑤ 同治《阳城县志》卷17《艺文》。
⑥ 乾隆《济源县志》卷2《山川》。

派……汤庙巍然在望，晋豫人多取水于此。历世以来，嗣为故典”。[①] 析城山与小析山确在阳城辖境，济源县将之纳入县志之中，恰好表明此二山之文化影响，而不可认为其在济源境内。

晋豫两地的上述做法，合理的解释是晋豫交界地区的雨神信仰深刻地影响着这一地区的民众生活，天旱不雨，这些雨神成为民众热诚祈祷的对象，甚至不避艰险，千里取水。于是，各地方县志均将与这些雨神相关之自然山脉纳入已境或建立与已境相关之地域联系，这种有意的“拉拢”目的在于建立文化上的地缘关系。其中，山西地方将济水之源北移山西境内，河南民众则又将析城山、小析山纳入已县方志之中。因此，晋豫交界地区的多数雨神都成为晋豫民众共同的信仰，这些民间信仰跨越了自然地理、行政界限，形成了跨区域的信仰文化圈，这是一个双向的文化互动的结果。

（二）“王屋山以北之水皆为济水”

对于晋东南民众来说，既然济水之源来自山西，地方民众对其信奉，建立济渎行宫可谓顺理成章。前文已言，济渎信仰扩散至晋东南地区是“自南而北”的，下面将从晋东南民众对济渎信仰的反应、确立信仰合理性的“操作”入手，从“自北而南”的方向，来看济渎信仰的地域互动。

在明代成化《山西通志》中记载山西地区济渎行祠有三处，“一在临县东南五里甘泉沟。宣德四年，知县李专遣人诣济渎，请水至有雨应，即建水楼一座。正统五年，知县郭玄建祠，成化六年知县睢让重建；一在浮山县东南一十五里，大街里东沟之下，元至元六年建；一在泽州西南五里，洞云泉之前。皆以祈雨有应建。”[②] 这三处济渎行祠中临县最靠北，宣德四年（1429）知县不惜遣人赴济源济渎池中“取水”，已表明了济渎信仰在山西地区的影响了。正统五年（1440）知县郭玄建祠是因郭玄本济源人，当时天旱，屡祷不应，故“遣僚属赴河南济源原籍迎济渎神，至日甘霖立沛，岁大熟。因立庙祀之”。[③] 泽州济渎行祠与济源济渎

① （清）都广祚：《泽州大阳小析山取水记》，雍正《泽州府志》卷46《杂著》。

② 成化《山西通志》卷5《坛壝》。

③ 民国《临县志》卷16《古迹》。

本庙距离最近，对其影响也很大，其建庙出于祷雨有应，但也应与上节所述晋豫交界地区特殊的地域关系有关。

成化以后，文献记载山西地区济渎庙逐渐增多。雍正时期，高平县就已有三处济渎庙，“一在建宁镇；一在骷髅村；一在陈堰，名西济渎”。[①] 骷髅村之济渎庙，方志编撰者称：“济渎本在怀庆，乡民于此建庙祀。”[②] 但陈堰之济渎池却被称为西济渎，表明当地民众将已境之水目之为济水。同治《高平县志》又增加团池一处济渎庙，对于骷髅村济渎庙之池，方志编纂者则言：“庙池有四足鱼，传为龙子，触之即生灾。余六年因旱请龙子，祀之。无所谓四足者，得常鱼五，蛙一，蛙大如拳。”[③] 此又类似于济渎本庙池中之龙神说，显然地方民众对于济渎本在济源不陌生，而且对于济水之神性，济源济渎池之灵应也是十分了解。《高平县志》编撰者认为：“济渎径覃怀，而乡民不忘其泽，争祀之。益以见川渎能兴云雨，积势厚，而普利远也。”[④] “乡民不忘其泽”说明济渎信仰此前早已在当地声名远播了。

高平与济源相隔阳城、凤台、陵川二县，济渎信仰的扩散必是通过此三县向北传入的。泽州地区与济水源流特殊的地缘关系，地方民众自应了解，甚至认为当地伏泉亦为济水。这种认识从明代似乎就已有之。万历戊寅，高平县知县刘一相修城西灵泉，邑人郭某撰有《城西灵泉记》，其文曰：

> 负郭坤隅……曰城西里……山之翠微，有泉一，泓潴而为池。广逾寻丈，深轫余。底穿四井，潜通地脉，喷涌上出。四时有恒度，旱靡涸，霖靡滥。……圃者导之用资浇溉，迨乎涨漫奔腾，固会百川东注矣。……傍溢建济渎行祠，岁时伏腊祝厘祠下……据《禹贡》，济水发源绛州垣曲县王屋山，顶崖下曰沇水，既见而伏，东出于孟州济源县，东西二源名曰“济水”。彼庙貌而祝之宜也，此何为

① 雍正《泽州府志》卷20《坛庙》。
② 雍正《泽州府志》卷6《山川》。
③ 同治《高平县志》卷3《祠祀》。
④ 同治《高平县志》卷1《地理・山川》。

哉？岂昔人偶见水伏而出，想象沇流，遂欲依神捍御灾患，集飨艾髦，以为祈报区乎？涓涓之流蔽于幽壑，郡乘失载，又无名贤表章……岁万历戊寅清明日，明府刘公……遂庀工甃补罅缺，澄汰淤垫，周以石栏，屏埃滓。额曰“灵泉”，仍听乡人新葺，祠宇告成之辰，川原辉丽……①

郭某将高平城西里民众建济渎行祠之原因是因此泉亦伏流而出，类似于济水，故而建庙“欲依神捍御灾患”。显然，民众对于济水之性颇为明了，对于济水之灵应也很清楚，而会认为此泉为济水，郭某之推测并非无据。作者甚至说济水发源于绛州垣曲县王屋山，而非济源之王屋山，济水源自晋地，民众对其尊崇，“祝之宜也”。

济水性伏，既能从王屋伏流，而为何不能从王屋以北之其他地区伏流再至济源而出？高平骷髅村又称谷口村，为古长平之战之地，俗称省冤谷。据清代《谷口村济渎庙乞池水祷雨记》云：

渎之为名，重矣哉！其尊视侯，而雄称独。唯发源于王屋之济，得配江、河、淮，以为四。历代帝王奉祀唯谨，典至巨矣。而或被其名于山僻之池，此何故哉？夫渎以通浊为名，而济以伏流见异。高平邑西五里省冤谷济渎庙，有池汪洋，涌泉于地中。省冤谷者，省骷髅台之冤也。鼓楼对峙西偏，为千古沉冤所伏。有而池水渗溢，宣流于台之左近，将以为洗血腥之污，荡矛戟之恨，其功著大，故称以渎欤？唯沇善伏，既出而不见，东见于济源为济。水脉潜行，不择地而发，千里之遥，犹涌跃为济南趵突。况此泉之南去济源、王屋不数百里乎？是又宜以济称也，旧名济渎不为无据矣。②

该文认为谷口村之涌泉与济水性同，善伏，而且此泉与济源、王屋不数百里，可以称为济渎，那么只要在济源王屋之北，与济水类似之涌泉岂不都可以称为济水吗？这应是晋东南民众的普遍看法，否则也不会

① 同治《高平县志》卷8《艺文·城西灵泉记》。
② 王树新主编：《高平金石志》，中华书局2004年版，第310页。

将此涌泉名为济渎。前文高平陈塸村之济渎池则又为西济渎亦为明鉴。这种认识是当地民众对于济水水性——性伏和晋东南与济源地区交界地缘关系的认知，在此基础上赋予本地水源以一种神性，与济渎类似，从而建庙祭祀，天旱祷雨。这样，晋东南地区民众塑立了本地水源与济水的特殊关系，使得济渎信仰超越自然地理界限（太行山）和行政区界限，在当地合理地“落户”。

上文已言，明代山西临县知县曾派人至济源济渎庙池中取水以为抗旱之需，这种取水行为实际上只是一种礼仪和信仰在民众中要延续的传统。晋豫交界地区的雨神信仰皆有这种“取水”仪式，保持着信仰圈内部的地域联系，如成汤信仰、崦山白龙信仰。成汤信仰在晋豫交界地区影响广大，早在元代至元十七年（1280）的《汤帝行宫碑记》上就已记载了析城山成汤本庙之外的各地行宫八十三处，在河内地区成汤行宫有三十五处，分布于河内县、济源县、修武县、温县、武陟五县。[①] 碑文详细表达了以析城山成汤庙为中心的晋豫交界地区的成汤信仰祭祀圈，在此信仰圈中盛行着“取水”仪式。仪式最关键的一点是将成汤庙的水装瓶，送回本村的行宫供奉一年，次年将剩余的水送还，并重新装入新水，如此年复一年，象征着将雨水带回本村。[②] 崦山白龙信仰本庙在阳城县崦山，在河内地区同样有大量行宫，也流行着“取水”仪式。据嘉靖元年(1522)《怀庆府河内县每年三月二十二日老庙祈拜圣水记》云：“显圣王，施雨龙神也。雨阳时若，年谷丰成，遐迩胥被其泽焉。如我怀庆府河内县东乡东竹帘、西竹帘、南王召、东申召、东王召、西王召六村遗有古迹，每年三月二十二日恭赴本山虔拜圣水，六村同立社事，先年已有成规，永为定制……”[③]

不过在济渎信仰中，尚未发现有资料表明晋东南民众有去济渎本庙取水求雨之举。但我们由上文分析可以看出，晋东南地方民众虽未前往

---

① 《汤帝行宫碑记》，今存山西阳城县横河乡析城山汤帝庙，本书内容据冯俊杰《戏剧与考古》，文化艺术出版社 2002 年版。

② 杜正贞：《村社传统与明清士绅：山西泽州乡土社会的制度变迁》，上海辞书出版社 2007 年版，第 30 页。

③ 碑存阳城县崦山白龙庙中，转引自杜正贞《村社传统与明清士绅：山西泽州乡土社会的制度变迁》附录，上海辞书出版社 2007 年版，第 317 页。

济源取水，却是确立当地与济水源流的地域联系，又塑造当地济渎行宫池水与济水等同的文化关联，即当地济渎庙的泉池也是济水，本地“济水”也有祷雨辄应的神性，又何须前往济渎本庙取水？因此，晋豫交界地区济渎信仰的地域互动并非靠直接的、物化的“取水”仪式来维系。

最直接的体现是道光二十四年（1844）高平谷口村《补修济渎庙碑记》，碑文曰：

> 谷口旧有济渎庙，俗所称池头庙也。济水发源王屋，凡王屋以北地之有水而成川者，率以济渎名，象神而祀之，兹之庙亦从同。是庙也，不知创自何时，碑漫漶难考。然其观、其规模宏敞矣，而颓坏实甚。村父老悯伤之，相与筹所以补葺者，资难措处。于是道光七年，公请摇会一局，至十九年止，本利共得钱一千三百七十一串二百三十八文。又入新会钱二百千文，大社钱七十二串二百七十七文。尚不足，又募诸村人及村人之商于外者，复得本利钱七百九十串零四百九十七文，四宗共入钱二千四百三十四千零一十二文。岁辛丑开工，甲辰告竣。①

补修庙宇费用由村社民众共同出资，碑文由高平县庠生郭廷熙撰写。“济水发源王屋，凡王屋以北地之有水而成川者，率以济渎名”尤为重要，这句话恐怕非郭氏随口之言，它必定代表了地方民众的普遍看法，而且有水即“象神而祀之”，反映了晋南民众对于济渎信仰信奉之热诚。

不仅如此，晋南其他河川也被看作济水或是其支流。如曲沃县济渎祠在济溪之侧。② 浮山县济渎庙之泉池则被认为是济水之支流，明嘉靖十九年（1540）邑人陈大统所撰《重修济渎庙记》称：浮山县济渎庙“有池乃济渎也。方五丈，深一丈，多有灵异。凡邑之旱涝疾疫，祷之辄应”。③ 该池被当地民众称为济渎，陈大统不解，推断“济水出王屋山顶，崖下既见而伏，今此亦有之。浮之去王屋远百里，山川联络，岂其支流

---

① 王树新主编：《高平金石志》，中华书局2004年版，第310页。

② 雍正《平阳府志》卷5《山川》。

③ （明）陈大统：《重修济渎庙记》，光绪《浮山县志》卷34《艺文》。

欤?”陈大统自非一般民众，竟会推断此济渎为济水支流，浮山与济源相隔百里，岂会有水潜地伏流至汇至济水？按照现代晋豫自然地理知识，所论固属无稽之谈，但其背后所蕴含的文化内涵是可以推知的，即所谓“凡王屋以北地之有水而成川者，率以济渎名”。这应是晋南民众的普遍看法，这种认识是人为主观塑造的结果，是基于济渎神力而建立的晋豫两地围绕着济水源流而构筑的地域文化关联，也使晋南地区产生了众多的“济水”。我们可以说这为民众信奉济渎信仰提供了“依据”，其做法是山西民众“自北而南”对于济渎信仰扩散的反方向互动。

高平之外，与河内地区搭界的陵川县也有济渎庙，在城西北二里，明嘉靖年建，天启三年（1623）重修。济渎庙在当地影响较大，据道光二十一年（1841）举人杨豫成《重修济渎庙碑记》言：

> 当县之西，横看成岭，左特分一干，如龙之蜿蜒而饮于水。有楼阁参差，翼然而压如龙之背者为济渎庙。前祀三官，后奉府君，中为济渎之神，其以济渎名，从所重也。考济水发源于王屋，贯河而过，三见三伏，会汶而入于海。盖入海在河之南者，源则出于河北，至河流南徙而后入海，亦并在河之北。且王屋在陵之南，界百里而遥。四渎之中，唯此最近。……民非神，无以庇荫。神非庙，无所凭依。肃肃明禋，重于祀典，岂有如流俗所传，专司疮痏，近于巫觋者哉?①

杨豫成在文中引经据典论述祭祀济渎之合理，且认为“（济水）源则出于河北”，“王屋在陵之南，界百里而遥。四渎之中，唯此最近”，暗示了陵川与济水（王屋山）特殊的地缘关系，足证上述所谓王屋山以北皆为济水非一家之言。

当然，文化扩散也会遇到抵触，在一些士绅眼中并非所有地方的济渎庙都是合理的。嘉庆十三年（1808），陵川县举人杨乾初所撰《重修池下镇济渎庙真泽宫碑记》云：

---

① 晋城市地方志丛书编委会：《晋城金石志》，海潮出版社1995年版，第814页。

> 太行居天下脊，吾陵尤据太行之脊。地硗壤薄，旱潦皆虞。广袤百余里，西北高而东南下。河流所注，势若建瓴，盖地势然也。环陵西北，山叠如列障。每遇潦降，千岩万壑奔流而汇于大河。当其冲着，池下镇为甚。村旧有济渎庙、真泽宫。两院毗连，如隼斯飞，不记其所经始。……至云江、河、淮、济为四渎。则济之见于《禹贡》者，其源为沇，流去为济。源出河北，济河而南，去陵不啻二、三百里，似犹非陵之所宜祀也。……余自早岁，即目击二祀而疑之。及考邑乘坛庙、艺文各类，济渎庙向无碑碣。而志真泽者，大都铺张圣迹，杂以俗谭。……虽然济渎非疡医之师，而真泽更非广生之姥。祀之者谓水旱之有所祈报，俾年谷顺成……厘正祀典，维持风教，士君子之志也。余不敏，犹欲稽之典籍，相与订其义，考其文，以告池下之从祀事者，并以告千百世之从祀者。①

真泽二仙在陵川县最有影响，济渎与之匹配，说明民众亦对其推重。但杨氏认为济渎非陵川所宜祀，甚至希望厘正祀典，维持风教，革除此二信仰。这是部分士绅对于济渎信仰之看法而已，却无法左右广大民众之信仰热诚。该碑记中济渎不仅能袪除水旱，而且还能医人疾疫，足见济渎信仰之世俗化程度之深。

总之，晋东南地方民众一旦确立当地信奉济渎信仰之“地理依据”，随之展开的是众多信仰文化事象，如报赛、迎神、祈愿等行为。而济渎信仰在当地也将不再是孤立的，会与其他神祇合并，成为当地民间信仰文化结构中众多神祇中的一员。上述杨豫成所记碑文中济渎神与三官、崔府君并祀，这自然也会强化济渎信仰在当地的影响。在一些镇上，济渎庙也与炎帝、孔子并祀。② 前文高平县谷口村济渎庙以济渎为主神，则又配以药王、牛王、高禖、瘟神、玄武神等。甚至在城隍庙中，济渎神也会与城隍配祀，如明代高平县城隍庙寝宫之侧，有“东西斜殿六楹，内祀药王、济渎、高禖等神”③，在地方官员看来，城隍神配祀上述诸神

① 晋城市地方志丛书编委会：《晋城金石志》，海潮出版社 1995 年版，第 796—797 页。

② 乾隆《陵川县志》卷 27《艺文·瑞芝堂小记》。

③ （清）杨应中：《高平重修城隍庙记》，雍正《泽州府志》卷 45《艺文》。

“乃黩乱如是”，于礼不合，但却正好反证济渎信仰在地方民众中之流行。

五　小结

济水作为四渎之一是先秦时期民众对于九州之内自然山川形势之地理认识所致，但其成为国家祭祀的对象则出于王朝政治统治的礼制需要。济渎信仰在各地的传播反映了国家祭祀民间化的“力量”，这一过程中国家祭祀对于济渎信仰的“宣传”应是起到了强大的作用，而且至少从北宋末年皇帝就因济渎信仰在地方上之灵应而直接对其加封了（此前加封多出于礼制需要），间接诱导了民众信仰的热诚。不过唐宋以降，济渎信仰民间化的发展过程中很难区分是国家力量塑造了济渎的神力，还是民间社会塑造的，二者可能是一个互相交织互动的过程，这是国家祭祀与地方社会垂直互动之结果，而济渎信仰在各地的扩散则是信仰文化传播的水平互动。

太行山东南济水流域各地济渎信仰最为密集，这里只有黄河阻隔着南北往来，而济水又是一条“截”黄河而过的河流，在这些地区为民众信奉自然好理解。济渎信仰却能突破太行山之阻隔深入到晋东南乡村，为民众崇祀，这是一个颇为有趣的问题。晋东南地区长久以来流传着炎帝、崔府君、龙神、汤帝等诸多信仰，信仰结构稳定，信仰文化在山西地区自成一体。济渎信仰在当地的“浸入”，使得该地区“平坦的”信仰空间呈现“凹凸不平”的格局，济水神随之与其他神祇合并，成为这一地区颇具影响的神祇。自然地理界限固然无法左右文化力量的深入，但将之完全归因于文化因子自身的力量恐怕有失偏颇，还应从地理上考虑。在古人看来，济水“性伏”，其流路是自西北向东南而流，多数史籍虽记载其源于王屋，但亦不能否定其是从北而南伏流，王屋亦非皆在济源境内，故而山西之地亦可为济水之源头。明人李梦阳甚至提到了一个极为夸张的说法，其曰：“济之性劲，源于晋。伏流地中，乍见乍伏。一支穿太行，为百泉，为卫水；一支为济，源出山东，为七十二泉。大抵天地劲气在山西，人之性劲天下。其铁亦如之，所谓并州剪刀者也。”① 山东

① （清）谈迁：《北游录》之《纪程》，汪北平点校，中华书局1960年版，第29页。

七十二泉为济水伏流而出之说并不足为奇，史籍中多有记载，百泉、卫水为济水伏流而形成则较少见。这无疑扩大了济水伏流之说，也是对济水“清劲”之性的夸张。由此来看，济水源于山西恐非一人一时之见，这是济水性伏的“品格”所决定的。那么，晋东南地区既与济源毗连，又正处于济源之北，这样一个特殊的地理区位，又如何不能认为济水也从这里“伏流”而在济源地区出现呢？济渎信仰在晋东南地区之流传自然有这层地缘因素。

总之，笔者认为，“交界”塑造了晋东南与河内地区特殊的地缘关系，在此之上通过两地民众长久的沟通，从而发生空间联系、交流。也正因为这种交界的地缘关系，使得晋东南民众要建立彼地与济水源流的地理联系，要构建王屋山以北之水皆为济水的说法。

结　论

一　直豫晋鲁交界地区地域互动之机制

行政区域是因政治统治需要而作用于自然地理之上的人为空间，不同的行政区域就是不同的政治功能区域。每个政区集合着一定的自然、人文要素，学界普遍认为政区的持久作用使得各政区内部社会文化整合日趋明显，每个政区都是一个个独立的功能区域，从而区别于别的政区。张伟然指出："以往我们在研究文化地理的时候，很多人对于政区的作用总是有意无意地予以忽略。有些地理学者甚至很固执地认为，研究文化区就应该把政区撇开。……可是在中国，这两者之间似乎又一直有一种很特殊的关系。……有些文化现象，它与政区之间简直就密不可分。特别是当讨论地域观念、文化认同等问题时，我们不妨说，文化区域与某种尺度的政区具有一种重叠的关系。"①

虽然不同学者划分传统中国区域的原则不尽以行政区划为准，但其也都承认单一区域不能完全代表中国，而应考虑区域之间的整合、互动及其对中国的影响。如冀朝鼎以不同地区水利事业的发展将传统中国划出几个基本经济区，强调基本经济区的变化和王朝对基本经济区的控制是王朝稳固的根本。② 施坚雅认为传统中国是由不同区域组成的集合体，每个区域都有核心和边陲，中国有十个经济大区（1893 年）。他是以经济

① 张伟然：《归属、表达、调整：小尺度区域的政治命运——以"南湾事件"为例》，《历史地理》第 21 辑，上海人民出版社 2006 年版，第 193 页。

② ［美］冀朝鼎：《中国历史上的基本经济区与水利事业的发展》，朱诗鳌译，中国社会科学出版社 1981 年版。

要素来划分的，每个区都是具有经济功能的功能区域。区域经济存在着相互作用，“大区经济应看成为复合的体系，内部是有差异的、相互依存、一体化的，尽管这些特征在边缘地带较核心区松散。象其它以地域为依托的人类相互作用的体系一样，各种水平上的区域经济体系归根到底都可看成各种运动的集合：货物与服务、钱币与信贷、信号与符号，以及角色不同、身份地位各异的人的往复流动。当然，任何体系中都无一成不变的东西，而是处于不断的流动、相互影响与反馈的过程之中”。[①]中国就是这些区域周期性演变、互动而形成的。黄宗智则说：将目光“集中于一个地区使我们有可能把它作为一个内部相互关联的有机整体来研究”，但他也承认“区域研究的缺点在于没有一个地区能够适当地代表整个中国的复杂情况”。[②] 换言之，通过观察中国内部不同区域的比较、组合、互动方形成一个清晰的中国。

大区域如此，那么高层政区交界地区又当如何呢？笔者认为，高层政区的交界地带是不同行政区域的集合体，区域各具功能，有自然、人文、区位等之间的差异，从而形成区域相互作用[③]，这是交界地区地域互动的根本原因。受各地自然、人文因素差异的作用，我国各高层政区交界地带自然各有特点，那么各交界地带地域互动的途径、方式和结果必将有所不同。不过本书虽以直豫晋鲁交界地区为例对交界地区地域互动的机制进行归纳，对于其他高层政区交界地带地域互动的研究仍不失为一种有益的先鉴，这是由交界地区自然、人文环境的特点决定的，直豫晋鲁交界地区也具有这些特点。交界地区首先要满足多个高层政区彼此接壤或毗邻，即空间“错位”而又“交接”；其次，交界地区内部自然、人文要素要有统一性，但又不乏差异；最后，因为有上面两个特点，导致交界地区具有人文环境复杂，“问题”多发，而呈现行政管理、经济边缘的特性。直豫晋鲁交界地区是北方地区一个“稳定的”交界地区，自明代以来一直延续至民国时期，高层政区界限极少变动。就地域联系和

---

① ［美］施坚雅：《中国历史的结构》，《中国封建社会晚期城市研究——施坚雅模式》，王旭等译，吉林教育出版社 1991 年版，第 12 页。

② ［美］黄宗智：《长江三角洲小农家庭与农村发展》，中华书局 1992 年版，第 21 页。

③ 地理学上研究区域互补时也认为地域分异是空间相互作用的基础。见［英］R.J. 约翰斯顿主编《人文地理学词典》，柴彦威等译，商务印书馆 2004 年版，第 97 页。

统一性而言，行政界限可以打破自然地理格局，却阻断不了自然地理内在的联系。太行山虽为其东西高层政区之界，但其间的河流、隘口（陉）、交通线路等成为晋东南与河北地区交流、互动的媒介。政治权力虽然造成太行山以东，大运河以西的河北地区（古称河朔）分属三大南北长条形高层政区“板块”——河南、直隶、山东，却无法阻隔内部自然地理的联系，其间河流、交通联系最为重要，成为此三大板块互动的凭借和焦点。四大行政区看似分割，却彼此联系，互相影响，成为黄河以北，京畿南部一个“活跃”的交界地区。此外，晋东南和山西其他地区的民众在明初被强制移民于河北地区，直豫晋鲁交界地区成为最重要的移民区之一[①]，在方言和民间信仰上保持着一定的共性和同根性。最后，直豫晋鲁交界地区在明清民国时期盗贼频发，如青羊山动乱、滑县天理教起义、捻军起义、民国时期土匪横行等，这很大程度上是由其处于行政管理边缘地带的特点决定的。

当然，除了具有其他交界地区类似的特点外，直豫晋鲁交界地区还有一些“自身”的特点。首先是区位重要性和持续的“国家”（力量）的存在。直豫晋鲁交界地区包括古上党和河朔地区，军事地理形势较为重要，同时又毗邻京畿地带，这就使得中央政府对这一地区的社会控制力度和关注度较大，从而使得这一交界地带的地域互动呈现出不同于其他交界地区的特点，如中央直隶卫所设于当地，地方州县会与其发生互动；国家力量干预地方之间水利纠纷和地方水利开发。而且南方一些交界地区中央政府为应对盗贼频发而设置了兼辖多个高层政区的行政机构，如郧阳巡抚、南赣巡抚，直豫晋鲁交界地区却没有，这一定程度上也说明了国家社会控制能力的强度和绥靖动乱的能力。其次，自然地理环境的独特性。这一交界地区处于黄河北部，兼跨太行山东、西，受地貌和气候等因素的制约，由晋东南发源的河流在河北地区的利用、开发途径有着自身的特点，这些河流在这一地区也常酿成定期的水灾，因而在此基础上所形成的地方之间的互动方式与其他交界地区也将有所不同……

因此，归纳直豫晋鲁交界地区地域互动之机制虽然仅立足于这一交

① 明初河北地区山西移民情况，参见曹树基《中国移民史》第5卷《明代卷》，福建人民出版社1997年版。

界地区，但在一定程度上应同样适用于其他交界地区。基于全书考察，笔者认为交界地区的地域互动包括空间互动与社会互动。犬牙相错的政区格局使得交界各方行政区划界限彼此错位，且又“交接”，空间错位与邻近关系使得彼此之间互相影响，此中有彼，彼中有此，最终产生空间互动。空间互动导源于两种空间关系——水平关系与垂直关系，交界地区空间互动于是分为水平互动与垂直互动。水平互动是指地方之间的互动，有着尺度变化，可以是不同行政归属的村落之间、县际之间、省际之间、流域上下游之间的互动，等等。垂直互动是指地方州县与高于其上的作用力量（如军事组织、国家等）之间的互动。空间互动通过交界地区交通、水系和各种流（人流、物流、信息流等）的作用得以实现。“抽象”的空间互动必然要通过“具体”的社会互动来实现。交界地区社会互动因涉及不同政区之间互动的空间尺度问题，以合作型互动和冲突型互动为主要表征，而以日常生活中的顺从型互动为弱①。

合作型互动表现为合作、协调、确立秩序、共享（资源）等方面。这表现为如下数端：首先，交界地区中各行政区之间独特的地缘关系，使得地方性事件往往具有超地方性的空间效应。一地动乱发生则会波及数省，对于盗贼防护，需要交界各方打破畛域，共同合作方能取得效果。在这其间国家力量扮演着重要的作用，它强烈地干预着交界地区的这种互动行为，虽然此前地方社会之间因弭盗可能有自发的合作行为，但因涉及王朝稳固的关系，国家力量不得不插手。其次，水的流体特征，使其不大可能局限于单一村落、单一行政区域之内，在交界地区内部的水利发达区域，确立合作型用水秩序显得尤为重要。这种秩序意在取得灌溉效益最大化，通常是对上游地区民众用水的规制，采取“自下而上”的使水方式，这是流域性用水秩序的习惯做法。其间地方社会民众、士绅和官府均会介入这种互动行为之中，在沁河下游地区地方士绅表现突出，如河内士绅多次干预济源水利，但流域性用水秩序的形成、巩固，甚至修正都离不开官府的直接插手，官方在沁河下游地区水利开发和互

① 交界地区也有交界各方民众日常生活中的顺从型互动，只是不如合作型互动和冲突型互动表现明显。笔者曾拟以河内何氏（何瑭）和安阳崔氏（崔铣）与上党仇氏之交流为中心来看晋豫交界地区士人日常生活中的顺从型互动，因限于篇幅未在本书中阐述，只得留待将来完成。

动秩序的形成中起到了最重要的作用。大陆泽流域有所区别，在水利兴建过程中，官方是直接力量，但在后期水利管理上则交由各闸会组织，只有当出现水利纠纷时官方才发挥仲裁作用。部分地区国家力量甚至直接干预地域互动行为，如豫北卫河上游地区和大陆泽流域（水利营田时期）。最后，合作型互动的最高体现则是文化互动，它涉及不同地域人群之间信仰、价值观、精神等方面的交流。不同政区对于文化有“约束”、整合作用，因而政区内部之文化较为固定，遇到外来文化的传入会形成一定的阻力。但在交界地区，文化扩散会打破政区界限、自然地理限制“浸入”到邻近地区，这是交界地区上述“交接”的地缘关系和交界各方之间的各种“流”的互动所决定的，同时文化因子本身的“力量”也起到了重要作用，晋豫交界地区济渎信仰的扩散即为典型案例。

交界地区社会互动还有冲突型互动。首先，一些合作型互动行为并不能一直持久下去，在部分问题上是有时间“限制”的。这在水利、交通问题上表现最为突出。前文已言，流域性互动秩序的确立约束了上游政区民众的用水“权利”，要持续保障下游广大地区的用水量，短期内通过官府的强有力干预会取得一定效果。但久之上游民众种种不遵秩序的行为会打破“旧章”，上下游政区间词讼不断，产生用水矛盾和冲突。问题之解决仍要仰赖官方的仲裁，但其做法仍以旧章为准，于是形成一个百余年来循规蹈矩，屡定屡坏，却仍要坚持旧章的悖论。在交通管理上，初期国家力量默认了交界各方共同承担交通设施维护之义务，县际之间会形成暂时的协作规章，但久之却会发生矛盾，国家交通的执行有时并不考虑地方间的水平关系，而使交界各方之间的矛盾一直持续下去。冲突型互动的原因正是交界各方行政归属不同、自然环境不同和社会人文差异等。行政归属不同，易形成交界各方各分畛域，遇到突发事件，行政管理不能协调一致，交界地区成为盗贼渊薮正源于此；在灾害调适中，则以邻为壑，不考虑流域性灾害调适方略。自然环境、社会人文差异，使得交界各方水利开发、交通管理区位出现差异，经济实力有异，于是在应对共同问题上采取截然不同的方式，多以强势压制弱势，上游不考虑下游等情况，最终产生矛盾、冲突。矛盾的解决要看官方的作为，息事宁人的做法并不能从根本上解决问题，而需要从整体上切实地考虑交界各方利弊的有效方针的实施。

总之，实交界地区因政区归属和自然环境的不同形成空间互动，空间互动最终落到交界各方所“聚合”的人群、社会，形成社会互动，二者互为表里，最终形成交界地区的地域互动。地域互动造就了交界地区的变动性、边缘性和政治敏感性，在传统时代受关注度高，尤以明清以来为著。交界地区地域互动应是交界地区研究的重要内容。

二　从地域互动反思“界”或“区域”之变动性

自从新区域地理学兴起以来，对于旧区域地理学所研究的固定的区域之理路产生了怀疑。固定的区域，也就意味着固定的边界。新区域地理学认为区域、界是变动的、模糊的和不固定的。国内也有学者通过实证研究给以回应。笔者试以本书关注的交界地区地域互动对此认识提出一点看法。

旧区域地理学认为：“区域是地表空间的一个差别化部分。……长期以来，区域研究与把地理学当成地域分异或方志学研究的定义相关。”区域研究关注区域内构造、气候、土壤、植被、农业、工矿资源、交通、聚落及人口分布等要素的整合，并“揭示出它的某种独特性，即使不一定是整体同一性。……这些地理特征在可见的景观中统一起来，它们彼此之间相互依存、相互联系并构成一个整体”。[①] 自从哈特向于1939年美国地理学家协会出版其专著《地理学的性质》之后，区域地理学此后开始统治英、美地理学半个多世纪。哈特向极力主张，“地理学的焦点是区域差异，即地球表面上各个景观的嵌合。因此地理学是：这样一门科学，它要对已发现的世界的区域差异的事实作出揭示，所谓区域差异不仅仅是某些事物在地方与地方之间的差异，而且包括每个地方上现象的总体组合与任何其他地方上现象的总体组合之间的差异”。[②] 按照这种观点，地理学的目的是提供关于地球表面上变异特征的准确的、系统的及合理的描述和解释，地理学研究的主要目的是综合，即将有关联的特征加以

---

① ［英］R. J. 约翰斯顿：《地理学与地理学家——1945年以来的英美人文地理学》，唐晓峰等译，商务印书馆1999年版，第54页。

② 同上书，第54—56页。

汇合，以提供关于一个地方即一个区域的完整描述；该地方或区域是可以根据这些特征的独特组合予以辨认的。到20世纪50年代，“区域地理学采用的经验主义哲学的失望情绪不断增长”，专题研究渐渐占据主导地位，区域综合则遭到冷遇。区域地理学受到两个主要方面的攻击，一是受到乡土衰落观念的限制；二是人文地理学的法国学派认为区域地理学在从对自然景观到文化景观描述的转变中偷偷摸摸地恢复为环境决定论。①

这种反思“旧”区域地理学的研究被称为“新”区域地理学。

新区域地理学关注现代性、资本主义对区域差异的抹杀，“对将现代性所抹杀的差别代之以同质性的观点提出挑战，所以许多传统的区域地理学感叹失落的原始差异”。② 也就是区域在变动，差异在减小。新区域地理学还对社会结构、社会实践及其对区域形势的构成和再生产抱有兴趣，并预示着将同样改变社会理论和人文地理学。新区域地理学反对旧区域地理学经验主义的区域描述方法，同时也强调从历史、变迁的角度看区域的形成、变动之原因。尤其强调区域的变动性和模糊性。汤森说，作为旧区域地理学的一种否定，新区域地理学的基本概念之一是认为：“区域乃是能够放置大量各类物质的、有限的空间和容器；因此，新区域地理学强调区域的不固定性、不明确性及其主观性，并将其放在更为广阔的空间结构和社会实践的诸种关系中进行分析。……正如帕西（Passi）所说，‘区域’越来越被地理学家理解为‘一个在大量实践与叙述中，不断得到表达、界定、符号化和制度化的过程，而并不一定被限定在具体的范围内’。最近人们常用一个更灵活、更开放的术语‘Place’代替‘Region’。”③

不过，新区域地理学上述区域理念是针对旧区域地理学研究的反思，还夹杂着现代性、后现代主义种种思潮的影响，指出区域、界之变动性并非研究的终极目标，而是研究的起点。新区域地理学研究的重要目标

① ［英］R. J. 约翰斯顿：《地理学与地理学家——1945年以来的英美人文地理学》，唐晓峰等译，商务印书馆1999年版，第592页。

② 同上书，第593页。

③ ［英］汤森·克莱尔：《郡与区域——1700—1830年中英格兰东部地区的移民关联》，张青瑶译，《历史地理》第24辑，上海人民出版社2010年版，第371页。

是探讨造成区域变动、界限模糊的原因、力量，“地方的变革是在广泛的社会关系背景下发生的；所出现的区域并不是固定的地域划分，而是变化着的社会构成”。[①] 对于这些社会结构及其变化过程是研究重点。因此历史地理学的研究对于新区域地理研究理念的形成颇有贡献。约翰斯顿指出：“他们（指历史地理学家）的一些解释，诸如一个社会的长期演变及其区域构成、一个工业或农业区域的根本变革和特定地区的形成等，都吸收到了现实主义的一些基本概念，说明了作为一种总趋势结果的变化之发生过程，而这一总趋势是在特定的环境下由特定的人的作用下进行的。”[②] 因此，区域地理研究不在于专注区域、界之变动与不变动，而是要考虑区域形成、变化和界之模糊的过程中长时期历史地理的原因、动力。要考虑社会人群、社会结构的变动和区域相互作用之因素。

而且，即使新区域地理学也同样会考虑区域对社会、经济、文化诸方面的塑造作用，但要强调区域内部“人类的作用”，“区域是地域实体，人类的作用使它们形成、重新形成和变革”。区域是社会相互作用的媒介，区域“在社会关系的形成和更新中起着基本的作用”。[③] 约翰斯顿甚至批评美国文化地理学家索尔及其学生的研究，“既不包括仔细重建过去的地理环境也不包括区域边界的周密考虑，而是要导致一种广泛的历史地理学”。[④] 总之，新区域地理学的研究“是建立在结构论基础上的；对区域演变过程的认识是辨证的而不是自然主义的；要认识到在区域形成、重建和变革过程中人类作用的重要性。”[⑤] 它并不忽视界的固定存在，而是反对旧区域地理学经验主义的方志学似的综合描述研究，而更多地强调区域问题和专题研究，专注区域形成、变化、构建中的人类的作用。

国内也有学者透过交界地区的研究反思“区域”与“界”之固定性。黄国信通过湘粤赣界邻地区盐区变动的实证研究，结合新区域地理学区域概念，指出“区域根据时空、人群、场合的差异而产生动态的变

---

① ［英］R. J. 约翰斯顿：《地理学与地理学家——1945 年以来的英美人文地理学》，唐晓峰等译，商务印书馆 1999 年版，第 339 页。

② 同上书，第 340 页。

③ 同上书，第 341 页。

④ 同上书，第 59 页。

⑤ 同上书，第 342 页。

化……区域因而是一种历史过程，是一种观念，动态而弹性”，而“界”本身也非绝对的线性，是模糊、变动的。[①] 然而黄氏所研究的盐区之界固然在清代经历了变动的过程，但界的固有性并未消失，各盐业志书对此明确记录，而且清代地方大吏多次调整盐区界限之实践，实则意图在维护界之稳定。黄氏还认为盐区边界之模糊性如此，那么湘粤赣界邻地区之行政区界、食盐销售区界、市场区界、社会交往区、文化风俗区界等多重的界以及观念形态中的界，可以发现施坚雅将传统中国所划分的几个大区，“似乎过分绝对地以线性之界对经济区域进行了区分”。[②] 施坚雅以绝对线性之界划分几个大经济区域合理与否且不与辩，其用意却是在指出界之重要作用，且并不否定各区域之间的联系、互动。

基于上述考察，笔者首先要强调界之固定性和约束作用。界之重要性自统一王朝以来日益明显，分疆划界是一件政治事务，也是与地方民生息息相关的大事。界限不清则要依据旧文、古迹重新定立。当交界地带界限不清，因志书无考，也无古迹可据时，分疆划界必须重新确立标准，认真仔细，明晰归属。清初，晋豫交界地区铁撅山归属不明，晋豫两省勘验后共立《晋豫交界碑》，时在康熙十六年（1677）八月十二日。碑文曰：

> 怀庆府为严饬地方事：……铁撅山会看在晋豫交界之间，无版图可考，彼此不受管辖。议令两省协力，严禁共保地丁。但尺土寸地必有管辖，并无中立之处。倘日后有事，何省之官任其责罚？必启分争之端。……以此山荒野旷僻，两省并无志书可考，又乏古迹界限可稽。为今之计，惟有山沟一道，顺沟中分其界，公同酌定沟南堆系河南地界，沟北堆系山西地界。其山沟两崖俱有洞口，已经封塞，仍令严加禁止。两省各拨夫役看守，勿致推诿。[③]

---

① 黄国信：《区与界：清代湘粤赣界邻地区食盐专卖研究》，生活·读书·新知三联书店 2006 年版，第 304—308 页。

② 同上书，第 309 页。

③ 雍正《泽州府志》卷 9《晋豫界域》。

有时界的固定性也会因人的活动，造成模糊化，但地方人士却较为明晰，之后要求重新确立疆界，明晰归属。如山西潞城县东南方豆口里东部诸山与河南林县交界，山自崖头以上，如十八盘、金刚坡、秀水池诸处，并属山西疆土，“山腰建有关帝庙、夏王庙、上党疆界碑，均有可考”。山中多林木，可为柴薪，兼能种植党参。但此处距离村庄颇远，住户不免孤单，且常遭盗匪侵扰。因此，在道光十年（1830）潞城民众招募河南林县人租垦，每年照契纳租。林县人来者日众，形成聚落。同治十年（1871），遂以山属林县为辞，“反宾夺主，奸谋抗租不纳”，恃众侵夺。贡生赵树藩、岳庭秀上呈力争，经两省委官勘验，林县知县坚持不让，议久不决。至光绪五年（1879），山西巡抚曾国荃再派候补知府陈丙昌，与河南所派候补知府马永修会勘，两省官员据旧碑及诸古迹，方将山地判归豆口里。①

即使盐区之界也同样清晰，模糊不得。康熙二十四年（1685）以前，怀庆府虽处太行山东南却一直食用河东池盐，而豫北卫辉、彰德二府却食长芦盐。前代在晋豫交界地区竖立盐区界碑，以约束两大盐区内民众食盐之源。如山西泽州南界孟良寨外万历二十七年（1599）五月所立《盐院禁约》曰：“泽州、河内县交界迤北、迤南俱食河东官盐，不许买食长芦，越境□盐，违者拿究。”② 也就是说太行山虽为晋豫界山，但盐区一致，行政区界虽与盐区界限重叠，但二者却不能混为一谈。尽管上党地区与豫北地区两大盐区交界地带私盐泛滥活跃，但盐区界限依然明确，不得违越。康熙二十四年（1685），怀庆府地方人士因道路险远，河东池盐不敷，民众淡食，上奏请求改食芦盐，获批。河东盐政官员颇为惋惜地称：“是解盐之幅员又加蹙矣。”③ 可见，盐区各官员对于盐区之界十分明了，甚至要固守，界之存在根深蒂固，它确立了行销范围和食盐来源。盐区变动是地域社会互动的结果，而不能纠结于界之变与不变。

胡英泽对黄河小北干流摆动造成山、陕界争的研究，同样提供了“界”之固定和界限变动之后重新确立疆界之案例。其称：若要保持地权

---

① （清）白鉴如：《豆口里勘山纪略》，光绪《潞城县志》卷4《杂述》。

② 雍正《泽州府志》卷9《晋豫界域》。

③ （清）蒋兆奎：《河东盐法备览》卷6《行销》，乾隆五十五年刻本。

固定不变，就需要一个清晰的边界，黄河河道移动不定，“显然不具有固定界线的品质，所以就只能以筑墙植树，挖筑壕埂，埋立界石所形成的人为界线限别秦晋。……然而这实质上造成了自然河界与人为边界并存的局面，而河界原来充当着秦晋两省的边界线，具有自然界线、心理界线等多重性质。当区划界线从中抽离转移至人为设立的界墙后，其自然、心理界线的作用并未消失，由于秦、晋长期以河为界，故而以河为界所隐含的心理界线在秦、晋观念的形成与保持中发挥着重要作用，而且以河为界避免了‘隔河找地’的跨界行动……一旦跨界行动实现，必定会给对方造成界线推移的‘侵界’心理压迫感觉，这样秦、晋以地为界，虽避免了河道变迁所导致的界的困境，但又陷入了双重界线形成的跨界困境”。[①] 康熙五十三年（1714）、雍正七年（1729）两次划界，基本确立山陕边界，此后界争以此为准。两省疆界是以明代的旧河道中间线作为分界线。固有之界在约束着民众生活、心理，甚至成为后世划界的标准，“它实质上采用了山、陕之间历史形成的、较稳定的、以河为界的习惯边界线，表明了地方传统的稳定性”。

界的固定性，约束着交界各方行政管理的权限范围。“边界既可正式作为地方政府单元的权力象征，又可非正式作为国家领土范围之内政府向全体选民或特定地区和种族群体实施倾斜政策的依据。”[②] 于是，在行政管理、盗贼防护上，界的存在造成交界各方彼此推诿、各分畛域，交界地区成为盗贼活跃的地区。嘉庆十八年（1813），天理教起义于河南滑县，波及直豫晋鲁交界地区，起义失败后，嘉庆帝谕河南巡抚方受畴继续搜查余党，谕曰：“如直隶、山东、河南、山西等省交界地方各州县，往往以分境管辖，遇有查缉事件，彼此互相推诿，俗名谓之‘三不管’。似此犬牙相错之处，最易藏奸。著该督抚严饬各府县并行知各提镇，务于此等处所加倍留心。”[③]

其次，界的固定性最终产生地域互动，从而导致了所谓的“界与区

---

① 胡英泽：《河道变动与界的表达——以清代至民国的山、陕滩案为中心》，《中国社会历史评论》第7卷，2006年，第213—214页。

② ［英］R. J. 约翰斯顿主编：《人文地理学词典》，柴彦威等译，商务印书馆2004年版，第44页。

③ （清）方受畴：《抚豫奏稿》，全国图书馆文献缩微复制中心2005年版，第453—457页。

域之模糊”和种种扰动区域界限之举。

交界地区地域互动的出现恰好表明了界之固有存在。从民众日常生活、行政管理来说，政区界限对于地方民众生活、州县行政管理等方面之影响极为深远。不同政区内人群可以在水灾调适中各自为政，以邻为壑；地方官员行政管理中此疆彼界也极为明晰，州县官员各子其子，各亲其民的现象大量出现。

地域互动因界与区域之存在而产生，却又扰动着区域之界。例如，交界地区文化力量可以打破自然地理界限，出现文化区域与行政区域、自然地理区域不一致的情况，这种打破是交界各方地域互动的结果，是交界各方人群活动的结果。然而文化因子的扩散并没有否定各方彼此之界，只是以交界一方与另一方建立一种互动联系的形式出现，是在承认文化之界（如济水在济源）的基础上交界一方建立文化地缘关系，以更好地共享文化。另外，当因经济行为（如交界地区山地开发等）造成界限模糊时，即使会出现短期的“混乱”情形，但最终仍会定立疆界，以界来塑造交界各方经济开发的权力空间范围，于是界又成为约束地域互动的重要力量。

区域与界是研究者关注问题的概念工具而非终极目标，我们更要强调区、界内外活生生的人群及其活动，和这些活动对于区域、界之塑造、扰动的“事实”。由于各地差异的存在，我们自不能以己之研究代替他人所论，不过以本书研究来看，界是个固定的存在，它深刻地塑造、影响着交界各方民众的生活。民众“对边界的概念要比许多政府官员和文人们要清晰得多，口耳相传，世代都记得哪些地方属于哪个辖区，哪些人属于哪个辖区，以及风俗习惯等方面的种种差异”。[①] 而界之固定性，也导致地域互动的出现，地域互动中合作、冲突的出现又反证界之固有性和不可逾越。我国今日省区交界地带同样因政区界限畛域太深，“利益主体众多，利益取向各异，行政分割严重，地方政府各自为政，地区间的利益冲突和摩擦不断增加”，造成交界地区成为市场壁垒众多，经济发展水平低下的边缘地区。而解决这个问题的关键就在于“通过制度创新，

---

① 冯贤亮：《明清中国地方政府的疆界管理——以苏南、浙西地域社会的讨论为中心》，《历史地理》第21辑，上海人民出版社2006年版，第107页。

建立一种互惠互利、优势互补、相互协作、共同发展的协调机制，以此来谋求区域经济的协调发展。”①

总之，区域、界并非一个如学者所说的变动不居和模糊的概念，在传统社会界的固有性不能含糊，交界各方恪守着此疆彼界，从而造就了界与区域之封闭性。交界之处又是个活跃地带，“问题”多发的地方，各方互动交流的地方，界并不能限制。于是交界地区产生了动乱防护、水利开发、灾害调适、交通管理、文化扩散中的诸多互动行为，交界地区界之“封闭性”因地域互动而解体。经济学家对于多省交界地区之行政区边缘经济特点也归纳说：“行政区之间的边界影响着不同地域的空间联系和地域空间的人文差异性，由此产生了边界效应。省区交界地带的边界效应主要有两种：屏障效应与中介效应。屏障效应是指成为阻碍空间相互作用的边界效应，由于省区交界地带的自然地理人文要素（比如行政阻隔等）障碍，使省区交界地带成为经济发展与交流的低谷地带；中介效应是指具有彼此接触和交流的空间效应，就是由于省区之间的界限是一条人为的界限，界限两侧往往具有山同脉、水同源、人同种、话同语等有利条件，可以促进边界两侧的空间互动作用。因此，在常态下，交界地带应该是两个行政区之间接触和交往最频繁的地带。中介效应与屏障效应是可以转化的。”②

因此，地域互动导致界被打破，但地域互动又反证界之固定，这似乎构成一个相反相成的悖论，实则我们应关注区、界内外社会、人群的地域互动而不应纠结于区域、界是变与不变，过分强调区域、界之变动不居。

---

① 刘春：《跨省区交界地带协调机制构建探讨》，《特区经济》2007 年 3 月，第 169 页。

② 安树伟等：《省级“行政区边缘经济”与统筹区域协调发展》，《重庆工商大学学报》（西部论坛）2005 年第 6 期，第 53 页。

参考文献

一　正史、政书

（汉）司马迁：《史记》，中华书局 1959 年版。

（汉）班固：《汉书》，中华书局 1962 年版。

（宋）范晔：《后汉书》，中华书局 1965 年版。

（晋）陈寿：《三国志》，中华书局 1982 年版。

（唐）魏征等：《隋书》，中华书局 1973 年版。

（后晋）刘昫：《旧唐书》，中华书局 1975 年版。

（宋）薛居正：《旧五代史》，中华书局 1976 年版。

（宋）欧阳修：《新五代史》，中华书局 1974 年版。

（宋）欧阳修：《新唐书》，中华书局 1975 年版。

（元）脱脱等：《宋史》，中华书局 1977 年版。

（元）脱脱等：《金史》，中华书局 1975 年版。

（明）宋濂等：《元史》，中华书局 1976 年版。

（清）张廷玉等：《明史》，中华书局 1974 年版。

赵尔巽：《清史稿》，中华书局 1977 年版。

（唐）杜佑：《通典》，浙江古籍出版社 2000 年版。

（明）李东阳等：《大明会典》，广陵书社 2007 年版。

《大明律》，怀效锋点校，法律出版社 1999 年版。

（明）徐学聚编撰：《国朝典汇》，书目文献出版社 1996 年版。

（明）杨宏、谢纯撰：《漕运通志》，明嘉靖七年刻本。

（清）杨锡绂编撰：《漕运则例纂》，乾隆三十五年刻本。

（清）昆岗等编：《钦定大清会典事例》，文海出版社 1988 年版。

（清）刘锦藻编：《清朝续文献通考》，上海古籍出版社 2000 年版。
（清）蒋兆奎撰：《河东盐法备览》，乾隆五十五年刻本。
（清）苏昌臣辑：《河东盐政汇纂》，续修四库全书史部政书类。

二 地方志、水利志、水道书

（唐）李吉甫：《元和郡县图志》，贺次君点校，中华书局 1983 年版。
（唐）李泰：《括地志辑校》，贺次君辑校，中华书局 1980 年版。
（宋）乐史：《太平寰宇记》，王文楚点校，中华书局 2007 年版。
（明）李贤：《大明一统志》，三秦出版社 1990 年版。
（清）穆章阿、潘锡恩等纂修：嘉庆《重修大清一统志》，上海古籍出版社 2008 年版。
（清）于成龙修，郭棻等纂：康熙《畿辅通志》，康熙二十二年刻本。
（清）唐执玉等修，陈仪等纂：雍正《畿辅通志》，影印文渊阁四库全书本。
（清）黄可润：《畿辅见闻录》，乾隆十九年刻本。
（清）李鸿章等修，黄彭年等纂：光绪《畿辅通志》，续修四库全书本。
（清）纪克家：《河北地理杂抄》，国家图书馆藏《乡土志抄稿本选编》第 1 册，线装书局 2007 年版。
（清）佚名编绘：《畿辅舆地全图》，同治十一年官刻套印本。
（清）佚名辑：《直隶山东风土记》，清末抄本。
（清）顾炎武：《天下郡国利病书》，四库全书存目丛书本。
（清）顾炎武：《肇域志》，上海古籍出版社 2004 年版。
（清）顾祖禹：《读史方舆纪要》，贺次君等点校，中华书局 2006 年版。
（明）李侃修，胡谧纂：成化《山西通志》，四库全书存目丛书本。
（清）穆尔赛等修，刘梅等纂：康熙《山西通志》，康熙二十一年刻本。
（清）觉罗石麟修，储大文纂：雍正《山西通志》，影印文渊阁四库全书本。
（清）曾国荃等修，王轩等纂：光绪《山西通志》，续修四库全书本。
（清）贾汉复修，沈荃纂：顺治《河南通志》，顺治十七年刻本。
（清）顾汧修，张沐纂：康熙《河南通志》，康熙三十四年刻本。
（清）田文镜等修，孙灏等纂：雍正《河南通志》，影印文渊阁四库全书本。
（清）阿思哈、嵩贵纂修：乾隆《续河南通志》，乾隆三十二年刻本。
（清）岳浚等修，杜诏等纂：雍正《山东通志》，影印文渊阁四库全书本。
（明）石禄修，唐锦纂：正德《大名府志》，天一阁藏明代方志选刊。
（明）翁相修，陈棐纂：嘉靖《广平府志》，天一阁藏明代方志选刊。
（清）吴谷纂修：乾隆《广平府志》，乾隆十年刻本。
（清）夏诒钰等纂修：光绪《永年县志》，光绪三年刊本。
（清）徐景曾纂修：乾隆《顺德府志》，乾隆十五年刻本。
（清）刘燕雯修，李岷纂：乾隆《邢台县志》，乾隆六年刻本。
（清）戚朝卿等纂修：光绪《邢台县志》，光绪三十一年刊本。
张栋修，薛椿龄纂：民国《邢台县志》，民国三十二年铅印本。
（清）章兆惠修，周矫纂：康熙《南和县志》，康熙六年刻本。
（清）周章焕等纂修：乾隆《南和县志》，乾隆十四年抄本。
（清）季芷修，谢元震纂：康熙《任县志》，康熙十二年刻本。
王亿年修，刘书旗纂：民国《任县志》，民国四年铅印本。
林清扬修，王延升纂：民国《沙河县志》，民国二十九年铅印本。
（清）卢士杰纂修：康熙《清河县志》，康熙十七年刻本。
（清）王镛修，郭兆藩等纂：同治《清河县志》，同治十一年刻本。
张福谦修，赵鼎铭纂：民国《清河县志》，民国二十三年铅印本。
（明）周文龙修，孙绍等纂：嘉靖《磁州志》，天一阁藏明代方志选刊续编。
（明）赵范修，诸矫纂：万历《重修磁州志》，万历九年刻本。
（清）蒋擢修，乐玉声纂：康熙《磁州志》，康熙四十二年刻本。
黄希文等纂修：民国《磁县志》，民国三十年铅印本。
（明）崔铣纂修：嘉靖《彰德府志》，天一阁藏明代方志选刊。
（明）常存仁修，郭朴纂：万历《彰德府续志》，万历九年刻本。
（清）宋可发修，吴之谟纂：顺治《彰德府续志》，清顺治十六年抄本。
（清）汤传楷纂修：康熙《彰德府志》，康熙三十五年刻本。
（清）黄邦宁修，景鸿宾等纂：乾隆《彰德府志》，乾隆三十五年刻本。
（清）卢崧修，江大键等纂：乾隆《彰德府志》，乾隆五十二年刻本。
（清）马国桢修，唐凤翺纂：康熙《安阳县志》，康熙三十二年刻本。

（清）陈锡辂修，朱煌纂：乾隆《安阳县志》，乾隆三年刊本。
（清）赵希璜修，武亿纂：嘉庆《安阳县志》，嘉庆四年刊本。
（清）贵泰修，武穆淳纂：嘉庆《安阳县志》，嘉庆二十四年刊本。
方策等修，裴希度等纂：民国《续安阳县志》，民国二十二年铅印本。
（明）景芳纂修：正德《临漳县志》，天一阁藏明代地方志选刊续编。
（清）骆文光纂修：同治《临漳县志略备考》，同治十三年刻本。
（清）周秉彝修，周寿梓等纂：光绪《临漳县志》，光绪三十年刻本。
（清）蒋光祖修，夏兆丰纂：乾隆《武安县志》，乾隆四年刊本。
（清）戚学标纂修：嘉庆《涉县志》，嘉庆四年刊本。
（清）杨世逵纂修：乾隆《汤阴县志》，乾隆三年刊本。
（清）徐岱等修，万兆龙纂：康熙《林县志》，康熙三十三年刻本。
（清）杨潮观纂修：乾隆《林县志》，乾隆十七年刊本。
王泽溥等修，李见荃纂：民国《林县志》，民国二十一年石印本。
赵九成纂：《林县小志》，《禹贡》半月刊第6卷第10期，民国二十五年。
（清）董庆恩等修，陈熙春纂：光绪《内黄县志》，光绪十八年刻本。
（清）程启朱等修，苏文枢等纂：顺治《卫辉府志》，顺治十六年刻本。
（清）胡蔚先修，李芳辰纂：康熙《卫辉府志》，康熙三十四年刻本。
（清）德昌修，徐郎斋纂：乾隆《卫辉府志》，乾隆五十三年刻本。
（清）佟国瑞等修，李中节纂：康熙《汲县志》，康熙三十四年刻本。
（明）张天真纂修：嘉靖《辉县志》，天一阁藏明代方志选刊续编。
（清）周际华修，戴铭纂：道光《辉县志》，道光十五年刻本。
（清）熊向阶修，武穆淳纂：嘉庆《浚县志》，嘉庆七年刻本。
（清）赵开元修，畅俊纂：乾隆《新乡县志》，乾隆十二年刻本。
张文清修，田春同纂：民国《考城县志》，民国十三年铅印本。
（清）吴乔龄修，李楝纂：乾隆《获嘉县志》，乾隆二十一年刻本。
邹古愚修，邹鹄纂：民国《获嘉县志》，民国二十四年铅印本。
姚家望修，黄荫柟纂：民国《封丘县续志》，民国二十六年铅印本。
马子宽修，王蒲园纂：民国《重修滑县志》，民国二十一年铅印本。
（清）彭清典修，萧家芝纂：顺治《怀庆府志》，顺治十七年刻本。
（清）刘维世修，萧瑞苞等纂：康熙《怀庆府志》，康熙三十四年刻本。
（清）唐侍阶等修，洪亮吉纂：乾隆《怀庆府志》，乾隆五十四年刻本。

（清）袁通修，方履荐等纂：道光《河内县志》，道光五年刻本。
（清）仇汝瑚修，冯敏昌纂：乾隆《孟县志》，乾隆五十五年刻本。
阮藩侪修，宋立梧等纂：民国《孟县志》，民国二十二年铅印本。
（清）冯继照修，金皋等纂：道光《修武县志》，道光十九年刻本。
萧国桢等修，焦封桐等纂：民国《修武县志》，民国二十年铅印本。
（清）王荣阶修，方履荐纂：道光《武陟县志》，道光九年刻本。
史延寿修，王士杰纂：民国《续武陟县志》，民国二十年刊本。
（清）王其华修，苗于京纂：乾隆《温县志》，乾隆二十四年刻本。
（清）萧应植修，沈樗庄纂：乾隆《济源县志》，乾隆二十六年刻本。
（清）朱樟修，田嘉谷纂：雍正《泽州府志》，雍正十三年刻本。
（清）张贻管修，郭维恒等纂：光绪《凤台县志》，光绪八年刻本。
（清）范绳祖修，庞太朴纂：顺治《高平县志》，顺治十五年刻本。
（清）龙汝霖纂修：同治《高平县志》，同治六年刻本。
（清）程德炯纂修：乾隆《陵川县志》，乾隆四十四年刻本。
（清）库增银修，杨谦纂：光绪《陵川县志》，光绪八年刻本。
（清）赖昌期修，谭沄等纂：同治《阳城县志》，同治十三年刻本。
（清）沈继焱修，杨念先纂：《阳城县乡土志》，民国二十四年铅印本。
（清）张淑渠等修，姚学甲等纂：乾隆《潞安府志》，乾隆三十五年刻本。
（清）吴九龄修，蔡履豫纂：乾隆《长治县志》，乾隆二十八年刻本。
（清）李桢修，杨笃纂：光绪《长治县志》，光绪二十年刻本。
（清）杜之昂修，路跻垣纂：康熙《平顺县志》，康熙三十二年刻本。
（清）张士浩修，申伯纂：康熙《潞城县志》，康熙四十五年刻本。
（清）崔晓然等修，杨笃纂：光绪《潞城县志》，光绪十年刻本。
（清）茹金、申瑶等纂修：道光《壶关县志》，道光十四年刻本。
任耀先修，乔本情等纂：民国《浮山县志》，民国二十四年铅印本。
（明）刘鲁生修，李廷宾纂：嘉靖《曲沃县志》，天一阁藏明代方志选刊续编。
（清）张鸿达等修，韩子泰纂：光绪《续修曲沃县志》，光绪六年刻本。
胡宗虞修，吴命新等纂：民国《临县志》，民国六年铅印本。
（清）胡德琳等修，周永年等纂：乾隆《东昌府志》，乾隆四十二年刻本。
（清）于睿明修，胡悉宁纂：康熙《临清州志》，康熙十二年刻本。

（清）张度等修，朱钟等纂：乾隆《临清直隶州志》，乾隆五十年刻本。
张自清修，张树梅等纂：民国《临清县志》，民国二十三年铅印本。
（明）尤麒修，陈露纂：嘉靖《武城县志》，天一阁藏明代方志选刊。
（清）厉秀芳纂修：道光《武城县志续编》，道光二十一年刻本。
（清）萨承钰修，苏再熏纂：光绪《武城乡土志略》，光绪二十六年抄本。
王廷纶修，王畾铭纂：民国《增订武城县志续编》，民国元年刻本。
薛儒华修，赵又杨纂：民国《丘县志》，民国二十三年铅印本。
（北魏）郦道元著，杨守敬、熊会珍疏：《水经注疏》，江苏古籍出版社1989年版。
（清）傅泽洪：《行水金鉴》，雍正三年刻本。
（清）崔述：《大名县水道考》，《中国水利志丛刊》，广陵书社2006年版。
（清）王凤生：《河北采风录》，《中国水利志丛刊》，广陵书社2006年版。
（清）唐鉴：《畿辅水利备览》，道光十九年刻本。
（清）王履泰编：《畿辅安澜志》，续修四库全书本。
（清）潘锡恩编：《畿辅水利四案》，道光三年刻本。
（清）赵一清撰，戴震删定：《直隶河渠书》，学生书局2007年版。
（清）林则徐：《畿辅水利议》，光绪二年刻本。
（清）吴邦庆辑，许道龄校：《畿辅河道水利丛书》，农业出版社1964年版。

三　笔记、文集、奏疏、类书、丛书

（宋）李昉：《太平广记》，中华书局1990年版。
（宋）楼钥：《攻媿集》，《四部丛刊初编》，影印武英殿聚珍本。
（金）李俊民：《庄靖集》，上海古籍出版社1987年版。
（宋）沈括：《梦溪笔谈》，上海书店出版社1986年版。
（元）周伯琦：《近光集》，康熙三十三年刻本。
（明）孟思：《孟龙川文集》，万历十七年刻本。
（明）李舜臣：《愚谷集》，影印文渊阁四库全书本。
（明）杨一清：《杨一清集》，中华书局2001年版。
（明）杨博：《本兵疏议》，万历十四年刻本。
（明）郎瑛：《七修类稿》，上海书店出版社2001年版。

（明）崔铣：《崔氏洹词》，嘉靖三十三年刻本。
（清）毛奇龄：《后鉴录》，上海古籍出版社 1996 年版。
（明）徐贞明：《潞水客谈》，续修四库全书本。
（明）何瑭：《何瑭集》，王永宽点校，中州古籍出版社 1999 年版。
（明）谢肇淛：《五杂组》，上海古籍出版社 2001 年版。
（明）王士性：《广志绎》，中华书局 1981 年版。
（明）徐光启：《农政全书》，石声汉校注，上海古籍出版社 1979 年版。
（明）沈德符：《万历野获编》，中华书局 1959 年版。
（明）桂萼：《文襄公奏议》，四库全书存目丛书本。
（明）桂萼：《广舆图叙》，四库全书存目丛书本。
（明）夏言：《桂洲先生奏议》，四库全书存目丛书本。
（明）夏言：《夏桂洲先生文集》，四库全书存目丛书本。
（明）焦竑：《国朝献征录》，学生书局 1965 年版。
（明）叶盛：《水东日记》，中华书局 2007 年版。
（明）丘浚：《大学衍义补》，京华出版社 1999 年版。
（清）尹会一：《健余先生文集》，清畿辅丛书本。
（清）蒋攸铦：《黔轺纪行集》，道光三十年刻本。
（清）田文镜：《抚豫宣化录》，中州古籍出版社 1995 年版。
（清）田文镜：《抚豫总制宣化录》，全国图书馆文献缩微复制中心 2005 年版。
（清）朱云锦：《豫乘识小录》，同治十二年刻本。
（明）章潢：《图书编》，成文出版社 1971 年版。
（清）蒋廷锡等：《古今图书集成》，中华书局 1986 年版。
（清）王宗义编：《明文海》，中华书局 1987 年版。
（清）甘厚慈辑：《北洋公牍类纂》，文海出版社 1966 年版。
（明）陈子龙等编：《明经世文编》，中华书局 1962 年版。
（清）贺长龄等编：《清经世文编》，中华书局 1992 年版。
（清）盛康等编：《皇朝经世文续编》，光绪二十四年上海书局石印本。
（清）顾炎武：《日知录》，黄汝成集释，上海古籍出版社 1985 年版。
［日］竹添进一郎：《栈云峡雨日记》，张明杰整理，中华书局 2007 年版。
（清）钱鼎铭：《钱敏肃公奏疏》，沈云龙主编：《近代中国史料丛刊》第

1辑，成文有限公司1968年版。
张书才主编：《雍正朝汉文朱批奏折汇编》，江苏古籍出版社1990年版。
（清）方受畴：《抚豫奏稿》，全国图书馆文献缩微复制中心2005年版。
山西省文献委员会编辑：《山右丛书初编》，山西人民出版社1986年版。

四　碑刻、档案、实录、调查报告、报刊

（清）王昶撰：《金石萃编》，续修四库全书本。
（清）杨兰阶，田九德撰：《阳城县金石记》，民国二十五年铅印本。
陈垣编纂：《道家金石略》，文物出版社1988年版。
张正明、科大卫主编：《明清山西碑刻资料选》，山西人民出版社2005年版。
张正明、科大卫、王勇红主编：《明清山西碑刻资料选（续一）》，山西古籍出版社2007年版。
张正明、科大卫、王勇红主编：《明清山西碑刻资料选（续二）》，山西经济出版社2009年版。
范天平编注：《豫西水碑钩沉》，陕西人民出版社2001年版。
晋城市地方志丛书编委会：《晋城金石志》，海潮出版社1995年版。
王树新主编：《高平金石志》，中华书局2004年版。
（清）胡聘之编：《山右石刻丛编》，山西人民出版社1988年影印本。
左慧元编：《黄河金石录》，黄河水利出版社1999年版。
水利电力科学研究院编：《清代黄河流域洪涝档案史料》，中华书局1993年版。
水利水电科学研究院编：《清代海河滦河洪涝档案史料》，中华书局1981年版。
《明实录》，上海书店出版社1984年版。
《清实录》，中华书局1987年影印本。
山西史志研究院编：《清实录山西资料汇编》，山西古籍出版社1996年版。
河北省旱涝预报课题组：《海河流域历代自然灾害史料》，气象出版社1985年版。
中国农村惯行调查刊行会编：《中国农村惯行调查》第6卷，岩波书店

1981 年版。
《河北省邢台县地方实际情况调查报告》，《冀察调查统计丛刊》1937 年第 2 卷第 4 期。
《河北省南和县地方实际情况调查报告》，《冀察调查统计丛刊》1937 年第 2 卷第 5 期。
《河北省政府公报》1928 年第 121 期。
《河北省政府公报》1929 年第 175 期。

五　国内著作

丁文江、翁文灏、曾世英编纂：《中国分省新图》，申报馆 1934 年第 2 版。
岑仲勉：《黄河变迁史》，人民出版社 1957 年版。
王毓铨：《明代的军屯》，中华书局 1965 年版。
谭其骧主编：《中国历史地图集》，中国地图出版社 1982 年版。
王毓铨：《莱芜集》，中华书局 1983 年版。
邓绶林等编著：《河北地理概要》，河北人民出版社 1984 年版。
谭其骧：《长水集》，人民出版社 1987 年版。
周振鹤：《西汉政区地理》，人民出版社 1987 年版。
史念海：《河山集·三集》，人民出版社 1988 年版。
中国人民政治协商会议河南省安阳县文史资料研究委员会编：《安阳县文史资料》第 1 辑，1988 年。
安阳市交通志编纂委员会编：《安阳市交通志》，人民交通出版社 1990 年版。
牛平汉主编：《清代政区沿革综表》，中国地图出版社 1990 年版。
郭焕成主编：《黄淮海地区乡村地理》，河北科学技术出版社 1991 年版。
清河县水利志编写组：《清河县水利志》，河北科学技术出版社 1991 年版。
张仲礼：《中国绅士——关于其在 19 世纪中国社会中作用的研究》，上海社会科学院出版社 1991 年版。
任美锷主编：《中国自然地理纲要》，商务印书馆 1992 年版。
叶显恩主编：《清代区域社会经济研究》，中华书局 1992 年版。
郑肇经：《中国水利史》，商务印书馆 1998 年影印本。

张汝翼主编：《沁河广利渠工程史略》，河海大学出版社1993年版。
河北省清河县地方志编纂委员会编：《清河县志》，中国城市出版社1993年版。
侯仁之：《历史地理学四论》，中国科学技术出版社1994年版。
杨正泰：《明代驿站考》，上海古籍出版社1994年版。
从翰香主编：《近代冀鲁豫乡村》，中国社会科学出版社1995年版。
侯甬坚：《区域历史地理的空间发展过程》，陕西人民教育出版社1995年版。
王文楚：《古代交通地理丛考》，中华书局1996年版。
邹逸麟主编：《黄淮海平原历史地理》，安徽教育出版社1997年版。
周振鹤、游汝杰：《方言与中国文化》，上海人民出版社1997年版。
牛平汉编著：《明代政区沿革综表》，中国地图出版社1997年版。
曹树基：《中国移民史》第5卷《明代卷》，福建人民出版社1997年版。
刘志伟：《在国家与社会之间——明清广东里甲赋役制度研究》，中山大学出版社1997年版。
王铭铭、王斯福编：《乡土社会的秩序、公正与权威》，中国政法大学出版社1997年版。
乔志强主编：《近代华北农村社会变迁》，人民出版社1998年版。
邓拓：《中国救荒史》，北京出版社1998年版。
李心纯：《黄河流域与绿色文明：明代山西河北的农业生态环境》，人民出版社1999年版。
山西省地图集编撰委员会：《山西省历史地图集》，中国地图出版社2000年版。
靳尔刚、苏华：《职方边地——中国勘界报告书》，商务印书馆2000年版。
夏明方：《民国时期自然灾害与乡村社会》，中华书局2000年版。
史念海：《黄土高原历史地理研究》，黄河水利出版社2001年版。
施添福：《清代台湾的地域社会——竹堑地区的历史地理研究》，新竹县文化局2001年版。
冯贤亮：《明清江南地区的环境变动与社会控制》，上海人民出版社2002年版。

冯俊杰:《戏剧与考古》，文化艺术出版社 2002 年版。

唐立宗:《在盗区与政区之间——明代闽粤湘赣交界的秩序变动与地方行政演化》，“国立”台湾大学文史丛刊 2002 年。

朱力等:《社会学原理》，社会科学文献出版社 2003 年版。

瞿同祖:《清代地方政府》，范忠信等译，法律出版社 2003 年版。

杨念群、黄兴涛、毛丹主编:《新史学——多学科对话的图景》，中国人民大学出版社 2003 年版。

常建华:《社会生活的历史学：中国社会史研究新探》，北京师范大学出版社 2004 年版。

安树伟:《行政区边缘经济论》，中国经济出版社 2004 年版。

周尚意等编著:《文化地理学》，高等教育出版社 2004 年版。

刘文鹏:《清代驿传及其与疆域形成关系之研究》，中国人民大学出版社 2004 年版。

张晓虹:《文化区域的分异与整合：陕西历史文化地理研究》，上海书店出版社 2004 年版。

唐力行主编:《国家、地方、民众的互动与社会变迁》，商务印书馆 2004 年版。

周振鹤:《中国地方行政制度史》，上海人民出版社 2005 年版。

行龙、杨念群主编:《区域社会史比较研究》，社会科学文献出版社 2006 年版。

黄志繁:《贼民之间：12—18 世纪赣南地域社会》，生活 · 读书 · 新知三联书店 2006 年版。

唐力行等:《苏州与徽州——16—20 世纪两地互动与社会变迁的比较研究》，商务印书馆 2007 年版。

杜正贞:《村社传统与明清士绅：山西泽州乡土社会的制度变迁》，上海辞书出版社 2007 年版。

刘影:《皇权旁的山西：集权政治与地域文化》，新星出版社 2007 年版。

郭红:《中国行政区划通史 · 明代卷》，复旦大学出版社 2007 年版。

沈大明:《〈大清律例〉与清代的社会控制》，上海人民出版社 2007 年版。

顾朝林等编著:《人文地理学流派》，高等教育出版社 2008 年版。

尹玲玲:《明清两湖平原的环境变迁与社会应对》，上海人民出版社 2008

年版。
李令福：《关中水利开发与环境》，人民出版社2004年版。
王建革：《传统社会末期华北的生态与社会》，生活·读书·新知三联书店2009年版。
张艳芳：《明代交通设施管理研究》，天津人民出版社2009年版。
徐建平：《政治地理视角下的省界变迁——以民国时期安徽省为例》，上海人民出版社2009年版。
李留文：《地方精英与地域文化变迁研究（13—19世纪）——以济源为例》，郑州大学出版社2016年版。

六　国外著作

Hsiao Kung-chuan, *Rural China: Imperial control in the Nineteenth Century*, University of Washington Press, Seattle, 1960.
[日] 旗田巍：《中国村落和共同体理论》，岩波书店1973年版。
[美] 冀朝鼎：《中国历史上的基本经济区与水利事业的发展》，朱诗鳌译，中国社会科学出版社1981年版。
[美] 庞德：《通过法律的社会控制》，商务印书馆1984年版。
[美] 埃弗里特·M. 罗吉斯等：《乡村社会变迁》，浙江人民出版社1988年版。
[美] 爱德华·A. 罗斯：《社会控制》，秦志勇等译，华夏出版社1989年版。
Terry G. Jordan, *The Human Mosaic—A Thematic Introduction to Cultural Geography*, Harper & Row. 1990.
[美] 施坚雅：《中国封建社会晚期城市研究——施坚雅模式》，王旭等译，吉林教育出版社1991年版。
[美] 黄宗智：《长江三角洲小农家庭与农村发展》，中华书局1992年版。
[美] 杜赞奇：《文化、权力与国家——1900—1942年的华北农村》，王福明译，江苏人民出版社1994年版。
[法] 费尔南·布罗代尔：《菲利普二世时代的地中海和地中海世界》，商务印书馆1996年版。
[英] 大卫·哈维：《地理学中的解释》，高泳源、刘立华、蔡运龙译，商

务印书馆 1996 年版。

[美] 理查德·哈特向:《地理学的性质——当前地理学思想述评》，叶光庭译，商务印书馆 1996 年版。

[法] 埃马纽埃尔·勒华拉杜里:《蒙塔尤——1294—1324 奥克西坦尼的一个山村》，许明龙、马胜利译，商务印书馆 1997 年版。

[美] 施坚雅:《中国农村的市场和社会结构》，中国社会科学出版社 1998 年版。

[英] 安东尼·吉登斯:《社会的构成》，三联书店 1998 年版。

[美] 韩森（Valerie Hansen）:《变迁之神：南宋时期的民间信仰》，包伟民译，浙江人民出版社 1999 年版。

[英] R. J. 约翰斯顿:《地理学与地理学家——1945 年以来的英美人文地理学》，唐晓峰等译，商务印书馆 1999 年版。

[美] 克利福德·吉尔茨（Clifford Geertz）:《文化的解释》，韩莉译，译林出版社 1999 年版。

[美] 马若孟:《中国农民经济——河北和山东的农民发展（1890—1949）》，史建云译，江苏人民出版社 1999 年版。

[美] 黄宗智:《华北的小农经济与社会变迁》，中华书局 2000 年版。

[英] R. J. 约翰斯顿:《哲学与人文地理学》，蔡运龙、江涛译，商务印书馆 2000 年版。

[英] 彼得·伯克:《历史学与社会理论》，姚朋、周玉鹏等译，上海人民出版社 2001 年版。

[日] 内山雅生:《二十世纪华北农村社会经济研究》，李恩民、邢丽荃译，中国社会科学出版社 2001 年版。

[美] 弗里曼、毕克伟、赛尔登:《中国乡村，社会主义国家》，陶鹤山译，社会科学文献出版社 2002 年版。

美国国家研究院地学、环境与资源委员会地球科学与资源局重新发现地理学委员会编:《重新发现地理学与科学和社会的新关联》，学苑出版社 2002 年版。

[法] 莫里斯·哈布瓦赫:《论集体记忆》，上海人民出版社 2002 年版。

[英] 安东尼·吉登斯:《社会学》（第四版），赵旭东等译，北京大学出版社 2003 年版。

［英］R. J. 约翰斯顿主编：《人文地理学词典》，柴彦威等译，柴彦威、唐晓峰校，商务印书馆 2004 年版。

［美］克利福德·吉尔兹：《地方性知识——阐释人类学论文集》，王海龙、张家瑄译，中央编译出版社 2004 年版。

［美］何炳棣：《读史阅世六十年》，广西师范大学出版社 2005 年版。

［美］黄仁宇：《明代的漕运》，张皓、张升译，新星出版社 2005 年版。

［美］彭慕兰：《腹地的构建：华北内地的国家、社会和经济（1853—1937）》，马俊亚译，社会科学文献出版社 2005 年版。

［美］明恩溥：《中国乡村生活》，陈午晴、唐军译，中华书局 2006 年版。

［法］保罗·克拉瓦尔（Paul Claval）：《地理学思想史》，郑胜华等译，北京大学出版社 2007 年版。

［美］裴宜理：《华北的叛乱者与革命者（1845—1945）》，池子华、刘平译，商务印书馆 2007 年版。

［美］苏珊·汉森编：《改变世界的十大地理思想》，商务印书馆 2009 年版。

［美］马丁·因尼斯：《解读社会控制——越轨行为、犯罪与社会秩序》，陈天本译，中国人民公安大学出版社 2009 年版。

七　论文

孙敬之：《冀南地区经济地理》，《地理学报》第 20 卷第 2 期 1954 年 6 月。

高敏：《天理教起义于河南滑县一带的原因》，《历史教学》1963 年第 3 期。

高敏：《古代豫北的水稻生产问题》，《郑州大学学》1964 年第 2 期。

钮仲勋：《豫北沁河水利灌溉的历史研究》，《史学月刊》1965 年第 8 期。

严耕望：《北朝隋唐滏口壶关道考》，《“中央”研究院历史语言研究所集刊》，第 51 本第 1 分，1980 年。

钮仲勋、孙仲明：《豫北沁河下游的历史变迁》，《史学月刊》1981 年第 5 期。

钮仲勋：《百泉水利的历史研究——兼论卫河的水源》，《历史地理》创刊号，上海人民出版社 1981 年版。

邹逸麟：《历史时期黄河流域水稻生产的地域分布和环境制约》，《复旦学报》（社会科学版）1985 年第 3 期。
谭其骧：《浙江各地区的开发过程与省界、地区界的形成》，《历史地理研究》第 1 辑，复旦大学出版社 1986 年版。
赵永复：《明代地方行政制度考述》，《历史地理研究》第 2 辑，复旦大学出版社 1990 年版。
陈铮：《清代前期河南农业生产述略》，《史学月刊》1990 年第 2 期。
王兴亚：《明代河南怀庆府粮重考实》，《河南师范大学学报》（哲学社会科学版）1992 年第 4 期。
李辅斌：《清代直隶地区的水患和治理》，《中国农史》1994 年第 4 期。
张芳：《明清时期海河流域的农田水利》，《中国历史论丛》1995 年第 4 期。
周宝珠：《千仓渠科条碑记与宋代农田水法》，《历史研究》1995 年第 6 期。
赵冈：《生态变迁的统计分析》，《中国农史》1994 年第 4 期。
侯甬坚：《魏蜀间分界线的地理学考察》，《历史地理》第 12 辑，上海人民出版社 1995 年版。
邹逸麟：《明清流民与川陕鄂豫交界地区的环境问题》，《复旦学报》（社会科学版）1998 年第 4 期。
王建革：《清代华北平原河流泛决对土壤环境的影响》，《历史地理》第 15 辑，上海人民出版社 1999 年版。
萧正洪：《历史时期关中地区农田灌溉中的水权问题》，《中国经济史研究》1999 年第 1 期。
王建革：《华北平原内聚型村落形成中的地理与社会影响因素》，《历史地理》第 16 辑，上海人民出版社 2000 年版。
王建革：《河北平原水利与社会分析（1368—1949）》，《中国农史》2000 年第 2 期。
马雪芹：《明清时期豫北地区的农田水利事业》，《古今农业》2000 年第 3 期。
邹逸麟：《“灾害与社会”研究刍议》，《复旦学报》（社会科学版）2000 年第 6 期。

苑利：《华北地区祈雨活动中取水仪式研究》，《民族艺术》2001 年第 2 期。
马雪芹：《明清黄河水患与下游地区的生态环境变迁》，《江海学刊》2001 年第 5 期。
科大卫：《动乱、官府与地方社会——读〈新开潞安府治记〉》，《中山大学学报》（社会科学版）2001 年第 2 期。
许倬云：《试论网络》，载《许倬云自选集》，上海教育出版社 2002 年版。
王培华：《清代滏阳河流域水资源的管理、分配与利用》，《清史研究》2002 年第 4 期。
傅辉：《河南插花地个案研究（1368—1935）》，《历史地理》第 19 辑，上海人民出版社 2003 年版。
程美宝：《地方史、地方性、地方性知识——走出梁启超的新史学片想》，载杨念群、黄兴涛、毛丹主编：《新史学：多学科对话的图景》，中国人民大学出版社 2003 年版。
于志嘉：《从〈醟辞〉看明末直豫晋交界地区的卫所军户与军民词讼》，《“中央”研究院历史语言研究所集刊》，第 75 本第 4 分，2004 年。
赵世瑜：《作为方法论的区域社会史——兼及 12 世纪以来的华北社会史研究》，《史学月刊》2004 年第 8 期。
安介生：《明代山西藩府的人口增长与数量统计》，《史学月刊》2004 年第 5 期。
石超艺：《明以来海河南系水环境变迁研究》，博士学位论文，复旦大学，2005 年。
安树伟等：《省级“行政区边缘经济”与统筹区域协调发展》，《重庆工商大学学报》（西部论坛）2005 年第 6 期。
张俊峰：《明清介休水案与地方社会——对“水利社会”的一项类型学分析》，《史林》2005 年第 3 期。
侯甬坚：《从习惯线到法定线：我国政区界线性质的变迁》，《江汉论坛》2006 年第 1 期。
满志敏：《行政区划：范围与界线》，《江汉论坛》2006 年第 1 期。
冯贤亮：《明清中国地方政府的疆界管理——以苏南、浙西地域社会的讨论为中心》，《历史地理》第 21 辑，上海人民出版社 2006 年版。

钞晓鸿：《灌溉、环境与水利共同体——基于清代关中中部的分析》，《中国社会科学》2006 年第 4 期。

王铭铭：《“水利社会”的类型》，载行龙、杨念群主编《区域社会史比较研究》，社会科学文献出版社 2006 年版。

石超艺：《明清时期漳河平原段的河道变迁及其与“引漳济运”的关系》，《中国历史地理论丛》2006 年第 3 辑。

杜正贞：《地方传统的建构与文化转向——以宋金元时期的山西泽州为中心》，《历史人类学学刊》第 4 卷第 1 期，2006 年 4 月。

杜正贞、赵世瑜：《区域社会史视野下的明清泽潞商人》，《史学月刊》2006 年第 9 期。

张伟然：《归属、表达、调整：小尺度区域的政治命运——以“南湾事件”为例》，《历史地理》第 21 辑，上海人民出版社 2006 年版。

谢湜：《“利及邻封”——明清豫北的灌溉水利开发和县际关系》，《清史研究》2007 年第 2 期。

刘宁宁等：《省际边缘区经济发展问题与对策研究——以苏鲁豫皖交界地带为例》，《现代经济探讨》2007 年第 8 期。

陆敏珍：《区域史研究进路及其问题》，《学术界》2007 年第 5 期。

郭声波：《由虚到实：唐宋以来川云贵交界区犬牙相入政区格局的形成》，《江汉论坛》2008 年第 1 期。

张俊峰：《率由旧章：前近代汾河流域若干泉域水权争端中的行事原则》，《史林》2008 年第 2 期。

于志嘉：《明北京行都督府考》，《“中央”研究院历史语言研究所集刊》，第 79 本第 4 分，2008 年。

申红星：《明代宁山卫的军户与宗族》，《史学月刊》2008 年第 3 期。

徐建平：《湖滩争夺与省界成型——以皖北青冢湖为例》，《中国历史地理论丛》2008 年第 3 辑。

段友文、刘彦：《晋东南成汤崇拜的巫觋文化意蕴考论》，《中国文化研究》2008 年秋之卷。

赵世瑜：《圣姑庙：金元明变迁中的“异教”命运与晋东南地区的多样性》，《清华大学学报》（哲学社会科学版）2009 年第 4 期。

于志嘉：《犬牙相制——以明清时代的潼关卫为例》，《“中央”研究院历史语言研究所集刊》，第 80 本第 1 分，2009 年。

宋永志：《明代以来沁河下游的水利开发与社会变迁》，博士学位论文，中山大学，2009 年。

鲁西奇：《中国历史上的“核心区”：概念及分析理路》，《厦门大学学报》（哲学社会科学版）2010 年第 1 期。

鲁西奇：《内地的边缘：传统中国内部的化外之区》，《学术月刊》2010 年第 5 期。

程森：《国家漕运与地方水利：明清豫北丹河下游地区的水利开发与水资源利用》，《中国农史》2010 年第 2 期。

程森：《生态、交通与县际纷争——以清代漳河草桥的修造为中心》，《清史研究》2010 年第 4 期。

马场毅：《近代中国华北农村的水利组织和村落、宗教圈问题——以河北省邢台县为例》，《爱知大学国际问题研究所纪要》第 135 号，2010 年。

王社教：《作为研究方法的历史地理学》，《陕西师范大学学报》（哲学社会科学版）2010 年第 6 期。

冯贤亮：《从国家到地方：清代江南的府县秩序与行政控制》，《学术月刊》2010 年第 5 期。

樊如森：《民国以来的黄河航运》，《历史地理》第 24 辑，上海人民出版社 2010 年版。

周振鹤：《范式的转换——沿革地理—政区地理—政治地理的进程》，《华中师范大学学报》（人文社会科学版）2013 年第 1 期。

鲁西奇：《“水利社会”的形成——以明清时期江汉平原的围垸为中心》，《中国经济史研究》2013 年第 2 期。

赵世瑜：《卫所军户制度与明代中国社会——社会史的视角》，《清华大学学报》（哲学社会科学版）2015 年第 3 期。

程森、刘立荣：《省界错壤与洪灾调适冲突——以明清卫河下游直鲁交界地区为中心》，《中国历史地理论丛》2015 年第 2 辑。

陈隆文：《水源枯竭与明清卫河水运的衰落》，《河南大学学报》（社会科学版），2016 年第 5 期。

后　记

这本小书是在我博士学位论文基础上修改而成的。1990 年 9 月我步入小学一年级，2011 年 6 月我博士毕业。二十余年的求学生涯是一级一级往前走，未有曲折，不曾间断。回顾往昔，感慨良多，不免有以记焉。

我出生在安徽省寿县茶庵镇门西庄。寿县古称寿春、寿州，地处江淮之间。这一南北过渡带适合多种农作物的生长，因而江淮间的农村是繁忙的，季春割麦、插秧，入秋收稻、种麦、种油菜。当我因插秧而腰酸背疼，横躺在田埂之上的时候，父母就告诉我，若不想如此辛苦，只有好好读书。那时，我终于明白读书可以成为逃避劳作的“法宝”。由于人多地少，加之江淮分水岭地区农业用水紧张，一年两季的劳作并未带给农民多少收获，但父母的执着也让我从中体会到了他们的坚毅和顽强。我天资平庸，读书期间成绩一直居中，然而肯吃苦，故能一直坚持，这或许正是源于农民父母执着的品格。他们并不知晓我最终选择的专业是要干什么，却一直在支持着我，这种信念变成一种力量一直伴随着我。

历史地理学是我本科毕业之后最终选择的专业。2005 年 9 月，我考入陕西师范大学西北历史环境与经济社会发展研究中心（现更名为西北历史环境与经济社会发展研究院）。2007 年 5 月，硕博连读。其间，我一直跟随王社教老师读书，直至博士毕业。六年来，在业师的指导和帮助之下，我最终由对历史地理学的懵懂到有所领悟。我的博士学位论文是在业师指导之下完成的。读书期间，我产生过一种念头：乘年轻当多方涉猎，而不必拘泥，中年以后方渐趋“定型”。因而硕博连读期间学术兴趣广泛，不免产生空疏之弊。业师恐怕早已明了我的这种学习“病症”，因而从博士论文选题到章节安排、写作，业师给予我很大的空间，没有过多干预。我感谢业师的这份信任和理解。业师做学问严谨、为人正直，是我一生学习的楷模。如今我已参加工作，但时刻不敢忘却业师是史念海先生的弟子，奉行顾颉刚先生赠予史先生的箴言——“宁可劳而不获，不可不劳而获。”作文章无论大、小题目，皆要言必有据，用力用心。其原因，乃是不敢有辱师门，忘却师门宗旨也。

历史地理学在2000年以来产生了许多变化，主要体现在研究方法和理念的更新之上，出现了以往研究不曾遇见的新环境。这本小书从历史地理学的学术理念出发，又借鉴了其他学科的研究方法和理论，尝试对交界地区内部的地域互动问题展开讨论，研究内容涉及面较广，难免有所疏漏。博士论文答辩时，西北师范大学李并成老师，太原师范学院王尚义老师，陕西师范大学侯甬坚老师、李令福老师、萧正洪老师、卜风贤老师均提出了一些修改意见。论文外审专家西南大学蓝勇老师、暨南大学吴宏岐老师、西北大学吕卓民老师、复旦大学冯贤亮老师、东北师范大学韩宾娜老师也都提出了一些高屋建瓴的建议，在此一并致谢！因我资质鲁钝，加之工作上事情的芜杂和自己在新环境下研究方向的转移，博士论文的修改迟误较多，实在不尽如人意。

淮北师范大学的牛继清、王嘉炜两位老师是我本科阶段的授业良师，尤其是牛继清老师多年来一直关心我的学业，感谢两位先生带我进入历史地理学领域。感谢西安工业大学和马克思主义学院为本书的出版提供基金支持。感谢西安工业大学马克思主义学院田亮主任和其他同事一直以来对我的帮助和关怀。中国社会科学出版社李炳青老师为本书的出版、编辑付出了很多辛劳，特此致谢！

最后，我要感谢读书期间鼎力帮助过我的三叔、三婶和大哥。特别要感谢岳父、岳母和妻子李铮女士的支持、理解和宽容。我也非常愿意将这本小书献给女儿悠悠，感谢她给我的人生带来了无尽的快乐！